马洪文集

第 三 卷

中国社会科学出版社

作者像

作者简历

马洪，1920年5月18日出生于山西省定襄县待阳村。原名牛仁权，1938年春在延安时改名马洪。曾用名牛黄、牛中黄。

他出身贫寒，13岁时被当地小学聘为教员，开始自食其力。他自学中学课程，并协助当地著名爱国人士、族人牛诚修先生修订《定襄县志》。从那时起，他阅读了大量书籍，开始接触进步思想。九一八事变和一二·八事变爆发后，他参加了学生的抗日示威游行和集会，爱国思想日益浓厚。1936年年初，马洪经人介绍到太原同蒲铁路管理处（局）工作，先当录事（即文书），后考入同蒲铁路车务人员训练班（半工半读）。在此期间，他当过售票员、行李员、运转员等。他努力自修学业，阅读进步书刊，不断开阔眼界。

1936年冬，马洪参加了"牺盟会"，积极参与同蒲铁路职工的抗日救亡工作。1937年冬，太原失守，他跟随同蒲铁路局迁到侯马。11月，在侯马加入中国共产党，时年17岁。由于他工作努力，具有出众的组织才能，被推选为同蒲铁路总工会的负责人之一。他在同蒲铁路沿线的各段站建立和发展工会组织，展开对敌斗争，并参与统一战线的工作。

1938年，马洪到延安，先后在中央党校和马列学院学习和工作。抗日战争胜利后，马洪从延安被派往东北，在中共中央东北局工作。新中国成立以后，曾任东北局委员、副秘书长。后调任国家计划委员会委员兼秘书长。因受"高饶事件"的牵连，被下放到北京市第一和第三建筑公司工作。后又担任国家经济委员会政策研究室负责人。

　　1978年后，历任中国社会科学院工业经济研究所所长、中国社会科学院副院长。

　　1982年后，任中国社会科学院院长、国务院副秘书长、国务院技术经济研究中心总干事。同时兼任国家机械工业委员会副主任、国家计划委员会和国家经济体制改革委员会顾问、国家建委基本建设经济研究所所长。

　　1985年，任国务院经济技术社会发展研究中心（后更名为国务院发展研究中心）主任。1993年改任名誉主任。并任中国社会科学院研究生院教授、博士生导师，被北京大学、清华大学、中国人民大学、复旦大学、南开大学等学校聘为教授及上海交通大学聘为名誉教授。

马洪手迹

目　　录

对于发展机械工业的几点想法[*]

一 总结历史经验很有必要

三十年来，我们有许多成功的经验，也有许多失败的教训。

我们由于违反经济规律而遭受惩罚，已经多次了。甚至在粉碎"四人帮"之后，某些方面，还在重复过去的错误。

根据历史经验，在社会主义现代化建设上，有两种倾向，是必须反对的。

一种是怀疑论。认为要搞现代化，就要采取资本主义的办法，不能采取社会主义的办法，否则，就搞不成现代化。这种思想，过去有，特别是现在更多一些。他们一方面，只看到一些资本主义国家目前所取得的成就，而没有看到他们为实现现代化两三百年来所走过的曲折的、痛苦的道路，因而盲目崇拜西方和日本。另一方面，他们又只看到我们在实现社会主义现代化过程中由于缺乏经验而产生的暂时的挫折，而没有看到社会主义的优越性，因而对社会主义前途缺乏信心。这种倾向，归根到底，还是受了资产阶级思想的影响。我们要坚持党的正确的思想路线，当然要反对这种倾向。

　＊　本文是作者 1980 年 3 月 12 日在一次机械工业发展问题讨论会上的发言。

另一种是速成论。另外有一些同志把社会主义现代化建设看得很简单，总想在很短的时间内，就走完资本主义国家几百年所走过的路程。于是高指标、高积累、瞎指挥就跟着而来。我们这些年几次大的折腾，都是和这种速成论有关的。这些人的愿望是好的，但看法不对，照此去做，一定碰壁。毛泽东同志在 1938 年批评对抗日战争的速胜论时说过，他们因为估计不符合真相，行动就无法达到目的；勉强行去，败军亡国，结果和失败主义没有两样[①]。我们建设时期的经验，不是也证明了同样的道理吗？这种速成论，特别是领导人员中的这种思想，对我们经济工作所起的危害作用，实在太大了，应该吸取这种沉痛的教训。

二 关于工业化道路

回顾我国工业化道路，基本是按斯大林的公式走过来的，但与斯大林又有不同。斯大林说，资本主义国家的工业化从轻工业开始，社会主义国家的工业化从重工业开始。这种说法，值得研究。但从苏联当时的具体情况来说，斯大林主张苏联从重工业开始工业化还是有他的道理的。第一，十月革命胜利前，俄国的资本主义有了一定程度的发展，主要是农业和轻工业有一定的基础，但重工业相当薄弱；第二，在当时的国际环境下，没有重工业，不仅农业和轻工业得不到应有的发展，而且国家的安全也得不到保证。但斯大林的这个论断适用于当时的苏联，并不一定适用于所有的国家。如果把它当做一切条件下都适用的真理就更不妥当了。我们开始建设，接受了斯大林的理论，但没有把重工业的概念弄清楚。列宁说过，大机器工业是社会主义唯一可能的经济基础。谁忘记了这一点，谁就不是共产主义者。这里讲了大机器工业对社会主义经济的意义。斯大林说，机械制造工业是整个国民经济的心脏。毛主席 1957 年说："我国的经济建设是以重工业为中心，这一点必须肯定。但是同时必须充分注意发展农业和轻工业。"而我们强调的重工业是"以钢为纲"，不是大机器工业，更不

---

① 《毛泽东选集》第二卷，人民出版社 1952 年版，第 421 页。

是机械制造工业。从这个意义上说，我们又不同于斯大林时代的苏联那样的模式。原来毛主席预料，按我国的路子走，经济的发展会比苏联快一些。但实际上，我们并没有快起来。这个经验，也应当总结。

三　与机械工业有关的几个问题

（一）建议把对国民经济的技术改造，作为制定十年规划的战略任务提出来

要实现"四化"，必须对整个国民经济进行技术改造。机械工业在完成这一历史任务中，承担着义不容辞的光荣责任。

"四化"主要靠自力更生来实现，不能买来一个现代化。如果不把对国民经济的技术改造摆到重要的日程上，没有全国40万个企业的现代化，"四化"就无从谈起。苏联在第二个五年计划时就提出以技术改造为中心。周总理在编制第二个五年计划的报告中也强调过这个问题，但以后一直没有贯彻执行，而把基本建设投资几乎全部用到新开的项目上了。现在看来，这是失策。

为了对国民经济进行技术改造，加速四个现代化的建设，以下几点是需要着重考虑的：

1. 投资重点。现在投资的主要部分用在建设新项目上，实践证明，这种做法，对我国社会主义建设事业是十分有害的。要搞技术改造，就要把投资的重点转到这个方面来。比如说用于新建项目的投资与用于技术改造的投资可否规定为四六开或三七开，作为一个基本政策定下来，这是医治基本建设战线过长这个顽症的根本办法。据英国报刊的材料，目前苏联用于技术改造的费用占固定资产投资的30%，美国又比苏联高一倍，而我们挖、革、改的资金还不到总投资的30%，其中真正用在设备更新改造的就更少，而且在计划上根本不把它当做基本建设项目，因而在材料设备上都得不到保证。

2. 折旧政策要改变。现在全国平均的折旧率不到4%，许多企业只能拿到其中的一半，就是说50年才能更新一次。北京义利食品厂烤面包炉还是慈禧时代的产品。目前工业发达国家的折旧率一般是 7—10 年折完。我国的折旧率应当逐步提高到 10% 左右，当然不同行业可以有所区别，但一般不应超过 20 年。这样，企业的技术改造才有稳定的资金来源。

3. 凡是大修理费用超过新设备购置费的，或者两年内浪费能源的费用超过新设备购置费的老设备，都应当报废。更新下来的设备，一般不应转让，而应回炉，作为废钢铁使用。应系统地周密地调查全国有多少设备，按使用年限和能源消耗情况，订出更新方案，纳入长远规划，逐步更新。这样做，机械工业不是吃不饱，而是吃不了，不是走投无路而是大有希望；同时冶金工业有了废钢，可以逐步改变目前铁大于钢的比例，燃料可以大大节省，整个技术水平将有新的飞跃，劳动生产率将有大的提高。

（二）大力加强科学技术工作

目前机械工业存在着"吃不饱"又"吃不了"的矛盾。我认为根本问题是"吃不了"，我们的本领不大。国民经济需要的，你生产不了，或者虽然能生产，但质量很差；人家不需要的，你又大量生产，这怎么行呢？所以机械工业本身，必须努力提高质量，增加品种，不断提高技术水平，以满足国民经济各部门技术改造的需要。为此：

1. 要引进一些先进的制造技术，进口一些必需的样机，而不是大量地、重复地进口成套设备。目前买设备花的外汇占 98%，引进技术只占 2%，这太不合理了，要迅速改变。

2. 把自己的技术力量组织起来，在提高产品质量（包括服务质量）上下工夫，要下决心选几种机械产品，在质量、性能、售价方面赶超世界水平，打入国际市场，参加国际竞争，使我国机械工业尽快地立足于世界先进产品之林。

3. 大力加强科研设计工作。三机部提出的机械产品"更新一代、研制一代、预研一代"的意见是很重要的，各个机械部门也同样应当重视这个问题。

4. 提出具体要求。在今后 5 年、10 年内，我国机械产品的自给率达到多少；机械工业生产的耐用消费品达到多少；机械产品在整个出口总额中占多大比重，要订出具体目标，努力达到。

（三）抓紧机械工业的调整改组

当前机械工业的突出问题是各成体系，重复设厂，"大而全"、"小而全"的全能工厂很多，生产能力浪费很大。就机械工业体系来说，本来就有军、民两个体系以及制造和维修两个体系，不久之前，又提出在民用机械内部再搞"两个制造体系"，即每个使用机器的部门都要自行制造本部门的专用机器，这种体系林立的做法，如不改变，机械工业重复设厂的严重浪费现象，将更为突出。为此要解决以下几个问题：

1. 要有一个"关闸"政策。机械工厂从数量上说，早已超过需要，目前不能再铺新的摊子，特别是热加工点很多，浪费能源很大，要坚决制止新建。目前许多机械工厂竞相生产电风扇、电冰箱、洗衣机、录音机等，如果不进行全面规划，而任其盲目发展，势必造成很大浪费。对这件事情要早点抓一下。

2. 改变制造与维修截然分开的体制。现在机械制造厂不管备品配件供应，也不管修理，各部门都搞修理厂、修理车间，全国268万台机床，1/3搞修理，设备利用率低，这是很大的浪费。今后机械制造工厂要负责供应备品配件，要搞好修理服务工作。

3. 军民统筹规划。现在军工厂生产民品，民品厂生产军品，都是另建一条生产线，这是两张皮，应该寓军于民，军民结合，选择工艺相近的产品，在一条线上既能生产军品，又能生产民品。

4. 中央和地方统筹规划。目前中央、地方也是两个体系，也应统筹考虑。

5. 合理组织机械工业生产的基本原则是工艺专业化和部件专业化，要在这个基础上广泛发展专业化和协作。

6. 切实把修理服务搞好。这样，即使质量稍差一些，产品也有人要。

（四）对机械工业实行保护政策

一方面要限制进口，凡是国内能制造的，原则上不许进口，有些进口的产品要加税，以便限制；另一方面要鼓励出口，出口产品要减税、免税，并在外汇方面给生产单位一定的分成，以便引进更先进的技术，从而扩大出口。

总之，整个机械工业，包括军用、民用机械工业，要有一个战略设想。要搞机械工业的十年规划，没有一个战略设想是不行的。

关于国民经济现代化的若干问题[*]

一 现代化的概念问题

现代化概念是在不断变化的，是相对来讲的，是一个不断发展的概念。不同的时期有不同的现代化，回顾一下历史就很清楚。机器大工业对工场手工业来讲，工场手工业对个体手工业来讲，机器织布机对手工织布机来讲，就是现代化。我们今天讲的现代化是一个样子，到 20 世纪末又是另一个样子。从第二次世界大战以来，现代化的进程是何其迅速！

有很长一个时期，我们把工业化与现代化作为一个概念等同起来。工业化与现代化有联系，工业化是现代化的重要内容，但工业化不等于现代化。苏联在斯大林时期，只提工业化，不提现代化。他们在第一个五年计划时期是把工业化作为战略目标，作为国家的路线提出来的，并且认为工业产值占了工农业总产值的 70% 就是实现了工业化。我们有一个时期也承袭了这个概念。1953 年，毛泽东同志提出了过渡时期的总路线，内容是"一化三改"，也是把工业化作为现代化标志提出来的。1957 年他在党的全国宣传工作会议上的讲话，提出了"三化"，没有提国防现代化。

　　＊ 本文是作者 1980 年 3 月 14 日在国家计委经济研究所召开的关于国民经济现代化标志的座谈会上的发言。

1956 年，刘少奇同志作的党的八大政治报告和由此形成的决议，周恩来同志在党的八大作的第二个五年计划的报告，都把完成工业化，把由农业国变为工业国作为奋斗目标。现在我们虽然提出了"四化"，但是总把工业化与现代化等同起来。现代化与工业化是不是一个概念，这个问题要讨论清楚。

二　现代化的标志问题

现代化标志与现代化概念有关系。现在世界上关于现代化的标志有很多说法，如把劳动生产率、按人口平均计算的国民收入、文化水平、尖端技术等都算做现代化的标志。就我国来讲，长期以来形成的现代化概念和标志，一是工业所占比重的大小；二是钢产量的多少。从工业所占的比重来看，现在我国的工业已占 70%，农业占 30%，正好是 1949 年的倒数，也同苏联宣布实现工业化时的水平相似。如果说工业化就是现代化，那么，我们就已经实现了现代化。可知以工业所占的比重多少为标志是不行的。从以钢产量的多少作为标志来看，最初是讲以钢铁的总产量为标准，到 1959 年郑州会议前又有人提出一人一吨钢的标准。当时美国有 7000 多万吨钢，苏联有 5000 多万吨钢。以此类推，我们这样一个大国没有一亿吨钢怎么行？因此，以一亿吨钢作为一个标志，作为奋斗目标，这行不行？恐怕也不行。既无现实性，也无必要性。现在世界上主要资本主义国家钢的生产能力不是少了，而是多了，目前开工率只有 70% 左右。我国的钢一方面缺，另一方面又积压。如果一人一吨，就是 10 亿吨钢，比世界目前钢产量的总和还要多。这不仅在 20 世纪末达不到，下世纪是否有这个必要，也是值得研究的。现在世界上已经出现了用新的更经济的材料代替钢材的趋势。同时，钢产量也不能作为现代化的唯一标志，正像科威特产石油那么多一样，我们却不能根据这一个标志就说它已经实现了现代化。总之，不能以某一种产品作为现代化的标志。有人提出：到 2000 年，每人平均的国民生产总值达到 1000 美元，以此作为一个设想的标志。这是对以前一些不正确的标志做了否定，它是一个综合性的标志，不是单打一的。而且这个设想比较实事求是，对那些盲目追求脱离实际的高指标的做法也是一种限制。同时，也给我们的长远规划工作提出了方向：从最终产品及与此相联系的最终收入出发，考虑国民经济的综合平衡。

我认为，除了这个量的概念的标准以外，还应该有个质的标准，即应当从生产力的诸要素来全面考虑。首先是劳动力的质量（如体力劳动者和脑力劳动者的受教育程度）和科学技术能够达到现代化的水平；其次是劳动手段的质量，要能够用当代的先进技术装备国民经济各主要部门；再次是劳动对象的质量，要能够用现代化的技术和方法有效地利用各种物质资源，包括能源和原材料。现代化是国际性的概念，是要国际上承认的。这就是看你的产品是否属于世界第一流。如果生产力各要素是高质量、高水平的，那么，产品也就会是高质量、高水平的。有人讲，钢铁也是这样的产品。但一般来说，它不是最终产品。这里所说高质量、高水平的产品，最主要的应该是机械设备，包括电子计算机等电子工业产品，也包括各种耐用消费品。

这里要特别提一下电子工业。电子工业的发展，像以前的工业革命一样，正使经济结构和科学技术发生划时代的变化。工业革命以发挥机械能为基础，而电子技术只需要很少的能源，就可以取得很好的经济效果。这在当前以及今后相当长的时期内都是有重大意义的。

机械和电子产品的品种、质量、成本是否达到当代世界水平，有没有竞争能力，能否立足于世界市场，这是一个考核的尺度。如能立足于世界市场，无疑是质量好、成本低的。能做出这样的民用产品，也就能做出先进的国防武器，当然新式武器还要有特别的研制试验工作。只有具备了以当代先进的技术设备来装备国民经济各部门的能力，我国的工业、农业、交通运输业、商业以及科学文教事业和国防才能实现现代化。而要达到这一点，劳动力、劳动手段、劳动对象各个方面都要达到一定的质量要求。而在这方面，我们目前还很落后。例如，当前我国许多大型的技术复杂的设备以及各种先进的仪器、仪表，主要还是依靠进口。我国机械产品出口也很少，包括手工工具在内，1979 年才出口 4 亿美元，只占我国出口额的 3%，在世界机械出口总额中只占 0.07%。1977 年，新加坡出口机械产品 20 亿美元，我国台湾省 22 亿美元，印度 7.8 亿美元，而我国内地只有 2.1 亿多美元。毫无疑问，我国工业的发展，主要依靠国内市场，而不是像日本那样，主要依靠国外市场。但是，要使我国的工业产品尽快地赶上世界水平，加速现代化的建设，就必须立足本国，放眼世界，参加国际竞争。这是推动我们事业前进的一种动力。坐井观天，抱残守缺，骄傲自满，夜郎自大，是无法实现现代化的。因此，要把提高我国工业制品，特别是机械产品的出口率，作为战略性问题提出来。

三　实现现代化的时间概念

我们要研究：到 2000 年究竟能达到什么水平？今后 5 年、10 年能达到什么程度？应当有总的要求，也可以有某些具体要求。例如，同样以机械产品出口量为例，现在占 3%，什么时候能占 5%、10%、20%、30%？许多现代化国家的经验证明：如果机械产品出口量不能占到 25% —30%，就不能被人看做是现代化国家。要使机械产品在世界贸易额中占一定比例，不是机械工业一个部门的问题，需要冶金工业、化学工业等各个部门配合才行。从小型计算器，到大型冶金、化工、电站等成套设备的出口，都能反映一国现代化的程度。这里既包括劳动密集产品，也包括技术密集产品。劳动密集产品不只是手工艺品，现代化的电子计算器、电子手表、电视机以及电子计算机等既是技术密集产品，也是劳动密集产品。我们现在搞补偿贸易，别人把他们自己生产的机械零件运到我国来，用我们的劳动力把它装配起来，就我们来说也是劳动密集。把劳动密集产品只看成是初级产品、手工业品、工艺品是片面的。但是我们的眼光要看得更远些。10 年、20 年以后，我国技术密集产品的比重就会大大提高，应估计到这种趋势。

四　反对两种倾向

在我国实现现代化的问题上，要反对两种倾向。

　　一种倾向是怀疑论。认为要搞现代化，就要采取资本主义的办法，不能采取社会主义的办法，否则就搞不成现代化。这种思想过去有，现在更多一些。有这种思想的人一方面只看到一些资本主义国家目前取得的成就，而没有看到那些国家为实现现代化在二三百年所走过的曲折道路的痛苦，因而盲目崇拜西方；另一方面他们又只看到我们在实现社会主义现代化过程中，由于缺乏经验而产生的暂时挫折，而没有看到社会主义制度的优越性，因而对社会主义的前途缺乏信心。要坚持社会主义方向，坚持党的正确的路线，当然要反对这种倾向。

　　另一种倾向是速成论。有些同志把社会主义现代化的建设看得很简单，总想在很短的时间内就走完资本主义国家几百年所走过的路程。于是，高指标、高积累、瞎指挥就跟着来了。20多年来，我们的几次大的折腾，都是和这种速成论有关的。"这些人的愿望是好的，但看法则不对，照了去做，一定碰壁。"毛泽东同志早在1938年在《论持久战》中批评抗日战争的速胜论时就说过："因为估计不符合真相，行动就无法达到目的；勉强行去，败军亡国，结果和失败主义者没有两样。"我们建设时期的经验不是同样也证明了这一点吗？这种速成论，特别是领导人员中的这种思想，对我们的经济工作所起的危害作用实在太大了，应该作为沉痛的教训，引以为戒。

关于我国的经济结构问题[*]

　　为了贯彻党的十一届三中全会的路线，把全党工作着重点转移到社会主义现代化建设上来，党中央在 1979 年 4 月召开工作会议，决定从 1979 年起用三年的时间对我国的国民经济进行调整的工作，执行"调整、改革、整顿、提高"的八字方针，搞中国式的社会主义现代化。1979 年 6 月，国务院财政经济委员会和党中央办公厅、中国社会科学院组织在北京的做实际工作的同志和做理论工作的同志一起，分四个组来研究四个方面的问题，一个是经济管理体制的改革，一个是经济结构的调整，一个是引进国外技术和我们的现代化怎么样很好地结合起来，一个是关于经济理论和经济方法。决定叫我做经济结构组的召集人。这个工作已经进行了八个多月了，我想把情况给同志们简单地介绍一下。

　　同志们都知道，过去我们搞民主革命，是从中国的情况出发，走毛泽东同志开辟的农村包围城市的道路，取得了革命的胜利。现在搞建设，也要适合中国的情况，走出一条中国式的现代化的道路。中国式的现代化，不是要降低现代化的标准，而是要实事求是地来搞中国的现代化。我们要在本世纪末实现四个现代化，就必须从现在起，动起手来，改变我们多年形成的不合理的经济结构。这里我向同志们解释一下什么叫经济结构。我们过去讲到经济结构的时候是讲经济成分的结构的，比如说，在全国解放

　　* 本文是作者 1980 年 4 月 2 日所做的一次报告。收入《中国经济调整改革与发展》。

初期，所讲的我们国家的经济结构是由五种经济成分构成的，有全民所有制的经济，有集体所有制的经济，有私人资本主义的经济，有国家资本主义的经济，还有个体经济。那时候我们说的经济结构就是指这个意思，指经济成分的构成。现在讲经济结构，比这个范围要宽一些，既讲生产关系，又讲生产力，主要是讲生产力。讲产业部门的结构，就是国民经济的各个部门（比如说农业部门、工业部门、商业部门、交通运输部门；农业部门里又分农、林、牧、副、渔；工业部门里又分那么多工业部门，我们国家就有二三十个工业部门），各个地区（我国有 29 个省、市、自治区，加上我国台湾就有 30 个）、各种经济成分、各种经济组织，以及社会再生产的各个方面的构成，它们之间的相互关系（它们互相联系，又互相制约）。经济的这种构成也和自然科学要研究的自然对象有相近的地方。自然科学是研究物质的构成的，研究物质是由什么东西构成的和怎样构成的。比如自然科学研究物质的分子的构成，发现分子是由原子构成的，原子是由原子核和电子构成的，最近又发现了胶子。那么我们经济科学要深入地研究经济的结构，掌握经济构成内在的联系和它的发展规律。党中央确定了要在三年以内实行"调整、改革、整顿、提高"的八字方针，其中关键是调整。那么调整究竟要调整什么东西呢？我们常说的调整就是调整比例关系，比如说调整农业、轻工业、重工业的关系，调整生产性的建设和非生产性的建设的关系，加强短线，缩短长线。但究竟这个比例关系是以什么为标准的呢？现在要开十年规划座谈会，每一个部门都讲它是短线，没有一个肯承认它是长线。因为讲短线就可以要到钱，就可以要到钢材，可以要到水泥，要到其他物资，你要讲长线的话就不能够要到。所以大家都讲自己是短线，争着向国家计划委员会要投资，争吵不休。但结果长的照样是长的，短的照样是短的，总是不能解决问题，那么我们所要的究竟是一种什么样的比例呢？这和经济结构是分不开的，因为有什么样的经济结构，就有什么样的比例，不合理的经济结构有不合理的比例，合理的经济结构有合理的比例。只有合理的经济结构，才能使我们的国民经济持久地、全面地、高速度地发展，而不合理的经济结构会导致相反的结果。现在摆在我们面前的是什么问题呢？是哪一种经济结构比较合理，我们就应该采用哪一种经济结构。根据合理的经济结构，来确定我们所采取的比例和实现这种比例所必需的产业政策和其他的政策。我们的国民经济计划就应该是这样一种经济结构，这样一种比例以及和它相应的政策的一种反映。为了说明这个问题，我想对我们现在的经济结构有什么优点，有什么缺点，以及怎么样改进我们的经济结构，分别说一说。

一　新中国成立以来我国经济结构的变化和存在的问题

我们现在的经济结构和解放以前相比是发生了根本变化的。大家知道，旧中国是一个半殖民地半封建的社会，经济结构非常不合理，生产力长期停滞不前。在新中国成立以后，我们为改造旧中国的经济结构做了大量的工作，取得了巨大的成绩。这主要表现在以下几点：

第一，我们建立了独立的比较完整的工业体系和国民经济体系。解放前，我国农业和手工业占优势，现代工业的比重是很小的，整个国民经济是依附于帝国主义的。解放以后，我们进行了大规模的社会主义工业化建设。从 1949—1978 年，我们国家的工业总产值增长了 38.2 倍，其中重工业增长了 90.2 倍。工业总产值占工农业总产值的比重也发生了变化，解放初期，在工农业总产值中，工业只占 30%，现在提高到 72.2%，工业的比重增加了。重工业在工业产值里面的比重也增加了，解放初期占26.4%，现在增加到 56.9%。工业的门类也逐步齐全了，现代化的水平也在不断地提高。我们已经由一个农业国变成了一个农业、工业国了，不是过去那个单纯的落后的农业国家了。这是一个很大的变化。

第二，我们的农业也有很大的发展。农民在土地改革以后走上了集体化的道路。30 年来，我们的农村进行了大规模的农田水利基本建设，农业生产条件得到了显著改善，生产水平也有了比较大的提高。1978 年粮食总产量达到了 6095 亿斤，比 1949 年的 2246 亿斤增产了 3849 亿斤，按照耕地面积计算的亩产量，1978 年是 528 斤。比 1949 年的 171 斤增加了357 斤，增加了 1 倍以上。解放前，我们的农业几乎全部是手工劳动，解放以后，机械化程度也有了一定的进展，现在全国拥有的农用排灌动力机械有 6555 万马力，拖拉机折合成标准台，有 55.7 万台，手扶拖拉机有 137 万台，机耕面积占耕地面积的 40% 还多一点。每亩土地用的化肥也增加了，解放前我们是基本不用化肥的，现在以百分之百的肥效来计算，每亩土地施肥量达 11.9 斤。农村的用电量也达到 278 亿度，占全国总发电量的 11.5%。

第三，交通运输业也有很大的发展。旧中国留下来的铁路线是很少的，运输能力也很低，运输的布局也很不合理。这种状况我们有了改变，现在除了西藏以外，各个省、市、自治区都通了火车，现在全国除了西藏的墨脱县，四川的白玉县，其他的县都通了汽车。1978 年我们民用航空线国内的里程达到 14.9 万公里，国际航线开辟了 12 条，同 10 多个国家通航。我们现在已经建立起一支初具规模的远洋船队，同 100 多个国家和地区进行海外贸易，这也是过去没有过的。

第四，对外贸易发展得也很快。旧中国广大农村基本上是自给自足的经济，现在起了很大的变化。在对外贸易方面，1950 年我们进出口的总额只有 11.3 亿美元，1977 年发展到 148 亿美元，1978 年发展到 206.4 亿美元，1979 年发展到 292.2 亿美元。最近两年对外贸易增加很快，进出口产品的结构也发生了变化。通过对外贸易我们为现代化建设积累了资金，引进了一批先进的技术。

第五，我们的技术结构也有了显著的改善。我们国家的工业不仅有了大批的机械化设备，而且有了一批自动化设备，比如武汉钢铁公司的一米七轧机，上海石油化工总厂的成套设备和北京燕山石油化学公司的这一套设备，都是拥有 70 年代新技术的装备。根据 1978 年的统计，我们全国国民经济的各个部门，一共有机床 268 万台，这在世界上占第 3 位，除了苏联、美国以外，就算我们了。当然，多数是属于比较落后的机床，但也有一些是先进的。我们在农业里面，像前面说的，也采用了一些农业机械和新的技术。我们国家国民经济的技术结构已经由解放前以手工劳动为主，发展成为目前自动化、半自动化、机械化、半机械化和手工劳动结合起来的多层的劳动。

第六，在生产发展的基础上，我们国家的人民生活比解放以前有了很大改善，特别是在解放之后的前8年，后来这些年，首先是林彪、"四人帮"的破坏，也有我们工作上的缺点和错误，人民生活改善得比较慢。

我们国家经济结构发生上面这些变化的根本原因，是由于我国人民在中国共产党和毛泽东同志的领导下，顺利地完成了新民主主义革命和社会主义革命，建立了社会主义制度，为迅速发展生产、改革经济结构提供了有利条件。从解放前后我们国家经济结构的对比可以清楚地看到，我们当前经济结构是存在着很多积极因素的。由于我们国家已经建立起独立的和比较完整的工业体系和国民经济体系，生产力，特别是工业生产力有了比较大的发展，这就给我们国家的现代化打下了一个比较好的基础。我们也就可以基本上立足于国内，独立自主地来进行建设，也易于适应各种情况，经受风浪的能力也比较强了，不像解放初期那个样子了，我们国家是强大得多了。我们国家的农业也有比较大的潜力，我们的矿藏资源和水力资源也比较丰富，同时我们这个国家劳动力多，如果劳动力使用得好，也可以成为发展生产的有利条件。只要我们充分地发挥社会主义制度的优越性和上面的这些有利因素，我们就能够逐步地建立起适合我们国家情况的、合理的、现代化的经济结构，加快我国四个现代化的建设。

但是，也必须要看到，我们国家的经济结构，还存在着不少问题，有些问题还是很严重的。由于经济结构不合理，我们的国民经济比例严重失调，使得我们社会主义的再生产不能顺利地进行，也使人民的生活得不到应有的改善。现在我们许多工厂由于缺少原料，由于动力不足，不能很好地开工。根据初步推算，全国一年大概缺四五百亿度电，因此使工业产值每年减少750亿元，也就是说我们有1/4—1/3的企业，因为缺电不能正常生产，许多基本建设项目被迫下马，不下马的也是在那里打消耗仗，长期不能建成投产，不少设备的利用率也是很低的，还有大量的待业人员需要就业，年轻小伙子或者年轻姑娘，都可以干活了，结果找不到事情做。经济结构不合理也就使我们的经济效果不好。30年来，我国基本建设投资共6000亿元，形成固定资产的只有4000亿元。在座的都是经济专家和财政专家，或者是物资专家，你们很懂得这个事情。形成固定资产的4000亿元里面，真正能发挥作用的只有2500多亿元，占投资的40%，这是个多么严重的问题。经济结构不合理，也造成了能源消耗的严重浪费，我们每消耗一吨标准煤所创造的国民收入还不到日本的一半，日本消耗一吨标准煤可以创造 700 美元的国民收入，我们消耗一吨标准煤只能创造 350 美元上下的国民收入，把好多东西都浪费掉了。我们本来电不够，消耗的又很多。苏联也有这个问题。苏联钢铁每年生产 1.7 亿吨，美国生产 1.5 亿吨，苏联差不多生产 6 亿吨油，美国生产 4.5 亿吨，不到 5 亿吨，苏联生产 7 亿吨煤炭，美国生产 6 亿多吨，稍比我们多一点，我们是 6 亿吨多一点。苏联这些东西都比美国生产得多，可是最后得到的产品只有美国的 70%，证明苏联比美国浪费大，我们的浪费也很大，各个方面组织得不好，这方面的问题很多。比如，一般的资本主义国家，像日本人，美国人，他拿一元钱的流动资金，一年至少可以周转两次到三次。我们一元钱的资金，一年还周转不到一次。我们现在工业固定资产 4000 亿元，流动资金将近 3000 亿元，差不多就是 7000 亿元，但我们一年工业总产值只有 5000 多亿元。如果我们一元钱可以做两元钱的生意，工业总产值应该比现在增加一倍还要多。经济效果差啊！正是因为这样，使得我们速度不能快，积累不能多，人民生活也不能得到很快的改善。从 1953 年到 1978 年的 26 年中，我们的工农业生产总值平均每年增长 8.2%，城乡人民的生活水平平均每年增长 3.2%，主要是前 8 年增长的，如果把第一个五年计划时期增长的除掉，从 1958—1978 年的 20 年，工人的平均工资不仅没有增长，还有某些下降，农民的生活也没有得到什么很大改善。当前我们经济结构存在的问题，严重地阻碍着我国四个现代化的实现。我们对这个问题应该有清楚的认识。

当前我们的经济结构究竟存在一些什么主要的问题呢？

第一，农业严重地落后于工业，阻碍了国民经济的迅速发展。新中国成立以来，我国农业产值在工农业总产值中的比重急剧地减少，1949 年农业占 70%，到 1978 年下降到 27.8%。我国农业日益落后于工业，工业有离开农业而片面发展的趋势。我国农业劳动生产率是很低的。我去年十月到美国访问，看了美国一个农民的家庭，五口人，三个人干活，夫妻两个，一个儿子 20 岁，另外两个小孩念书，这一家种了 1100 英亩土地，合我们 6627 亩地，一个人 2000 多亩地。我们要种这么多地大概要六七百个劳动力，现在我国平均一个人种 10 亩地不到。他们打了多少粮食呢？三个人打了 60 万斤粮食，一个人打 20 万斤。我们呢？一个劳动力平均打 2000 斤粮食。他比我们这个劳动生产率高 100 倍。我们看的这个农家是一个很普通的农家。当然不能完全拿他那个和我们这个相比，因为他们有好多农业的事情不是自己干的，是别人来给他干的。我们农业人口占总人口的 84.6%，农业劳动力占工农业劳动力的 85.5%，农业人口和农业劳动力的比重虽然这么大，但农产品还远远不能满足国民经济发展的需要。美国农业人口占不到 10%，农业劳动力只占百分之几，但他们的粮食除了供应美国之外，还向世界出口。

我们国家农业结构也很不合理。由于片面地强调实行"以粮为纲"，不仅不能充分利用自然资源，而且使我们的生态平衡也遭到了破坏。长期以来，我国农业发展和整个国民经济的发展是不相适应的，有一段时期，粮食的增长速度还低于人口的增长速度，每一个人平均占有的粮食反而少了。比如 1957 年和 1977 年相比，1957 年每个人平均有 603 斤粮食，这是全部产量和人口的平均，不是每人分到那么多粮食。到了 1977 年就降到 578 斤，这是个很大的问题。第二个五年计划以来，每年我们都要进口粮食，就是这样，我们有些地区口粮还不够，大概有一亿多人口的地区，口粮只有三百几十斤。1978 年，我们就进口粮食 152 亿斤，进口棉花 294 万担，进口食用植物油和动物油 1.68 亿斤，还进口糖 123 万吨。进口了这么多东西，我们油的供应，糖的供应还是相当紧张的，这种情况是和我们这个农业大国不相称的，而且也和我们整个国民经济发展的要求不相适应。

第二，轻工业落后，不能满足人民提高生活的要求。我们国家轻工业一直没有摆在应有的地位，轻工业投资占基本建设投资的比重过低，在第一个五年计划时期是 5.9%，以后不仅没有增加，反而减少了。我们国家按人口平均的主要轻工业品，不仅大大低于世界先进国家的水平，而且有的还不能满足人民生活的起码需要。多少年来我们在这方面不大注意。我们国家去年生产了 3400 万吨钢铁，占世界第 5 位，我们的机器有 268 万台，占世界第 3 位，可是现在买个缝纫机、自行车也相当难。我们有那么多机器，那么多钢铁，就搞不了缝纫机吗？比如那个录音机，有的也是个很简单的产品，你说我们生产不了？如果多生产一些不就便宜了吗？问题是没有人注意，不组织生产这个东西。我到外国看到那些小孩都把录音机带在书包里面，老师在那里讲课，他就打开录上了，等回到家里，就把它打开，等于老师又给他上了一次课。如果你把这个东西成本降低，价格降低，虽然我们是低工资，很多家庭还是可以买得起的，小孩子可以复习功课，年纪大的人记忆力不好，把它打开说几句，就给你记下来了，过一阵再把它打开，它告诉你什么事情什么事情，那不是很好吗？但是我们现在解决不了。是我们没有力量去解决还是不注意去解决？我看是我们不注意去解决。比如手表，我们也是完全可以解决的。这个表是个劳动工具，不是个装饰品，要遵守劳动时间，有个表就很方便。如果我们这个表降到二十块钱、三十块钱，我们很多人就可以买了，我们这个国家有多大销路呀。虽然我们钢不够，生产手表还是够用的，它用不了多少钢材。我们做表的机器很多。表是瑞士的最好，制造表的机器也是瑞士的最好，瑞士有一个时期不敢卖给我们机器了，因为根据他们的计算，我们用买他机器生产的表，应该比他们生产的还要多，他怕我们抢他们的生意。我们买人家的机器很多，但是生产的表是很少的，还没香港多。我去年冬天在香港调查，香港目前每年出口 6000 万只电子手表，当然他是装配的了。生产的东西多了就便宜，比如半导体收音机，过去买一架八个管的要 200 多元钱，现在降到 50 元，因为生产得多了，自然就降价了。现在农村老百姓家里都有个收音机，可以知道中国的事情，也可以知道世界的事情，听听音乐，那多好呢？所以轻工业一定要发展。由于我们轻工业发展不够，因此，我们给农产品提了价，给工人提了工资，社会购买力和商品供应之间就有矛盾了，有好多货币回不了笼，因为我们没有商品。

第三，我们重工业也有离开农业和轻工业片面发展的毛病，而且重工业内部的比例也是失调的。我国的重工业本来也是不很发达的，还需要进一步发展。但是从当前整个经济形势来看，重工业的规划超过了我们国民经济可能提供的财力、物力，挤掉了农业和轻工业，同时也妨碍了它自己的发展。在重工业部门之间也是不协调的。

（1）燃料和动力是落后的，从 1953—1978 年，我国工业总产值平均每年增长 11.2%，而能源生产每年只增长 9.6%，加上能源使用中的浪费，能源问题已经成为当前国民经济中最突出的一个问题。我们的工业能不能发展，就要看能源，煤、油、电，能否发展起来，这个问题现在是个很大的问题。现在正在组织研究怎样发展能源的问题。咱们提出要在本世纪末实现四个现代化以后，美国国会组织了很多人研究中国，分析究竟我们这个现代化是否会实现。研究后在前年冬天写了一本书，叫做《毛以后的中国》。去年我到美国访问时，写这本书的几个人找我座谈，要我对他们这本书发表意见。他们的观点，说本世纪末中国的四个现代化是可以实现的，只要每年工业增长 6%，本世纪末就可以达到美国目前的水平，他们说从中国过去的发展速度来看，这个速度是可以达到的。他们的文章还在下边，说要达到这个速度就要看中国的能源发展能不能高于这个速度。如果中国能源的发展速度也能超过 6%，那么整个的发展速度就可以达到。如果能源达不到这个速度，那整个的发展速度就没保证。他们这个结论不一定完全对，因为他们对我们的情况不完全了解。但能源问题对我们也的确是一个很关键的问题。

（2）原材料工业和加工工业不相适应。我们现在拥有机床 268 万台，但是我们生产的钢只有 3400 万吨，按这些机器能够吃掉的钢材来算，每年要生产六七千万吨才行。机床多，钢材少，不适应。机床虽然多，但粗加工的多，精加工的少，机床效率是很低的。

（3）建筑材料工业特别落后。往往要钢材没钢材，要水泥没水泥，要木材没木材。各个重工业部门内部比例也是失调的，比如石油部门采掘量和已经探明的储藏量的比例就有些失调，我们探明的储量有限，强化开采的结果，资源不能合理使用，而且造成浪费一部分资源。冶金工业内部，矿业落后于冶炼，轧钢又落后于炼钢。机械工业里主机和副机不配套。由于这些原因，使得重工业不能发挥对农业、轻工业和整个国民经济的主导作用。

第四，交通运输业落后。我们铁路通车里程还不到美国的 1/6，不到苏联的 1/2，比印度还要少，有好多的区段是卡脖子的区段，通不过去。比如说从武汉到广州，从衡阳到韶关这一带就通不过。山西出煤，运不出来，有 1000 多万吨煤压在那里。我们的公路、水路运输也不能满足工农业发展的要求，沿海港口的吞吐能力也严重不足，比如外国来的船，因为我们没有码头，经常要在港口外边停一个月或更长的时间才能卸货。由于这样我们每年造成的损失有一亿多美元。河运，现在修了很多水库，船过不去了。在欧洲，一个莱茵河，一个多瑙河，比咱们的长江小得多，我们的长江那样长，叫长江，结果运量比人家少得多。这些方面也有很多问题要解决的。

第五，商业、服务业和国民经济的发展很不适应。1978 年和 1957 年相比，我国人口增长 48%，职工增长 2 倍多，社会商品的零售总额增加了 2 倍多，商业、饮食业、服务业人员增加得很少。同一个时期每一个人服务的人口数，零售商业过去一个营业员对 114 人，现在增加到 209 人。饮食业里面，过去一个人服务对象 563 人，现在增加到 984 人。服务业，比如澡堂、理发店，过去一个人服务 1056 人，现在增加到 1882 个人。所以我们买东西常常要排队，早晨吃油条排队，理发排队，洗澡排队，许多事情都要排队，浪费了大家很多的时间。其实在这个方面增加些人，可以节省大家很多的时间。我去年 10 月在美国访问的时候在纽约作了个调查，纽约比咱们上海的人口还少，当然它是世界上很大的都市，在纽约市开中国饭馆的有 3000 家，还不讲开西餐的，意大利餐馆呀，匈牙利餐馆呀，法兰西餐馆呀，那比这个数字要多得多。我们北京有多少家餐馆呢？只有 500 多家。当然我们有大的餐馆，像北京饭店，外国可能有些是小餐馆，但是他们布点很多，咱们把不少饭馆都拆掉了。我们过去西郊没有多少人，现在这么多机关，这么多部队，好在大家都有个机关食堂，如果没有个机关食堂，都涌到街上去吃饭，这个日子就没法过了。去年要增加就业，在服务行业里面增加了些新的职工，但点并没有增加，结果还照样排队，这很不合理。我去年 11 月到沈阳的一个百货公司看了一下，一个卖皮鞋的柜台，大概就是这个主席台桌子的一半么长，卖皮鞋的 12 个人，买鞋的 3 个人。王府井百货公司、公主坟商场也是这样。你不增加点，光在点上增加人，那不解决问题，结果服务员在那聊天、打毛衣，他没有活干吗。人家要跑几里路、十几里路、几十里路到这儿来买你的东西，多不方便呢？这是个社会组织问题。

第六，我们对外贸易和加速实现四个现代化也是不相适应的。1978年世界贸易总额是26212亿美元，我们国家只占8‰，而我们的人口占1/5。在1973年、1974年，我们占第15位，1975年退到第24位，1976年退到第29位。香港只有460万人，贸易总额和我们差不了多少。由于对外贸易少，你就不能多买回东西来，而且我们出口的东西大部分是农产品，或者是以农产品为原料的轻工业品，这些东西在我们国家也是缺的。我们出口的工业品不仅很少，而且多是没有经过加工的原料。有的国家、地区进口了我们的原料，经过了加工，赚取了很多外汇。我们把原料很便宜地卖给人家，人家加工以后再把成品卖给我们，赚了我们的大钱，这方面我们吃了很多亏。比如有一种紫羊绒，是我国的特产，世界上是不多的，是很好的原料，外商都抢着要买。我们的紫羊绒80%当做原料出口，如果把紫羊绒织成羊毛衫，就是我们这个质量低的羊毛衫，也比紫羊绒高1倍的价钱。日本人拿我们的紫羊绒织成羊毛衫比我们的羊毛衫又贵1倍，英国人拿我们的紫羊绒织成羊毛衫又比日本的贵1倍。我们为什么不可以织成高级的紫羊绒衫增加高出几倍的收入呢？类似的事情很多。比如做电灯丝用的钨，我们现在是把钨矿出口的，如果把钨矿搞成钨金就可以提高几倍的价钱，如果把钨金拉成合乎国际质量标准的钨丝，可以比钨矿提高将近100倍的价钱。在这个方面有很多账可以算的。如果我们把出口的结构变化一下，同样多的东西就能换回更多的东西。现在的情况我们都觉得难过，比如买个橘子、橙子不容易买到，我们费了好多劲儿拿到香港去，为了换点外汇，当然也需要，可是我们只能摆摊子卖，人家大的百货公司根本不摆，摆的都是美国旧金山来的，大小一样，都用塑料纸包起来，价钱比我们的贵3倍。我们大的小的都装在竹筐里，还挤破了，当然价钱就不行了。如果挑一挑，选一选，搞点装潢，就可以卖多一点钱。外贸工作里面有很多学问。

第七，基本建设规模太大，战线过长，"胡子工程"很多。咱们现在大的工程有 1700 个，中央作了决定，要压缩。去年压了 300 多个，但还是太多，把我们现在的工程都建成，要花 1600 亿元投资。我们一年投资只有 300 多亿元，就是说五年内我们不再增加新的项目，才能把现在的工程完工。显而易见，摊子铺得太大，而且效果很差。在第一个五年计划时期，我们建设周期是 5 年，现在是 10 年，不久前，日本有一个专家来找我交换意见，他问我，你们中国建设周期是多长？他说他们是三年半。我说我们在第一个五年计划时期不到 5 年，现在由于林彪、"四人帮"的破坏，比这个要长一点。这个事情问题很多，基本建设投资规模过大，影响了投资的效果，同时也挤了正常的生产，挤了人民必要的消费。去年整顿基本建设投资取得了一定成效，但规模还是过大，这方面调整的任务仍然很重。

　　第八，"骨头"和"肉"的比例关系不协调。在第一个五年计划时期，全部基建投资中，生产性的基建投资占 71.7%，非生产性的投资占 28.3%，这个比例基本上是适应当时国民经济发展要求的，生产的建设速度比较快，人民的生活也得到显著的改善。但是到第二个五年计划时期，生产性建设投资就上升到 86.8%，非生产性的投资下降到 13.2%，以后也没有提高。盖房子的投资第一个五年计划时期占总投资的 9.1%，第二个五年计划时期到 1976 年，这期间下降到 6%，因此，到 1977 年，全国城市平均每人居住面积只有 3.6 平方米，比 1952 年的 4.5 平方米还少了 0.9 平方米。所以几代同住一间屋，情况比较严重，欠账很多。去年党和国家拨了比较多的钱，建设了 5000 万平方米的住宅，但是，离满足需要还相差很远。这是一个很大的问题。

　　上面举的这些问题当然是很不全面的，比如经济结构里面还有价格问题，价格结构也很不合理，农产品虽然经过提价，相对地说还是比较低的，农民的生活长期不能改善和农产品收购价格太低有关系。工业品里面也有价格不合理的问题，比如一吨原油，现在是 100 元，一吨煤炭 26 元，从它们的发热量讲，两吨煤等于一吨油，就是说，应该把煤的价钱提高 1 倍。可是你能够提高吗？你把煤的价钱一提高，所有的东西都要提高价钱，火车票要提价，轮船票要提价，吃饭也要提价，电也要提价，这是个很复杂的事。可是如果不提价，不调整，问题就很多，我们全国有一半的煤矿亏损，现在不是要扩大企业自主权吗？他赔钱，你扩大企业自主权对他有什么好处？我们全国有 200 多万煤矿工人，去年一年给国家上缴的利润只有四五亿元。北京房山那儿有个石油化工总厂，3.5 万人不到，去年给国家上缴利润 12 亿元。当然燕山石油化学公司的工人也很辛苦，但和挖煤的工人比起来，挖煤的工人同志更辛苦。为什么他们那样艰苦的劳动，那样多的人，只能创造那么一点财富，而这里 3.5 万人创造这么多财富？显然与我们价格不合理有很大关系。这个问题不解决，有好多问题不好解决。三线建设遗留的问题也很多。三线建设的工厂现在有很多是很困难的，也有补贴的问题。还有国防工业和民用工业没有能够很好地结合起来的问题，好多国防工厂没有事干，要靠国家补贴来过活。我们看了外国的工厂，他们既生产枪炮又生产普通民用的商品。除了个别的以外，专门的国防工厂是很少的。另外工业的污染问题也是很严重的。集体所有制的工厂也有不少的问题。教育、科研、卫生、文化等事业和现代化的要求也不相适应。我们的管理水平也很低。这些都是我们需要解决的问题。

我们的经济结构为什么这样不合理呢？原因当然很多，最重要的原因有这么几点：（1）这些年来盲目追求高速度、高指标，破坏了综合平衡。（2）片面地强调优先发展重工业，重工业又是以钢为纲，忽视了农业和轻工业的发展。（3）片面追求高积累，不注意人民生活的适当改善。这些年来积累都在 30% 以上，个别年份达到 40% 以上。结果就造成很多紧张，搞得基本建设规模太大，战线也太长。（4）人民公社化过程中搞过了头，挫伤了农民的积极性，这是农业不能很快发展的很重要的原因。党的十一届三中全会以来，中央下发了农业的两个文件以后，农村的形势发生了大的变化，就证明了这一点。把过去那些"左"的东西纠正了，实行联系产量责任制，扩大了生产队的自主权，调动了农民的积极性。农村的情况近 20 年来没有现在这样好，例如，过去集市贸易中粮食的价钱和国家牌价差得很多，比如买一斤大米，国家一角多、二角钱，集市贸易要八角到一元钱。现在差价就很小。麦子的价钱也是这样。更明显的就是猪，过去猪肉定量都没办法供应，现在就像辽宁这样困难的地区都敞开供应了。南方好多地方，老百姓把猪赶到城里，收购站不收，没那么多冷库。有一个时期天津火车站运的猪肉没地方卸，都臭了。这反映了农村情况有了很大好转。鸡蛋也是如此。当然北京这个时期蔬菜搞得不太好，菜价很高，也买不到什么蔬菜，大家意见很多。可是在过去供应比较差的地方，比如沈阳、太原，现在反而比北京好了，这也是个好现象。相信北京也很快就会改善的。（5）造成这种情况的另一个重要原因，就是经济管理体制上有严重的缺陷，企业缺少自主权，不能很好地发挥市场调节的辅助作用。在工业、交通运输业、商业方面，对集体所有制经济的作用也重视不够。

二　对改变我国经济结构的一些意见

前面讲了我们国家经济结构解放前后的变化，也讲了我们现在经济结构不合理的方面。我们就是要把不合理的结构改变成为合理的结构。当然，合理的经济结构，也只能是相对于一定的时间、地点和条件而言，不是绝对地说的。对于我们国家来说，要建立的经济结构，怎样才算是合理的呢？是不是这样，这种经济结构能够比较充分、比较有效地利用我们国家的人力、物力、自然资源，使再生产的各个环节、国民经济的各个部门，特别是农业、轻工业、重工业能够协调地发展，实现国民经济活动的良性循环。什么是国民经济活动的良性循环呢？就是在我们的国民经济发展中间，能够得到速度高、积累多、人民生活改善快的效果。我们过去没有真正得到高速度，积累是不少，但是效果比较差，人民生活没有得到很大改善。这就要求我们在今后10年内，首先要加快农业、轻工业的发展，重工业的发展速度应有适当地节制，从目前看，不应当也没有可能发展得太快，以便确实保证国民经济能够以一定的速度持续地稳定地增长，而不是一阵儿增长，一阵儿下降，更不是大上大下。要努力争取国民收入的增长速度能够高于工农业总产值的增长速度。这样经济效果就好了。

要把不合理的经济结构调整为合理的经济结构，就必须把握住我国基本的经济特点，从实际出发，趋利避害。我国国民经济的主要特点是什么呢？从调整经济结构的角度来讲，是不是有这样三点：（1）我国人口多，劳动力多，资源也比较丰富，而建设资金不足。（2）我们的社会主义建设虽然取得了很大成绩，但我们的底子还是很薄，我们的技术水平和管理水平也是很低的。（3）社会主义经济制度已经确立了，但是经济结构和管理体制还很不完善。

从我们国家国民经济的基本特点和当前经济结构存在的问题出发，今后调整经济结构，制定政策的时候，应该把握住以下几个基本点：

第一，我国社会主义制度要求我们的经济结构应以满足人民的吃、穿、用、住的需要为中心。

第二，在今后10年内应该更多地发展劳动密集型的产业。所谓劳动密集型产业就是用人多的产业，能够容纳更多人的产业。为什么要更多地发展这种产业呢？因为这样有利于我们就业问题的解决。我们去年有700万人就业，今年还有700万人就业，今后10年还有5000万人要就业。我们现在全国的职工大概是1亿人。今后10年内还要增加6000多万人，这还只是在城市的，没有包括农村的农民子弟，他们也要就业。所以不发展劳动密集型产业就不能解决这么多人就业的问题，就业问题不解决，社会问题就多得很。当然社会上发生的一些不好的事情不完全是由于就业问题没解决，还有教育问题以及其他很多问题。但没有很好解决就业问题肯定也是发生问题的一个原因。

第三，我们要充分利用现有的基础，在老企业的挖潜、革新、改造方面下工夫，就是说，今后我们的基建投资应该是大部分，譬如60%或70%用到老企业的技术改造上；少部分，例如30%，或者40%用在新建企业上。过去我们把重点都用在新建企业上了，对老企业的投资是很少的，今后应该把钱主要花在现有企业的现代化上。这是个很大的问题，涉及我们这个现代化究竟是中国式的现代化，还是买来个外国式的现代化。我们的现代化应该首先把我们现有的几十万个企业现代化起来，同时，我们也引进建设一点新企业。是把现在这个基础现代化起来，还是把它丢在一边，另外搞一套新的，这有两种做法。看来非采取前一种做法不行，后一种做法是错误的。为什么呢？因为那一种搞法搞不起，也搞不成，花钱很多，效果不好。没有一个国家是采取这个办法的。相反的，采取前一种办法，花钱少，见效快，得益多。我们要引进新的技术，买一些新的设备，不只是另起炉灶搞好新的工厂，而是首先把现在的工厂现代化起来。冶金部周传典同志给中央写了一个建议，邓小平同志在五中全会的讲话中特别夸奖了这个同志。他的基本意思是我们的冶金工业究竟怎么发展。有一个时期，我们就是想搞宝钢那样一种现代化的工厂，原来说宝钢搞起来要 15 亿美元，后来用到 20 亿美元，之后又用到 25 亿美元，现在看大概要用近 50 亿美元才能建成。我们国家基建投资只有那么多，每年给冶金部 10 亿元，都用来搞宝钢还不够，其他的就顾不上了，破破烂烂也没办法。周传典同志的建议中说他原来迷信日本，认为中国的现代化要走日本的道路，因为日本的钢铁企业在世界上是很先进的，比美国的效率要高，一个工人平均每年要生产 500 吨钢，美国大概是 300 多吨，我们只有几十吨。我们宝钢就是从日本引进的技术。但他后来看了美国的钢铁厂，看了联邦德国的钢铁厂，发现美国、联邦德国走的是另外一条道路，他们是把现有的钢铁厂现代化。美国现在是 1.5 亿吨，日本 1 亿吨，联邦德国 5000 多万吨，我们开始是想把那些原有的高炉，比如 1000 立方米的高炉拆掉，搞成宝钢这样的 4000 立方米的高炉。他在美国、联邦德国看到人家 1000 立方米的高炉，甚至 800 立方米的高炉还在那儿生产，不过把高炉现代化了，要用电子计算机控制和其他一些新的技术，效率也同样是很高的，而花钱是很少的。日本的做法就花钱很多。现在周传典同志感到中国式现代化不能走日本现代化的道路，而要采取美国、联邦德国那样一种现代化的方法。他在建议中论述了这个道理。邓小平同志说他很有见解。何止冶金工业，其他工业也是这样。如果都把现有企业丢在那里不管，再另外搞一套，要花的钱是很多的。相反，不要说几十个亿，就是拿一两亿美元把我们鞍钢或者包钢改造一下，那个潜力不晓得有多大。

第四，我们的军事工业和民用工业要很好地结合起来。要亦军亦民，在一个工厂既能生产军工产品，也能生产民用产品。现在这方面我们还是有毛病的，军工厂生产民用产品时又要另外建一个民用产品车间，再搞一条生产线；民用工厂要搞战备产品时，又另外搞一个车间生产军用产品，军用工业和民用工业还是两张皮，在和平时期必然是很大的浪费。这个问题怎么解决？恐怕最好的办法是同一条生产线，既能生产军用产品，又能生产民用产品。当然产品的性质必须是近似的，比如装配雷达的地方，可以装配电视机或其他同类产品。我们到日本看了一下，它那个工厂里面，军用民用都生产。比如生产"日立"牌电视机的那个工厂，产品小到可以放到口袋里的小型电子计算器，小的收音机，大至原子能发电站，大的水力发电站，口径很大的大炮，很多的航天设备它都生产，很难说它是个军工厂还是民用厂，也很难说它是个轻工业厂，还是重工业厂。我们在日本问轻工业厂有多少，重工业厂有多少，他们说我们没有这个划分。我们到人家一个大通特种钢厂，大概和我们首钢差不多，每年生产100多万吨特种钢，普通钢还有几百万吨。我们走的时候人家送我们两种礼品，用纸包包起来的，我们回去打开一看，是一把菜刀和一把剪刀，上面写：这是我们工厂的产品。这个产品不仅在日本销售，还在国外销售，上面有英文字。我回国就问鞍山的同志，鞍钢是否也生产菜刀和剪刀呢？我们这些大的工厂里面哪会想到这些事情。其实在他那些地方生产这些东西可能是最好的，他们剪下来的那些边角废料都是很好的，完全可以做成最好的产品。这些方面的事情很值得研究。

要使经济结构合理化，就要从多方面来想问题。下面再讲几点具体意见：

第一，我们要全面地发展农业，给国民经济的发展打下坚实的基础。

我们要很好地贯彻中央的两个文件，要维护以生产队为基础的集体所有制，尊重生产队的自主权，特别是要实行适合我们农业发展的行之有效的联系产量的责任制度，对社员的自留地、家庭副业要有个长期的稳定的政策。农民就怕我们的政策多变。另外，我们要科学地制定农业的区域规划，这个地方种这种东西好，就安排种这种，种另一种东西不好就不种。山东有些地方是沙土地，种花生长得很好，你硬要它种粮食，粮食虽然比花生的产量高，可是从最后的价值讲要比花生少得多，种花生一亩地收80斤，也比种粮食打300斤、500斤要值钱得多，我们拿花生出口可以换回更多的粮食来。比如福建，广东种甘蔗产量多，湖南省七亩地、八亩地的甘蔗，都没有福建、广东一亩地生产得多，可是因为广东、福建的糖调不到湖南，所以湖南也要种甘蔗，产量少就少一点，反正能熬出点糖来吃，这就不经济。棉花也是这样，有些地方每亩能生产100多斤皮棉，有些地方一亩地10斤皮棉也生产不出来，你非要叫那些地方生产棉花干什么？要让每个地区因地制宜地来种植。当然也有个前提，就是贯彻计划经济为主的原则并在工作实践上把二者恰当地结合起来。要这样搞，就要发展商品生产，互通有无。现在每个地方都要求自给，特别是粮食的自给，结果本来他那里种别的好，可也要种粮食。当然每一个地方都不种粮食是不行的。但种粮食也要因地制宜，这个地方适宜种大豆就让他种大豆，那个地方适宜种苞米就让他种苞米，大豆、高粱、苞米可以互相交换。过去东北种大豆是很多的，最近少了。过去我们都是拿大豆和日本进行贸易，现在日本市场的大豆都是从美国去的，而美国大豆的种子是从中国去的。所以需要把这个问题解决好。还有一个就是机械化，究竟先化什么？后化什么？是不是马上就要实现机械化？原来说要在1980年实现机械化，现在看是落空了，原来提这个口号就不切合实际，实践检验是不行的。而且是不是每个地方都要很快实行机械化？机械化都是因为人力不够才搞，我们农村里面不是人力不够，而是人力过剩。你把城里的知识青年送下去插队，农民说我们自己的人都没活干，你把他们派来干啥？机械化固然能提高产量，但机械主要是节省人力，你实现机械化后，多余的人干什么？当然，我们也有地广人稀的地区，像黑龙江、吉林、青海、新疆，那些地方是需要机械化的，首先搞耕作机械化。但有些地区也不完全是这样，抢季节的时候需要机械化，平时人很多，应该抢季节的时候缺少什么机械就发展什么机械。更多的地区运输靠肩挑、人扛，这方面费的工夫很多，可不可以搞点运输机械？我们一搞就是拖拉机，实际上我们农村的拖拉机作为耕作用的不到30%，用作运输的大约占70%。用拖拉机运输合理，还是用汽车运输合理？拖拉机耗油多，效率低。所以不能笼里笼统地提一个机械化，而是要因地制宜，根据客观需要。同时，农田基本建设也要讲究实效，我们修了好多水库有的是有益的，但有的是无益的，个别的甚至是有害的。我们也有很多水库蓄了水不生效，不仅浇不了地，也养不了鱼，因为搞水库时按程序应该先把库底清干净，把石头搬走，把树砍掉，这样蓄的水养鱼才能下网。可是我们水库搞了，不清库底，库里养了好大的鱼都下不了网，打不了鱼，网下去都被弄破了。有些地方搞得河运航道也不通了，船也不能过了。有的水库修起来，两年就淤满了，成了灾害。这些问题需要很好解决，要把现有的工程配起套来，使它真正发挥作用，而不是又铺那么多摊子。我去年到辽宁省调查，辽宁省委的同志告诉我，最近20年来，辽宁搞农田基本建设花的劳动力等于全部劳动力干了一年半，但效果是不大的。如果效果大一些，农民的收入就更多。

第二，轻工业要加快发展，增加积累，改善人民的生活。

（1）现在轻工业发展不快与我们对轻工业重视不够是分不开的，原料也不行，现在轻工业70%靠农产品为原料，30%靠工业品为原料。因为农业没有很好地发展起来，特别是机械地搞什么"以粮为纲"以后，经济作物发展得不够，轻工业原料就不能增加。我们现在纺织厂为什么进口那么多棉花？就是因为自己棉花不够。还有很多工厂也是这样。比如皮革工厂用的皮子不够。张家口有5个大的皮革厂，可以把张家口地区的皮毛全部加工完。可现在每个县，甚至每个公社都搞皮革厂，皮革就到不了大的皮革厂，都被公社、县的皮革厂吃掉了，大的先进的现代化的皮革厂没有活干。小厂搞的质量又差、又慢，这也限制了发展。所以轻工业要发展，原料构成要作一个改变。现在工业品原料和农业品原料是三七开，我们要逐步倒过来，使农业品原料和工业品原料各占一半，然后再来个倒三七。原料多了，轻工业才能发展。拿皮革来说，现在人造革做出来比皮子并不坏，也很漂亮。过去说它不透气，现在搞好了也可以透气，这样轻工业工厂就都有活干了。搞工业原料门路是多的，比如纺织品，世界上棉纺织品比例越来越少，化纤纺织品比例越来越多。现在外国棉织品是贵的，化纤的东西比棉的便宜1倍，我们是倒过来的，棉的便宜化纤的贵，我去年出国时在国内买了一件棉织品的衬衣四五元钱，买一件化纤的十来元钱。到日本去，洗一次衣服合人民币八元钱，外国人洗一件化纤衣服的价钱和买一件新衣服的价钱差不了多少。当然自己有洗衣机是另一回事了。

（2）改变轻工业产品结构。轻工业无非是吃的、穿的、用的。现在我们吃是第 1 位，穿是第 2 位，用是第 3 位，还有行走、房租及其他非商品性支出是第 4 位。凡是经济发达的国家，吃的比重下降，我们现在是 50% 多，一半以上用到吃的上，20% 多用到穿的上，百分之几花到用上面去，再就是些非商品性支出。今后，肯定穿的东西和用的东西要增加，特别是用的东西要增加，比如三大件、四大件，新的三大件、四大件，其中耐用消费品更要增加的。现在街上青年人买家具是很热闹的，卖家具的商店里人挤得很满。衣柜、书架、沙发、落地灯，需要量越来越多，这也是符合规律的。这些东西不一定是以农产品为原料，有些还可以用化学塑料、钢铁，搞起来也很漂亮。

（3）调整所有制的结构。轻工业品是多种多样的，都靠国营工厂生产是不行的。应该说，集体化以后，手工业工厂公私合营以后，总的讲来是成功的，但也出现了一个问题，就是品种大大地减少了。现在百货大楼的品种花色比 1957 年前减少了而不是增加了。前年我到日本去访问的时候，在东京看了一个百货公司。这家百货公司大小跟王府井百货大楼差不多，但它有 50 万种商品。王府井百货大楼是我国第二大百货公司，也才有 3 万个品种。日本那个公司经理很年轻，只有 30 岁左右，他领着我们参观了两个小时，商品线大概有四公里长。我们很想看看在 50 万种商品里有多少中国的商品，走了半天走到一个地方他站下来了，说这里有中华人民共和国的产品。是什么东西呢？是地毯。但他摆的地毯中最高级的还不是我们的，而是伊朗和巴基斯坦的。我们想再看点中国的产品，又走了好久到一个处理商品的地方，在那里看到中国的产品了，就是上面说到的羊毛衫。人家摆的高级羊毛衫有中国香港的、日本的、英国的，英国的最值钱。我们的被摆到那个处理品的地方，比日本的羊毛衫要低 1 倍的价钱，只等于英国的羊毛衫 1/5 的价钱。产品是千差万别的，怎么样才能满足社会很复杂的需要呢？搞些集体所有制的小厂，就可能有很多花色品种。你到日本去，他那个自行车就有几百个品种，汽车也有好多品种。过去以为汽车就那么几种，其实，到丰田住了几天，看到那里有好几十个甚至上百个品种。美国的超级市场，相当于我们卖菜、卖罐头这些东西的商店，商品有 1.4 万个品种。

现在要发展轻工业，实行六个优先，一定要做好，在材料上保证，投资上保证，电力上保证，各个方面都优先保证它，使它发展得快一点。

此外，重工业部门要生产一部分适合于人们生活需要的消费品，特别是耐用消费品，我们的机器厂、冶金厂都可以生产。人家日本人很大的钢铁厂还生产菜刀、剪刀，我们的重工业部门就不可以生产一些轻工业品？

第三，重工业的结构也要进行调整。

（1）重工业要把能源工业放在第一位。能源发展的快慢是我们国家发展快慢的决定因素。能源中，石油、煤炭、天然气、水力这是一次能源，二次能源就是电，当然首先是一次能源，没有一次能源哪有二次能源？这几种东西里面，我们过去几年的政策也是不稳定的，究竟能源里面主要是搞什么？新中国成立初期，我们主要是搞煤炭，以后就搞油。油原来以为希望是很大的，当然从我国远景来说希望是不小的，但是现在真正探明的储量是有限的，比较有把握的一个是煤，一个是水力。现在国家已经决定，能源里面首先抓煤炭，当然也不放松油，也还要花很大的力量去搞。我们国家水力资源是比较丰富的，现在利用的只有4.7%，日本是50%，美国是30%多，我们是"大江东去"，白白流走了。我们的水力资源主要在西南地区，在云贵川高原。那个地方修起水坝发电，远距离输送消耗太大，技术问题没有解决，而且建设一个水坝很不容易。如果三峡水坝修起来，下游水温就要降低10度，肯定水生物要发生变化，有些海鱼到长江里产卵，水温低它就不一定进来。两边的水位也都要发生很大变化，气候也要发生变化。现在长江上游砍伐很厉害，有人讲，长江将来可能变成第二条黄河。如果变成第二条黄河，修起水坝又会像三门峡一样。三门峡现在已经淤得很严重。所以大的水电站要搞，但必须要把各种问题搞清楚。当然有很多水电站还是很好的，比如黄河上游的那些水电站，青海、甘肃、宁夏境内的，效果都很好，西北地区不缺电，主要是这几个水电站起了作用。可能在最近10年内最有希望的还是煤，其次是水力。油要努力去搞，但有没有把握，现在还看不出来，至少已经探明的油田储量还不能像那些大的油田那样去开采。

（2）要把机械工业放到重要地位。今后10年我们应该把技术改造作为重要任务，把现有的企业现代化起来。这就要求机械工业给各个部门提供现代化的装备。现在机械工业，吃不饱，又吃不了。如果我们国民经济各部门搞起技术改造，那就够它吃的了。可是要搞这个事情有很多问题需要解决。什么问题？我们国家折旧率太低。现在世界上特别是资本主义国家，一般的七八年就折旧完了，不是工厂不要了，是把折旧费收回来，不断更新改造它的机器。还是那个工厂，但机械不断更新。我们全国平均折旧率是40％左右，就是说25年才能折旧完毕，实际上企业只能拿到一半，每年拿到2％，其他的被主管部门、其他部门拿走了。因此，我们这个企业50年才能折旧一次。大家看看我们有些工厂的机器，不少是破破烂烂的，就是第一个五年计划时期苏联帮助我们建设的那些企业，现在有些也是破破烂烂。有些地方，机器一开动，厂房都摇摇晃晃的，特别在上海老工业基地，这个问题更严重。要解决这个问题必须把折旧率提高，使企业改造有稳定的资金来源。我们准备有计划地分10年和15年把旧的机器换成新的机器，有的时间可以更长一点。着重换那些消耗煤、电、天然气多的机器，把那些"煤老虎"，"电老虎"换下来。我们现在有好多锅炉修一次比买一个新锅炉还要贵，为什么还要它？干脆毁掉，换一个新的。还有的多消耗的煤、电比买一个新的机器要贵，还要这个机器干啥？我们国家煤、电都很缺，换下来就可以节省煤、电，冶金工业还可以利用大量废钢铁炼钢。世界上其他国家钢铁生产如果达到3000多万吨，都是钢的产量大于铁，铁的产量等于钢产量的70％、80％，或者更低，假如生产1亿吨钢的话，只要生产7000万吨铁就够了。我们国家去年生产3400多万吨钢，铁是3700多万吨，铁大于钢，为什么？废钢铁太少。大家都知道，把铁炼成钢消耗的能源是很多的，我们国家是贫矿多，要三四吨矿石才能炼一吨铁，把三四吨矿石处理好，由粗矿变成精矿，变成团矿，然后进炉，不晓得费多少能源。因此，这也限制了我们钢铁生产的发展，因为能源不够。假使废钢铁多了，生铁就可以生产少一点。钢的产量反而可以提高，同样多的能源，可以生产更多的钢铁，质量还提高了。这是一个好处。第二个好处，吃不饱的机械工业可以吃饱了。第三个好处是能源的消耗可以大大降下来。第四个好处是产品质量可以大大提高。第五个是劳动生产率可以大大提高。总起来讲，经过这一番变化以后，我们的企业就可以现代化。你拿新的设备把旧的设备换下来不就现代化了。我们的现代化应该走这样的道路。现在机械工业虽然大、多，但它质量不行，有的东西它做不出来，有的做出来很快坏了，又不负责修理，零件又不给人家供应，这些问题需要解决，组织好，才能完成这个任务。还有电子工业，要引起我们特别的注意。电子工业是属于机械工业，它搞上去以后，我们才能真正自动化、现代化。50 年代，美国每个人平均的电子管件是10 个，60 年代是三五万个，70 年代 10 万个，80 年代估计 100 万个以上。电子工业搞起来可以节省大量人的劳动。现在电子工业在美国占第 4 位，我们也要注意发展。搞出来以后可以使技术有很大提高，它本身又需要很多的人。我们人多就业比较困难，这个方面应该发展，它虽然是一种很先进的技术，但还是劳动密集型的。

（3）钢铁工业也要发展。其重点是增加品种，提高质量。

（4）石油化学工业、煤炭化学工业也要发展，使轻工业产品的原料逐步由农产品原料改变为工业产品原料。化学工业是很重要的，塑料合成纤维、合成橡胶，都靠化学工业。

第四，建筑业要有大的发展。我们这些年来，住房是非常缺的，如果加上农村所短缺的房屋，问题就更严重了。城市里边，去年搞了 5000 万平方米，今年搞得更多一点，以后逐年要增加。农村房屋问题更严重，农民有了钱就要盖房子，不然的话，连个媳妇也娶不了。要盖房，就要发展建筑材料，搞水泥、预置构件。我们要保护环境，不能随便砍伐树木，但如果不给解决建筑材料，盖房就要砍树。去年我接待了个美籍华人，是个经济学家，在美国一个州立大学当经济系主任，回老家看了一次，看了后很感动，说没有想到我们那个山区也有了电灯，汽车也能开进去，也有了机械化。说特别感动的是，大陆能养活这么多人口，就从他那个家庭说，他出去的时候，姊妹 4 个人，现在除他之外，已经发展到 52 口人，都还吃得不错，这是他想象不到的。他说就是有一点意见，人口增加了，房子还是那几间，挤得太厉害。到农村看看，住房问题很大。当然要动员群众盖房的积极性，但国家不搞点水泥、预置构件，木材，光靠群众是解决不了的。城市里面主要靠国家来办，但也不能光靠国家，将来要鼓励私人储蓄买房子，农民的房子是自己盖，自己花钱，有时公家也给补助一点。城市职工将来工资多了，能不能也买点房子？

第五，适当降低积累率，调整投资的结构。这些年来，我们积累率太高，和我们高指标分不开。你提那样高的指标，达不到，怎么办？就投资，投资多就要提高积累。结果速度没有提高，经济效果也差，生活水平也低，高积累并没有取得好的效果。根据我国当前条件积累不能超过30%，控制在25%，在比较长的时间内这样安排好。这样基本建设投资就要压缩，压缩以后，要合理使用，使得投资虽然少，效果要好，使1亿元真正发挥1亿元的效果。在投资的分配上，多少用来改造现有企业，多少用来布新的点，要有合理的安排。还有，生产性建设和非生产性建设要有个安排。过去主要是搞生产性的建设，非生产性的建设就没有很好安排，职工住房没有，或盖起工厂没有水、没有电、没有道路，还是开不了工，或者没有学校、没有银行、没有商店，人们生活不方便，不愿意去。生产性建设方面，要增加轻工业的投资，重工业里面要增加能源工业的投资，增加交通运输的投资，还要增加科研、文教方面的投资。每进行一项投资，都要进行经济效果的分析，如果经济效果不好，就不要搞这项投资，当然有些项目虽然赚钱不多，必要的时候也是应该搞的，比如能源工业、铁路、公路、你不搞行吗？这些由国家有计划地搞。但一般企业，如果搞起来要亏损要赔钱，那我们就要慎重了。

第六，调整进出口结构使进出口能适应我们现代化的需要。要增加工业品的出口，减少农产品的出口，这是从比例上说的，绝对数量还是要增加的，因为农业也要发展。工业品里面又应该减少工业原料、没有经过加工的矿产品的比重，增加经过加工的工业品的比重，特别是劳动密集产品的比重。凡是原料能经过国内加工再出口的都要经过加工，这样就值钱了。我们国家劳动力很多，我们应该利用这个优势。从进口来讲，过去主要是进口成套设备，比如化肥装置就进口了13套。有些我们没有的，也可以成套进口一套或几套，进行研究试制，以后就可以不进口或少进口，或进口它里面的某些关键的东西。今后主要进口关键的技术和关键的设备，采取成套设备的进口花的外汇很多，效果较差。要采取这样一种政策，凡是国内能制造的东西都不要进口，凡是我们能够出口的，都要尽量出口，要采取免税和减税的办法鼓励出口，使我们出口的东西在国际市场上有竞争能力。

第七，做好区域的规划，建立合理的经济结构，发挥各地的自然优势。过去，除了国家要搞一个独立完整的经济体系以外，还要搞六个大区的独立的完整的经济体系，以后又说每一个省也要搞一个完整的经济体系，万事不求人，不管我这个地方有没有这个条件，有没有这个资源，什么都要搞一点。比如没有铁矿的地方要搞钢铁厂，没有煤、油的地方要搞化肥厂，而由很远的地方运去，没有磷矿的地方要搞磷肥厂，不按地方资源条件，经济条件，都要搞一个什么都齐全的东西。这当然是不合理的，不会取得很好的经济效果。但是反过来说，每个地方有不同的特点，有它适应发展的东西，我们应不应该鼓励它发展？当然应该。比如亚热带地区有很多亚热带作物，甘蔗、柑橘、荔枝、香蕉等，我们就应该发展这些东西。适于种棉花的地方就多种棉花，适于种花生的地方就多种花生，适于种大豆的地方就多种大豆，什么东西在那里高产就种什么，什么东西价值最高就种什么。从工业来说，那个地方有什么资源就发展什么工业。特别是农业，不因地制宜，瞎指挥，危害是很大的。我们去美国有一个很突出的印象，就是他们很注意科学地划分作物区。我们是从东部去的，先到波士顿、费城、纽约、华盛顿，走了那么1000多公里路，在飞机上看到净是树，根本就没有庄稼。我们就问人家，你们的粮食种在什么地方？人家美国人讲，下一个行程你们就看到了，我们的粮食在中部地区，东部地区根本不种粮食。偶尔在波士顿郊外看到了几棵玉米，问他们干什么用的？说是养马的。我问他们不是机器耕田吗？喂马干什么？他们说养马是玩的。但是你一到中部地区，大片大片的都是粮食作物，要种玉米都是玉米，要种豆子都是豆子，蔬菜、水果在西部地区。他们每一个地区都把土壤作了科学分析，看适合种什么东西，施什么肥料。我们施肥往往到处都是碳酸氢铵、氮肥。氮、磷、钾的比例也不讲究。有人说我们的土壤红、黄、蓝、白、黑，黑土就是东北地区，红土是南方，白土是盐碱化的土地，蓝就是水面，黄土是西北高原。这些不同的土壤适于不同的种植物，不同的种植物又需要不同的肥料。我们虽然搞了不少肥料，由于氮、磷、钾比例不行，氮肥肥效也就差。以前上一斤氮肥可以增产三四斤粮食，现在连两斤也达不到，而且使土壤板结了。另外，还要有其他微量元素加到里面去才能够有好的结果，所以农业的区域规划特别重要。工业上，自然资源和产品销路也应该有个合理的安排。我们常常是把好多原料运到上海，在上海加工了再运到各地，这也是历史形成的，短期改变是不可能的，但不能在这个不合理的上面再加上一个不合理。现在建宝钢虽然是个好事情，但上海也感到是个包袱，上海本来运输很紧张，污染也很严重，加上宝钢当然就更紧张一些了。所以只有在国家统一计划下面，各省区都有个合理的规划，全国的经济结构才能搞合理。

第八，积极发展运输业。目前运输是国家一个很大的问题。很多铁路的区段通不过去，这就提出了一个问题，就是我们铁路的建设，究竟是先通到西藏、青海，或者别的什么地方？还是把钱花到通不过的地方？通到青海、西藏当然是好事情，但没有多少东西可运，现在最繁忙的区段又通不过去。水路也没有很好地发挥作用。将来商品化发展以后，农村公路运输是很大的问题，现在有好多东西运不出来，好多牛奶、水果、肉都坏了。草原上本来到了秋天牛羊是最肥的时候，但它那里没有加工厂，没有冷藏设备，只好让牛羊过冬，秋天养起来的膘又掉了，以后再宰吃很大的亏。有的春天死掉了，因为没有东西喂，春天也容易得病。这些问题都和交通运输有关系。另外，我们铁路、水路、公路、航空、管道运输也没有很好利用起来，不能连接起来。不讲其他，我们那个地下铁，就没有和地面运输连接起来，地下铁的票，在地上就不能乘车，地上乘车票地下不能用，合理的话应该是通用的，这样地铁就能充分利用。外国人问我，你们修了地铁，为什么不充分利用？运输最繁忙的地方比如东京、纽约，好多交通都在地下，地上根本走不开。我们船票和车票恐怕好多都没连起来，飞机票都不连接。我们这次出国，从北京经巴黎到美国，最后从旧金山回来，飞机票一次就买了，他们可以结算。我国就不这样搞，外国来旅游的人对此也有意见。总之，交通运输是个很大的问题，限制了我们经济的发展。

第九，改革经济管理体制。我们现在管理经济的办法基本上是行政的办法，不注意经济的方法。昨天银行的同志找我座谈银行怎样发挥作用。他说现在我这个银行有很多钱，没有谁来用我这个钱，要钱的时候都是向财政部要钱，不向银行要钱，因为要掏利息。实际上谁也不承担经济责任，赔了钱到财政部报销，转到银行了事。因此，都想多要投资。而资本主义国家那些资本家都希望能从银行借到钱，信用好能借到，信用不好就借不到，真正有了信用，一元钱能办的事决不借二元。可是我们要办一件事，本来一元钱能办的，向财政部起码要二元，图自己方便。"头戴三尺帽，不怕砍一刀"，张口大一点，反正上面要砍的。资本家为什么不那样搞？多要钱要多拿利息，他拿不起，要多赚钱也不肯多拿利息，他要用最少的钱办最多的事。我们不是这样，引起了很多问题。比如基本建投资，都是无偿使用的，给你 100 亿元，白给你。流动资金在计划以内也是照拨的，即使超过计划拿点利息，反正也是公家的，不过从这个口袋装到另一个口袋。什么罚款，终归不是罚我的工资，还是国家的钱。这方面的问题都应该在体制改革中研究解决。

关于长期计划的几点意见[*]

党的十一届三中全会以来，党的政治路线、思想路线越来越完善，这就给编制一个好的长远规划，创造了最有利的条件。长远规划包括经济、技术、社会等方面的极其丰富的内容，要编好规划，还需要有体现党的总路线的经济、技术和社会诸方面的具体路线和具体政策，否则是不可能编出一个好的长期规划的。

30年来，我们有许多成功的经验，也有许多失败的教训。我们由于违反经济规律和自然规律而遭受了惩罚，这已经是多次了。单就长期计划来说，30年来，前后共编过10次，除了第一个五年计划是成功的以外，其他9次都落空了。这个经验，值得好好总结。

根据历史经验和当前的具体情况，我们在社会主义现代化建设上，有两种倾向，是应当注意的。一种是怀疑论；一种是速成论。这两种倾向都不利于我国的社会主义现代化事业，不利于我们正确地制订长远计划。

为了给编制长远计划进行准备，我们在研究如何改善经济结构、提高经济效果的过程中，碰到以下十个比较突出的问题：

（1）人口和就业问题。在人口问题上，要从经济政策和社会政策上研究一些办法，对只生一个孩子的怎么奖励，对多生孩子的怎么限制，光靠行政命令不行。关于就业问题，据初步估算，未来十年城镇就业人员，

---

* 本文是作者 1980 年 4 月 2 日在长期计划座谈会的发言摘要。

至少有 5000 万人，加上农村新成长的劳动力，可能有 1.5 亿—2 亿人。所以要广开门路。这个问题解决好了，经济会发展得快些；解决不好，就会是个很大的负担，甚至会出乱子。为了解决就业问题，除了农村要搞好多种经营，尽量吸收农村劳动力以外，应当把发展的重点，放在劳动密集的产业上，而不是放在资金和技术密集的产业上。相应的技术政策，也应当是自动化、半自动化、机械化、半机械化以及手工劳动相结合的多层次的技术结构，而不是盲目地、不切实际地一律追求现代化。

（2）技术改造为主，还是新建为主？就是说，是通过对现有 40 万个工交企业进行技术改造，来实现现代化；还是把 40 万个企业丢在一边，另搞新的建设项目，引进技术设备，买来一个现代化。过去很长时间，我们没有很好地在现有的企业上打主意，而把主要注意力放在新建项目上。其实，现有 40 万个企业，才是主体。今后投资，拿多少搞新建项目，拿多少搞技术改造？这是我国经济发展的战略问题，是一个大政策。过去我们只搞新的建设项目，经济效果很差。今后能不能倒过来，把投资的 60%—70% 放在现有企业的技术改造上，30%—40% 搞新建项目。

（3）基本建设战线怎么缩短，投资效果怎么提高，要研究。搞过大的基本建设计划，上过多的大项目，长期打消耗战，是造成经济效果低下的一种顽症。医治这种顽症，要从缩小基本建设投资规模入手。财政搞赤字，"三材"① 留大缺口，十几年不考虑人民生活，用这种办法来扩大基本建设规模，今后不能再搞了。

（4）能源是个大问题。我国能源政策长期不稳定。在煤油之间，北煤、南煤之间和水电、火电之间，变来变去，造成不少浪费，影响生产增长速度。我们应当在确实搞清资源的基础上制定合理的能源政策。看来，在今后 10 年中还得把重点放在煤炭的开发和合理利用上。

（5）在进行技术改造方面，起决定性作用的是机械工业。要改变目前军事和民用工业以及制造和维修工业互相分割、自成体系的不合理状况，真正按专业化与协作相结合的原则，全面规划，统一组织，才能完成

---

① 指钢材、木材和水泥。

技术改造的任务。

（6）做好区域规划。要充分发挥各地的自然优势和经济优势，发展最有利的产业部门；省区之间，分工协作，互通有无，而不是到处一个模式，都搞自足自给的经济体系。那样，各地的优势不能发挥，劣势不能改变，甚至本来的优势也变成了劣势，这是很不经济的。农业的区域规划，尤其重要。在进行区域规划时，农业要注意生态平衡，工业要注意环境保护，防止污染。

（7）人民生活问题。社会主义生产的根本目的是满足人民不断增长的物质和文化生活的需要。我们党在战争年代，都不断提过改善人民生活的口号。解放以后，第一个五年计划还提。以后的计划就不大提了。其实，生产与消费的关系以及建设与生活的关系不解决好，生产是发展不起来的。片面讲消费不对，片面讲生产也不对。要把经济搞活，社会再生产搞好，一定要处理好生产与消费关系。联结生产与消费的纽带是交通运输和商品流通。目前这两个方面都是相当落后的，要加快发展。

（8）积累和消费的关系。现在究竟积累多了，还是少了，积累多少才合适？最近中央办公厅研究室写了一个材料，根据我国 30 年的经验，吸取苏联和一些资本主义国家的经验，提出我国的积累率以不超过 25% 为宜。我赞成这个观点。我国第一个五年计划时期的积累率是 24%。在这期间，经济比例关系比较协调，生产和人民生活都有较大的提高。有的同志说，现在 30% 以上的积累率并不算高。这种看法值得研究。多年的实践证明，离开实际可能，硬性提高积累率，无非是降低工人和农民的生活水平。这样做，对我们的社会主义事业是非常不利的。积累要控制在一定限度内，但更重要的是把它使用好，少花钱，多办事，取得最大的经济效果。

（9）搞综合平衡的规划，还是搞通货膨胀、财政赤字的规划？过去，陈云同志多次说过，搞计划要四大平衡，即财政平衡、信贷平衡、物资平衡和外汇平衡。凡是这样做的时候，我国经济的发展都比较顺利；反之，我们各方面的工作就非常被动，经济发展就很缓慢。现在有的同志提出，是否可以搞点财政赤字、通货膨胀，来促进经济发展，理由是许多资本主义国家采取这种办法取得了一定的效果。我看此法不妥。究竟怎样，要慎重研究。

（10）改善我国的经济结构。经济结构的合理与否，对于我国未来的经济发展，关系极大。当然，我国的经济结构，是一种重工业过分突出，农业、轻工业、能源工业、交通运输业、商业服务业相对落后，地区搞自足自给的经济体系，部门、企业又搞大而全、小而全的生产系统。它具有比例失调、构造松散、机制失灵、效率低下等缺陷。要研究如何有步骤地改变这种不合理的经济结构，建立起一个能够比较充分和比较有效地利用我国人力、物力和自然资源，使再生产的各个环节和国民经济各个部门（特别是农轻重）能够协调发展，实现经济活动良性循环的经济结构，以达到速度高，积累多，人民生活能够相应地得到改善的目的。

关于经济预测和计划方法问题。现在许多经济发达的国家都在搞经济预测，有的预测到本世纪末，有的预测更长的时间，当然不一定准确。我们马克思主义者，更要有预见，这项工作，过去没有被重视，今后应当加强起来，这不仅对编制长期计划有用，而且对改善经济工作的领导，也是很有用的。

在计划方法上，过去常常是先定钢铁等几个生产大指标，然后按此推算，需要多少煤、多少电，需要新建多少项目，增加多少投资，等等。这种做法，容易把大家的注意力引向争项目、争投资，而忽略综合平衡。能否采取另一种方法，不是从几个生产大指标出发，而是从人民的基本需要出发来搞计划，即按人口的增长和人民基本消费的需要，来安排农业、轻工业的发展，再安排重工业、交通运输业和商业服务业、文教事业的发展，而后安排基本建设等。这样，容易使生产和需要结合，求得综合平衡和比较好的经济效果。财经委员会经济结构小组和社会科学院工业经济研究所的同志已经采用这种方法，对我国未来十年经济发展的前景作了一些预测。这是一种探索性的问题，不一定准确，可供同志们研究。

西欧三国工业管理观感[*]

　　根据欧洲论坛安排，我受国家经委访问代表团的委托，谈谈我们访问三国的观感。首先要感谢施瓦布教授，由于欧洲论坛的周到安排，使我们对瑞士、联邦德国、奥地利三国作了一次极为有益的访问，给我们留下了深刻的、美好的印象。我们对于以施瓦布教授为首的欧洲论坛的诸位先生，对于以赛福尔先生为首的奥地利的接待单位，对于三国接待过我们的所有单位的女士们、先生们表示衷心的感谢！

　　我们在三个国家，访问过三十五个公司，也访问过银行、经济研究单位、政府部门和大学共五十六个单位，同各界人士，包括工人委员会的代表、企业家、学者、政府负责人进行了广泛的接触。所到之处，都受到热烈欢迎，各单位负责人士亲自接待，亲自带领我们参观，亲自介绍情况并进行友好的交谈。所有这一切，充分体现了三国人民对中国人民的友好感情。同样，中国人民对于三国人民也怀着深厚的感情，我们是带着中国人民的友谊而来的，现在是带着三国人民对中国人民的友谊回国的。

　　诸位很了解，中国人民要争取在本世纪末实现四个现代化。要实现现代化，一方面要总结我们自己的经验；另一方面要向已经现代化了的国家学习。一年多来，我们像蜜蜂采蜜一样，先后访问了日本和美国，现在又到了现代文明发祥地的欧洲，我们是很高兴的。

---

* 本文是作者 1980 年 6 月在维也纳欧洲论坛举行的一次会议上的讲话。

诸位一定会问：你们访问了许多国家，你们认为西欧和你们已经访问过的国家有什么不同？

同我们已经访问过的美国和日本比较，这次访问的西欧三国，在经济上有以下一些不同点：

（1）通货膨胀率较低。

（2）失业率较低。

（3）大规模罢工事件较少。

（4）注意环境保护。

此外，对民族、文化传统都比较重视。虽然三个国家的经济发展是不平衡的，但大体相似。

这是与三国广大的体力劳动者和脑力劳动者的辛勤努力分不开的。

这三个国家都比较注意在维护现制度下调整劳资之间、政府和人民之间、中央政府和地方政府之间的矛盾，使社会经济生活得到相对的安定。在这方面，引起我兴趣的有以下几点：

（1）比美、日等国重视工人阶级的经济、政治、社会作用，大的企业成立工人委员会，并派一定比例的代表参加监委会。

（2）比较注意社会福利。

（3）比较重视发挥州政府的作用。州有相当大的自治权。

（4）国家通过国家银行和税收机关，对经济的影响较大。

在工业管理和企业管理方面，引起我们重视的有以下问题：

（1）经营的多样化，生产的专业化，协作的社会化。

（2）重视青年徒工的培训，有一套制度，这是保证产品高质量的一个基本条件。

（3）重视老设备、老厂房的充分利用。

（4）大企业都有比较强的科研设计机构作开发工作。

（5）企业的管理机构，根据需要设置，灵活多样，不千篇一律。子公司和工厂都是独立核算单位，自负盈亏，有很大的自主权。

这五点，在经济体制的改革中，都是值得我们借鉴的。

我还想提到一点：虽然第二次世界大战对西欧经济的破坏很大，但在经济复兴过程中，美国曾经产生很大的影响。但是，从我们访问的三国来看，都重建了并且大大地发展了自己的经济，并没有美国化，而是保持了自己的传统。正如奥地利的安德列兹总经理舍里奥先生所说：你们是传统加进步。我们认为这是一种好的做法。同样，中国实行现代化，当然要向已经现代化的西方学习，学习你们对我们有益的东西，也要同西方进一步进行经济合作（如合资经营等），但这决不是西方化。有的人有这种担心，有的人有这种希望，这都是不切实际的。我们的现代化是中国式的，是社会主义的。正如邓小平副总理所说：我国的现代化是中国式的社会主义现代化。

我们相信，通过欧洲论坛两次对中国的访问和我们这次访问，我们同欧洲论坛的关系将会更加密切，同三国的经济、技术、思想的往来将会进一步发展。

我已经占用了诸位许多宝贵的时间，现在应当结束我的讲话了。

谢谢各位。

关于改善我国经济结构的意见[*]

一　我国经济结构的现状和存在的主要问题

（一）应该怎样评价我国当前的经济结构

当前经济结构和解放前相比，发生了根本性的变化。

旧中国是半封建半殖民地社会，经济结构极不合理，生产力长期停滞。新中国成立以后，为改造旧中国的经济结构做了大量的工作，取得了巨大的成绩。

第一，建立了独立的比较完整的工业体系和国民经济体系。解放前，我国农业和手工业占优势，现代化工业比重很小，国民经济依附于帝国主义。解放后，我国进行了大规模的社会主义工业化建设。从 1949—1979 年，工业总产值增长 41.5 倍，其中重工业总产值增长 97.6 倍；工业总产值占工农业总产值的比重，已由 30% 提高为 70.3%，重工业总产值占工业总产值的比重，由 26.4% 提高为 56.3%。我国工业的门类逐步齐全，现代化水平不断提高，我国已经由农业国变为农业工业国了。

第二，农业有了较大的发展。农民在土地改革以后，就走上了集体化道路，30 年来我们大规模地进行了农田水利基本建设，农业生产条件得

---

　　*　本文是作者在 1980 年上半年写给国务院的建议报告。

到显著改善，生产水平有了较大提高。1979 年粮食总产量达到 6642 亿斤，比 1949 年的 2264 亿斤增产 4378 亿斤；按播种面积计算亩产 371 斤，比 1949 年的 137 斤增产 234 斤。解放前我国农业几乎全部是手工劳动，解放后农业机械化也有了一定的进展。

第三，交通运输事业有了很大发展。旧中国遗留下来的线路少、运输能力低、布局不合理的状况有了改变。现在全国除西藏外，各省、市、自治区都通了火车，除西藏的墨脱和四川的白玉两个县外，全国各县都通了汽车。1979 年民用航空线国内里程达 16 万公里，国际航线已有 15 条，同 10 多个国家通航。我国已建立起一支初具规模的远洋船队，同 100 多个国家和地区往来。

第四，国内外贸易发展迅速。旧中国广大农村基本上是自给自足的自然经济，现在起了重大变化。国内社会商品零售总额 1949 年为 140.5 亿元，1979 年达到 1800 亿元，增加近 12 倍。在对外贸易方面，1950 年进出口总额 11.3 亿美元，1977 年 148 亿美元，1978 年 206.4 亿美元，1979 年 293.9 亿美元，近两年增加很快，进出口产品的构成也起了变化。通过对外贸易，为现代化建设积累了一些资金，引进了一批先进技术设备。

第五，技术结构有了显著改善。我国工业不仅有了大批机械化设备，而且有了一批自动化设备。农业中也采用了一些农业机械和新技术。我国国民经济的技术结构，已经由解放前以手工劳动为主，发展为目前自动化、半自动化、机械化、半机械化、手工劳动相结合的多重结构。

此外，在生产发展的基础上，人民生活比解放前也有很大的改善。

我国经济结构发生以上变化的根本原因，在于胜利地进行了新民主主义革命和社会主义革命，建立了社会主义制度，为迅速发展生产、改革经济结构提供了有利条件。从解放前后经济结构的对比，可以看到，我国当前经济结构存在着很多积极因素。由于我国已经建立起独立的比较完整的工业体系和国民经济体系，生产力特别是工业生产力有较大的发展，已为现代化打下了基础。这就可以基本上立足于国内，独立自主地进行建设，就易于适应各种情况，经受风浪的能力较强。

我国农业有巨大潜力。矿产资源和水力资源也较丰富。同时，我国劳动力多，如果善于使用，也可以成为发展生产的有利条件。只要我们充分利用社会主义的优越性和以上这些有利因素，一定能逐步建立起适合我国情况的、合理的、适应社会主义四个现代化建设需要的经济结构。

但是，当前我国经济结构存在的问题还是相当严重的。由于经济结构不合理，国民经济比例严重失调，导致我国社会再生产不能顺利进行。许多工厂由于缺少原料、动力而开工不足；许多基本建设项目被迫下马，不下马的也打消耗战，长期不能建成投产。不少设备的利用率很低，大量待业人员需要就业。经济结构不合理也导致经济效果下降。经济结构不合理，也造成能源消耗的严重浪费，每消耗一吨标准煤所创造的国民生产总值，我国还不到日本的 16%。经济结构不合理也阻碍人民生活水平的提高，并妨碍经济管理体制的改革。当前我国经济结构存在的问题严重阻碍着"四个现代化"的实现，我们对此必须有足够的认识。

（二）当前经济结构存在哪些主要问题

1. 农业严重落后于工业，阻碍国民经济迅速发展

新中国成立以来，我国农业产值在工农业产值中的比重呈急剧下降的趋势，从 1949 年的 70% 下降到 1979 年的 29.7%。我国农业日益落后于工业，工业有离开农业而片面发展的危险。我国农业劳动生产率低，1979 年我国农业人口占总人口的 83.8%，农业劳动者占工农业劳动者的 84.6%，农业比重虽然这样大，农产品仍远不能满足国民经济发展的需要。我国农业结构也很不合理，由于过去一个时期片面地实行"以粮为纲"，破坏了森林和草原，不仅不能充分利用自然资源，而且使生态平衡遭到破坏。长期以来我国农业的发展和整个国民经济的发展不相适应，一段时期内粮食的增长速度还低于人口增长速度，第二个五年计划以来，每年都要净进口粮食几十亿斤。只要歉收或征购偏高，局部地区就发生饥荒。这种情况同一个农业大国极不相称。

2. 轻工业落后，不能满足城乡人民提高生活的要求

我国轻工业一直没有摆在应有的地位，轻工业投资占基本建设投资的比重过低，第一个五年计划时期为 5.9%，以后不仅没有增加，反而还有减少的趋势。我国按人口平均的主要轻工业产品，不仅大大低于世界先进水平，而且有些还不能满足人民生活的起码需要。我国轻工业的生产技术大都相当于国外四五十年代的水平，有的是二三十年代的水平，劳动生产率很低。轻工业内部比例关系也极不协调。轻工业落后导致市场供应紧张，近两年市场商品可供量与购买力的差额有几十亿元。

　　3. 重工业脱离农业和轻工业而片面发展，并且内部比例严重失调

　　我国重工业也很不发达，还需要进一步发展，但从当前整个经济情况看，重工业的规模和速度超过了国民经济可能提供的物力和财力，挤了农业和轻工业，也妨碍自己的发展。重工业部门之间也很不协调：一是燃料动力工业落后。1953—1979 年我国工业总产值每年平均增长 11.1%，而能源生产每年平均只增长 10.0%，加上使用能源中浪费严重，能源问题已成为当前国民经济中的突出问题。二是原材料工业和加工工业不相适应。目前我国机床加工能力大于钢材供应能力三至四倍，机床拥有量虽多，但粗加工为主的机床比重大，精加工为主的机床比重小，机床效率也比国外低得多，机械制造工业远远不能适应国民经济技术改造的需要。三是建材工业落后。1953—1979 年建材工业平均每年增长速度为 11.6%，低于重工业 13.4% 的年平均增长速度，除第一个五年计划和"调整时期"外，建材主要产品的增长速度都低于同期工业增长速度。各重工业部门内部也比例失调，如石油、煤炭工业内部采掘失调，钢铁工业内部采矿和冶炼、冶炼和轧制比例失调等。这些情况使得重工业难以充分发挥对农业、轻工业和整个国民经济的主导作用。

　　4. 交通运输业的发展也远远落后于经济增长的速度

　　我国铁路通车里程不到美国的 1/6，不到苏联的 1/2，比印度还少。我国公路、水路运输也不能满足工农业生产发展的要求。沿海港口吞吐能力严重不足，影响对外贸易的发展。我国邮电通信也是国民经济中的一个薄弱环节。

　　5. 商业、服务业和国民经济发展不相适应

　　我国 1978 年比 1957 年人口增长 48%，职工总数增长两倍多，社会商品零售总额增长两倍多，而商业、饮食业、服务业人员增加很少。同一时期每一人员服务的人口数，零售商业由 114 人增加为 214 人，饮食业由

560 人增加为 918 人，服务业由 840 人增加为 1711 人。使得职工每天要花很多时间排队去买东西，增加了居民生活的不便。1979 年稍有改善，但不相适应的情况，还是很突出的。

6. 对外贸易和加速现代化的要求不相适应

1978 年世界贸易总额 26212 亿美元，我国仅占 0.8%。我国出口商品（按外贸国内收购的出口商品总值计算）在工农业生产总值中所占的比重也很小，1977 年和 1978 年为 3.9%。由于外贸出口增长慢，限制了进口技术装备的能力；进出口商品的结构也不合理，进口成套设备中缺乏全盘的综合平衡工作。

7. 基本建设规模过大，战线过长

第一个五年计划时期基建支出占财政支出 37%，现在一般认为这个比例比较合适。第二个五年计划时期提高到 46.2%，远远超过了可能，对生产起了消极作用。第四个五年计划时期平均为 40.2%，1978 年为 40.7%。基建规模过大严重影响了投资效果，同时挤了正常生产，挤了人民正常的消费。去年整顿基本建设取得了一定成效，但是规模仍是过大，调整的任务还很艰巨。

8. "骨头"和"肉"的比例关系失调

第一个五年计划时期，全部基本建设投资中生产性投资占 71.7%，非生产性投资占 28.3%，这个比例基本上适应当时国民经济发展的要求，生产建设发展快，人民生活相应地得到改善。第二个五年计划时期生产性投资上升到 86.8%，非生产性投资下降到 13.2%。1967—1976 年间，生产性投资上升到 87.3%，非生产性投资下降到 12.7%，再度出现"骨头"和"肉"的比例关系严重失调。1977 年全国城市平均每人居住面积只有 3.6 平方米，比 1952 年的 4.5 平方米还少 0.9 平方米。城市缺房户达 626 万户，约占城市总户数 37%。

以上列举的问题远不全面，其他问题，如价格结构不合理，三线建设遗留问题多，国防工业和民用工业脱节，工业污染严重，城镇集体所有制企业发展慢，科学、教育事业和现代化要求很不适应，职工技术水平和管理水平很低，待业人员多，等等，也都是调整经济结构中应该逐步解决的问题。

在以上这些问题中，最主要的是农轻重比例关系失调。农轻重关系本质上是生产资料生产和消费资料生产两大部类的关系。当前我国经济结构的根本问题，就在于生产资料生产和消费资料生产不相适应，特别是消费资料生产严重落后于生产资料生产。我们应当把解决两大部类的关系作为解决一系列经济结构问题的出发点。

（三）造成当前经济结构不合理的原因是什么

原因很多，其中比较重要的有以下几点：

1. 盲目追求高速度，破坏了综合平衡

综合平衡是计划工作的首要任务。从 1958 年开始，我们不断地盲目追求高速度，违背国民经济按比例发展和综合平衡的要求。过去曾流行过一种说法，认为比例应该服从速度，把不切实际的高指标称之为马列主义，把合乎实际的指标斥之为右倾机会主义或修正主义，把综合平衡当成消极平衡批判，把对综合平衡的破坏当成"积极平衡"来提倡。实践已经充分说明，这些观点是完全错误的。

在社会主义建设问题上，长期存在一种"速成论"思想，把经济建设看得过于简单容易，希望在一个早晨把一切事情都办好。在这种思想指导下，难免从主观愿望出发，提出脱离实际的高指标，盲目追求高速度。不切实际地要求各省搞成工业省，建立独立完整的工业体系，也是这种"速成论"思想的表现。今后我们在经济建设上应该着重反对急于求成的速成论，同时，也要防止和克服消极情绪。

2. 片面强调优先发展重工业，忽视了农业和轻工业

毛泽东同志曾一再指出，在社会主义建设中要正确处理重工业、轻工业和农业的关系。然而，在实践中，我们往往忽视农业和轻工业，片面强调优先发展重工业。特别是长期实行"以钢为纲"，在重工业内部也引起了严重的比例失调。过去有一种流行的理论，认为从轻工业开始工业化是资本主义道路，从重工业开始工业化是社会主义道路，这种理论缺乏科学根据。事实上，从农业国向工业国过渡，一般是从轻工业开始工业化的，轻工业和农业发展到一定阶段，才要求优先发展重工业，这可以说是一个

规律。我国 1953 年大规模开展社会主义工业化时，由于当时工业中轻工业比重较大，有一定潜力，而重工业却很落后，同时考虑到当时的国际环境，因而提出优先发展重工业的方针，这在当时是必要的。第一个五年计划时期贯彻这个方针也取得很大成绩。但优先发展重工业不能离开农业和轻工业，重工业的发展速度不是任何时期都要快于轻工业，后来我们离开农业、轻工业的基础片面发展重工业，出了问题。

3. 片面追求高积累

第一个五年计划时期我国积累率基本上稳定在 23% 到 25% 之间，这是比较适合当时情况的。第二个五年计划以来我国积累率长期偏高，这也是形成经济结构不合理的一个重要原因。过去由于对社会主义生产目的认识上不明确，实际上存在一种积累率越高越好的看法，认为积累率越高，国民经济发展越快。实则不然。实践证明，积累率过高总是引起国民经济比例失调，导致投资效果和生产效果的严重下降。如果积累过多，生产性积累比重过大，不仅与生产资料的增长不相适应，而且必然造成消费水平过低，挫伤劳动者的积极性，给生产建设带来消极影响。

4. 公社化过程中某些过"左"的做法挫伤了农民的积极性

我国经济结构的问题，从根本上说是农业过分落后。农业落后，轻工业上不去，重工业也难以迅速发展。造成农业过分落后的原因很多，其中重要一条是公社化和这以后长期执行的过"左"政策，挫伤了农民的积极性。我国农业合作化取得了伟大成绩，但在合作化的后期，有些地方就有对合作化速度要求过快、对社会化程度要求过高的缺点。特别在公社化过程中，由于共产风、高征购、瞎指挥，伤了元气。后来林彪、"四人帮"又长期不断地搞所谓"割私有制尾巴"，取消自留地和集市贸易，还搞什么"穷过渡"，有些正确政策不能始终如一地贯彻执行。

5. 全民所有制经济管理体制有严重的缺陷

我国现行的经济管理体制，集中过多，统得过死，企业缺少应有的自主权，不能发挥市场调节的辅助作用。在工业、交通运输业和商业中，也没有重视和充分发挥城镇集体所有制经济的作用。加上政企不分，偏重行政管理办法，忽视经济手段，社会生产缺少一种自动调节的机制，不能及时发现和解决国民经济中出现的问题。

（四） 我国当前的经济结构属于什么类型

关于经济结构的类型问题，国内有多种说法，很难一下得出一个比较准确的概括。许多同志认为，我国当前是一种畸形经济结构，工业片面抓钢，农业片面抓粮，这种意见是有道理的。我们觉得，我国当前经济结构是某些重工业部门过分突出，农业、轻工业、能源工业、交通运输业、建筑业和商业服务业相对落后，地区搞自给自足的经济体系，部门、企业又搞大而全、小而全的生产系统。这种经济结构，具有比例失调、构造松散、机制失灵、效率低下、浪费严重等缺陷。

这种类型的经济结构，国民经济各部门的比例关系是不会协调的。国民经济各个部门、各种成分、各个组织、各个地区以及社会再生产各个方面的构造必然是松散的，它们之间缺乏内在的紧密联系，专业化和分工协作受到阻碍，商品流通不能顺利进行。计划机制和市场机制都是失灵的，供产销各环节之间、生产和流通之间的矛盾得不到及时解决，市场对计划的反馈不能灵敏地实现。由于以上情况，必然导致效率低下，浪费很大，这是完全可以理解的。

综上所述，我们既要看到当前经济结构问题的严重性，也要看到其中存在的积极因素，这样才能对它有全面的认识，对存在的问题有正确的估计，才能找到解决这些问题的正确途径和方法。

二　改善我国经济结构的建议

合理的经济结构是相对于一定的时间、地点、条件而言的。对于我国来说，要建立的经济结构，应当是一个能够比较充分和比较有效地利用我国人力、物力、自然资源，使再生产的各个环节、国民经济各个部门特别是农轻重能够协调发展，实现经济活动良性循环的经济结构。所谓实现经济活动的良性循环，就是说要在国民经济发展中做到速度高，积累多，效果好，人民生活不断改善。这就要求在今后10年内，尽可能加快农业、轻工业、能源、建筑、交通运输、邮电通信和商业、服务业的发展，重工业的发展不可能也不应当太快，切实保证我国经济今后能够持续地高速度地增长，力争国民收入的增长速度高于总产值的增长速度。

调整我国现存的经济结构，必须把握住我国经济的基本特点，从实际出发，发挥优势，扬长避短。我国经济的基本特点是：第一，10 亿人口，其中 8 亿是农民，人口多，劳动力多，资源比较丰富，但资金不足；第二，社会主义建设虽然取得了重大成就，但底子还很薄，技术、管理水平也很低；第三，社会主义经济制度已经确立，但经济结构和管理体制还很不完善；适应我国生产力状况和四个现代化的需要，全民所有制经济和集体所有制经济将长期并存，在社会主义公有制经济占绝对优势的情况下，多种经济成分和多种经营方式也将长期并存。

从我国经济的基本特点和当前国民经济结构存在的问题出发，在今后调整我国经济结构，制定有关政策时，似应把握住以下几个要点：第一，我国的社会主义制度要求我们的经济结构应当以满足人民的吃、穿、用、住、行等基本生活需要为中心。第二，要把发展农业放在首要地位，同时也要解决好能源这个极其重要的问题，真正使交通运输成为先行，今后10 年内应当多发展劳动密集型的、节约能源的产业，以利就业问题和能源问题的解决。第三，坚持自力更生方针，充分利用现有基础，扩大再生产，主要在现有企业的挖潜、革新和技术改造上下工夫。第四，扩大出口，引进技术，利用外资，加强我国若干薄弱环节。第五，军事工业和民用工业要真正结合起来，寓军于民。第六，把发展科学教育放在重要地位，努力搞好人口规划、环境保护、劳动条件、城市建设、保健卫生等方面的工作。总之，要把社会生产适应满足人民不断增长的物质和文化需要，作为改善我国经济结构的出发点和目标。

（一）全面发展农业，为国民经济发展打下坚实的基础

当前我国农、林、牧、副、渔各业全面发展的一个主要困难是粮食问题没有解决。但是，中外历史的经验表明，粮食问题，只能在农、林、牧、副、渔各业和经济作物的全面发展中去解决，而不能一律以粮为纲，单打一。更不能毁林、毁草原、毁经济作物去发展粮食。否则，不但解决不了粮食问题，反而会破坏农村经济，破坏生态平衡，带来严重的恶果。

为了全面发展农业，建议：

（1）维护以生产队为基础的集体所有制，尊重生产队的自主权。要实行各种符合生产力发展水平、行之有效的联系产量计酬的责任制度和其他经营管理制度。对社员自留地和家庭副业，要有长期稳定的政策。

（2）科学地制定农业区域规划。保证经济作物区和林牧区的农牧民口粮供应，要允许各个地区之间加强协作，互通有无，以充分发挥各个地区的自然优势和经济优势，争取短期内使林、牧、渔业和各种经济作物有比较大的发展。

（3）制定适合我国特点的农业机械化政策，不要照搬外国全盘机械化的经验。要充分利用农村劳动力多这个条件，实行科学种田，努力提高单位面积产量。除东北、西北等地广人稀的地区以外，其他地区首先解决农村运输、仓储以及抢季等方面的农业机械。今后一段时间内，还应采取措施鼓励和扶持役畜的使用和发展。目前，我国化肥施肥水平低，尤其氮、磷、钾不成比例。今后化肥生产的发展，应在氮、磷、钾之间有一个合理的比例；同时应增加有机肥。发达资本主义国家已普遍出现农业有机构成大大高于工业的情况，单位农产品占用的固定资产和流动资金很多，消耗的能源过高，这种情况很值得我们注意。

（4）讲究农业建设工程的实效。历年来通过国家投资和生产队出工兴建的农田基本建设规模相当大，对农业生产起了重要作用。但有相当一部分工程实效很差，有的甚至还破坏了环境和生态平衡。今后，兴修水利应改变过去那种只重工程措施的做法，要把治山、治水和植树、种草结合起来，使水源获得基本保证。应当反对形式主义，杜绝无效劳动，重视已建工程的配套，充分发挥投资效果。

（5）要有计划、有步骤地调整工农产品的比价，缩小工农产品的"剪刀差"。

（二）加快轻工业发展，增加积累，改善人民生活

要使轻工业的增长速度快于重工业的增长速度，争取1985年轻工业的比重由现在的40%多一点上升到50%以上。

为了加快轻工业的发展，建议：

（1）逐步改变轻工业的原料结构。鉴于现代工业的发展趋势，以及我国重工业（特别是石油化工和煤炭化工）的发展和市场的需要情况，设想先争取1985年（或者再多一点时间）轻工业产品的工业原料和农业原料的构成由现在的三七开，上升到四六开以致对半开；然后再争取1990年（或者再多一点时间）实现六四开以致七三开。

（2）逐步改变轻工业的产品结构。据国内外的经验，随着人民生活水平的提高，在吃、穿、用三项消费品中，穿的特别是用的比重会上升；耐用消费品和中、高档消费品的比重也会上升。轻工业产品的结构需要依据上述情况作相应的改变。同时要保持和发展传统手工艺品，换取更多的外汇。

（3）调整轻工业所有制结构。在很长一段时间内，手工业生产还是不可忽视的，集体所有制工业也要进一步发展。可以允许集体所有制工业的产值在轻工业产值中的比重超过全民所有制工业。此外，还要恢复和发展个体手工业，作为社会主义公有制经济的补充。

（4）要坚决贯彻业已确定的发展轻工业的"六个优先"[①]的原则，提高轻工业职工中科技人员的比重，调整轻工业内部的不合理结构，尽快补上欠账，克服轻工业内部比例失调。

（5）重工业部门应当努力生产一些适合人民需要的消费品，特别是耐用消费品。

（三）调整重工业结构，充分发挥机械工业在技术改造中的作用

重工业在国民经济中具有主导作用，它要为国民经济各部门提供能源，提供原料、材料和机器设备，同时也要为人民提供耐用消费品和提供出口产品。要使重工业能够有效地促进国民经济迅速发展，就必须紧紧围绕上述几个方面的需要来安排重工业的生产和建设，增加为农业和为轻工业服务的比重。为了改善国民经济结构，除了改变重工业本身的服务方向和产品结构以外，还需要适当调整重工业的发展速度和它在工业总产值中

---

① 指原材料、燃料、电力供应优先；挖潜、革新、改造的措施优先；基本建设优先；银行贷款优先；外汇和引进技术优先；交通运输优先。

的比重。

实现四个现代化，必须对我国国民经济各部门进行技术改造。机械工业要很好地承担起这个任务，切实调整服务方向。要从主要为基本建设服务转向更多地为老厂挖潜、革新、技术改造服务；更多地为农业、轻工业服务，更多地为城市建设特别是住宅建设服务，更多地为人民生活特别是为生产耐用消费品服务；从只着眼于国内市场，逐步转向更多地为出口服务。

为此建议：

（1）有计划地加速设备更新。我国现有的多数企业，设备陈旧，争取在10年内把过于陈旧的设备更新一遍。这样做可以增加废钢来源，促进钢铁工业发展；可以提高机械工业企业设备利用率，缓和机械工业吃不饱的矛盾；有利于改善企业的技术状况，促进劳动生产率提高；有利于增加品种，提高质量，特别是可以减少能源消耗和原材料浪费。这应当作为10年规划的一项战略任务提出来。在设备更新的过程中，要考虑到我国劳动力还有富余，不能一律强调自动化，而应以提高质量，增加品种，节约能源，降低消耗，防治环境污染，提高产品的技术经济指标和扩大生产能力为目的，使生产出来的产品具有先进水平和国际竞争能力。自动化水平的提高必须根据生产的条件和需要。现在设备的大修理费用高于新购设备费用，或者浪费能源的价值高于新购设备价值时，要坚决进行更新。现行的过低的折旧率要适当提高，使技术改造有稳定的资金来源。

（2）充分利用军工企业生产能力，按产品制造工艺的类型和特点，统一组织军工和民用机械工业的专业化生产。全国的机床，有相当一个部分在军工企业，而且其中将近70%是大型机床、高精度机床和数控机床，但现在利用得很不充分。因此在机械工业的生产组织上，必须突破国防工业和民用工业、各部所属工业和一机部所属工业之间的界限，按工艺性质相近的产品组织专业公司，统一组织同类产品的生产。军工企业生产民品有时需要增加某些设备，但不宜盲目扩大基本建设，更不要新增生产线，要努力做到在一条生产线上，既能生产军用产品，也能生产民用产品。

（3）提高质量，降低成本，增强在国际市场上的竞争能力。我国机床拥有量在世界居于前列，但我们的机床技术性能差、质量低、寿命短、可靠性差、产品成本高。只有质量提高了，成本降低了，才能用更好的机器装备国民经济各部门和进入国际市场。我国出口产品逐步转为以机械工业产品为主，增加成套设备出口，这应当是机械工业发展的战略思想。

钢铁工业是重工业的一个重要部门，它的发展应当充分考虑国民经济各部门特别是机械工业对钢材质量、品种、数量、规格的要求。为了改变目前钢铁工业过分突出的情况，在一个时期内，冶金部门应当把钢铁生产的重点放在发展品种规格、提高质量上。发展钢铁生产需要大量的投资和能源，在我国四个现代化建设的进程中，不同阶段到底需要多少钢铁，是需要认真研究的问题。现在日本年产 1 亿吨钢，出口钢材 3000 万吨，在国内消费的部分当中，用钢材最大的造船业和汽车制造业的产品又主要用于出口，其他机械制造业出口量也很大。联邦德国钢的年产量也只有 5000 万吨钢，英国还不到 3000 万吨钢，但都够满足国内制造业的需要。我们到底需要多少钢，应当有个切合实际的测算。钢铁工业的内部结构也要进行调整，目前铁与钢的比例是 1.09:1，而世界平均水平为 0.7:1。如果降低到 0.9:1，每年就可节约 900 多万吨标准煤。同时还要加强废钢铁的回收和利用。这样就可在不增加能源消耗的情况下，增加钢的产量。还应当着重指出，钢是初级产品，只有轧成钢材，才能进入消费领域。因此，要大力提高钢的成材率。目前我国钢材的成材率，如果能够达到历史上曾经达到过的 85% 的水平，那么，我们消耗同样多的能源，生产同样多的钢，就可以得到比现在多得多的钢材，大大提高钢铁工业的经济效果。

我国石油化工和煤炭化工还很落后，今后 10 年在原料、资金可能的条件下，应争取有较快的发展，使之能够为轻工业提供更多的原料，并为农业现代化作出更大的贡献。

（四）及早确定长期稳定的能源政策，建立合理的能源结构

能源是工业发展的规模和速度的一个制约性条件。按人口平均能源消费量是社会生产和生活水准的一个综合尺度。现在我国能源严重不足。不解决能源问题，要使国民经济协调发展，人民生活不断改善，是不可能的。

我国能源资源按实现四个现代化的要求来说，并不十分丰富。目前石油储量需要进一步查明；煤炭资源比较丰富，探明储量 6000 亿吨，精查储量 1600 亿吨；水能资源虽然丰富，但 70% 分布在西南边缘地区。以现在掌握的可采储量计算，我国按人口平均能源资源量只相当于世界平均数的 1/2，相当于美国的 1/10，苏联的 1/7。因此，我们需要制定有远见的、有科学根据的能源政策。

（1）根据我国能源资源情况，在相当长的时间内应以煤炭作为主要能源。因此今后 10 年的能源消费构成，仍需保持目前煤炭占 70% 以上的比重。大力开发煤炭资源，特别要大力综合开发山西、内蒙古、贵州、两淮、山东等地的煤炭，有计划地建设一批大的煤炭基地。要合理开采，改善劳动条件，实现安全生产。今后 10 年煤的气化、液化问题不可能有很大的进展，主要还是直接燃烧，因此要重视提高煤炭质量、改进燃烧技术，提高煤炭的利用效率，并采取保护环境措施。

（2）石油要加强地质勘探，合理开发，合理使用。今后石油主要应当用作化工原料，要大幅度减少直接烧掉的部分。为了保护我国有限的石油资源，可考虑加强洗煤工作，逐步增加煤炭出口，减少石油的出口。

（3）水电是一种廉价清洁的可再生性能源。我国水能资源比较丰富，但现在开发的还不到理论资源量的 3%。就投资和建设周期来说，如果考虑到火电的煤矿和运输的配套，水电并不比火电逊色。因此，今后应当抓紧水能资源的开发和建设。为了有效地利用我国的水能资源，今后要选择距离负荷中心近而技术经济指标又比较优越的水电站，进行建设。

（4）要重视解决农村能源问题。认真发展水电、沼气、薪炭林，解决农村的能源问题。今后在投资和材料分配方面，要为农村多种形式能源的发展创造条件。

（5）要大力节约能源。我国节约能源的潜力很大，过去能源耗用系数大约为 1.2（即产值增长 1%，能源的消费量增加 1.2），去年抓了一下，耗用系数下降了 0.12，足见能源节约是大有可为的。节约能源的主要措施，应是加强能源管理，坚决压缩那些能源耗用量大、而产品又不是社会特别需要的生产，并注意发展节能工业；同时在技术改造中要采取必要措施节约能源。某些长期耗能特高的"五小工业",要下决心停办。

(五)加强城市和农村的规划和建设,有计划地发展建筑材料工业和建筑业

当前我国城镇居民最突出的生活问题,是缺少住宅。农村缺房现象也很严重。因此,今后应当有计划地大量发展民用建筑业。建筑业是国民经济的一个重要物质生产部门,我们应当重视建筑业的作用,当前尤其要重视建筑材料工业和民用建筑业。

(1)加强城市规划,合理布局,有计划地进行建设,克服目前的无政府状态。农村的建设也要因地制宜,合理规划。

(2)建筑材料工业是建筑业发展的基础。要大力发展建材工业,加快发展水泥、玻璃、砖瓦等建筑材料。发展地方集体所有制的建材工业,保证民用建筑业所需要的建筑材料的供应。发展新型建材。择优建设非金属矿基地,为国民经济和国防尖端提供非金属材料。

(3)加强建筑业与国民经济有关部门的平衡和协调。

(4)逐步实行建筑物的商品化。

(5)实行住房基金储蓄,实行分期付款,鼓励个人购买和修建房屋。为此住宅的分配、使用和收租的办法也要作相应的改进。

(六)适当降低积累率,合理调整投资结构

在确定积累率和投资结构方面,建议:

(1)适当降低积累率。长期以来,我国积累率过高,出现了很多问题。根据国内外的历史经验和我国当前国民经济水平,积累率保持在25%左右为宜。

(2)基本建设的规模要适当。基本建设规模的确定,应当适应我国的国情国力,必须有个界限:一不能降低人民生活,二不能出现财政赤字,三不能留物资缺口。要有效地缩小基本建设规模,必须下决心停缓建一些重工业大项目和准备引进的项目。

(3)遵循先生产、后基建的原则,在基本建设投资的使用上必须首先保证现有设备技术改造的需要。加快现有企业的技术改造,是实现四个现代化的主要方式和根本途径。从新建为主改变为更新改造为主,是分配投资的一条重要原则。今后用于现有企业的技术改造的资金在中央和地方基本建设投资总额中的比重，应由 1978 年的 30% 逐步提高到 70%。引进外国的技术设备，首先是用于老企业的技术改造，不能一讲引进，就安排新的建设项目。

（4）按照合理调整农轻重结构的需要，确定投资方向。首先保证轻工业的必要投资，这既能缓和市场供应紧张情况，又能迅速形成新的积累。同时在具备条件时应适当增加农业投资。改变挖农业、补工业，挤轻工、保重工的投资分配办法。重工业的投资也要适当安排，首先是保证能源工业发展的需要，冶金工业投资主要用于增加适合需要的产品品种、规格，提高质量，用于必要的矿山建设。

（5）适当地增加为生产服务部门的投资，加快商业、服务业的发展，是建立合理经济结构的一个重要方面。

（6）增加教育和科学投资，加快科学教育事业的发展。科学和教育事业落后已成为我国四个现代化的重大障碍。尽可能多和尽可能快地增加科研和教育投资，是分配投资必须考虑的一个极其重要的问题。

（7）应当把讲求投资经济效果提到首位。各部门都应确定合理的投资回收期限和合理投资的最低标准，不符合标准的，不许建设。今后再不允许经营性亏损企业存在。对政策性亏损，要尽可能缩小补贴范围和补贴金额。

（七）调整进出口商品结构

目前我国进出口商品结构必须进行调整，以适应经济结构合理化的要求，促进农轻重的协调发展，加速社会主义现代化建设。

（1）在进口方面，应以引进关键技术和关键设备以及我国资源不足或从经济效益上不利于自己生产的物资为主，以利我国各行业的现代化。大的成套设备的引进必须从严掌握，慎之又慎。要加强仿制、翻版和创新的能力，防止重复引进。要制定适合我国情况的保护政策，凡是国内能够制造或在进口一些技术以后就能制造的设备，一律不得引进。

（2）出口方面，要充分估计国内资源的可能，国内市场的需要。要根据国内生产的可能和国际市场的需要，由以出口农产品和初级产品为主逐步过渡到以重工业和轻工业产品为主，特别是要发展机械工业产品和高级加工产品的出口。机械工业产品要在增加单机出口的同时，努力发展成套设备出口。要大力发展劳动密集型产品，特别是我国擅长的各种手工业品和工艺品的出口。要制定保护国内资源的政策。对那些"高汇商品"（1元人民币以下换1元美金），要大力组织出口。那些出口商品亏损率在70%以上的"高亏商品"，要有步骤地提高质量、降低成本、降低收购价格后再继续出口，或减少出口，直至停止出口。

（3）调整进出口商品结构，要特别重视运用经济手段，制定各种限制进口、鼓励出口的政策和措施，例如确定合理的外汇结算制和税收，价格政策等。

（八）做好经济区划，建立合理的地区经济结构，发挥各地经济优势

合理的经济结构要求科学地制定经济区划，建立合理的地区经济结构，充分发挥各地的自然优势和经济优势，大力发展商品经济。

（1）要根据自然资源的分布情况，原有工农业生产的基础，交通运输条件，以及历史上形成的经济联系，在全国划分若干经济区，把经济区划和行政区划严格区别开来。将来行政区划也应按经济区划作适当调整。

（2）各地应从实际情况出发，建立能够发挥各自优势，包括自然优势（气候、土壤、资源等）和经济优势（生产能力、技术力量、管理经验等）的经济结构。各地经济结构不应千篇一律，而应各有重点，各具特色。各地要把人力、物力、财力主要投放到比较经济效果最高的部门，主要生产比较成本最低的产品。经过综合平衡，在最优的地区经济结构基础上建立的全国经济结构，也才可能是农轻重协调发展的、经济效果最高的经济结构。

（3）建立能够发挥优势的地区经济结构，需要相应地创造一些条件。譬如，在交通运输条件上要保证有关物资的调出、调入畅通无阻；区际交流物资的价格规定要做到互利；要使调出商品的地区能够按时、按质、按量得到自己需要的商品，等等。更重要的是兼顾原料产地、加工单位等各方面的利益。

（4）必须克服各地都要建立门类尽可能齐全的经济结构的思想。一般说来，由于各地自然条件的差异和历史上各地经济发展的不平衡，要求各地一律全面发展，是不现实的。即使在那些有条件全面发展农轻重部门的地区，也应注意适当集中力量发展更有利的产业部门。只有这样，才能取得全社会较高的经济效果。

（九）运输先行，是经济结构合理化的重要条件

随着生产社会化的发展，国民经济各部门之间的联系，产供销之间的联系，生产和消费之间的联系，以及各地区之间的联系越来越密切，对交通、运输、邮电、通信提出了更高的要求。我国经济的发展和经济结构的调整，要求交通、运输、邮电、通信应当有一个较大的发展。

（1）对各种运输方式要按照其不同特点，统筹安排，合理分工，合理利用，尽可能改变铁路承担运输任务过重的局面。铁路主要应在长距离的、大宗的物资运输中发挥作用。要充分利用水运，凡是有条件走水运的，要尽量安排水运；积极开辟华南地区同华东、华北地区间的沿海直达航线。对短途运输要根据经济合理的原则，在铁路与公路之间明确分工，尽可能交由公路运输承担。要提高民用航空在长途旅客运输和货运中的作用。要组织好各种运输方式间的衔接转运工作，逐步推广铁路、水运、公路联运和沿海、长江、内河联运；努力创造条件，开展产、供、运、销大协作。

（2）对邮电、通信要统筹安排、合理布局。除军事部门和铁道部门外，各部门的通信系统，应该统一规划、统一建设、统一管理。各大中城市的电话建设和邮电营业网点建设，要纳入城市建设规划，提高通信能力和服务水平。

（3）各产业部门要合理安排生产力布局，按照合理流向分配调拨产品，以减少对流、过远等不合理运输。增加煤矿、磷矿等矿山的洗选能力，消灭运输大量无用的石头、灰粉等不合理现象。

（十）改革经济管理体制，促进经济结构的合理化

当前，国民经济比例严重失调是我国经济发展的重大障碍，不首先解决这个问题，经济体制改革就不能全面展开。但是，没有经济体制的彻底改革，建立农轻重协调发展的合理经济结构也是不可能的。

长期实行的以政代企的行政办法为主的经济管理体制,重工业大部分由中央各部管,农业和大部分轻工业由地方管,不利于综合平衡,妨碍农轻重协调发展;军工的独立体制,在和平时期容易造成军工生产能力大量闲置,不能发挥应有作用;条条管生产,块块管生活,容易造成生产和生活脱节,发生以生产挤生活的情况;单纯用行政命令、行政层次、行政区划的办法来管理经济,是阻碍商品经济发展,建立万事不求人的、门类尽可能齐全的经济结构的重要原因之一。

只有在经济管理体制的改革中,真正按照客观经济规律办事,扩大企业的自主权,在公有制基础上实行计划经济,充分发挥市场调节的辅助作用,才能在国家统一计划的指导下,发挥经济机制的自动调节作用,促进经济结构的合理化,促进经济的协调发展。

社会主义制度下的商品生产和商品交换[*]

　　我想讲两个问题。一个是与基本建设经济有关的经济理论问题，另一个是这次会上代表们提出的一些问题。

　　现在，先讲第一个问题。

　　自从 1978 年冬天党的十一届三中全会以来，在我们国家的政治生活、经济生活中，都出现了许多新的情况，提出了许多新的问题，要求我们基本建设战线上做理论工作的同志和做实际工作的同志去认识它，解决它。就经济生活来说，如运用经济规律来管理经济，扩大企业自主权，实行计划指导下的市场调节，等等。最近，党中央、国务院又提出发挥优势，保护竞争，促进联合这样一些重大的问题。这些新问题的提出，都与我们解放思想，破除迷信，对社会主义制度下商品生产的存在和价值规律的作用，在理论上有了新的突破是有关系的。现在我们大家都承认在社会主义制度下是要大力发展社会主义的商品生产和商品交换的，但是，它和资本主义制度下的商品经济不同，它是在公有制基础上实行计划经济，同时发挥市场调节的辅助作用，而不是私有制条件下无政府状态的商品经济。大家知道，马克思的学说讲的未来社会是不存在商品生产和商品交换的。马克思在《哥达纲领批判》中就讲了这个问题。1917 年俄国十月革命以后，对这一重大问题的认识，经过了一个非常曲折的过程。列宁根据马克思、

---

　　*　本文是作者 1980 年 7 月 23 日在"中国基本建设经济研究成立大会"闭幕会上的讲话。

恩格斯的观点，也认为社会主义社会不存在商品生产。在战时共产主义时期，那时是不承认有商品生产的，也不承认价值规律的作用。此后，在新经济政策时期，承认有商品生产和商品交换，但认为这是由于当时存在五种经济成分，对生产资料私有制的社会主义改造还没有完成。这是列宁那个时代对社会主义条件下商品生产和商品交换的看法。以后，苏联社会主义改造完成，农业集体化实现了。1936 年后，已经不是多种经济成分存在了，那时只有两种所有制，即全民所有制与集体所有制。两种经济都是公有制经济，而不是私有制经济。在这种情况下，有没有商品生产与商品交换？这在苏联是长期有争论的。一直到 1952 年斯大林写了《苏联社会主义经济问题》这本书，才对这个问题作了结论。结论说，社会主义社会，在完成了社会主义改造以后，商品生产与商品交换还是有的，但它的范围受到了很大的限制。斯大林认为社会主义社会之所以还存在商品生产和商品交换，是因为存在着两种生产资料公有制，即除了全民所有制，还存在着集体所有制。而且认为消费资料是商品，生产资料则不是商品。这是斯大林时代的看法。斯大林这个理论对我们的影响是很大的，他这个理论一直在指导着我们的行动。我们多年来基本上是奉行斯大林这个理论的。在党的十一届三中全会以后，在三中全会路线指引下，我们解放了思想，破除了迷信，认为在社会主义制度下，要大力发展商品生产和商品交换，不仅消费资料是商品，生产资料也是商品；商品关系不仅存在于集体所有制企业之间，集体所有制企业与全民所有制企业之间，也存在于全民所有制企业之间，这是我们的一种新的认识。当然，这种认识现在还有不同的意见，但是绝大多数人同意这种看法。也就是在这样的理论提出之后，才有了计划指导下的市场调节，才有了扩大企业自主权，才有了发挥优势、保护竞争、促进联合这些新方针的提出。这些新的方针就是以上述新的理论为根据的。在这样的理论基础上，才提出了这样一些新的政策、新的方针。这说明了理论工作是很重要的。如果我们的思想不解放，如果我们的理论不正确，我们就不可能提出正确的方针政策来。

社会主义经济是大力发展社会主义商品生产和商品交换的计划经济，这是社会主义经济的一个本质特征。而要大力发展商品生产和商品交换，就必须同时发挥市场调节的辅助作用。就是说，既要有计划，又要利用市场。这里，我们应该弄清楚计划指导与市场调节的关系。在这个问题上，目前议论很多。一种议论认为，计划指导是计划指导，市场调节是市场调节，相互之间没有什么有机的联系。不久前，一位同志向我提出，要社会科学院研究一下，什么叫计划指导，什么叫市场调节，希望对两者各自规定几条杠杠，以便大家按此执行。这说明，我们有关部门对这一问题是非常关心的。但又反映了一种情况，他要求规定计划指导是哪几个内容，市场调节又是哪几个内容，好像计划指导是一回事情，市场调节又是另外一回事情。也有的人讲，社会主义的计划经济与市场调节的关系，就像中国过去的"太极图"一样，一边是阴的，一边是阳的，两块儿拼凑在一起。有的同志给它起了个名字，叫做"板块结构"，就像地质学里的"板块结构"一样。持有这种看法的同志认为，计划经济与市场调节的作用，是相互对立的、此消彼长的。计划经济发挥作用的地方，市场调节就不发生作用，或者作用就小了。市场调节发生作用的地方，计划经济就不发生作用，或者作用就小了。就是说，计划经济大一点，市场调节就小一点，反之亦同。

与此相反，另外一种看法是，在社会主义制度下，计划经济与市场调节是互相渗透的。计划经济包含了市场调节，市场调节也包含了计划经济，你中有我，我中有你，既不是"太极图式"的板块拼凑结构，也不是互相对立，互相排斥的，而是有机结合的。

对这个问题应该怎么看？现在理论工作者多数倾向于后一种看法，即计划经济中包含了市场调节的因素，市场调节中包含了计划经济的因素，是相互渗透的这样一种结合，而不是板块拼凑的结合。在实行市场调节时，要反映计划规律的要求；在实行计划指导时，也要反映价值规律的要求。而这两方面，又都要反映社会主义基本经济规律的要求。因此，解决这个问题，不是计划经济搞哪几条，市场经济搞哪几条，而是两个结合搞哪几条。而现在恰恰是缺乏这种研究，所以，许多问题还不能得到恰当的解决。

还有一种看法认为，计划经济是有缺陷的，只有把市场机制、商品经济"导入"计划经济，才能加强它的活力。这实际上也是把计划经济和市场调节对立起来，不承认在社会主义经济制度下要大力发展社会主义商品生产和商品交换，而认为商品生产、商品交换和市场调节，是外加于计划经济的。这种看法也是不切实际的。

为了说明这个问题，应该指出，社会主义经济本身就要求大力发展社会主义的商品生产和商品交换，不过社会主义的商品生产和商品交换同资本主义的商品经济在本质上是不同的。社会主义经济是建立在生产资料公有制基础上的，有计划的商品生产和商品交换，而且劳动力已不是商品，消灭了剥削。因此，社会主义经济除了受价值规律支配外，更重要的还是要受社会主义基本经济规律和有计划按比例发展规律的支配。而资本主义经济是建立在私有制基础上的，是无计划的，而且劳动力也是商品，存在剥削关系。因此，它除了受价值规律支配外，还受剩余价值规律和生产无政府状态规律的支配。

在讲过社会主义经济要大力发展社会主义的商品生产和商品交换以后，该讲到基本建设经济这个问题了。既然社会主义经济要大力发展社会主义的商品生产和商品交换，那么基本建设这一社会主义固定资产的生产和再生产，是不是也是一种商品生产呢？这也是一个需要我们认真研究解决的问题。一个建筑物，如一栋房子，一个单元的房子，是商品，这在资本主义世界是很平常的事情。如香港十几层、几十层的大楼，有许多的单元，就是一个个单元分别地出卖。盖房子前将房子地点、建筑物使用面积、内部设备条件、售价等登出广告，由买主订货，一次付款或分期付款，完工后交付使用。一个工厂，在资本主义世界也是商品，由承包单位向购买单位出售，叫做"交钥匙的工厂"，工厂完全盖起来后，就像买汽车一样，付钱交了钥匙，就算成交了。一个工厂也是一个商品，这在资本主义社会是没有问题的。当然，这种商品和别的商品并不完全一样，是有其特殊性的，在资本主义社会，这种商品的经营上也是有其特殊性的。那么，在我们社会主义社会，是不是也可以把基本建设的产品（也就是建筑安装业的产品），当做一种特殊的商品来经营？或者还是一定要保持像现在这样根本不承认它是商品，采取无偿投资，实报实销，吃大锅饭这种供给制办法来经营？这是很值得我们研究的一个问题，这是一个理论问题，同时也是一个实际问题。究竟哪一种办法对我们四个现代化建设有利？看来，承认它是商品，把它当做商品来经营，对于我们整个社会主义经济的发展，好处更多一点，这是从历史的经验教训中得出的结论。事实上，我们现在正在逐步地这样来做，如正在把基本建设的无偿投资改为有偿投资，也就是把财政拨款改为银行贷款。过去无偿拨款，争投资的情况十分严重，投资要得越多越好。现在采取银行贷款的办法，因为要还本付息，就要考虑偿还能力，就要精打细算。同时，我们一些城市也已经开始把盖成的房子作为商品卖给愿意买房子的人，不久前报上就登了这方面的消息。当然，这方面还有不少问题要研究解决。例如，我们的职工收入有限，很多人买不起一套房子。但有些华侨，有些收入高的技术人员和干部买得起，有些城市也卖了一点住房。这里碰到的一个问题是我们现在房租太低，还是一种供给制办法，国家在房租中补贴很多。在资本主义国家，一个工人的收入，缴所得税占去 1/4，剩下的交房租大体占 1/4，有的甚至高达 1/3。而我们的房租一般只占工资收入 3% 左右。住公家的房子比自己买房子合算得多。房租远远不够房屋的维修费用，更说不上收回投资。这个问题不解决，要叫住户买房子，谁买？与其买房子，不如把钱存银行，用利息来交房租，这样更合算。所以即使有能力购买，一般也不愿意买房子。可见，我们在房租问题上，也没有按价值规律办事。总之，如果把房屋当做商品来出售，还有很多问题需要解决，要对这些问题重新考虑。

最近中央财经领导小组开会时也谈到这个问题。我们现在职工一个月平均工资约 60 元，而各种补贴加在一起也将近 60 元。就是说，把粮食补贴（每年国家支出几十亿）、蔬菜补贴、房租、水、电补贴以及劳保福利、公费医疗等，加在一起，等于工资的 1 倍。有人建议，把这些补贴当做工资，发给职工，这样房租也可以提高了。这也是可以考虑的一种办法。现在我们给职工办了许多好事情，但是职工不知道。资本家就比我们精明得多，高工资，一只手发给你钱，另一只手就拿回去了。在资本主义社会，工资看起来一大把票子，但有的缴了税，有的交了房费，真正落到职工口袋里的并没有多少钱。我们的办法实际还是一种供给制办法，很值得研究改进。

建筑产品当做商品经营，还有很多问题要解决，阻力还是不小的。但是，应当看到我们整个经济发展的趋势，这是势在必行的，特别是在扩大企业自主权以后。我们的体制改革的关键问题是扩大企业自主权。扩大企业自主权后，要更好地实行计划指导下的市场调节，要发挥优势，保护竞争，促进联合。搞这一套以后，我们基本建设方面商品化的要求，商品化的趋势会越来越明显。比如，企业有了钱，就要搞挖潜、革新、改造，就要给职工盖房子。这些不能像过去那样，再由国家投资来解决，而要由企业自筹资金或是向银行贷款来解决。在这种条件下，我们建筑企业有的要采取承包这样一种经营方式，有的就应当事先预测市场的需要，把房子盖起来再出售。现在一般职工买不起房子，但是企业买得起，他们都愿意花一些钱来买房子，机关也有这种要求，以便有计划地分给缺房的职工使用。每个企业都有点钱，都要盖点宿舍，但大家都去搞建筑工程，那不可能，既拿不到建筑材料，也找不到施工单位。如果我们有计划地把一批批房子盖起来，登广告出卖，那就会受到各方面的普遍欢迎。企业扩大了自主权，这方面的活动范围是很大的。在这种情况下，需要建设房子的单位可以采取招标的办法，建筑单位可以采取投标的办法，这些办法就叫择优的办法，货比三家。现在我们向外国人买东西如此，将来基本建设也一定是货比三家的。竞争起来之后，假如你的产品价格太高，质量不好，人家就不会买你的了。建筑安装公司不能再像过去那样，亏损由国家补贴。国家不补贴了，你怎么办呢？你必须要积极找出路，才能有饭吃，才能发工资，才能发奖金。否则，就经营不下去，连工资都发不出，更说不上奖金了。所以，这方面问题很清楚，我们只按老办法办事不成了。以上都是党的十一届三中全会后出现的一些新情况，向我们基本建设战线上做实际工作和理论工作的同志提出的一些新问题，要求我们在理论上和实践中加以解决。

法国政府对经济的干预[*]

中国社会科学院经济学家代表团应巴黎荷兰银行、埃尔夫—阿奎坦国营石油公司，施乃德财团和法国信息同盟等单位经济学家的邀请，于6月3—17日访问了法国。

访法期间，我们在巴黎、里昂、马赛和克鲁梭等地参观了核能发电站、石油化工厂、石油研究所、原子核反应堆设备制造厂、飞机制造厂、马赛新港以及潜水作业服务公司，信息公司等20多个新型企业和单位，访问了法国国家统计和经济研究所、计划总署和工业部等政府部门，会见了有关单位的领导人和经济学家共150多人。法方对我们的接待是热情友好的。

这次访问，我们对感触较深的法国政府如何干预经济问题作了些调查研究，感到他们的有些做法是值得我们借鉴的。

一　法国政府制订中长期计划，运用经济手段，引导企业实现计划目标

法国政府自第二次世界大战后就开始推行经济计划化。30年来已实施了七个中期计划，并已制订出第八个（1981—1985年）中期计划草案。

---

　　* 本文是1980年7月作者在访问法国以后写的报告。

他们推行国家计划化是想消除"放任自由"经济的弊病。

法国的国家计划和我国的计划不同，它着重的不是经济指标的高低，而是选择计划目标，规定为达到计划目标国家必须采取的政策措施和相应的财政支援。法国并不编制年度计划，每年的国家财政预算，实际上起到了年度计划的作用。国家计划对公私企业来说，都是指导性的，而不是指令性的。

法国的国家计划不是单靠国家计划机关来编制，而是广泛吸收企业界人士（有几千人参加），组织各种专门委员会来共同协商，最后经议会讨论通过。在编制计划的过程中，对可能采取的各种方案和政策措施，运用计量经济学的方法，预测其在社会经济各方面所产生的后果，以便在综合平衡的基础上作出最佳的抉择。

在石油危机以前，法国国家计划的目标基本上都实现了，经济发展比较顺利，对国家计划化的争议也较少。石油危机以来，由于对波斯湾和中东政治形势以及石油危机估计不足，经济发展停滞，有些计划目标落空。再加上政府所采取的限制解雇职工和提高社会福利等政策同企业主的利益发生矛盾，因而近来反对国家计划化的呼声日益高涨。但是，我们接触到的金融界和企业界人士以及政府官员，则都认为政府的中长期计划是政府和企业"对话"的一种有效手段，能够起到"互通情报，共同探索前途"的作用。过去，参与编制政府计划的主要是大企业的代表，广大中小企业被排斥在这种"对话"之外，现在，中小企业正在联合起来，要求同政府"对话"。看来，法国计划化的具体做法，今后可能会有若干变化，但国家通过定期进行中长期预测干预经济的基本方针，是不会有太大变动的。

法国政府对公私企业的管理都比较灵活，对国营企业除了由政府任命主要负责人之外，对企业的经营管理并不直接干预，让他们像经营私人企业一样去经营国营企业。对军事工业，如飞机工厂，在经营上也叫他们商业化，到国内外市场上去参加竞争。政府对公私企业的干预，主要是通过税收、信贷以及某些专卖价格（如汽油）等经济手段。

我们正在进行计划体制的改革，为了提高我国的计划工作水平，改变那种"一统就死，一放就乱"的现象，也应采用计量经济学的方法，对社会经济的发展进行预测，逐步把国家计划从以生产指标为主，改为以确定社会经济发展目标和实现这一目标的政策措施为主。看来，这是国家计划指导下的市场调节所需要的。

二　根据本国特点，制定切实可行的能源政策

石油危机以来，世界各国都很重视能源政策。各国能源政策的共同点是大力节约能源和尽力提高能源的自给率。

在节约能源，特别是节约石油方面，法国政府陆续实行了如下的主要政策：进口石油的限额制；禁止建设用油做能源的新企业；规定房屋建设的保温性能（比原来的建筑标准减少热损失 30%）；成立能源宣传公司（宣传节能的措施和经济效益）；成立能源经济研究所，对所有耗能大的企业（耗能折合石油 500 吨以上）进行普查，研究和推广节能措施；规定取暖的温度不得超过 19℃；对集中供热和余热利用工程，实行优惠贷款和少缴所得税的优待；限制小汽车的车速；提高小汽车用油的税率（占汽油售价的 85%），等等，取得了明显的效果。在石油危机前，法国的能源弹性系数是 1（即生产增长 1%，能源消费量也增长 1%），目前能源的弹性系数已下降为 0.6%。石油在一次能源中的比重，已从 1973 年的 65% 下降为 1979 年的 56%，对减少石油进口、节约外汇起了重要作用。

法国政府鉴于国内常规能源缺乏以及拥有发展核能的技术力量和铀矿资源，决定大力发展核能来改变能源结构，提高能源自给率。目前核能在能源中的比重已占 4.5%。1981—1985 年发展核电站的计划是：建成核电站四十座，总装机容量达 3900 万千瓦。其中采用快速增值反应堆的电站 8 座，每套机组容量 130 万千瓦，采用普通反应堆的电站 32 座，每套机组容量 90 万千瓦。每年建成投产的五至六套，约 500 万千瓦（相当于目前我国年装机总量）。他们认为，1985 年的能源计划是有把握实现的。

由于能源建设周期较长，他们制定了 1981—1990 年的 10 年能源规

划。规划预计，今后 10 年，在平均每年节约能源 4% 的条件下，能源总需要量平均每年增长 3.5%，1990 年能源总需要量折合原油 2.42 亿吨。核能在能源中的比重，1985 年计划提高到 25%，1990 年再提高到 30%。核电在总发电量中的比重 1979 年为 15%，1985 年将达到 53%，1990 年达到 76%。还计划大力发展太阳能、地热能、潮汐能等可再生的新能源。到 1990 年，使新能源产量相当于 1200 万吨石油。把石油在能源需要量中的比重，从 1979 年的 56%，压缩到 1985 年的 40%，1990 年再压缩为 30%。这样，法国能源自给率将从 1979 年的 25% 提高到 1985 年的 37%，1990 年再提高到 45%。

联系到我国的能源问题，我们不仅在世界石油危机爆发的时候，没有正视我国能源极度紧张的现实，及时制定正确的能源政策，努力开发和节约能源，反而大上高耗能工业，特别是大上用油作能源的企业，以致形成目前和今后一段时期能源紧张的被动局面。要改变这种局面，必须有正确的长远的能源政策。应当在积极开发能源的同时，大力抓紧节能工作，通过改变经济结构和对现有企业进行技术改造来降低能源消耗（法国就是这样做的）。特别值得注意的是，如果我们不尽快安排好第七个五年计划期间的能源建设，而把摆脱能源被动局面的希望寄托在沿海大陆架油田的开发上，以致该下的高耗能工业不下，该上的煤矿和交通运输建设上不了，那是很危险的。解决能源问题，不是一朝一夕就能办到的事情，编制好 10 年、20 年踏踏实实的能源计划，实在是当务之急。至于节约能源的工作，看来既要做些强制性规定，同时要保证必要的资金和材料，使节能计划落到实处。

三　新工业区的开发由政府统一规划，组织各方面的力量，同步建设，尽快发挥投资效果

法国在建设某些新工业区时，采取中央政府、地方政府和企业组织起来，统一规划，统一领导，同步建设，取得很好的经济效果。

以 1966—1968 年马赛新港的建设为例，整个港区建设全部投资 170

亿法郎，其中政府投资仅 20 亿法郎，用于建港。其余 150 亿法郎则是港区工厂企业的新建、扩建投资，计有一个炼钢厂、一个轧钢厂、四个炼油厂、一个氯矸厂、一个塑料厂，等等。换句话说，政府只拿出 12% 的资金，就吸引和组织各方面的大量投资，达到了开辟一个新工业区的目的。整个港区的建设由一个管理委员会统一领导。这个管理委员会由地方政府、工厂、铁路、公路等建设单位代表和码头工会、海港职员代表共 24人组成，主席在 24 人中选举产生。中央政府则指派一名总经理、一名财务副经理。这两名经理列席管理委员会，但不是管理委员会成员。总经理如果不称职，管理委员会有权要求政府撤换。这种组织形式很好地达到了同步建设的目的。经过两年时间，海港建成时，连接港口的铁路、高速公路、河道、输油管等都同时建成，形成了一个能够迅速集散港口物资的运输网。港区工厂企业的新建、扩建工程也同时完工，迅速发挥了新港建设的经济效益。

我们在第一个五年计划时期，开辟新的工业区大体上也是这么搞的，后来就丢掉了这一成功的经验。这也是三线建设投资效果差的原因之一。目前我国建设项目多，摊子大，建设不同步，各自为政等弊病还没有改变。只要我们吸取国内外的经验，切实搞好基本建设的组织工作，就可以大大提高投资的经济效果。

四　实行有选择的保护主义和自由竞争相结合的政策

法国政府对某些行业采取保护主义措施，对一般行业又采取自由竞争的政策，看情况区别对待。

石油工业是关系国家安全的经济命脉，法国政府采取比较严格的保护主义措施。他们规定跨国公司的石油进口量不得超过法国需要量的一半，而且这些进口石油要有 3/4 由法国航运业承运。还规定了各跨国公司每年经营石油的最高限额，如果未达到，就要按实际数削减下一年的限额。为了保护后起的电子计算机工业，法国政府规定凡是购买国产电子计算机的企业和单位，可以享受多达价款一半的低利贷款。这些措施促使法国电子计算机工业有了迅速的发展。

对于造船等受石油危机影响较大的行业，以及劳动密集、难以同工资低廉的第三世界国家竞争的某些轻纺工业，则不采取保护主义措施。

为了维护社会安定，法国政府采取"帮人、帮地方而不帮企业"的政策。国家对于因企业倒闭或减产而失业的职工，提高失业救济金（第一年可拿原工资的90%），并鼓励企业开办转业训练班，帮助失业职工转业。对于因经济危机而发生财政困难的地方政府，由中央给予补助。而对竞争失利的企业，政府除了根据"工业分散"和"地区整理"计划资助它们向落后地区迁厂或转换生产方向外，一般都听任它们倒闭。这一政策不仅维持了社会秩序的基本稳定，而且淘汰了落后企业，提高了法国工业在国际上的竞争力。

从这里我们想到，随着我国国际贸易的发展，必须采取必要的保护主义措施，但要注意不能单纯保护落后，因而不利于企业改善经营管理和提高竞争能力。对于某些长期亏损的企业，采取关、停、并、转的措施是必要的。问题是，我们过去往往简单地规定自什么时候起停止亏损补贴，而没有同时定出"帮人、帮地方"的政策措施来。同样的钱，是用来年复一年地补贴企业亏损，还是用来"帮人、帮地方"，这是应当很好地研究解决的。

五　用政府和企业共同承担风险的办法，推动企业的科研和新产品试制工作

法国很重视科研工作。1977年政府和私人企业共有科研人员29万人，占劳动力的1.2%。公私科研经费250亿法郎，每个科研人员平均的科研经费，仅次于美国和联邦德国，居世界第3位。1980年财政预算中用于科研的经费为150亿法郎，占预算总额的2.8%。

政府对私人企业的科研和新产品试制，采取积极扶持的方针。企业的重大科研项目，如所需经费较多或风险较大，可以向政府申请低利贷款，贷款数量可以高达所需经费的一半。研究成功，则分期归还贷款；研究失

败，则可以不还。这种政府同企业共同承担风险的做法，固然是把资产阶级所承担的投资风险社会化、国家化，有利于大资产阶级，但也起到了推动科研发展的作用。

我国企业的科研工作和新产品试制，采取由国家下达任务和拨款的办法。其结果是，一方面许多企业经费不足，另一方面不少拨款又没有很好地发挥作用，严重妨碍了科研和新产品试制工作的开展。我们考虑，在扩大企业自主权之后，应该允许企业从产品成本和企业利润留成中分别提取一定的费用，作为经常性的科研和新产品的试制经费。至于国家掌握的科研经费，应该用于重点项目。但重点项目的经费也不能由国家包干，可以实行国家和企业共同承担的办法，以调动企业的积极性，提高经济效果。

六　国家和企业共同办职业学校

法国实行九年制的小学和初中义务教育。高中分职业（技工）学校和普通中学。职业学校学制 2—3 年。法律规定，企业按工资总额的 0.5% 缴纳学徒税，供国家办职业学校用。但企业也可以不纳税，自办或委托某个职业学校培训自己需要的技工。职业学校的经费由教育部管理，技术教育由企业和工会负责，但毕业生要通过国家考试，取得证书。

国家还规定，企业要按工资总额的 1% 拨出经费，举办在职培训中心。如果企业无力举办，可以委托其他企业代办或上缴国家来办。我们在施乃德财团的克鲁梭核反应堆设备制造厂参观了他们的培训中心。这个培训中心对工人、职员、工程师和企业各级负责人都进行培训，学习制度灵活多样。有的脱产学习半个月，有的每周学习一天，有的则利用业余时间学习。为了保证培训计划的实现，每条生产线制订生产计划的同时，要编制培训计划。

我们在"文化大革命"前是比较注意职工培训的，许多企业都有自己的文化和技术学校，职业中学和企业的关系也比较密切。目前有大量高中毕业生既考不上大学，又没有技术专长，大量工人文化水平很低，甚至是文盲。这种情况，同实现四个现代化的任务很不相称。总结我们自己的经验，吸取国外的长处，把大部分高中逐步改为职业中学，并大力加强在职培训是很重要的。在考虑扩大企业自主权时，对企业的教育经费要有个适当的规定。

七   推行尽可能保持社会安定的福利政策

法国政府为了维持社会安定，对劳动时间、最低工资、休假工资、退休年金、劳动保险、义务教育、职业教育、在职培训，等等，都制定了法律，这些对政治稳定和经济发展起了重要作用。

近年来，法国大幅度提高失业救济金和退休金。1978 年同 1969 年比较，国内生产总值增长 44.5%，而社会保险金则增长 95% 以上，使家庭收入中来自社会保险的份额由 25.1% 上升为 30.8%，因而在平均工资增长不多的情况下保证家庭收入增长了 52%；按人口平均的消费水平由 1969 年的 1300 美元左右，提高到 1978 年的 5400 美元左右，平均每年增长 13.7%。尽管石油危机以来通货膨胀严重，失业率上升，但基本上保证了社会生活的安定。

粉碎"四人帮"以来，我国花了很大力量来改善人民生活，这是十分必要的。我们多年来对人民生活应当解决而没有解决的问题还没有完全解决。今后，我们一定要重视改善人民生活对经济建设的积极作用。在编制十年规划时，一定要保证人民生活在生产发展的同时，逐年有所提高。对集体企业职工和个体劳动者如何实行必要的社会保险制度，也要研究，得到适当的解决。

综上所述，法国政府对社会经济生活的干预是多方面的，有成效的。他们基本上是用经济手段诱导企业按照政府的意图行事。需要指出的是，法国政府之所以能够比较有效地运用经济手段，同它掌握了国民收入的一半（仅税收就占国民收入的 40%）有很大关系。如果没有这么雄厚的财政力量，要想有效地干预经济生活是有困难的。我国由于广大的农业还是自给型的经济，工业劳动生产率也不高，财政收入占国民收入的比重在 35% 左右。扩大企业自主权的试点后，这个份额还会有所下降。目前，国家财政收入同企业、事业预算外收入之比，大体上是 2∶1。扩大企业自主权是正确的，但在扩大企业自主权时，必须保证中央有必要的财政收入。这样，才能有利于用经济手段管理经济，促使整个国民经济健康地迅速地发展。

数量经济学是对社会主义建设
很有用的一门科学[*]

今天数量经济学研究会在这里举行座谈会，同志们要我来讲几句话。我和同志们座谈了几次，根据座谈中提出的问题，我说一点意见，供大家讨论。

一 运用数学方法研究经济，本世纪有了较大的发展

早在 19 世纪前，就有人利用数学研究经济。但是，直到 20 世纪，在资本主义国家才逐步地形成了他们称之为"计量经济学"的新学科（在我国称为数量经济学，它的研究范围比计量经济学广泛），这是和 20 世纪的经济发展有直接联系的。大家知道，20 世纪以来，资本主义世界已经进入到帝国主义阶段，垄断经济大大地发展了。垄断并没有消灭竞争，反而使竞争更加激化。同时，垄断的结果，使企业的规模越来越大，企业之间和企业内部的联系也更加扩大和复杂了。资本主义社会周期性的经济危机越来越严重，特别是 20 年代末 30 年代初那一次危机对资本主义经济打击很沉重。这种情况，就迫使各资产阶级政府都想对经济进行干预，企图减少和摆脱经济危机对它的打击；每一个资本集团也力图逃避危机。政

---

* 本文原载《光明日报》1980 年 8 月 13 日。

府要干预经济，资本家要摆脱危机，特别是政府要干预，干预什么？干预到什么程度？就有一个数量问题。这时，凯恩斯学派提出了收入论和国民经济周期论，尽量想用数学的模型表达他的体系。但是凯恩斯本人并未找到实现他的理论的数学方法，计量经济学帮助他解决了这个问题，在30年代末期和40年代初期，开始用宏观经济的数学模型来研究经济周期，接着又用资本的系数来探求经济增长的模型，以后又用投入产出图表来完善增长模型，并且把它应用于微观经济中去，这种做法对资本主义经济起了很大影响。

计量经济学对资本主义经济的发展起了些什么作用？

（1）预测和编制长期、中期、短期发展模型。

（2）对政府制定的各种政策方案，用计量方法预测其经济后果，以便提供决策选择。

（3）分析市场需求。资本主义是市场经济，资本家总要对市场需求调查清楚，发展什么，不发展什么，对资本家说来是很重要的。

（4）合理组织企业生产，以求取得最大限度利润。这主要是用于微观经济，研究生产何种产品好，生产多少才能取得最大利润。

但是，由于资本主义的私有制和社会生产的无政府状态，计量经济学虽然被广泛采用，却只能间断地、割裂地被采用。比如，对国家模型，虽然资产阶级国家是代表资产阶级的，由于各个不同的资本集团之间存在着利害冲突，他们不可能完全按照政府的意见办，政府只能诱导，不能指令，他们可以听，也可以不听。各届政府之间，主张也可能不同，一个党上台，就可能推翻另一个党的那一套主张。因此，计量经济学的作用也同其他科学技术一样，在资本主义社会的应用受到了限制。

二　数量经济学对社会主义建设是一门很有用的科学

从定性讨论到定量描述认识事物的本质，是科学发展的一般规律。马克思说过，一种科学只有在成功地运用数学时，才算达到了真正完善的地步。

数量经济学是用数学、数理统计、经济理论研究经济现象的学问，可以用它研究生产发展的趋势，研究与生产力相适应的经济关系，制定最优化的经济政策，促进经济发展。数量经济学，不但资产阶级可以用，无产阶级也可以用。事实上，南斯拉夫、罗马尼亚等国正在广泛地应用，对经济的发展很有好处。

我国的经济是计划经济，国民经济要按比例地发展，对资源要进行综合的、合理的利用。最近又提出扬长避短、发挥优势，充分利用市场作用，要实现管理现代化，要取得最好的经济效果，这些都要应用数量经济学。因为只有用它才能用图表和数学方程式表示经济现象间的复杂关系，便于了解情况，权衡轻重，避免顾此失彼。国民经济关系是复杂的，不是靠人的眼睛一望，就可一目了然的。数量经济学可以帮助我们了解国民经济各方面的关系，便于发现经济发展的客观规律，预测未来发展趋势，对政府要采取的政策措施，可以提出几种方案，预测后果，提供最优选择。

社会主义国家需要广泛应用数量经济学，同时，也只有在社会主义国家才能更好地发挥数量经济学的作用。因为社会主义国家建立了生产资料公有制，社会主义经济是计划经济，这就为广泛应用数量经济学提供了条件。我们的经济只有有计划、按比例才能高速发展，计划和比例就有一个数量问题，大规模的经济建设，科学研究，国防工程，只有把经济学、数学、数理统计结合起来，应用科学的方法进行周密的计算，才能制定出以最小消耗取得最大经济效果的方案。资本家如果失算，损失的只是一个企业集团，我们如果失算，就会对整个国家、整个社会造成极大的损失，对这一点我们要有明确的认识。

三 根据当前经济发展的需要，数量经济学能够帮助我们解决哪些问题

（1）经济结构的研究。比如，研究国民经济结构，确定合理的产业结构、产品结构、就业结构和国民经济重要的比例关系。究竟我国从现在到本世纪末应该是个什么样的经济结构，可以做出多种模型，进行合理性

的比较，选择最好的模型。

（2）国民经济发展的预测和中期，长期计划的制订。

（3）国民经济短期预测，分析国民经济中存在的问题，指导经常性的经济工作。

（4）一些重要的专题研究。比如能源问题，人口问题，就业问题，资源的最优利用问题，对外贸易问题，利用外资问题，等等，都可进行研究，作为制定有关政策的参考。

（5）对准备要采取的重要的技术经济政策进行分析，预测政策的执行产生的后果。

（6）市场需求分析，研究计划指导和市场调节如何结合。

（7）物价问题研究，制定合理的价格政策。

（8）货币和财政问题的研究。

（9）国防经济的研究。确定在国力允许的条件下，最大限度地增强国防力量，但又花费最小的方案。

（10）企业、联合企业和各种公司最优化的组织方案。企业的产品不同，规模也就不同，哪种企业适合哪种规模，提出最优方案。

（11）能够取得最大经济效果的企业内部管理方案，

（12）工程建设项目可行性的研究。

（13）世界经济动向的研究。分析世界经济发展的趋势，及其对我国经济发展的影响。

要研究的问题还很多。根据现有的人力、物力条件，重点是先研究经济模型。有几种模型：一是国家模型：如国家的经济结构等；二是地区模型；三是企业模型；四是专题的模型，如物价的、工资的、能源的、人口的，以及工程建设项目的，等等。

各地都有研究会的分会，研究经济模型可以从最简单的开始，然后搞复杂的。比如中国社会科学院工业经济研究所正在帮助北京市燕山石油化学公司曙光化工厂搞模型，这个厂子小，产品单一。然后再总结经验，搞复杂的、大型的。如果先搞难的，不易见效。由简到繁，适合于目前人力条件的情况。

四　怎样开展工作

（1）数量经济学是对社会主义建设很有用的一门科学，但不是说它是万能的。应该看到它总是为某种观点、某种预定的政策服务的。因为，运用它时，如果不根据某些前提以及已经知道的可以用数量标出的可变因素，是无法运用的。这些前提与人的指导思想有关系，与人的观点、立场有关系。因此，运用数量经济学时，要有正确的理论指导，要在马克思主义指导下，加强对社会主义经济理论的研究，为数量经济学提供正确的理论指导。我们既反对排斥、拒绝数量经济学，也反对照搬，按资产阶级观点来运用它，而是要用无产阶级观点运用它。要研究创立适合于社会主义的数量经济学。

（2）要建立一支从事数量经济学的研究和应用的专门队伍。研究是为了运用，并且要以运用的成效大小来检验研究的好坏。要有队伍，要有计划地培养既懂经济理论，又懂数学和数理统计学的专门人才。数量经济学带有边缘科学的特点，要提倡一部分有理工科基础的工程技术人员来学经济，或者有经济理论基础的工作者来学习数学和数理统计学，使这门学科迅速发展。

（3）有条件的大学是否建立数量经济学的专业，培养数量经济学的学生和研究生。

（4）要编写、翻译一批书籍和普及性读物。在我国，大家对数量经济学还是生疏的，要进行宣传教育，要有专门著作，使专业人员有书可读。

（5）最后一点，同志们建议要搞一个数量经济计算中心和数据库。这个问题要与有关单位研究解决。

必须研究建材工业经济学[*]

建筑材料工业是一个非常重要的国民经济部门，我对这个行业过去接触很少，了解得也很肤浅。想借这次参加会议的机会来向同志们学习，同时说说我的看法。

一　发展建筑材料工业已经提到重要议事日程上

我们国家正在进一步贯彻调整方针。在调整中，农业、轻工业、能源工业和交通运输等部门，都要持续发展，建筑材料工业也要有一个稳定的发展。

人类社会的发展历史是一个不断扩大再生产的历史，也就是不断提高自己的物质和文化生活的历史。建筑是人们增加生产和改善生活的一个基本条件，人们要进行生产，要进行物质及文化生活，没有建筑是不行的。生产要有厂房和设备；生活要有住宅。生产越发展，人们生活越改善，这方面的要求就越高。无论是中国还是外国的历史都证明了这一点。拿我们国家来讲，基本建设在国家整个财政支出中一般要占 40%。第一个五年计划时期，基本建设投资中，生产性的投资最高的年份占 71%，非生产

　　* 本文是作者 1980 年 9 月在"中国建材工业技术经济和管理现代化研究会第一次扩大理事和学术交流会"上的发言，原载《中国建材》1981 年第 1 期。

性的投资占 29%，在以后的时期，非生产性的建设里面主要是住宅，住宅占基本建设投资的最高年份是 9%，最低年份是 5%，由于住宅投资比重过低，造成现在住宅十分紧张。现在大家感到住房不足是一个头痛的问题，城镇居民的居住面积，1952 年平均每人 4.5 平方米；1979 年每人 3.6 平方米；有的地方比这个数还少，辽宁每人只有 3 平方米，在本溪这样一个重要的工业城市，每人只有 2.7 平方米。有位同志告诉我，在北京两个区的调查，每人居住面积不到 3 平方米。这种情况与其他国家比较是相当落后的。比如，罗马尼亚每人平均 8 平方米，南斯拉夫每人 14.1 平方米，美国每人 18 平方米，联邦德国每人 30 平方米。农村住房情况也是这样。我们调查了一些地方，农民的积累主要用在两个方面：一个是给儿子娶媳妇用；另外一个是用来建造房屋。前不久我接待了一个美籍华人教授。去年他回湖南看望了一下老家的亲人，回来非常感动，说离开家时，本家原来只有 10 口人，而现在有 54 口人，吃得很好，他感到这是很了不起的事。当然农村缺少房屋也是严重的，我们光讲城市住房困难，农村也是困难的，这方面情况大家是熟悉的。小平同志讲过：我们现在有三个问题：即房子问题、物价问题、就业问题。可见发展建材工业和建筑业是很重要的。

总之，我们要进行社会主义建设，要扩大再生产，要改善人民的生活，建筑业也要有很大的发展。要发展建筑业，就必须大力发展建筑材料。为什么呢？因为建材工业是建筑业发展的基础，是建筑业发展必需的基本原材料。建筑业与建筑材料工业应该是发展较快的一个行业。因为我们的社会在不断进步，经济在不断向前发展，人民的生活在不断改善，这些都要求建筑业、建筑材料工业相应发展。

从经济发达国家的例子也能看出这个问题。日本是第二次世界大战以后经济发展最快的国家之一，日本建筑材料工业生产占生产比重：1952 年是 4%；1960 年是 6%；1970 年是 7%；1978 年是 8%。由这个比例可以看出，建筑材料工业在整个国民经济中的比例是越来越高的。从另外一些材料也能看出这一趋势。比如说，日本建筑消耗的钢材（在他们那里建筑钢材属于建筑部门管，在我国不完全属于建筑材料部门管），1964 年时占整个钢材消费量的 44.7%；1972 年占 51.9%。从这里也可以看出一个趋势，随着经济的发展，建筑材料工业在国民经济中所占的比例也不断提高。很多资本主义国家经济发展过程中，建筑业的发展都是快于国民经济的增长速度。因此，建筑材料工业的发展速度也要相应地加快。

我们国家，由于林彪和"四人帮"的长期破坏和我们工作上的缺点、错误，建筑材料工业的发展远远不能够适应经济发展的需要。如玻璃对城市和工矿的需要来讲，只能满足 40%，砖大概缺一亿多块儿，石棉缺 40%，金刚石还需要从国外进口。新型建筑材料刚刚开始发展，还不占优势。根据这些情况，发展建材工业是完全必要的。

二　要多快好省地发展建筑材料工业，必须研究建筑材料工业经济学

建筑材料工业要稳定发展，就要有正确的理论指导，因此要很好地研究建筑材料工业经济学。

（一）这门学科研究的范围

建筑业与建筑材料工业是一个行业还是两个行业？现在看法不一致。在我看来，是两个行业。我们常常把建筑业和建材工业混在一起，这与行政管理有关系，过去它们都属于建委管，因此把两个行业看成一个行业。但严格讲来，不是一个行业。建筑业是加工业，建筑材料工业是个原材料工业，区别开好。我们研究建议国家计委，将来搞计划时把这两个部门划分开。应该说，建筑材料工业是建筑业的基础。没有建筑材料，没有水泥、玻璃、木材、钢材，怎么搞建筑？没有建筑材料工业的发展，对建筑业来讲就是搞无米之炊。

我国建筑材料工业包括一般资本主义国家所讲的建筑材料（资本主义国家把建筑业用的钢材、木材也包括在建材内，我们没有包括在内），除此以外，还包括非金属矿（资本主义国家不包括在内，苏联包括在内），还有新型的非金属材料。这些东西在资本主义国家有的属于化学工业部门或其他部门。由于内容不一样，我们与资本主义国家比较时，就有一个口径问题。我国建筑材料工业包括比他们更多的内容。

（二）建材工业的特点

建材工业有什么特点，我们应该研究这个问题。最近我看了李京文同志的两篇论文，很有启发。我们在一起研究了一下，感到建材部门同其他部门比较，从经济角度看有八个特点，也可以说八个"多"。这里面有的可能是优势，有的可能是劣势。为了扬长避短，把这些问题认识一下是有好处的。

（1）矿物原料多。建筑材料工业大部分用的是矿物原料。刘少奇同志生前说过，建材工业部门是半个矿产部门。这是非常形象化的说法。我们建材部门每年处理矿石不下于一亿吨，如果把土包括在内，砖、瓦、灰、砂、石加在一起，我看几十亿吨也不止。

（2）费劳动力多。费劳动力多与我们的有机构成低有关，与设备落后有关，与矿物原料多也有关系。

（3）能源消耗多。把矿物原料进行加工取得成品，必须高温煅烧、熔炼，需要的能源很多。

（4）废物利用多。废渣在我们国民经济中是比较头痛的问题。我们建材部门可以变废为宝，废物利用。这是件好事。

（5）运量多。建筑工业的原料和成品，几亿吨，十几亿吨，体积大，分量重，运量多。这要求我们合理布局，生产应接近消费地区，否则就不经济。

（6）行业多。

（7）品种多。

（8）中小型企业多。

这八个"多"都和我们建材工业技术经济有关。我们要根据这些特点，合理地解决各种技术经济问题。

从这几个特点看，建材工业是拥有相当的优势的。我们应该扬长避短，把建材工业搞成劳动密集的、节约能源的、合理布局的、尽量利用废渣的产业部门。为此，就要加强建材工业的技术经济和管理现代化的研究工作。

我国矿物原料比较多，这是优点。我国有丰富的劳动力资源，这也是优点。能源消耗多，这对我们来说是一个困难问题，因为我们国家能源是不足的，这就要考虑怎么样节省能源。节省能源的办法，一个是生产过程的节省，就是少消耗能源；另一个是充分利用余热。比如玻璃窑、水泥窑等有很多的余热，我们应该很好地回收利用，产生蒸汽，再变成新的能源。在这方面可以大做文章。可供我们利用的废渣也很多，如煤矸石一年可以利用 1100 多万吨，粉煤灰 300 多万吨，矿渣 1400 多万吨。我们还可以更多地利用，这对国民经济有很大好处。在这方面我们是有优势的。运量多，要求考虑合理的布局。我国资源分布比较广，不是集中在一个地方，所以我们在布置生产点时，要尽量考虑到消费地区，不要远途运输，同时要尽量利用水运，会更经济些。德国的莱茵河比我们的长江小得多，人家一年的运量等于我们长江的好几倍，我们没有很好地利用水运。当然这方面也有经济问题，现在水运运费比铁路运费高，人们当然不走水路。可是水运是最经济的，我们应当降低水运运价，这样长江和各种可以通航的河流自然会得到合理的利用。这方面也有优势。行业多、品种多、中小型企业多，我们可以比较灵活地多品种地生产，也有利于改变品种，这都是对我们很有利的。我们应当充分利用这些有利条件，充分发挥这些优势，很好地发展我们的事业。

（三）建材工业在整个国民经济结构中所占的位置

要有计划、按比例地发展国民经济，就要使建筑材料工业能够和国民经济一道前进，而且还可以带动国民经济的发展。建筑材料工业在整个国民经济中究竟应该占什么位置？这个问题，国家要研究，我们部门也要研究，可以向国家提出建议。比如，苏联在它的整个工业产值中，建筑材料工业占 4.7%，资本主义国家如和苏联同样的条件，占的比例更高些。我们国家数字不一样，有的说占 3% 点几，有的说占 1% 点几，究竟应该占多少，要研究。但从目前来讲，占的比例是低的，与整个国民经济的发展是不相适应的。例如：美国或日本，冶金工业和建筑材料工业的投资比例是 2:1，冶金是建材的 2 倍。我们现在的建筑材料工业投资连冶金工业的 1/10 也没有，这是很不相称的。这个问题需要研究，看怎样合理。

（四）建筑材料工业本身也要有一个合理的结构

目前这方面存在不少问题：

（1）矿山落后于加工。水泥、玻璃和非金属矿的矿山设备是很落后的，特别是机械化程度比较低。当然，我们劳动力多，应该更多地在能够使用人力的地方使用人力，但是有些地方实在不能够用人力开采的，还是要用机器。

（2）品种比例有失调现象。现在在建筑材料中，水泥发展比较快，玻璃特别落后。当然这并不是说责任在玻璃行业，而是主要由于对玻璃工业投资比较少。最近我看了一些材料，好多地方都在合资经营搞玻璃。比如，大庆、辽化油田这些单位都给秦皇岛市投资，合资搞一个小玻璃厂，每年只要给他们几万箱玻璃。这说明玻璃工业发展不够，说明建筑材料本身内部结构中也还有长短。当然水泥也不是长，总的来讲也是不够的，但相对来讲玻璃等产品更不够。这方面我们要研究怎样使它合理化。不然的话，房子盖起来了，没有玻璃也是不能住的。好些地方是挡块塑料布，糊点窗纸，住着过日子。这种情况要改变。

（3）新、老产品的比例结构要改进。现在新型建材数量少、品种少。我们盖房用的建筑材料95%是用小块的黏土砖，也就是人们常说的"秦砖汉瓦"。自从有了陶器以来，我们就有了砖（五千多年前我们就会烧陶瓷了）。从那时直到现在，我们还基本上是这么个水平。大型的砌块、大型的框架、石膏板这一类东西，我们还不到5%，由于新材料不够，影响了建筑业的发展。建筑业需要工业化、机械化，而搞小块砖是没办法真正实现工业化、机械化的。所以离开了建筑材料工业的发展，没有建筑材料工业的现代化，就没有建筑业的现代化。

（4）每一种建筑材料内部也有不平衡的问题。拿玻璃来讲，小块的、质量比较差的比重大；大块的、高质量的比较少。其他行业也有这类问题。拿水泥来讲，低标号的与高标号的比例是否恰当；拿砖来讲，低标号的与高标号的比例是否恰当，这些都值得研究。

（5）基础力量与生产发展的要求不适应。矿山地质工作、科研工作、设计工作、学校工作、管理人才的培养工作等，与生产发展的需要也是不适应的。建材部门的科技人员不到1%，而冶金工业是4%。当然，冶金工业4%也是少的，我们1%则更少。在这1%里面，管理人员、经济人员更少。去年，我到美国去考察了一下。美国现在在校的大学生是1000万人，学经济和管理的是80几万人，占8%。他们学经济和管理的大学生，几乎等于我们现在的全部大学生。我们学经济的不到15000人。这是一个很大的问题。没有管理人才、经济人才，我们的事业是搞不好的。当然我们工程技术方面的人才也是很缺的，也要注意培养。

（6）现代化的大型骨干企业少，技术比较落后的中小型企业多。我们需要有一些能起示范作用的现代化企业取得经验，来推进建筑材料工业的现代化。不仅是技术上的现代化，也包括管理上的现代化。现代化是我们发展的方向。

建材工业有很大一部分是集体所有制企业，这是有很大发展前途的。我们在搞经济联合时，全民所有制可以和集体所有制联合，这一方面也是有很大发展前途的。我们不应该拘泥于一种形式，不应该都是发展全民所有制，那样会使建筑材料工业的发展受到限制。

（五）关于技术经济方面的课题

我想技术经济方面有三个问题要考虑一下：

（1）技术经济应该从综合的角度来进行考察。刚才讲了建材工业是一个多品种、多行业的部门，实际上跨了很多部门。它不仅和建筑部门，而且和化工部门、冶金部门、电力部门、煤炭部门、铁路运输部门都有密切的联系。我们应该使生产部门、设计部门、施工部门、使用部门（建筑部门）以及其他有关的部门结合起来，密切配合起来，考察技术经济效果哪一种更好。如果单从某一角度考察，往往是从这个部门看起来经济，但总的看起来就不经济了。有一个例子，在一次工作会议上，我碰到浙江省的一位管工业的同志，他告诉我：浙江省有一种矿石，发热量二千多大卡，作为煤炭开采，煤炭部门不愿开采；这种东西发电是可以的，而叫电力部门开采，他也不愿开采；这种矿石里面含有一定数量的磷，叫化工部门开采，他也不愿开采；这个矿里面还含有大量可以作水泥的原料，叫建材部门开采，他也不愿开采。那位同志发了愁。但是这件事真的干起来，对国家是有好处的。我们不是提倡综合利用，提倡联合吗？这些东西能不能联合经营，综合利用呢？大家都出力，都利用起来了，那就对国家有利了。像现在这样的部门分割管理，这一类的事情你叫哪个部门干，哪个部门也不愿干。联合起来就能办得好一些。这些事情应该从综合的角度考虑一下。

（2）现在我们国家木材很缺，国家调拨的木材大概是 80 元一立方米，而市场上有的用高 10 倍的价钱也买不到。即使有水泥和其他建筑材料，如果没有木材也没有办法搞建筑啊！另外，我们钢材也很缺。应当研究用非金属材料来代替钢材、木材，做到经济合理。这个问题是技术经济要研究的大课题。在国外，塑料有 1/4—1/3 是用到建筑上的。而我们现在在建筑上基本还没有用这些东西。我们盖房子所需要的柱子、桁条，都可以用混凝土构件来代替。再如，现在用的铸铁管都是很大的，费了很多金属，能不能用水泥压力管来代替？又如，我们的暖气片，现在大都是用生铁铸的，分量非常重。如果用陶瓷来代替生铁做成暖气片的话，那就完全可以不用金属。再如，我们用塑料水管子代替金属水管子是不是可以？特别是铸石，用它代替金属管是有很多好处的，又耐腐蚀、又耐磨。这些都要很好地进行研究。我们应该力争取得最好的经济效果，我看是大有前途的。

（3）技术经济方面还有一个问题值得研究，这也是我长期考虑的一个问题：水泥的高标号和低标号应该有什么样的比例，哪些地方用高标号的水泥合理，哪些地方用低标号的水泥合理，我们从整个国民经济来看，究竟多生产高标号的水泥对我们更有利，还是多生产低标号的水泥对我们更有利。对于砖也是这样，低标号的砖和高标号的砖做法差不多，但从经济效果来看就不一样。

建材工业也要研究一下产品的成本和价格。据我知道，我们建材产品的价格可能定得不够合理，利润税收方面也是有问题的。现在国家正在修订价格，我们就应当研究一下建筑材料的成本和它的价格有什么关系，过去的比价是怎样，现在的比价是怎样。水泥要和什么比，红砖要和什么比，玻璃要和什么比，这个问题也要研究。还要研究利润率，不能只研究一个利润率，要研究资金利润率、成本利润率、工资利润率。这几种利润率是不一样的，要进行比较，看看我们的成本合理不合理，物价合理不合理，利润是高还是低。这样研究对我们的生产是有好处的。

我们还应该很好地研究农村建筑材料。不仅要面向城市，而且还有一个满足农村需要的问题。我们中国人口有 80% 是农民。什么样的建筑材料适应农村，也要很好地进行研究。

《国外经济管理名著丛书》前言[*]

  1978 年 12 月举行的党的十一届三中全会纠正了长期以来党内存在的"左"倾错误，清算了林彪、江青两个反革命集团对马列主义、毛泽东思想的歪曲和篡改所造成的思想上、政治上、经济上、组织上的种种恶劣影响，同时果断地停止使用"以阶级斗争为纲"这个不适用于社会主义社会的口号，做出了把工作重点转移到社会主义现代化建设上来的战略决策。这就使党的路线重新回到了马克思主义的正确轨道上来。

  为了搞好社会主义现代化建设，重要的一条是认真学习、踏实工作。胡耀邦同志在庆祝中国共产党成立 60 周年大会上的讲话中再一次号召大家下苦工夫，勤奋读书，努力掌握社会科学及自然科学的知识和方法，使感性知识上升为理性知识，成为比较系统的、有条理的理论的认识。我们需要学习的东西是很多的，包括理论知识、实际知识、技术知识、管理知识，等等。要搞好社会主义现代化建设，就要学会社会主义的经营管理。学习社会主义的经营管理，要不断总结我们自己的经验，同时也要借鉴国外的先进经验，学习对我们有用的东西。翻译出版一些国外经济管理名著，就是借鉴国外先进经验的手段之一。为此，我们编译出版这套《国外经济管理名著丛书》。

---

  * 本文是作者 1980 年 9 月为《国外经济管理名著丛书》写的前言，该书由中国社会科学出版社 1981 年 12 月出版。

　　为了使读者对国外经济管理的经验和理论有比较全面的了解，这套丛书选题的范围比较广泛。从地区上讲，既包括美、法、德、日等国的著作，也包括苏联、东欧等国的著作；从时间上讲，由本世纪初开始，直到当代，而以当代著作为主；从内容上讲，既包括宏观范围的经济管理，又包括微观范围的经济管理和企业管理，同时兼顾到各个学派和各种不同观点的著作。这套丛书就是从上述范围选择的有代表性的名著，并将在今后随着国外经济管理的实际和理论的进展而不断加以补充。如美国于 1981 年 4 月出版的《Z 理论》一书，得到各国管理学界的重视，是一种较有影响的新理论，我们已补入本丛书，并着手翻译。

　　西方的经济管理理论，由于历史的发展和现实的经济需要，形成了不同的学派。对于各个学派的划分，各国的一些管理学者的观点也不尽相同。关于管理的思想虽然由来已久，但在西方成为系统的管理理论，则公认是在 19 世纪末到 20 世纪初。此后，从其发展的历史及内容来看，西方经济管理理论各学派的形成基本分为三个阶段：

　　第一个阶段，就是 19 世纪末到 20 世纪初形成的所谓“古典管理理论”。这一学派的代表人物有美国的泰罗（Frederick W. Taylor，1856—1915）、法国的法约尔（Henri Fayol，1841— 1925）、德国的韦伯（Max Weber，1864—1920）以及后来的美国人古利克（Luther Gulick，1892—）和英国人厄威克（Lyn dall Urwick，1891—）等人。古典管理理论较系统地探讨了经济管理问题。如泰罗等人倡导的科学管理，主要探讨了在工厂中提高劳动生产率的问题。他们认为：当时工人提高劳动生产率的潜力是很大的。于是他们在科学试验的基础上，制定出所谓标准的操作方法。用这种标准的操作方法对全体工人进行训练，并据以制定较高的定额。这就是所谓的工作定额原理。为了使工人完成较高的工作定额，除了使工人掌握标准的操作方法以外，还必须把工人使用的工具、机械、材料以及作业环境加以标准化。这就是所谓的标准化原理。为了鼓励工人完成工作定额，他们提倡实行一种有差别的、刺激性的计件工资制度。他们认为，要提高劳动生产率，就必须取得雇主和工人两方面的合作。雇主关心的是低成本，工人关心的是高工资。要使雇主和工人两方面认识到，通过科学管理提高了劳动生产率，两者都可以达到自己的目的。泰罗等人认为，这就是雇主和工人双方"协调与合作"的基础。但他们并没有像后来的"行为科学"学派那样从社会学和心理学等角度来考察企业中"人的关系"。此外，泰罗等人还对计划职能和执行职能的划分、职能管理制的采用和组织结构上的管理控制原理等进行了探讨。泰罗的代表作是 1911 年出版的《科学管理原理》一书。1912 年泰罗在美国国会众议院特别委员会对泰罗制和其他工场管理制的听证会上的证词，也是研究科学管理的一篇重要文献。

法约尔虽然同泰罗一样是个工程师，但两人有所不同。泰罗开始是作为普通工人进入工厂的，其后主要从事于工程技术工作。法约尔则从进入企业开始，就参加了企业的管理集团，以后又担任了一个大公司的最高领导，并在法国的多种机构中从事过管理方面的调查和教学工作。所以他的管理理论是以大企业的整体为研究对象的，而且他认为他的理论不仅适用于公私企业，也适用于军政机关和宗教组织等。他的管理理论主要包含在 1916 年发表的《工业管理和一般管理》一书中。他认为，管理不同于经营，只是经营的六种职能活动之一。经营的六种职能活动是：技术活动、商业活动、财务活动、安全活动、会计活动和管理活动。这六种职能活动，是企业组织中各级人员都多少不同地具有的，只不过由于职务高低和企业大小的不同而各有侧重。至于管理活动，则又包含五种因素，即，计划、组织、指挥、协调、控制。法约尔对管理的五种因素进行了较详细的论述，并提出了十四条管理原则，即：（1）分工；（2）权限与责任；（3）纪律；（4）命令的统一性；（5）指挥的统一性；（6）个别利益服从于整体利益；（7）报酬；（8）集权；（9）等级系列；（10）秩序；（11）公平；（12）保持人员稳定；（13）首创精神；（14）集体精神。法约尔还特别强调管理教育的重要性，认为可以通过教育使人们学会进行管理并提高管理水平。

韦伯的研究主要集中在组织理论方面，他的贡献是提出了所谓理想的行政组织体系理论，这集中地表现在他的代表作《社会组织与经济组织理论》一书中。韦伯主张，为了实现一个组织的目标，要把组织中的全部活动划分为各种基本的作业，作为公务分配给组织中的各个成员。各种公职和职位是按照职权的等级原则组织起来的，每一职位有明文规定的权利和义务，形成一个指挥体系或阶层体系。组织中，人员的任用完全根据职务上的要求，通过正式考试或教育训练来实行。管理人员有固定的薪金和明文规定的升迁制度，是一种"职业的"管理人员。管理人员必须严格遵守组织中规定的规则和纪律。这些规则和纪律是不受个人情感影响而是在任何情况下都适用的。组织中人员之间的关系完全以理性准则为指导。这种不偏不倚的态度不仅适用于组织内部，而且适用于组织与外界的关系。韦伯认为，这种理想的行政组织体系能提高工作效率，在精确性、稳定性、纪律性和可靠性方面优于其他组织体系。

泰罗、法约尔、韦伯等人倡导的古典管理理论，后来为许多人所研究和宣扬，其中较为系统地加以整理阐述的有厄威克和古利克。厄威克的著作有：《管理的要素》、《组织的科学原则》、《管理备要》等。他提出了他认为适用于一切组织的八项原则：（1）目标原则，即所有的组织都应当表现出一个目标；（2）相符原则，即权力和组织必须相符；（3）职责原则，即上级对所属下级工作的职责是绝对的；（4）组织阶层原则；（5）控制广度原则，即每一个上级所管辖的相互之间有工作联系的下级人员不应超过5人或6人；（6）专业化原则，即每个人的工作应限制为一种单一的职能；（7）协调原则；（8）明确性原则，即对于每项职务都要有明确的规定。

古利克除了其他著作以外，最主要的是他和厄威克合编而于1937年出版的《管理科学论文集》一书。该书包含了反映当时在管理学上有不同意见的一系列论文。古利克在该论文集中，把古典管理学派有关管理职能的理论加以系统化而提出了有名的POSDCORB，即管理七职能论。POSDCORB就是取这些职能的英文词的首字母而组成。这七种职能是：（1）计划（Planning）。这是为了实现企业所设定的目标而制定出所要做的事情的纲要，以及如何做的方法。（2）组织（Organising）。为了实现企业所设定的目标，就必须建立权力的正式机构和组织体系，并规定各级的职责范围和协作关系。（3）人事（Staffing）。包括职工的选择、训练、培养和恰当安排等。（4）指挥（Directing）。包括对下属的领导、监督和激励。（5）协调（Coordinating）。这是为了使企业各部门之间工作和谐，步调一致，共同实现企业的目标。（6）报告（Reporting）。包括下级对上级的报告和上级对下级的考绩、调查和审核。（7）预算（Budgeting）。包括财务计划、会计、控制等。古利克提出的这七种管理职能，以后虽有人加以增减或修改，但基本上包括了古典管理学派到那时为止有关管理过程论述的各个方面，成为以后有关这类研究的出发点。

古典管理学派从泰罗等人开始从事管理的实际试验和理论研究算起，距今已将近一个世纪。他们的理论不但在当时起了重要的作用，对以后管理理论的发展也有着深远的影响，其中许多原理和做法至今仍被许多国家参照采用。当代西方有些管理学者还提出"回到泰罗去"的口号，表示要对古典管理理论重新深入研究。

西方管理理论的第二个阶段，是从本世纪 20 年代开始的"人际关系"——"行为科学"的理论。所谓行为科学，就是对工人在生产中的行为以及这些行为产生的原因，进行分析研究，以便调节企业中的人际关系，提高生产。它研究的内容包括：人的本性和需要，行为的动机，尤其是生产中的人际关系（包括领导同工人的关系），所以，它在早期叫做人际关系论。

行为科学，是随着资本主义社会矛盾的加剧才应运而生的。泰罗以前的企业管理基本上把工人看做机器的配件、会说话的工具。这大大挫伤了工人的劳动积极性，严重影响劳动生产率的提高。为了改变这种状况，泰罗用定额奖惩的办法，即大棒加胡萝卜的办法来刺激工人提高劳动生产率，在当时也收到了一定的效果。但在第一次世界大战以后，工人阶级的觉悟进一步提高了，他们逐渐认清资本家剥削工人的一套手法，因而用更多的罢工、怠工等各种形式来进行斗争。于是泰罗的所谓科学管理开始失灵了。这时，许多西方管理学者为了挽救资本主义危机，就把西方的社会学和心理学等引进企业管理的研究领域，提出用调节人际关系、改善劳动条件等办法来提高劳动生产率。

行为科学早期的代表人物有原籍澳大利亚而后来移居美国的梅奥

（Elton Mayo，1880—1949）和美国的罗特利斯伯格（Fritz J. Roethlisberger，1898—1974）。他们从 20 年代后期开始，在美国进行了有名的霍桑工厂试验，并以实验的结果为依据，提出了以下几条原理：（1）工人是"社会人"，是复杂的社会系统的成员。所以，工人不是单纯追求金钱收入，他们还有社会、心理方面的需求，即追求人与人之间的友情、安全感、归属感和受人尊重等。因此，必须从社会、心理方面来鼓励工人提高劳动生产率。（2）企业中除了"正式组织"之外，还存在着"非正式组织"。所谓正式组织就是具有一定的目标，并且由规章、制度、方针、政策等规定企业中各成员之间相互关系和职责范围的一定组织体系。所谓非正式组织就是企业成员在共同工作的过程中，由于抱有共同的社会感情而形成的非正式团体。这些团体有自然形成的规范或惯例，其成员必须服从。古典管理理论所注意的只是正式组织的一面，而梅奥等人则认为还存在着非正式组织，并强调它同正式组织是相互依存的，对生产率的提高有很大的影响。（3）新型的领导能力在于，通过对职工满足度的提高而激励职工的"士气"，从而达到提高生产率的目的。所谓满足度就是工人的需要得到满足的程度。工人所要满足的需要中，金钱只是一部分，更多的是感情、安全感、归属感等。梅奥等人通过在霍桑工厂的试验了解到，工人并不是把金钱当做刺激积极性的唯一动力的"经济人"，而是在物质之外还有社会的和心理的因素的"社会人"。所以，新型的领导能力就是要在正式组织的经济需求和工人的非正式组织的社会需求之间保持平衡。他们认为，这样就可以弥补古典管理理论的不足，解决劳资之间以致整个"工业文明社会"的矛盾和冲突，提高生产率。他们的这些观点主要反映在以下的代表著作中：梅奥的《工业文明的人类问题》、《工业文明的社会问题》，罗特利斯伯格的《职工的生产率中的人的因素》等。

　　梅奥等人奠定了行为科学的基础以后，西方从事这方面研究的人大量出现。行为科学在后一阶段的发展，主要集中在四个领域：

　　第一，有关人的需要、动机和激励的问题。在这方面有代表性的理论有：（1）美国的马斯洛（Abraham H. Maslow，1908— 1970）的"人类需要层次论"，他在《人类动机的理论》、《激励与个人》等著作中，把人的需要按其重要性和发生的先后次序排成以下的五个层次：第一层，生理上的需要，包括维持生活所必需的各种物质上的需要，如衣食、住房、医药等。第二层，安全上的需要，如生活有保障、不会失业、生病或老年有所依靠等。第三层，感情和归属上的需要。第四层，地位和受人尊敬的需要。第五层，自我实现的需要，也就是我们通常所说的事业心。马斯洛认为，人们一般按照这个层次来追求各项需要的满足，以此来解释人们行为的动机。(2) 美国的赫茨伯格 (Fre derick Herzberg) 的"激励因素—保健因素理论"，他在《工作的推动力》、《工作与人性》等书中提出，工作环境或工作关系方面的因素是保健因素。所谓保健因素是指，对职工满足的效果，类似卫生保健对身体健康所起的作用一样。卫生保健不能直接提高健康状况，但有预防作用。同样的，保健因素不能直接起激励职工的作用，但能预防职工产生不满。属于保健因素的有：公司政策和管理、监督、工资、同事关系、工作条件等。至于使职工产生满意作用的因素，只有激励因素，即属于工作本身或工作内容方面的因素，如成就、上级赏识、工作本身、责任、进步等。(3) 斯金纳 (B. F. Skinner, 1904—) 的"强化理论"。这是以学习的强化原则为基础的对理解和修正人们行为的一种探讨。从其最基本的形式来讲，强化指的是对一种行为的肯定或否定的后果(报酬或惩罚)至少在一定程度上会决定这种行为是否重复。(4) 弗鲁姆 (Victor H. Vroom) 的"期望几率模式理论"。这种理论认为，选择性行动成果的强度 (即职工对某一行动成果的评价) 和期望几率 (即职工认为某一行动成功的可能性的程度) 两者决定激励力的大小，激励力促使行动，行动取得成果，通过成果职工得到满足。

第二，同企业管理有关的所谓"人性"问题。在这方面有代表性的理论有：(1) 美国麻省理工学院教授麦格雷戈 (Douglas McGregor, 1906—1964) 的"X 理论—Y 理论"。他在研究企业管理时，发现企业管理中出现的问题，不少是由于管理人员对工人的片面认识，即认为工人劳动效率不高，是由于"工人的本性不诚实、懒惰、愚蠢、不负责任等造成的"，这就是"X 理论"。与此相反，认为人不是被动的，人的行为受动机的支配，只要给其创造一定的条件，他就会努力工作，达到确定的目标，希望自己的工作取得成就。从这个认识出发，如果工人的工作没干好，就得从管理本身去找妨碍劳动者发挥积极性的因素了。这就是"Y理论"。显然，"Y理论"比"X理论"是大大地前进了。麦格雷戈在《企业的人事方面》等著作中，把传统的管理观点叫做"X理论"，那是以对工人的管束和强制为主的。他主张以诱导的办法，鼓励职工发挥主动性和积极性，他把这种管理观点，叫做"Y理论"。麦格雷戈认为，只有"Y理论"才能在管理上取得成功。（2）美国的阿吉里斯（Chris Argyris）的"不成熟——成熟理论"。他在《个性和组织》等著作中提出，在人的个性发展方面，如同婴儿成长为成人一样，也有一个从不成熟到成熟的连续发展过程。这个过程就是从被动到主动、从依赖到独立、从缺乏自觉到自觉和自制。一个人在这个发展过程中所处的位置，就体现他自我实现的程度。而正式组织的基本性质使个人保持在"不成熟"阶段，并妨碍他自我实现。消除个性和组织之间的不调和并使之调和起来的办法是：扩大职工的工作范围；采用参与式的、以职工为中心的领导方式；使职工有从事多种工作的经验；加重职工的责任；更多地依靠职工的自我指挥和自我控制；等等。

第三，企业中的非正式组织以及人与人的关系问题。在这方面有代表性的理论有：（1）原籍德国、后来移居美国的卢因（Kurt Lewin，1890—1947）的"团体力学理论"。这个理论主要论述了作为非正式组织的团体的要素、目标、内聚力、规范、结构、领导方式、参与者、行为分类、规模、对变动的反应等。（2）美国人布雷德福（Leland Bradford）的"敏感性训练"。敏感性训练的目的是通过受训者在团体学习环境中的相互影响，提高受训者对自己的感情和情绪、自己在组织中所扮演的角色、自己同别人的相互影响关系的敏感性，进而改变个人和团体的行为，达到提高工作效率和满足个人需求的目标。

第四，企业中领导方式的问题。在这方面有代表性的理论有：（1）美国的坦南鲍姆（Robert Tannenbaum）和施米特（Warreu H. Schmidt）的"领导方式连续统一体理论"。他们认为，在企业的领导方式中，从专权式的、以上司为中心的领导方式到极为民主的、以职工为中心的领导方式之间，存在着多种多样的领导方式，是一个连续的统一体。至于到底应选择哪一种领导方式，不能一概而论，要考虑经理、职工、形势、长期战略等方面的因素，才能在这个连续统一体中选择一个当时当地最合适的领导模式。（2）美国密西根大学的利克特（Rensis Likert，1903—）的"支持关系理论"。他在《管理的新模式》等著作中指出，职工必须认识到他们在工作中的经验和接触是有助于他们个人价值和重要性的感觉的。这种关系就叫做支持关系。他还指出，一个企业的领导者在管理中如果以职工为中心，较多关心职工的需要和愿望等，则该企业的生产率就较高；同职工接触时间较多者，领导方式越是民主、合理者，其生产率亦越高。（3）美国俄亥俄大学的斯托格第（Ralph M. Stogdill）和沙特尔（Carroll L. Shartle）等人的"双因素模式"。他们认为，组织中的领导行为包含两个因素：主动结构（以工作为中心）和体谅（以人际关系为中心）。这两种因素不是互相排斥的，应该结合起来，才能实现效率高的领导。而这两种因素的结合可以有多种情况。（4）美国的布莱克（Robert R. Blake）和穆顿（Jane S. Mouton）两人的"管理方格法"。他们在《新管理方格》等著作中提出，为了避免企业领导工作中趋于极端的方式，即或者是科学管理，或者是人群关系；或者以生产为中心，或者以职工为中心；或者采取X理论，或者采取Y理论；应采取各种不同的综合的领导方式。他们以对生产的关心为横轴，对职工的关心为纵轴，每根轴线分为9小格，共分成81个小方格，代表各种不同结合的领导方式。他们认为，把对生产的高度关心同对职工的高度关心结合起来的领导方式是效率最高的。

值得注意的是，在行为科学的后期发展中，有一种把行为科学同古典管理理论调和起来的倾向。这反映了资本主义的基本矛盾并不是行为科学那一套所能解决的。但是，行为科学的许多主张和做法非但没有被当代西方的管理学者所抛弃，而是被更多的管理学者研究和应用。

第三个阶段，是在古典学派和行为学派出现以后，特别是在第二次世界大战以后出现的当代西方管理理论的一些学派。主要有：社会系统学派、决策理论学派、系统管理学派、经验主义学派、权变理论学派和管理科学学派，等等。这些学派之所以产生，是同当代，特别是第二次世界大战以后科学技术的进步，生产力的巨大发展，生产社会化的程度日益提高相联系的。

社会系统学派以美国的巴纳德（C. L. Barnard，1886—1961）为首。巴纳德认为，社会的各级组织都是一个协作的系统，即由相互进行协作的各个人组成的系统。这些协作系统是正式组织，都包含有三个要素：协作的意愿、共同的目标、信息联系。非正式组织也起着重要的作用，它同正式组织互相创造条件，在某些方面对正式组织产生积极的影响。至于组织中经理人员的作用，就是在协作系统中作为相互联系的中心，并对协作的努力进行协调，以便组织能够维持运转。巴纳德的代表作是 1938 年出版的《经理的职能》一书。

决策理论学派是从社会系统学派中发展出来的，其代表人物有美国卡内基—梅隆大学的西蒙（H. A. Simon，1916—）、马奇（J. G. March）等人。它是在第二次世界大战以后吸收了行为科学、系统理论、运筹学和计算机程序等学科的内容而发展起来的。西蒙由于在决策理论的研究上做出了贡献，曾获得 1978 年度的诺贝尔经济学奖。西蒙等人认为，决策贯彻管理的全过程，管理就是决策。组织是由作为决策者的个人所组成的系统。他们并对决策的过程、决策的准则、程序化的决策和非程序化的决策、组织机构的建立同决策过程的联系等作了分析。他们的代表作是《组织》及《管理决策新科学》等。

系统管理学派同社会系统学派也有密切的关系，而各有不同的侧重方面。其代表人物有卡斯特（F. E. Kast）、罗森茨韦克（J. E. Rosenzweig）等人。他们两人的代表作有《系统理论和管理》、《组织与管理：系统与权变的方法》等书。系统管理学派认为，从系统的观点来考察和管理企业，有助于提高企业的效率，使各个系统和有关部门的相互联系网络更清楚，更好地实现企业的总目标。系统管理学派在 60 年代最为盛行。其后，由于它不能满足各方面的期望而稍有减弱，但仍有相当多的人继续从事研究。而且，系统管理理论中的许多内容有助于自动化、控制论、管理情报系统、权变理论的发展。

经验主义学派的代表人物有美国的德鲁克（Peter Drucker，有人译为杜拉克，1909—）、戴尔（E. Dale）等人。德鲁克的代表作有《管理：任务、责任和实践》、《管理实践》、《有效的管理者》等；戴尔的代表作有《伟大的组织者》、《企业管理的理论与实践》等。他们认为，古典管理理论和行为科学都不能完全适应企业发展的实际需要。有关企业管理的科学应该从企业管理的实际出发，以大企业的管理经验为主要研究对象，加以概括和理论化，向企业管理人员提供实际的建议。

权变理论学派认为在企业管理中要根据企业所处的内外条件随机应变，没有什么一成不变、普遍适用的"最好的"管理理论和方法。这个学派于70年代在美国等地风行一时。这是由于科技、经济、政治上的剧烈变动和职工队伍构成及文化技术水平的改变，使得权变理论有一定的实用价值。

管理科学学派的代表人物有美国的伯法（E. S. Buffa）等人。他们认为，管理就是用数学模式与程序来表示计划、组织、控制、决策等合乎逻辑的程序，求出最优的解答，以达到企业的目标。管理科学就是制定用于管理决策的数学模式与程序的系统，并把它们通过电子计算机应用于企业管理。伯法的代表作有《生产管理基础》等。

此外，美国管理学者孔茨（Harold Koontz）在1980年发表的《再论管理理论的丛林》一文中认为目前至少已发展到有十一个学派，除了前面已提到的以外，还有组织行为学派、社会技术系统学派、经理角色学派、经营管理理论学派等。

以上是西方经济管理理论的一些主要学派。至于苏联、东欧等国的经济管理理论，特别是宏观经济的管理理论，由于其历史发展和现实经济情况的不同，同西方有着许多不同的特点，我们也将选择一些有代表性的著作予以介绍。

我们借鉴国外经济管理的经验和理论，为的是把我国的社会主义的经营管理工作搞好。我们知道，经济管理既包含生产力和科学技术组织方面的问题，也包含生产关系和上层建筑方面的问题。各种不同社会形态中的经济管理，其根本目的是不同的。资本主义经济管理的根本目的是"为掠夺而管理"，"借管理来掠夺"①。社会主义经济管理的根本目的则是在发展生产的基础上最大限度地满足人民的物质和文化的需要。在经济管理中体现出来的人们之间的相互关系也是不同的。资本主义企业中的资本家及其代理人，同广大职工是剥削和被剥削，压迫和被压迫的关系，不论他们用什么"协作两利"、"行为科学"的美丽词句，也改变不了这个基本事实；社会主义企业中的干部、技术人员，同工人是同志式的平等协作的关系。这些，都是不同社会制度的生产关系和上层建筑在经济管理中的反映。然而，各种不同社会形态中的经济管理，也存在着共同的方面，比如，资本主义大企业和社会主义大企业，由于都是从事物质生产的社会化大生产过程，在管理上就必然存在着某些反映生产力发展规律的共同性的东西。

所以，对国外的经济管理，我们要看到这种两重性。就西方国家的经济管理来讲，"一方面是制造产品的社会劳动过程，另一方面是资本的价值增殖过程"。不能"把从共同的劳动过程的性质产生的管理职能，同从这一过程的资本主义性质因而从对抗性质产生的管理职能混为一谈"②。同样，作为其经验概括的国外经济管理著作，也有两重性。正如列宁在对"泰罗制"进行科学分析时所指出的，一方面，它是为资产阶级服务的，是榨取工人血汗的"科学"制度；另一方面，它又包含一系列最丰富的科学成就。对于国外经济管理著作中反映资本主义生产关系和上层建筑的东西，我们必须予以批判，决不能盲目引进。而对反映社会物质生产过程中共同规律的东西，则必须予以研究，以便借鉴。如果把反映现代化大生产客观规律的科学的经营管理方法也看做是资本主义的东西而予以排斥，那是错误的。列宁在十月革命后不久的一次会议上指出：有人在这个会议上说，不向资产阶级学习也可以建成社会主义，我认为，这是中非洲居民的心理。我们不能设想，除了以庞大的资本主义文化所获得的一切经验为基础的社会主义以外，还有别的什么社会主义③。列宁在讲到作为资本主

① 《列宁选集》第三卷，人民出版社 1972 年版，第 395 页。
② 《马克思恩格斯全集》第 23 卷，人民出版社 1972 年版，第 369 页。
③ 《列宁全集》第 27 卷，人民出版社 1958 年版，第 285 页。

义企业管理组织形式的托拉斯时指出："只有那些懂得不向托拉斯的组织者学习就不能创造或实行社会主义的人，才配称为共产主义者。因为社会主义并不是一种空想，而是要已经夺得政权的无产阶级先锋队去掌握和采用托拉斯所造成的东西。我们无产阶级政党，如果不去向资本主义的第一流专家学习组织托拉斯大生产的本领，那末这种本领便无从获得了。"①毛泽东在《论十大关系》中也指出："外国资产阶级的一切腐败制度和思想作风，我们要坚决抵制和批判。但是，这并不妨碍我们去学习资本主义国家的先进的科学技术和企业管理方法中合乎科学的方面。工业发达国家的企业，用人少，效率高，会做生意，这些都应当有原则地好好学过来，以利于改进我们的工作。"当然，即使对国外经济管理中可资借鉴的地方，我们也不能盲目照搬，而必须从我国的国情出发，经过我们的分析和消化，为我所用，制定出一套适合我国情况的经济管理的科学制度。

我国经济管理的最主要的特点和优点，是在社会主义经济基础上进行的管理，它是在无产阶级先锋队共产党的领导之下，以马克思列宁主义、毛泽东思想为指导的。无产阶级革命导师们为社会主义的经济管理提出了一系列重要的指导思想，我们应当认真学习和研究。例如，马克思、恩格斯关于社会主义经济是计划经济，社会主义大生产必须进行管理，社会主义经济管理的目的性，管理必须有权威，社会主义制度下簿记的重要性，节约社会劳动，按劳分配等方面的论述；列宁关于社会主义经济管理的重要性，向资产阶级学习管理的必要性，社会主义的民主管理和劳动纪律，提高劳动生产率和实行经济核算，培养管理人才等方面的论述；毛泽东关于依靠工人阶级办好社会主义企业，实行干部参加劳动、工人参加管理、改革不合理的规章制度和工人、技术人员、干部的"三结合"的群众路线的民主管理制度，产品好、成本低、推销快是企业行政、党组织、工会三方面三位一体的共同任务，国家经营和合作社经营的事业都要有相当精密的计划，价值规律是一个大学校，要勤俭办工厂、建立核算制、使一切工厂实行企业化，遵守按劳分配的原则、反对平均主义、把物质鼓励和精

---

① 《列宁选集》第三卷，人民出版社 1972 年版，第 555 页。

神鼓励结合起来，思想政治工作是经济工作和其他一切工作的生命线，要坚持做到政治和经济的统一、政治和技术的统一、又红又专等方面的论述。无产阶级革命导师们的这些论述，为社会主义的经济管理提供了丰富的思想理论财富，是我们长期以来对经济管理工作的指导思想，这些指导思想保证了我国经济建设和经济管理沿着社会主义的轨道胜利前进，并取得了巨大的成就。

但是，也不能否认，整个社会主义建设的历史还比较短，经营管理经验也不够丰富。以我国来说，新中国成立才 32 年，其中，由于林彪、江青两个反革命集团的破坏捣乱就耽误了十几年，认真进行社会主义建设和经营管理的时间，只不过十几年。在这么短的时间内，当然不可能积累起丰富的社会主义经济管理的经验。理论是实践经验的总结、概括和提高，缺乏丰富的社会主义经济管理经验，缺乏对这些经验的科学总结，就难以提出深刻反映社会主义经济管理客观规律的社会主义经济管理理论。我们除了努力实践、不断总结我国的社会主义经营管理的经验以外，还有必要认真借鉴国外的先进管理经验，汲取他们那些合乎科学的东西，以促进我国社会主义四个现代化建设事业早日成功。这就是我们编译出版这套《国外经济管理名著丛书》的目的。

关于改革工业企业领导制度的探讨[*]

经济管理体制的改革和扩大企业自主权，都涉及工业企业现行的领导制度的问题。现将这个问题谈谈个人的意见。

一　工业企业现行领导制度存在一些什么问题

1978 年底举行的党的十一届三中全会就指出：应该认真解决党政企不分，以党代政，以政代企的现象，实行分级分工分人负责，加强管理机构和管理人员的权限和责任。在今年 9 月召开的五届人大三次会议又指出由于党政不分，政企不分，使企业很难建立独立的生产指挥和经营管理系统。

这些问题的产生，都同我们工业企业现行的党委领导下的厂长负责制有直接的关系。

中央为准备五届人大三次会议而举行的政治局扩大会议，着重讨论了党和国家领导制度的改革问题，其中也涉及工厂领导制度的改革问题。邓小平同志在讲话中指出，我们国家现行的领导制度存在着权力过分集中的现象，就是在加强党的一元化领导的口号下，不适当地、不加分析地把一

　＊　本文是作者 1980 年 10 月 23 日在北京技术经济和管理现代化研究会举办的报告会上的报告，原载《经济管理》1980 年第 12 期。

切权力集中于党委，党委的权力又往往集中于几个书记，特别是集中于第一书记，什么事情都要第一书记挂帅、拍板。党的一元化领导，往往因此而变成了个人领导。全国各地都不同程度地存在这个问题。在工业企业里，同样存在这个问题，有的还表现得特别严重。这就是党委领导下的厂长负责制，实际上往往变成了党委书记一长制。工人群众为此编了一个顺口溜："一元化，书记大，事事都要他发话。"这是反映了工厂的实际情况的。

现行的党委领导下的厂长负责制，有些什么弊端呢？

（一）不利于真正加强党对企业的思想政治领导

企业党委直接管理企业，势必陷入具体的行政事务之中，也就造成党不管党、以党代政的反常现象，甚至像处分职工、开除职工也用党委名义。实质上，把党组织变成为一个普通的行政机构，削弱甚至取消了党对企业的政治领导作用。

社会主义的经济建设应当由无产阶级的政党来领导，这是不容动摇的原则。但是，党的领导并非都必须采取行政领导的方式来实现；更不是一定要由各级党组织对各级经济组织实行直接的行政领导。把企业的全部工作置于党委的直接领导下，事事要党委出头露面，往往形成政治可以冲击一切、政治运动压倒一切，企业的生产任务反而成了次要的甚至可有可无的东西了。毛泽东同志早就说过，生产是企业的中心任务。但是，过去十多年来在这种领导制度下生产根本不是企业的中心任务了，政治运动成了中心。

（二）不利于实行民主管理，发挥社会主义企业的优越性

实行民主管理，依靠广大职工群众当家作主是社会主义企业优胜于资本主义企业的重要特征。以党的组织作为企业的最高权力机构，就不可能实行真正的民主管理。职工代表大会是我国企业实行民主管理的一个很好的创造。但是，目前职工代表大会还不是企业的最高权力机构，只能在生活福利上以及对企业领导干部的批评监督上，具有一定的权限，对企业的生产和经营管理没有决策权，也没有应有的责任，这就不可能引导职工主动关心、积极努力为提高企业的生产经营成果而奋斗。

（三）不利于发挥厂长集中统一的指挥作用，不适应社会化大生产的客观要求

现代企业是一个社会化大生产的集体，没有一个强有力的统一指挥是不行的。过去我们批判"一长制"，如果指的是在重大问题的决策上必须发扬民主，那是有意义的。但是，多年实践经验证明，实行党委领导下的厂长负责制或党委领导下的厂长分工负责制，实际上是削弱了厂长集中统一指挥的职能。事无大小，都要经过党委集体讨论，或者书记说了才算。这种普遍存在的现象，是我国企业管理效能低的一个重要原因。

（四）不利于发挥专家的作用

管理是一门科学。现代企业是建立在现代化的生产技术基础上，又有复杂的内部与外部的协作关系，要合理地组织生产与经营活动，没有专门的知识与经验是不行的。实行党委领导下的厂长负责制，使不少企业的管理大权，常常是集中在一些不太懂技术、不太懂经济、不太懂管理甚至不肯过问这些问题的干部身上，至于懂技术、懂经济、懂管理的干部，则往往受到冷遇，受到排挤，甚至受到打击，严重地挫伤了他们的积极性，并且阻碍了新的技术干部、管理干部的成长，妨碍了企业生产和管理水平的提高。在林彪、"四人帮"横行时期，在我们的电影、戏剧里，厂长、总工程师都是姓"白"的，经理都是姓"钱"的；搞生产、搞技术的，都是"走资本主义、修正主义道路"。我们搞了 30 年社会主义建设，但是还没有培养出为数众多的既懂技术、又懂经济、又懂管理的精明能干的企业家。这不能说和我们现行的企业领导制度没有关系。特别是"文化大革命"期间，在企业中掌权的那些同志，多数对生产不大懂得，可就在那里指挥，真正懂得生产的人却靠边了。这叫外行当家、内行靠边。1957年反右派时，我们曾经批判过"外行不能领导内行"的观点，那时我们处于建设初期，也没有那么多的内行。现在情况不同了，我们已经有了一大批具有专门知识而且经过政治考验的内行，如果还要外行领导内行，企业仍然由外行来当家，内行反而靠边，这样做显然是很不适当的。要实现企业现代化，客观上也不可能再由外行来领导内行。

（五）不利于加强法制，健全责任制

权利与义务、权力与责任是矛盾的统一体。经济体制的改革，一方面要扩大企业的自主权，另一方面也要规定企业对国家应尽的义务与责任。企业在法律上具有法人身份，企业的领导人对企业的经营成果不仅要负经济责任，而且要负法律责任。现行体制的一个重大缺陷是权责分离，党委行使决策权，但不可能由党委或党委书记负经济责任，更不可能由党委或党委书记作为法人而负法律责任，而厂长又不具备全权指挥者的权力，不能作为法人的代表。现行的党委领导下的厂长负责制，实际上变成了书记一长制，造成权力与责任分离，有权的人没有责任，他可以决定这个事情，那个事情，但对后果不负责任；而那些负责的人，却没有权。这怎么能建立起真正的责任制呢？

（六）不利于企业按客观经济规律，实行跨部门、跨地区的联合

按照专业化与协作的原则，在自愿互利、经济合理的基础上，实行企业的联合，是经济发展的必然趋势。这种联合，要求打破部门、行业和地区的界限，采取多种的形式。同时由于引进国外的资本，还将出现各种形式的中外合资经营的企业。这些企业如果由隶属于某一地方党委的企业党组织来行使最高决策权，显然是不适宜的。这种类型的企业，势必只能由联合委员会或董事会作为企业的最高权力机构，而不可能由企业党委作为最高权力机构。但是，不论是什么性质的联合或合营企业，党委作为党的基层组织，仍然可以在企业里发挥政治领导与监督的作用，以保证党的方针、政策在这些企业中贯彻执行。

上面所说的情况，并不是个别的，而是相当普遍地存在的问题。

有的同志认为，以上这些问题的出现，并不是由于党委领导下的厂长负责制这个制度不好，而是因为在执行中有问题。就是说，经是好的，只是和尚没有念好，嘴是歪的，把经念坏了。那么，你说，为什么那样多的人的嘴都是歪的，都把经念坏了？这就值得研究。事实上，我们绝大多数工厂的党委书记是很好的，是坚决执行党的方针政策的。所以，上述问题的产生，就不能片面地从执行者即工厂党委书记、厂长方面去探求原因，寻找解决的办法。而应当从这个领导制度本身是否合理去考虑问题了。

　　为什么这种领导制度会产生上面所说的那些弊端呢？重要的一点是把党的组织和经济组织这两种不同性质的组织混同一起了。党委领导下的厂长负责制，包括了党委的领导制度和行政的领导制度，这两者是有区别的。前者是政治组织，后者是经济组织；前者管思想政治领导，后者管经营管理工作。两者的工作任务不同，组织形式不同，工作方法不同，因而领导制度也不能混同。否则就必然产生以党代政，以党代企的现象。从组织原则来看，党委的领导是党委的集体领导，而不是党委书记个人的领导。党的组织实行的是民主集中制，而不能实行一长制。而工厂的生产行政管理组织，由于社会化大生产的特点所决定，必须实行集中统一的指挥，实行严格的个人负责制，而不能大家负责，集体负责实际上等于无人负责。如果要求党的组织按生产行政管理的组织原则办事，那当然是不正确的。

　　另外，我们往往把决策的民主和指挥的集中混淆起来。社会主义企业的决策必须是民主的，指挥则必须是在民主基础上的集中，而不能是党政不分的多头指挥。

　　正如邓小平同志所说，我们现行的工厂管理制度，经过长期的实践证明，既不利于工厂管理的现代化，也不利于工业管理体制的现代化，也不利于工厂里党的工作的健全。所以必须进行改革。

二　怎样改革

　　邓小平同志提出，要有准备有步骤地改变党委领导下的厂长负责制、经理负责制，经过试点，逐步推广，分别实行工厂管理委员会、公司董事会、经济联合体的联合委员会领导和监督下的厂长负责制、经理负责制。

　　小平同志还说，各企业、事业单位，普遍成立职工代表大会或职工代表会议。它有权对本单位的重大问题进行讨论，作出决定，有权向上级建议罢免本企业的不称职的领导人员，并且可以逐步实行选举适当范围的领导人。

　　随着扩大企业自主权试点的发展，企业将有越来越大的自主权。企业有了自主权，这个权力由谁来行使？怎样行使？这是个大问题。这就涉及企业的领导体制。自主权不能仅仅交给企业、事业组织的个别负责人，而必须同时交给它们的真正代表广大职工的适当的民主管理机构和监督机构。权力下放一定要同民主管理结合起来。企业自主权越大，越要实行民主管理。这个问题过去在实行党委制的时候没有解决好，在实行厂长制的时候没有解决好，在实行党委书记一长制的时候也没有解决好。现在改革企业的领导制度，一定要把这个问题解决好。

中外的历史经验证明，要对一个现代化企业进行有效的管理，有三种职权即决策权、指挥权、监督权，必须处理好。

决策权是指对企业经营方向、方针，以及企业重大措施的决定权。

指挥权是指对企业的日常生产经营活动的行政指挥权。

监督权是从企业所有者的权益出发，对企业决策者和指挥者进行的全面监督权。

这三权是既分立又相互制约的。只有如此，才能既维护国家、企业和劳动者的权益，又保证现代化企业所必需的效能。

在资本主义国家，企业这三权都掌握在资本家及其代理人手中，一般是由资本家行使决策权和监督权，或者由董事会行使决策权，另组监事会行使监督权。由董事会或监事会委任的总经理行使指挥权。

社会主义企业的领导体制，看来也应该对上述三种权力作正确的处理，所不同的是这三权都属于劳动者及其代表。

由于我们现行的企业领导制度的缺陷，这三权过去基本上是由党委以劳动者代表的名义来行使的。现在如何具体行使，也有不同的看法。

过去，在决策上，往往是党委书记个人说了算，决策不民主；在指挥上，强调党委领导下的厂长分工负责制，厂长、副厂长分别对党委负责，而厂长不能负全责统一指挥，也就是说指挥不集中；在监督上，无论党委、行政，都缺乏监督，职工代表大会和工会也往往如工人同志所说："丫环拿钥匙，当家不作主"，没有起到它应起的作用。正如许多单位所说的："党委发号召，厂长作报告，代表举举手，工会跑龙套。"这种状况当然是应当改变的。

今后，在工业企业中，对这三权应该作适当的划分。

这里必须先明确一点，即国营企业的所有权，是属于国家的。但是，企业有使用权、支配权。因此，国营企业不仅要遵守国家的方针、政策、法令，而且必须接受国家计划的指导。这里所说的国营企业的管理权力，是指企业作为生产资料的使用者对企业的管理权限。

（一）关于决策权

这里所说的决策权，当然是指企业本身对国家委托和交付给本企业的生产资料，如何使用、怎样经营有决策的权力，而不是泛指国家的决策权。

这种决策权力，看来应由包括管理人员、技术人员和生产工人三者的代表在内的职工代表大会及其常设机构工厂管理委员会行使为好。这样才能把企业真正办成一个如恩格斯所说的"自由平等的生产者的联合体"。也有同志主张把这个权力交给党委行使，如果这样做，那就等于现行制度不变。

我们的企业要坚决走社会主义道路，就必须在企业管理中充分发扬社会主义民主，使劳动者真正成为生产资料的主人。马克思曾经对未来社会作过这样的预言："生产资料的全国性的集中将成为自由平等的生产者的联合体所构成的社会的全国性基础，这些生产者将按照共同的合理的计划自觉地从事社会劳动。"① 我们就是要逐步建设这样的社会。要承认广大工人群众是生产资料的主人，承认他们在生产中的主人翁地位和作用。

目前我们的管理体制，支配生产资料的决定权掌握在工厂党委和行政领导干部手中，生产第一线的劳动群众对生产资料实际上没有支配权，这就容易产生官僚主义，挫伤劳动者的积极性。党委和工厂的领导人本来是受工人的委托来管理工厂的，而不是授命于天的，可是过去我们往往把关系颠倒了。

生产资料所有制，不只是一个由谁占有的问题，还要看由谁支配。把支配权交给生产第一线的劳动者（包括管理干部、技术人员和工人），才

---

① 《马克思恩格斯选集》第二卷，人民出版社 1972 年版，第 454 页。

能更好地利用全民所有制来发展生产，使各种措施符合实际，调动直接生产者的积极性，解放生产力，发挥社会主义的优越性。因此，建立有充分权力的职工代表大会或职工大会及其常设机构，是有重大意义的，是企业领导制度的非常重要的改革。不少同志主张实行职工代表大会领导下的厂长负责制，而不是工厂管理委员会领导下的厂长负责制，这种意见是有道理的。

正如马克思所说的，在资本主义制度下，工人阶级除了劳动力以外，一无所有。在这种情况下，客观的劳动条件和主观的劳动力是分离的，劳动产品和劳动本身是分离的。在社会主义制度下，工人阶级成为企业的主人，生产资料的所有者、支配者和劳动者结合起来了，即客观的劳动条件和主观劳动力结合起来了，劳动产品和劳动本身结合起来了，这就解决了资本主义社会的不可克服的对抗性的矛盾，即生产社会化和生产资料私人占有之间的矛盾。社会主义制度优越于资本主义制度的根本点，也就在这里。这也是我们所以能够充分发挥广大职工的积极性、创造性的客观的物质基础。

职工代表大会对企业的生产经营活动的决策权，应当包括以下的内容：在国家计划指导下，制定企业长远和近期计划，确定重大技术改造方案，审定财务预算决算，通过重要的规章制度；完成对国家上缴的税利任务后，决定劳动成果的分配，即扩大再生产、集体福利、工资和奖金、后备基金的分配；以及对企业主要干部的任免等。广大职工要是真正成为企业的主人，真正当家作主，就应当对这些重大问题具有决定的权力。这就是说，不能把职工大会或职工代表大会仅仅认为是"吸收"工人"参加"管理，最多只限于一般的咨询、监督，而应当从广大职工是企业的主人这个前提出发，真正使职工大会或职工代表大会能够发挥权力机构的作用。广大职工作为工人阶级不仅是企业的主人，而且是国家和社会的主人，不仅要管理企业，而且要管理国家政治事务、经济事务和其他社会事务。而广大职工管理企业，则是他们行使管理国家政治、经济和其他社会事务权力的基础。应当看到，我们的社会主义民主还很不发展，而封建主义的残余和影响却严重存在，官僚主义、家长式领导作风、权力过分集中等现象，长期不能得到有效的克服，这与广大职工管理企业、事业的权力没有得到充分的实现，是分不开的。工人由管理自己的企业，到派出代表管理国家和社会，这是天经地义的事情。在企业中，实行职工代表大会制度，必将有力地推动企业管理的民主化，而企业管理民主化，必将大大促进国家政治民主化、经济管理民主化和社会生活民主化，这对我国社会主义建设事业，将会产生深远的影响。

（二）关于指挥权

这是指企业内部日常生产经营活动的指挥权力。指挥权应当在企业职工大会或职工代表大会民主决策的基础上，由厂长或经理行使，真正建立起以厂长、经理为首的厂务委员会以及相应的强有力的生产经营管理的统一指挥系统。由厂长、经理行使对生产和经营管理统一指挥的权力，看来没有什么大的分歧意见。主要是对厂务委员会的组成以及行政干部如何提名的问题，还要商讨。

企业实行民主管理，总要有个头。特别是社会化的大生产，如果没有集中统一的指挥，是绝对搞不好的。关于统一指挥的必要性，将在下一部分再讲。就企业内部来说，对生产过程的直接组织、计划、指挥、调节和核算，必须是单一的，不能多头指挥。更不能大家负责而实际无人负责。就企业外部来说，企业作为一个经济组织，作为一个法人，它的活动必须由它的负责人代表进行。这种权力属于企业的厂长、经理，看来是适当的。

（三）关于监督权

同前面两种权力有所不同，监督权不仅是企业内部的问题，而且涉及国家的问题，即代表国家对企业的活动进行监督，所以这种权力应由领导国家的核心力量即由党组织来行使比较适当，这样才能保证党的政治路线和国家的方针、政策、法令、计划的贯彻，以及各项工作任务的完成。

对于监督权由谁来行使，也有不同意见。有的同志主张由职工代表大会及其常设机构行使，或由工会来行使，这可以研究。它与由党组织来行使这一权力并不矛盾，因为党的监督也是要通过群众和它的组织才能有效地进行。

　　应当指出，监督的权力是很重要的，轻视它是不对的。我们过去领导体制中的许多毛病，重要原因之一就是出在没有真正的监督上。

　　给企业独立经营和独立活动以必要的自主权，这是体制改革中很重要的一个改革，但同时应当看到，我们的企业是国家统一领导下的，企业的决策只能在国家统一的方针、政策、法律的范围之内，并受国家计划的指导。因此，党的监督主要是从国家的、工人阶级的总体利益出发的监督，不仅是对厂长、经理等领导人员的监督，也包括对工厂管理委员会、职工代表大会的监督。企业扩大自主权以后，企业与国家之间、企业与企业之间、企业与职工之间、局部利益与整体利益之间、眼前利益与长远利益之间的矛盾，将表现得更为复杂，更需要慎重处理。只有党的组织站在工人阶级的立场上，站在国家的立场上，才能正确地处理这些矛盾，使国家、集体和个人利益很好地结合起来，充分调动各方面的积极性为四个现代化服务。

　　工业企业领导体制改革之后，党组织在企业的任务是否减轻了呢？邓小平同志指出，改变党委领导下的厂长负责制，党组织的任务并没有减轻，而是真正加强了党的工作。工厂、公司、院校、研究所的各级党组织要管好所有的党员，做好群众工作，使党员在各自的岗位上发挥先锋模范作用，使党组织真正成为各个企业、事业单位的骨干，真正成为教育和监督所有党员的组织，保证党的政治路线的执行和各项工作任务的完成。这是非常正确的。

　　与上述三权的划分相联系的，还有要不要设立职工代表大会的常设机构的问题。看来除了百人以下的小厂外，设立人数不多的常设机构还是必要的。也有同志主张，职工代表大会的常设机构由工会的委员会代行其职责，这也可以研究。但是这样做可能削弱工会的必要的独立性，甚至使它的工作处于被动。工会与行政混在一起，群众会批评说是官办工会，挂牌工会。所以哪种做法比较好，要好好研究，而且工会"九大"所确定的职工代表大会的权力，已经不能完全适应扩大企业自主权以后的新情况。那时所规定的工会委员会，仅仅是职工代表大会的日常工作机构，也不大适应扩大企业自主权以后的情况。

还有，职工大会和职工代表大会的代表，是否像人民代表一样，采取不脱产的常任制，并由常任代表组成各种必要的常设委员会，如职工的奖励和处分、新职工的录用、住房分配等委员会或小组，经过这些组织的研究讨论，这些问题，再由有关方面做出决定，然后交行政部门去处理。我看这种意见是可以考虑的。

以上只是就以工厂为单位而说的。目前我国的企业正在向经济联合体发展。经济联合体的领导体制与单个的工厂、企业有所不同，它召开职工代表大会是比较困难的，因此，可由参加经济联合体的各个单位推选的代表组成联合委员会，行使经济联合体的决策权。这种联合委员会与上述工厂企业的职工代表大会及其管理委员会不同，前者是由企业的代表组成的，后者是由职工的代表组成的。所以它们的性质不同。前者是法人，后者同样是法人，前者不能代替后者，更不能剥夺后者的权力。相反地它应该为后者好好服务。经济联合体应当尊重各个参加单位的自主权，而不能收回它们已经获得的自主权。这些单位的自主权还要扩大，而不是缩小。否则就不能调动企业的积极性，经济联合体也就不能顺利发展。

目前，除了极个别的供产销人财物高度集中的公司（组织这种公司要十分慎重）以公司作为法人，所属单位（实际上形同车间或分厂）实际上丧失法人资格以外，其他公司根据我国当前的情况，仍以采用上述与经济联合体相似的领导体制比较适宜。

三　一个有关的理论问题

党委领导下的厂长负责制，是我们现行的领导企业的一个重要制度。这个制度是为反对一长制、加强党的领导而提出来的。现在要改变这个制度，是否意味着要恢复一长制、否定党的领导呢？要弄清楚这个问题，就要了解一长制的由来和什么是一长制？以及实行一长制是否就是否定党的领导？

作为理论探讨，先讲一下一长制是怎样提出来的。

一长制是列宁根据马克思主义的理论提出来的。马克思在《资本论》

中说过："一切规模较大的直接社会劳动或共同劳动，都或多或少地需要指挥，以协调个人的活动……一个单独的提琴手是自己指挥自己，一个乐队就需要一个乐队指挥。"马克思把指挥的职能称之为"属于社会劳动过程的特殊职能"①，恩格斯在《论权威》中说过："想消灭大工业中的权威，就等于想消灭工业本身，即想消灭蒸汽纺纱机而恢复手纺车。"②可见，大工业的管理，要求有权威的统一指挥，不管是资本主义企业，还是社会主义企业，这都是客观的需要。

　　列宁提出这个问题是在十月革命胜利以后。他于1918年4月在《苏维埃政权的当前的任务》一文中说："任何大机器工业——即社会主义的物质的、生产的泉源和基础——都要求无条件的和最严格的统一意志，以指导几百人、几千人以至几万人的共同工作。这一必要性无论从技术上、经济上或历史上看来，都是很明显的，一切想实现社会主义的人，始终承认这是实现社会主义的条件。可是怎样才能保证意志有最严格的统一呢？这就只能使成百成千人的意志服从于一个人的意志。""不管怎样，为了使这种按大机器工业形式组织起来的工作能够顺利进行，无条件服从统一的意志是绝对必要的。"③

　　苏联在革命胜利后，曾实行过集体管理制。这种集体管理制同我们现行的党委领导下的厂长负责制是否有某些共同点，还可研究。但是有一点可以肯定，列宁主张的一长制，是针对集体管理制提出来的。就像我们的党委领导下的厂长负责制，是针对一长制提出来的一样。他们是集体管理制行不通才搞一长制，而我们又从一长制转向集体管理制。列宁说："关于集体管理制的议论，往往贯穿着一种极愚昧的精神，即反对专家的精神。有了这种精神是不能达到胜利的。要获得胜利，就必须懂得旧资产阶级世界的全部悠久的历史；要建设共产主义，就必须掌握技术，掌握科学，并为广大的群众运用它们，而这种技术和科学也只有从资产阶级那里才能获得。"列宁批驳了孟什维克和社会革命党人要求用集体管理制来代

---

　　① 《马克思恩格斯全集》第23卷，人民出版社1972年版，第367—368页。
　　② 《马克思恩格斯选集》第二卷，人民出版社1972年版，第552页。
　　③ 《列宁选集》第三卷，人民出版社1972年版，第520—521页。

替一长制，他明确指出：这是行不通的！我们已经抛弃了这一套①。列宁对这个问题是有分析的。他说：集体管理制，作为组织苏维埃管理的基本形式，是在初期即一切需要重新建设的时期所必需的一种萌芽的东西。列宁并不否认在一定时期、一定条件下需要集体管理制。但是，在组织形式已经确定，已经比较稳定的情况下，要进行实际工作，就必须采取一长制，因为这种制度最能保证更合理地利用人力，最能保证在实际上而不是在口头上检查工作。他还说：集体管理制在最好的场合下也要浪费大量人力，不能保证集中的大工业环境所要求的工作速度和工作的精确程度②。可见，列宁并不是抽象地讲这个问题，他是根据俄国革命和建设的实践得出的经验教训提出这个问题的。所以，我们对一长制这个问题要全面理解，要考虑列宁当时提出这个问题的原因、背景，他是怎样提出来的。

斯大林也是主张实行一长制的。他曾经说过：工人们往往埋怨说："工厂里没有人作主"，"工作中没有秩序"。再不能容忍我们的企业由生产机构变成为国会式机关的情形了。我们的党组织和职工会组织毕竟应该了解，若不保证实行一长制和确立对工作进程严格负责的制度，我们是不能解决改造工业的种种任务。斯大林还提出建立一长制所必须具备的条件。他说：人们时常问：为什么我们没有一长制呢？只要我们还没有掌握技术，我们就没有而且不会有一长制。只要在我们中间，在布尔什维克中间还没有足够的精通技术、经济和财务问题的人才，我们就不会有真正的一长制。任务就是要我们自己掌握技术，成为内行。只有这样才能保证我们的计划全部完成，而一长制也才能实行③。斯大林这些话，对我们也是很有启发的。

从我们社会主义建设的实践和企业管理的经验教训来看，列宁和斯大林提出的问题，是值得我们认真思考、认真研究的。企业管理需要列宁所说的那种一长制，这不是谁的主观意志决定的，而是现代化大生产的性质和特点决定的。实际上我们实行的党委领导下的厂长负责制往往变成党委

---

① 《列宁全集》第 30 卷，人民出版社 1957 年版，第 421 页。
② 《列宁全集》第 30 卷，人民出版社 1957 年版，第 279 页。
③ 《斯大林全集》第 13 卷，第 36 页。

书记一长制，这也说明这个问题。不是厂长一长制，就是党委书记一长制，二者必居其一。问题是实行党委书记负责制好？还是实行厂长负责制好？二十多年的实践，已经作出了明确的回答。如果不实行统一指挥，即不实行名副其实的厂长负责制，而实行多头领导、多头指挥，那就会像斯大林所说的，将给企业造成"奇灾大祸"。

有的同志认为，实行厂长负责制，是否要取消党的领导？我们当然要坚持党的领导，那种否定党的领导的一长制，是完全错误的。那么我们现在的党委领导下的厂长负责制是否就能很好地真正体现党的领导呢？列宁主张的一长制是否就是不要或者反对党对企业的领导呢？对这些问题我们要很好分析一下，首先看看列宁主张的一长制到底包括什么意思？

列宁讲的一长制，可以概括为以下几点意思，

（1）工业企业的生产必须服从统一指挥，这是现代化大生产所必需的。因此，他要"成百成千人的意志服从于一个人的意志"，要求群众无条件地服从劳动过程中的领导者的统一意志。

（2）要遵守严格的劳动纪律和严格的责任制。列宁说：要对各项职务建立极严格的责任制，并且无条件地在劳动中有纪律地、自愿地执行指令和命令，使经济机构真正能象钟表一样工作[①]。

（3）每个劳动者要严格履行自己的义务和责任，每一个人要对所管的一定的工作负责任。列宁说：要最明确地规定每个人对一定事情所负的责任[②]。

（4）各单位的领导人对本单位的工作要负全部责任。厂长要对全厂的生产行政管理工作负全部责任。列宁说：管理的基本原则是——一定的人对所管的一定的工作完全负责[③]。

以上概括的内容，不一定准确和全面。但是这些要求在我们的企业管理中却是应该坚持的。所以我们应当恢复列宁所讲的那种一长制的精神，因为这是现代化大生产所要求的。我们要真正实行厂长负责制，也应当赋

---

①　《列宁全集》第27卷，人民出版社1958年版，第193页。
②　《列宁全集》第29卷，人民出版社1956年版，第398页。
③　《列宁全集》第36卷，人民出版社1959年版，第554页。

予厂长负责制以上述的内容和要求。否则，就不是真正的"厂长负责制"。这样做，同加强党对企业的领导并不矛盾。按照列宁主张的那样去做，就不仅不是取消党的领导，而恰恰有利于加强党的领导。道理很清楚，如果把以上这些工作交由行政领导负责去做，党委不是可以集中精力做好党的工作，加强党的领导吗？

上面所讲的一长制精神，是对企业内部的指挥权而言，并不包括决策权、监督权。如果把三权都集中到厂长手里，那是错误的。但是如果三权都交给党委，党委就会被各种日常事务缠住，不能集中精力做党的工作。企业中党委的工作任务，这在党章中关于党的基层组织的基本任务的条文中早有明确的规定。企业党委是党的基层组织，应当按照党章的规定，尽最大的努力完成这些基本任务。列宁讲的一长制，并不妨碍党委完成这些任务，反而为完成这些基本任务创造了非常有利的条件。

企业党委加强党的领导，不是要直接干预企业行政的具体业务工作，不是把党的主要注意力放在行政事务工作上。那样做就会形成党不管党，就会削弱甚至取消党的领导。党委如果不努力做好党的工作，完成党章规定的党的基层组织的基本任务，而去花很大力气做那些应当由厂长和行政机构负责进行的具体生产、业务工作，党的工作就有被挤掉的危险。

我们企业里党委的领导，主要是贯彻党的路线、方针、政策的领导，而不是直接给行政下命令。党组织要通过党员和党的干部的模范作用来影响群众，动员群众，组织群众，来贯彻执行党的路线、方针、政策，完成党和国家提出的各项任务。党在群众中进行工作，只能采取民主的方法，说服教育的方法，而不能用强制的方法，压服的方法，行政命令的方法。这些年来，党的这种优良传统，被林彪、"四人帮"严重破坏了，我们应当把它恢复起来。

总之，管理社会化大生产只能有一个权力机构，而不能有几个并列的权力机构。只能是有权威的统一指挥，而不能是党政不分、以党代政、以党代企的多头指挥。我们现行的党委领导下的厂长负责制，党委有权而不负责；厂长负责，而无指挥权力，实际上厂长很难真正负责。因此，在经济管理体制改革中，对这一管理体制必须进行必要的改革，以做到权责统一，使之适应实现四个现代化的需要。当然，这种权责一致的厂长负责制，不是个人说了算，凌驾于群众之上，凌驾于党委之上的厂长独裁制；而是受党的组织、工会组织和广大职工群众监督的厂长负责制。

我国工业企业的领导管理制度，曾经经历过多次变革，开始实行党委制，后来又实行厂长制，因为各有弊端，才改行党委领导下的厂长负责制。但是，又产生了上面所说的那些问题。总结以往的经验，我们在实行以上三种管理制度时，有一个通病，就是都没有从广大职工是企业的主人这个前提出发，使工人阶级真正行使管理权力。这个教训应当牢记，在这次改革中，要切实解决好这个问题。

这次工业的企业领导管理制度的改革，看来大体可以概括为以下几句话：党政分开，民主管理；厂长负责，内行指挥；注重经营，改善管理；独立核算，自负盈亏。

要注意经济效果。改革的好坏，最终要在经济成果上反映出来。如果能得到最好的经济效果，就说明改革是成功的。

改革是一件相当复杂的事情。我们实行党委领导下的厂长负责制，从1956年至今已有20多年了，在企业已经成为习惯，影响到各个方面。中央决定要有准备、有步骤地去进行改革。在改革中，有不同意见应该进行讨论、研究，把合理的意见集中起来，进行试点。试点也可以是多样的，以便进行比较。这样经过几年的努力，就有可能逐步完成这一项重大的改革。实现了这一项改革，将会有力地推进四个现代化建设事业。

社会主义经济中的联合与竞争*

中央提出的"发挥优势、保护竞争、促进联合",是建设社会主义的重要方针。正确理解和执行这个方针,对于调整国民经济,改革经济管理体制,实行计划调节与市场调节相结合,加速经济发展和四个现代化建设,具有极为重要的意义。这里着重谈谈联合与竞争的问题。

一 经济联合体可能成为我国国民经济的重要组织形式

如何组织好国民经济,以便用最少的劳动消耗取得最好的经济效果,是社会主义社会面临的非常重要的任务。

列宁早就说过,组织道路是一条漫长的道路,新社会的组织形式只有在实践中才能创造出来。列宁这些话不仅适用于社会主义改造,也适用于社会主义建设。

我国经济虽然还很落后,但是,经过三十年的发展,已有了一定的基础。现在我国仅工业企业就有 35.5 万个,其中,全民所有制工业 8.3 万多个,集体所有制工业 27.1 万多个。按工业部门分,机械工业 10.4 万个,化学工业 2.2 万个,冶金工业 5100 多个,电力工业 8900 多个,建筑材料工业 4.6 万多个;另外,商业服务业 146 万个;农村社队企业 148 万

* 本文原载《经济管理》1980 年第 10—11 期。

个，还有国营农、林、牧、渔场 1.6 万个。由于没有把这些企业很好地组织起来，生产、流通、分配、消费等各方面问题很多，潜力也很大。

社会主义企业怎样合理地组织起来，充分发挥潜力，发挥各自的优势，是需要认真探讨的大问题。前两年曾经设想过由上而下地建立全国性的或地区性的专业公司、综合公司，把各个企业统一组织到公司里来。现在看来，一下子都成立这样的公司是不可能的。经济组织形式是由生产力发展水平决定的。我国目前生产社会化程度还不高，各地区、各部门、各企业生产发展又很不平衡。在这种情况下，不可能一下子把所有企业都组织到人财物产供销都高度集中的专业公司或综合公司里来。如果不从实际出发，不考虑生产发展的要求和经济效果，一概采取自上而下把企业收上来成立公司的做法，势必"换汤不换药"，成为变相的行政组织，徒然增加行政层次，助长官僚主义，达不到促进经济发展的目的。实践证明，这种做法有许多弊病。一是这类公司高度集中，容易形成垄断，窒息竞争；二是容易把权力集中到上层，重新剥夺企业刚刚得到的一些自主权，挫伤企业的积极性；三是容易割断企业之间原有的横向经济联系，企业之间需要协作，哪怕近在咫尺，也得通过上级公司同另一公司联系，再由另一公司下达所属企业；四是容易忽视经济效果，例如，1978 年 3 月筹建的西北农机公司，包括 144 个工厂，在 330 万平方公里的辽阔区域内组织协作，最远的相距数千公里，而且还有 20% 的工厂不在铁路线上，每台拖拉机的成本高达 1.5 万元。而天津拖拉机厂类似的产品每台成本才9000 元。

实践经验又证明，按照自愿互利的原则，通过各种形式的经济联合，组织多种多样的经济联合体，实行合理的专业化与协作，则有利于发挥优势，开展竞争，加速经济发展。今年以来，四川等地走企业自行联合的道路，实行各种形式的经济联合，好处很多。一是可以发挥各个经济单位的优势，提高经济效果；二是有助于沟通横向的经济联系，打破地区封锁和部门分割；三是有助于实现专业化与协作，避免完全不必要的重复建设，盲目生产；四是有助于把地方、企业的财力吸引到经济建设急需的方面来。正因为联合有许多好处，所以一经中央提倡，各地的联合企业就纷纷发展起来。仅上海市轻工、纺织、手工业三个行业，今年上半年就办起了140个不同类型的联合企业，而且取得了显著的经济效果。例如，上海手工业联合经营的企业，一般在签约后两三个月就开始生产，半年左右形成生产能力，一年可以收回投资。目前联合经营主要是充分利用现有生产能力，而不是搞新的基本建设项目，这是一条重要的经验。

二　经济联合应不受行业、地区和所有制、隶属关系的限制

过去，我们用行政办法管理经济，往往割断经济的内在联系，违背了客观经济规律。实行经济联合，可以使企业从部门（条条）和地区（块块）的束缚下解放出来，不再成为行政机构的附属物。过去行政机构对企业的限制是很多的，例如，工业部门的企业一律不准自销产品，农业部门的企业一律不准经营商业，工业内部这一部门的企业不许搞那一部门的产品，等等。这种以部门、行业划线，采用行政办法对企业进行限制，带有封建社会行会的色彩。封建社会的行会就规定了种种限制。只有打破行业、部门的限制，才能改变产供销脱节和"大而全"、"小而全"的局面，才有利于发展专业化与协作。地区的限制过去也是很多的，例如，封锁市场、封锁原料等。这种地区限制也带有封建的烙印。封建社会必然产生封建割据。社会化大生产则要求打破地区限制。打破地区限制才能发挥各个地区的经济优势，有利于在共同发展的基础上缩小地区的贫富差别。

实行经济联合也不应受所有制和隶属关系的限制。过去这方面的框框也很多。有一种理论认为，"集体"必须向"全民"过渡，如果容许"集体"与"全民"联合，就是修正主义的"融合论"。现在看来，"集体"与"全民"各有优缺点，它们的发展趋势如何，还有待今后实践中研究解决。而在今后很长一个时期，"集体"与"全民"共存，则是肯定无疑的。"集体"与"全民"联合，有利于发挥各自的优势，以长补短。这种联合不是"集体"向"全民"过渡，而是在一个联合体里面"集体"与"全民"共存。公有经济也可以和私有经济联合，如中外合营企业；"集体"也可以和个人联合。实行经济联合也不应受隶属关系的限制，不论

是中央直属企业、省属企业或地、县属企业，相互之间都可以联合。例如，南京通过联合成立了一个电子公司，就包括四机部所属企业、南京市所属企业，其中有"全民"的，也有"集体"的。

为了使经济联合能够比较顺利地进行，实行联合以后，不能随意改变参加联合的各个企业的所有制、隶属关系和财务关系，它们原来的收入解缴关系，同银行的债权、债务关系，都不能随意变动。如需改动，要取得联合各方和有关单位的一致同意，还要征得财政部门和银行的同意。

三　经济联合要从实际出发，采取多种形式

由于各个企业的生产力状况不同，发展生产的需要不同，对联合的要求也就不同。经济联合究竟采取什么形式，要从各个经济单位的实际需要出发，灵活地分别采取多种多样的形式，不能硬套某种模式，更要防止盲目追求某种高级的形式。

今年以来，各个地区经济联合所采取的形式很多，概括起来，大体有以下几种：（1）从生产过程来看，有生产上的联合，例如，四川、河南轴承企业的联合；有销售上的联合，例如，一机部所属的20多个量具刃具厂，通过销售联合起来，根据销售合同组织生产；也有运输上的联合，如，沪津等市把货运汽车按行业、地区组织起来统一管理使用。（2）从生产要素上看，有资金上的联合，即合资经营，例如，四川一个化工厂向别的企业投资，上海的企业向外地企业投资；有技术上的联合，例如，开展技术协作；有劳动力上的联合，例如，上海一些工厂与郊区社队企业联合，由上海的企业给社队企业提供有关的技术；有人力上的联合，例如，市内企业把某些产品或零部件，扩散到有条件的社队企业生产，使农村多余的劳动力得到更合理的利用；有物资上的联合，例如，原材料、燃料供应上的联合；也有以上多种生产要素不同程度的联合，例如，一方出资金，一方出人力；一方出设备，一方出土地；一方出技术、一方出原材料，等等。（3）从经营内容上看，有联合开发资源；有联合加工，统一销售；还有农工商联营联销，即农工商综合体。（4）从经营形式上看，

有母子厂；有几个工厂和几个社队合股经营的联厂；有同行业若干个企业联合经营的总厂；有的还在酝酿筹建跨省市的联营公司。（5）从所有制上看，有"全民"与"全民"的联合；有"集体"与"集体"的联合；也有"全民"与"集体"的联合；还有城乡各种所有制之间的联合。

总之，经济联合是一个不断发展的过程，应该根据不同的情况和需要，采取不同的形式。从生产协作，补偿贸易，合资经营，到联合公司，由低到高，从小到大，逐步发展，这是许多经济联合单位，即经济联合体所走过的道路。

四 贯彻自愿和平等互利的原则，实行独立核算，自负盈亏

经济联合要坚持自愿和平等互利的原则，实行独立核算、自负盈亏。同时要保证完成对国家的义务。

（一）自愿原则

组织联合要从生产发展的需要出发，坚持自愿原则，不能用行政命令，强加于人的办法进行。应该自下而上与自上而下相结合，以自下而上为主，这样做起来，可能慢一点，但工作做得扎实，效果会好得多，实际上，不会慢，反而快。总之，要经过充分协商，由易到难，由简单到复杂，循序渐进，稳步发展。要讲求实效，不要抢风头，图形式；不要一哄而起，搞一刀切。

坚持自愿，就是要两相情愿，自愿结合。要"自由恋爱"，不要"包办婚姻"，更不要"强迫婚姻"。有关部门应该做好"介绍对象"的工作，沟通各方面关系，为促成联合创造必要的条件。

（二）平等互利原则

平等互利是自愿的基础，组织联合要坚持平等互利原则，兼顾各方的经济利益。要根据各方提供的条件，包括资金、资源、原料、设备、设施、场地、技术、劳务等，进行合理作价，确定分享经营成果（利润、产品）和承担债务的比例，签署协议或合同，有关各方共同遵守。

经济联合体和参加联合体的各方都是法人，它们的所有权和自主权必

须受到尊重和法律的维护，签署的协议和合同，也应受到国家法律保护。各方原来拥有的资金、设备、物资等，任何部门、任何人不能平调；不能利用联合的名义来侵犯企业的自主权。作为法人成立的经济联合体，不受行业、地区的所有制的限制，也不改变联合各方的所有制、隶属关系的财务关系。

（三）独立核算，自负盈亏

经济联合体所属的企业，不能吃大锅饭，要作为法人进行活动，实行独立核算，自负盈亏。所谓自负盈亏，就是企业在履行对国家的义务、交纳了各种费用和税金之后，盈利全部归企业支配，亏损由企业承担责任。全民所有制企业实行自负盈亏，并不改变其全民所有制性质，所有权仍归全民，只是使用权、经营权归企业，所有权与使用权经营权是可以分开的。

各种经济联合体都必须履行对国家的义务，保证税收和利润上缴任务的完成，不能借口联合而挤占国家的财政收入。

在联合体内部，各方职工的工资和福利待遇，一般应按原来的规定执行，不要轻易变动。

需要强调的是，联合各方原有的协作关系不能擅自中断，不能以新的联合破坏原来的协作。有些需要改变的，必须经过协商，待建立起新的可以保证有关各方生产能够正常进行的协作关系后，才能改变原来的协作关系。

经济联合体要实行民主管理。联合体可以成立有各方参加的联合委员会，实行联合委员会领导下的经理负责制。联合体的具体管理形式，应该根据实际情况确定，并在实践中不断加以完善。

五　怎样支持和促进联合

经济联合是个新事物，需要得到各个部门的扶持。凡是有利于发展生产、沟通供销、繁荣经济的联合，都应当积极支持和鼓励。财政、银行、税务、物价、物资、运输、商业、供销、外贸等部门，都要积极予以支持。例如，在税收上，对联合体的产品是否可以只征增值税，而免去中间环节的重复税收。银行在信贷、利息等方面也要对联合体择优扶植，促进联合的发展。

实行经济联合会带来一些新问题，需要各部门和经济理论界加以研究解决。计划部门要加强综合平衡工作，工商行政管理部门要加强管理，使联合有利于国民经济的调整和发展，避免盲目性，但是，不要作不合理的限制和干预。各有关部门也要在政策、制度和工作方法上作相应的改进，以利于联合的巩固和发展。当前尤其要对于经济联合体的管理形式，产品和利润分配，以及各种联合体的所有制性质及其发展趋势等问题进行研究。

此外，还要制定保护和促进经济联合的法规，使经济联合体有法可依。

六　社会主义经济中的竞争已初步显示出活力

对于社会主义经济的联合，是容易为人们理解的。对于在社会主义经济中开展竞争，却有不少人持怀疑态度，甚至存在各种各样的阻力。尽管在实际生活中遇到各种阻力，开展竞争的时间又还很短，但是从许多地方的情况来看，竞争对于我国的经济生活已经起了积极作用，初步显示出它的活力。

竞争促使企业按市场需要进行生产，克服过去某些生产与需要不对路，供与求脱节的弊病。对于生产滞销产品的企业，竞争可以迫使它们及时按社会需要转产"短、缺"的产品，使生产在竞争中较快地得到调整。

竞争促进企业改善经营管理，加强经济核算、提高经济效果。通过在市场上比质量、比价格、比适销、比服务，迫使企业加强经营管理，提高质量，降低成本，增加盈利，使国家、用户、企业本身都得到益处。

竞争促使企业加强科研，发展新技术，创造新产品，不断增加花色品种，促进市场繁荣，满足人们多种多样的需要。

竞争促进企业走专业化协作和联合的道路，提高劳动生产率。有些企业，特别是小厂，由于受条件限制，缺乏竞争力，迫切要求实行专业化生产和开展协作以致联合，以提高竞争能力，所以有人说，竞争是促进企业联合的催化剂，这是很有道理的。

七　社会主义制度下为什么要开展竞争

从根本上说，社会主义经济需要竞争，是由于社会主义经济还是商品经济，还受价值规律支配，只有开展竞争，才能充分发挥价值规律的积极作用，促进社会主义经济发展。

在商品生产的条件下，价值规律的积极作用主要表现在两个方面，一是促进提高劳动生产率，即降低单位产品的社会必要劳动时间；二是促进各个生产部门比较合理地分配劳动，调节生产与需要的供求关系。而这些作用的发挥，要通过竞争来实现。如果禁止竞争，单靠计划部门去调节，国内外的经验都表明，价值规律的作用是很难得以发挥的。

在商品经济的竞争中，包括商品生产者之间的竞争（这是主要的），商品购买者之间的竞争，商品生产者与商品购买者之间的竞争。由于这三方面竞争力量的共同作用，使商品的价值由社会必要劳动时间来决定。马克思说过："不同的个别价值，必须平均化为一个社会价值，即上述市场价值，为此就需要在同种商品的生产者之间有一种竞争，并且需要有一个可供他们共同出售自己商品的市场。"[1] 恩格斯也说过：只有通过竞争的波动从而通过商品价格的波动，商品生产的价值规律才能得到贯彻，社会必要劳动时间决定商品价值这一点才能成为现实[2]。可见，由于实行竞争，使价值规律发挥作用，才能促使企业不断提高劳动生产率。

也正是由于竞争，价值规律才能起到在各个生产部门合理分配劳动的作用。恩格斯指出，竞争的规律是：供和求始终力图互相适应。竞争引起

① 《马克思恩格斯全集》第 25 卷，人民出版社 1974 年版，第 201—202 页。

② 《马克思恩格斯全集》第 21 卷，人民出版社 1965 年版，第 215 页。

价格波动，进而起着调节生产的作用。价格上涨，说明社会需求多，就多生产；价格下跌，说明社会需求少，就少生产。如果禁止竞争，价值规律就不能起自动调节生产的作用。禁止竞争，实际上就等于禁止商品生产，禁止价值规律发挥作用。

过去，我们从苏联学过来的传统理论，是不允许有竞争的。这种不允许竞争的传统理论，首先是和把社会主义经济看成是类似封建社会的自然经济或半自然经济的观点有关的。苏联在革命胜利后，认为社会主义不存在商品生产，主张取消商品生产，实行军事共产主义，这种观点实际上是把社会主义经济看做是自然经济。斯大林后来承认社会主义社会还存在商品生产，但是又说生产资料不是商品，价值规律只起影响的作用，不起调节作用，实际上是把社会主义经济看做是半自然经济。这些看法经过实践检验，证明是不符合社会主义经济发展规律的，因而不能促进社会主义经济发展。

现在，我国经济工作者和经济理论界通过调查研究和总结经验教训，大多数已经承认社会主义经济是商品经济，不仅生活资料是商品，生产资料也是商品，不仅"全民"与"集体"两种所有制之间是商品关系，"全民"内部之间也是商品关系；价值规律不仅起影响作用，而且起调节作用；并且开始运用于实际经济生活。这在理论上和实践上不能不说是个巨大的进步。当然，也还有一些同志不同意这种看法，这种情况也与我国的经济现状有关。由于我国生产力还很落后，商品经济还很薄弱，自然经济还占很大分量，因此人们往往易于接受自然经济的观念，往往用自然经济的观念来观察和处理问题。由此看来，对发展商品经济和开展竞争存在一些不同认识，是可以理解的，可以通过进一步的调查研究和工作实践来解决。

总之，为了加快社会主义建设，必须大力发展商品经济；而要发展社会主义商品经济，必须开展竞争。否则，就不可能达到计划调节与市场调节相结合、加快经济发展的目的。

八　社会主义竞争与资本主义竞争的区别

通过竞争促使企业提高劳动生产率和促使各个生产部门比较合理地分配劳动，这是社会主义竞争和资本主义竞争的共同点，也是竞争所起的积极作用。竞争还有它的消极作用，这在资本主义社会是不可避免的。在社会主义社会我们却可以防止和克服它的消极作用，因为我们是在公有制和计划经济指导下开展竞争，与资本主义私有制及其必然产生的生产无政府状态有本质区别。

社会主义经济下的竞争与资本主义的竞争在许多方面表现有本质的区别。

（一）竞争的参加者不同

在资本主义社会参与竞争的是私人企业，进行你死我活的斗争。而参与社会主义竞争的都是公有制企业，他们之间也存在矛盾，但是建立在共同利益的基础上，都是为了发展社会主义的公有事业。

（二）竞争的目的不同

资本主义竞争是为了私人取得最大限度的利润。社会主义竞争也表现在取得利润上，但取得利润的最终目的，是为了发展社会生产力，以便在这个基础上不断地提高人民群众的物质和文化生活。

（三）竞争的手段不同

资本主义竞争可以不择手段，欺骗讹诈，阴谋诡计，什么丑事都可能做出来。社会主义竞争则必须遵守社会主义原则，企业只能靠改善经营管理，革新技术，提高劳动生产率来增强自己的竞争能力。

（四）竞争所受的限制不同

任何社会制度下的竞争都会受到一些限制。资本主义竞争主要受垄断资本的限制。社会主义竞争主要受国家计划和商品范围（例如劳动力、土地不是商品等）的限制。

（五）竞争的结果不同

资本主义竞争使一些人胜利、发财，一些人失败、破产，甚至丧生，使资本主义社会的矛盾加剧。社会主义竞争的优胜者也会得到较多的经济利益，但不会有人暴发成巨富；竞争也会使一些难以生存下去的企业被淘汰，但是企业的经营者和劳动者都会得到适当的安置。社会主义竞争的结果，将使整个社会劳动生产率的提高和社会主义经济的全面蓬勃发展。

资本主义私有制决定了资本主义竞争是和无政府状态相联系的，而社会主义公有制则决定我们所开展的竞争是和国家计划相联系的，是在统一的国家计划指导下的竞争，因此可以防止生产和市场的无政府状态，可以克服竞争的某些消极作用。

九　怎样保护竞争

在现行管理体制下，企业还缺乏必要的自主权。竞争在许多方面还受到种种限制。例如，有些地方封锁市场，不准外地产品进入；硬性规定供销关系，硬性规定价格，等等。必须采取各种措施，为竞争开辟道路。当前考虑的措施主要有以下几个方面：

（一）继续扩大企业自主权

企业有了必要的自主权，经营成果与经济利益挂钩，竞争才有动力。现在企业经营管理的自主权还很小，不利于企业开展竞争。除了少数企业进行了利润分成试点外，大多数企业还没有扩大财权。试点企业在其他方面的自主权也很小。现在国务院已经决定从明年起在所有国营工业企业实行利润留成扩大企业自主权；在试点企业实行独立核算，国家征税、自负盈亏，进一步扩大自主权。这是从利润留成向前发展的必然趋势。采取这种办法，企业在上缴各种税款和还款付息以后，所得收入可以自行支配，自负盈亏，这就为开展竞争创造了有利的前提条件。

（二）沟通多种流通渠道，为竞争开辟市场

地区之间、城乡之间可以代销商品或互设销售机构。商业、物资企业可以从各批发站或产地择优进货。可以厂店结合，批零兼营。要便利商品流通，减少中间环节。凡是生产单位与需求单位能直接沟通的，也可以不通过商业和物资部门的经营环节。要逐步减少计划分配的物资，让更多的生产资料作为商品进入市场。企业有权本着"择优、竞争、联合"的原则，打破地区和行业的界限，销售自销产品和择优购买生产所需的原材料和设备。可以开设更多的生产资料服务公司，增设物资销售网点，还要有计划地设立生活资料和生产资料的展销市场和贸易货栈，逐步建立各种类型的交易中心，多方面为竞争开辟市场。

（三）部分商品应该实行浮动价格

现在价格管理权过于集中，统得过多，管得过死。价格统死了，先进企业想降价也降不了；成本高的后进企业却可以在统一价格的保护下，向先进企业争市场、争原料，迫使成本低的先进企业不能充分发挥生产能力，甚至减产。不允许价格有任何变动，竞争是难以开展起来的。竞争表现在质量、品种、服务等多方面，但最终表现在价格上。价格统死了，很不利于开展竞争。对于一些利润过高的和供过于求的产品，以及超储积压物资，可以实行浮动价格，向下浮动。对于企业自销的产品，国家没有统一价格的，也可以按照优质优价，有利竞争的原则，实行浮动价格。原则上可以规定：不允许涨价，但允许降价，薄利多销，这样对消费者、对企业、对国家都有益处。

（四）反对封锁和垄断

任何地区和部门，不能封锁市场，阻挠商品正常流通。以保护本地工业为名，不准买外地的先进产品，实际上是保护落后。要允许各种经济成分内部和相互之间开展竞争，不能搞独家垄断。对集体经营和个体经营不能歧视。

资本主义企业在公司内部建立利润中心的经验，可以借鉴。列宁曾说资本主义垄断引起停滞和腐朽。资本家为了避免这种弊病，在公司内部还设法保持竞争。在公司内部实行事业部制，使之成为相对独立的利润中心，就是在集团内部保持竞争的一种做法。

（五）推广经济合同制

合同要有严肃性，要受法律保护。对于破坏合同的，要追究经济责任。一些适宜于承包的工程项目和经营项目，可以试行投标的办法。

（六）鼓励先进，帮助落后

在竞争中，要注意发挥经济杠杆的作用。原材料、燃料，电力要优先供应那些质量好、消耗少、成本低的企业，银行信贷也要择优提供。对于后进企业，有关部门要帮助他们解决具体困难，努力赶上去。对于少数要淘汰的企业，要结合经济调整，区别不同情况，进行转厂、并厂，妥善处理好遗留问题。

（七）加强市场情报工作

各级主管部门和企业都要对市场供需情况经常进行调查，搞好预测预报，加强计划指导，避免盲目性。

（八）加强经济立法工作

为了保障正常竞争的开展，同时便于处理一些经济纠纷，要加强经济立法和司法工作。企业必须遵守国家法令，采取合法手段进行竞争。要树立企业信誉、企业道德。弄虚作假、违法乱纪、损害国家和人民利益的，应受经济制裁和法律制裁。

十　有待研究解决的问题

为了使竞争健康发展，必须研究出现的新矛盾，解决新问题。

（一）技术保密问题

企业过去吃大锅饭，盈亏无所谓，技术公开也没关系。现在要讲经济核算，盈亏与企业本身利益有关，它的技术就不肯随便公开，别人就说他搞"技术封锁"。解决开展竞争以后的技术交流问题，还是要注重采用经济办法。要研究制定技术转让法、专利法，实行新技术有偿转让。因为他的技术是花了本钱、付出了劳动研究得出来的，不能无偿占有别人的劳动果实。可以考虑技术专利由国家购买，使其他企业利用，也可以考虑把某些科技奖金改为购买技术专利的费用。总之，要有立法来促进新技术的发明和推广。

（二）价格问题

现行价格制度有许多不合理的地方，限制开展竞争，要研究如何根据开展竞争的需要，有计划有步骤地进行一些必要的调整。应当允许企业自行降价，但是财政部门会担心因而减少财政收入。用征收所得税的制度来代替上缴利润的办法，将有助于解决这个问题。同行业中一些竞争能力差的企业，也会反对降价。如何扶持这些企业提高竞争力，也是值得研究的问题。

（三）经济落后地区与先进地区的差别问题

由于这两种地区存在很大差别，使他们在竞争上不具备平等条件。国与国之间可以采取关税壁垒政策来保护本国工业。在一国之内采取保护政策，就值得研究了。现在有些地区采取封锁市场的办法，这样既限制了竞争，不利于全国经济发展，也不利于本地区经济发展。因为这样是保护本地区的弱点和短处，是护短而不是扬长。现在资本主义国家不少经济学家也不主张国与国之间采取封锁市场和高关税的保护政策，西欧就组成共同市场，打破封锁。看来想用封锁市场的办法来解决国内落后地区与先进地区的矛盾，是并不高明的。解决这两种地区的差别问题，一是要研究如何帮助不发达地区充分发挥自己的优势；二是如何实现不发达地区与发达地区进行各种形式的联合，在互利的基础上带动不发达地区发展经济；三是在国家财政上对不发达地区给予必要的支援。现在国家已经开始建立援助不发达地区基金，说明这个问题已得到国家的重视。

（四）国内企业在国际市场上的竞争问题

随着竞争的开展，各省和某些大企业有了一定的外贸权，竞争会扩大到国际市场上去。在外贸问题上，既要改变过去独家经营，过于集中，统得过死的办法，以利于对外开展竞争；又要坚持统一对外，联合对外的原则，不让外商钻我们的空子，而反让自己的兄弟单位吃亏。这两者如何结合才好，也是值得研究的问题。

十一　联合与竞争的关系

又联合又竞争是我们经济管理体制改革的必然趋势。联合与竞争的出现不是偶然的。这是用经济办法管理经济的要求和结果。用经济办法管理经济要求实行联合与竞争，同时也必然导致联合与竞争。我国经济管理体制的改革，把政府和企业分开，使企业初步扩大了自主权，有了一定的独立经济利益。由中央高度集中改为中央与地方适当分权，地方增加了一些经济权力；由高度集中的国家计划控制改为计划调节与市场调节相结合，使一定程度的竞争有了可能。这样，企业和地方有了较多的自主权，有了独立的经济利益，就要求发挥各自的优势，就要求实行各种形式的联合。今后经济管理体制进一步改革，必然导致联合和竞争的进一步发展。

社会主义条件下的联合与竞争，是互相补充、互相促进的。为了说明这个问题，可以把社会主义中的联合与竞争同资本主义作一比较。第一，资本主义竞争产生垄断和无政府主义；社会主义竞争促进联合，但是可以防止垄断和无政府主义。第二，资本主义垄断必然限制竞争；社会主义联合不会限制竞争，而且鼓励竞争。第三，资本主义竞争与垄断都是和私有制、生产无政府状态联系着的；社会主义竞争与联合都是和公有制、计划指导直接联系着的。第四，资本主义竞争与垄断都加剧资本主义社会的矛盾；社会主义的竞争与联合将促进生产关系的完善和生产力的发展。

但是，应该指出，资本主义国家处理联合和竞争的某些经验还是值得我们研究和借鉴的。例如，鼓励一些中小企业的联合，限制一些大企业的兼并，公司内部也开展竞争等。

吸取国内外的经验，我们在处理联合与竞争问题时，联合体对外要反对垄断的倾向。因此，联合公司不能只此一家，别无分店；对内要反对集权的倾向，不能因为联合而剥夺或缩小企业的自主权；相反的，应该在扩大企业自主权的基础上进行联合。联合是经济发展的客观要求，如果企业一时还没感到有联合的必要时，就不要勉强去凑合。

全面贯彻"发挥优势，保护竞争，促进联合"的方针，将有利于调整国民经济，改善经济结构；将有利于进一步改革经济管理体制，做到更多地运用经济方法来实现体制改革；将有利于提高经济效果，加速经济发展；将有利于提高人民生活，更好地满足人们的各种需要。总之，进一步全面贯彻这个方针，将大大促进我们的社会主义经济日益繁荣，促进我国加速实现四个现代化。

谈谈林业经济研究工作中的几个问题[*]

这次林业经济理论讨论会，是在全国经济调整和改革的形势下召开的。全国的林业经济工作者和实际工作者聚集一堂，研究讨论林业经济理论问题，这是新中国成立以来少有的事情，是林业经济学术界的一件大事，也是经济领域的一件可喜的事情。这次会议送来的论文有 100 多篇，涉及林业建设的很多方面，通过学术交流必将推动林业经济理论的研究工作，对促进和发展林业生产将起重大作用。我想就几个问题，提些看法与同志们讨论，请教于同志们。

一　应当如何认识林业经济研究工作的重要性

林业经济研究的对象是森林的培育、管理和利用的经济问题，也是林业扩大再生产的经济理论问题。森林作为资源来讲有再生性，它用途广、效益多，破坏容易建设难。长期以来我们对此认识不足，新中国成立 30 年来林业的发展速度是缓慢的，林业的经营管理粗放，生产手段也比较落后，从主观来讲，是没有按照自然规律和经济规律办事。

目前林业面临的根本问题是森林资源太少，复被率很低。据科学家们

---

* 本文是作者 1980 年 11 月 15 日在"全国第一次林业经济理论讨论会"上的讲话，原载《农业经济问题》1981 年第 2 期。

估算，一个国家应保持 30% 以上的森林复被率，我国森林复被率只有 12.7%（世界平均为 22%），在全世界 160 多个国家和地区中占第 120 位。森林面积世界平均每人占有 12 亩，我国每人占有 2 亩。森林蓄积量世界平均每人 83 立方米，而我国每人平均不到 10 立方米。世界每人每年木材消耗量为 0.6 立方米，而我国只有 0.05 立方米。全国森林资源少，而且分布不均匀，有 50% 以上的森林资源分布在黑龙江、吉林、云南、四川 4 省，全国 29 个省市区中只有 7 个省的森林复被率在 30% 以上，西北 5 省区仅有 2.5%，华北 5 省市区为 4.5%，而且在一个地区内又多集中在边远地区。由于集中采伐和过伐严重，自然环境恶化，森林质量低，全国可利用蓄积只有 35 亿立方米，平均每亩蓄积不到 5 立方米，相当于世界平均每亩蓄积 7.5 立方米的 65%。

我们很多地方自然环境恶化是严重的，延安过去到处是森林，现在好多地方成了荒山，不及时更新是很难再变成青山的。我去年去日本回来到我国香港、澳门，看到我们的深圳是荒山，而在深圳看香港、澳门到处是森林。这个问题值得我们深思。中央指示，要下决心在本世纪把森林复被率提高到 20%，任务是艰巨的，其中有很多经济问题需要我们去研究解决。我们的森林资源，经历了几次大破坏，现在仍在继续遭到破坏。国家经济建设、人民生活所需用材得不到满足，更加重了自然生态的破坏，使自然灾害更多了，生活环境恶化了，过去黑龙江省很少遭到干旱灾害，但最近十多年经常遭到旱害，有人说这与大气环流有关，我看直接与森林过度采伐有关，是不是这样？这是应当研究的。日本政府规定，在山上采石头后，要把树、草一起种好；联邦德国、法国、瑞士的大片森林都是有计划、一片片地搞起来的。

森林与人类的文明和发展是息息相关的，破坏森林给人类以痛苦的教训，世界上很多国家是在漫长的历史过程中，从破坏森林所带来的灾难性后果中逐渐认识到森林的重要性，正如马克思在《资本论》中所说："森林随着人类的文明和工业的发展而遭破坏"，恩格斯在《自然辩证法》一书中讲："森林的破坏给人类严厉的惩罚。"当前世界上很多国家采取措施保护森林、恢复和扩大森林面积。比如，奥地利维也纳的郊区有很大森林面积，乘车一个多小时才能出森林。

我们共产党的任务是造福于人类，新中国成立后为了控制自然灾害，在农业投资中有 63% 左右用于水利建设，大约有 700 亿元，地方自筹资金 500 亿元，修建了 8 万多座水库，库容量 4000 亿立方米，总的来说，效果是好的，但忽视了植树造林、种草，现在看来有相当大的损失。我们反当把生物措施和工程措施结合起来，应从经验教训中认识这个问题。如果我们从事经济研究工作的同志，能够综合分析一些技术经济问题，进行一些经济预测，就可以提高经济效率，避免一些损失。很多水库修建后没有几年就淤积了，三门峡水库就是个最清楚的例子。由于我们长期以来忽视生物措施，使水土流失面积增大，自然灾害严重。据国家统计局统计，全国沙漠面积日益扩大南移，从 16 亿亩增加到 19 亿亩，第一个五年计划时期全国受灾面积平均每年 1.9 亿亩，成灾面积 9900 万亩，而第五个五年计划期间平均每年受灾面积扩大到 4.5 亿亩，成灾面积为 1.46 亿亩。在解放时沈阳郊区的沙丘离沈阳很远，现在离沈阳很近了。

现在，很多水系含沙量增加，黄河上游多是黄土山区和高原的沟壑，植被很少，每年流失泥沙 16 亿吨，下游河床年淤高 3 寸，河堤随之加高，险情严重，两岸沙化面积增大，严重地危害农业生产。如河南开封城、郑州城，都在黄河水面以下，是非常危险的。长江流域也是这样，输沙量增大，长江水变混浊，有的同志不是写了一篇《长江有变成黄河的危险》吗？当然，一下子不会变成黄河，但几百年以后会不会？搞不好，几十年后长江也可能会变成黄河。生态平衡遭到破坏后，气候失调，风沙旱涝灾害严重，我们的农业生产受到损失，而且有面临洪水的威胁。因此，要根治灾害，除兴修水利外，最主要措施是植树造林种草，保持生态平衡，否则我们不能改变农业多灾、生产落后、人民生活穷困的面貌。多年的教训使我们认识到植树造林绿化荒山，增加覆被率是实现农业现代化建设必不可少的条件。这是讲林业与农业的关系。另外，我们的木材及林产品产量少，多年来林产品是国民经济建设的最薄弱环节，产量徘徊不前，由于受资源条件的限制，产量不能增加，全国每人每年消耗木材仅为 0.05 立方米，相当世界平均水平 0.6 立方米的 1/12。近些年来国家进口了一些林产品，1978 年进口木材 54 万立方米，进口木浆 22 万吨，纸张 36.5 万吨，以补不足，但仍有很大缺口。在 60 年代前，我国桐油在世界市场上占首位，到 70 年代被巴西所代替。桐油子产量从 1957 年的 50 万吨，到 1978 年下降到 30 万吨；油茶子产量 50 年代初达到 13 亿多斤，而 1978 年只有 9.5 亿斤。松香是我国重要的出口物资，但产量徘徊不前。我知道松香是广西的主要林产品，我在 1975 年到广西梧州看到一个大的松脂厂，这个厂也遇到困难，他们采用新式方法生产松香，但县和专区土法生产松香争松脂原料。总之，我们从林业生产建设 30 年的教训中认识到林业生产的发展必须按自然规律和经济规律办事。如何解决按经济规律办事？林业经济科研工作要认真研究。

二　林业经济理论研究工作当前要研究什么问题

最近几年，我们正处在国民经济大调整时期，同时在调整中进行改革。林业经济包括生产结构、管理体制、技术产品结构、组织管理等一系列问题也要进行调整和改革，这是林业现代化建设所必需的先决条件，也是林业经济理论工作者和实际工作者面临的重要任务。是否研究这样几个问题：

（一）林业在国民经济中究竟起什么作用

过去讲林业，首先想到的是木材、林区，当然这样想也有一定道理，林业是要解决木材问题，要有一定的林区。但仅这样想，不能完全体现林业在国民经济中的作用，应当认识到林业不仅是提供木材，而且森林的效益是多种多样的，应看到森林在保护环境、自然效益方面的价值是大的。据国外资料估算，森林在保护环境、自然效益方面提供的价值约占 3/4，而提供林产品的价值约占 1/4，这就看出林业发达国家为什么对林业非常重视的原因。而我们过去对林业的自然效益方面讲得不够。

世界上把木材、钢铁、石油、煤炭总称为四大原材料，但矿石、煤、石油开采一吨少一吨，而木材可以再生产，国民经济部门离不开林业，所以林业生产与国民经济发展有个协调问题，有个内在的联系——规律性，究竟是什么规律性？这些问题有待林业经济理论工作者去研究论证。

（二）林业现代化建设问题

我们要实现国民经济四个现代化，当然也包括林业现代化。什么叫林业现代化？它的概念、标志、内容、步骤、措施等是什么？这也是我们应当研究的大事。现在农业经济学对农业现代化讨论得很热烈，提了很多有益的意见，关于林业现代化，过去只有少数同志进行探讨研究，还没有引起林业经济界广泛的讨论，这个问题要进行研究，讨论出比较成熟的意见。

我们实现四个现代化的初步标志是一个"小康社会"。实现林业现代化，应根据我国的实际状况、特点出发，吸收国外林业建设的经验，扬长避短，发挥优势。我们国家的林业情况是资源少、基础差、底子薄、灾害多、经营粗放、技术落后；在体制上、结构上存在不少问题。但潜力大，有我们的优势。看到我们的短处是必要的，同时要看到长处，才有信心。我国林业的优势是：（1）树种多（有热带、亚热带、温带、寒带的树种）。（2）自然条件优越。（3）劳动资源多。（4）广大的群众有经营经验。（5）有一定物质基础。（6）全国人民对林业的重要性逐步有所认识。（7）社会主义制度优越。

我国有2000多种乔木，有被誉为世界速生之王的"黄梁木"。山东兖州的杨树最快每年直径生长达7公分，河南的泡桐以及南方的杉木可以达到2—3公分，集约经营泡桐年生长径级可达5公分，这是很大的优势。广西的桉树大约5—6年也可成材。我国土地辽阔，绝大部分土地适宜木本植物的生长，我国的宜林地区沼泽地很少，全国有土地总面积144亿亩，其中宜林地区面积有32亿亩（有林地18亿亩，尚有宜林荒山14亿亩），而且广大平原四旁隙地潜力很大，这些地区大部分在温带，南方小部分在热带，东部和南部的广大地区，能够得到海洋的湿润气候，雨量充沛，土地类型多样，为林业发展提供很大的潜力。我国有丰富的劳动力资源，是发展林业的好条件，这些都是客观存在的，问题是如何把它合理地利用起来。新中国成立以来，林业生产也有一定的物质基础，全国人民通过漫长历史时期对破坏森林所带来的危害受到了教育，以及社会主义制度的优越性，为林业生产提供了广阔的前途。

林业现代化内涵究竟是什么？是不是这两方面的内容：第一方面是研究国民经济四个现代化建设对林业的要求，林业生产究竟以多大速度和规模，才能适应四个现代化的需要；第二方面是研究林业部门如何进行现代化建设。按照这两方面要求，明确林业现代化的概念、内容，实现的可能性及措施。其中很多问题是我们林业经济工作者的任务。林业现代化固然很重要。但是，千里之行始于足下，当前最重要的问题是要大家重视林业，有效地扭转不重视林业，甚至还在破坏林业的现象。应当看到，这一任务极为艰巨，只有先做到这一点，才能说得上林业的现代化问题。因此，在林业经济中应当着重研究和解决林业当前迫切的现实问题，为林业现代化创造条件。

（三）林业经济结构的问题

是否从两点来讨论，一是林业与国民经济其他部门的关系问题，特别是林业与农业、牧业的关系。二是林业内部的关系。经济结构包括各种产业的比例关系，也包括各种经济关系，如所有制关系，这是一个内容广泛的问题，我们应当根据发展林业的需要，确定研究哪些林业结构问题。农林牧结合经营是农业现代化建设的重要途径，农林牧存在着密切的相互制约，相互依存的关系，农业为畜牧业提供饲料，而林业为农牧高产稳产提供保证，畜牧业又为农业提供肥料，肥多、粮多、风调雨顺，这是农林牧结合的内在联系。我国幅员广大、土地类型多，是农林牧结合的客观基础。只有农林牧结合经营才能做到地尽其力、人尽其才、物尽其用，才能使广大地区向生产的广度和深度进军，才能做到改变生产生活条件，保证农牧业生产高速度发展，才能保证发挥资源和地区优势。

长期以来形成的以木材生产为中心的重采轻造，只用不养掠夺式经营问题十分严重，多年来实践经验告诉我们必须贯彻以营林为基础的方针，做到造多于采，使我国林业生产真正像周总理生前指示的"青山常在、永续利用、越采越多、越采越好"的局面。要认识到林业建设不只是拿木材的问题，它是建设农业现代化的需要，是建立我国生态平衡体系的重要方面。

　　最近，国务院领导同志对林业工作作了重要指示，指出："一个林业问题，一个环保问题，我们要走与发达国家不同的道路，不能走他们的老路，这方面问题很多，矛盾很大，发达国家随着工业化的发展而破坏森林，工业发展了，又回过头来恢复森林，我们不能走他的路，这是个'老大难'问题。"

　　马克思曾经分析过资本主义条件下经营林业的局限性。他在《资本论》里说："预付资本的生产时间由两个期间构成：第一个期间，资本处在劳动过程中；第二个期间，资本的存在形式——未完成的产品的形式——不是处在劳动过程中，而是受自然过程的支配。"他还说："劳动期间和生产期间在这里是不一致的。生产期间比劳动期间长。"[1] 生产时间和劳动时间的不一致，在林业生产上特别突出，在林业生产中预付的资本"只有经过长期以后，才会获得有益的成果，并且只是一部分一部分地周转，对有些种类的树木来说，需要 150 年才能完全周转一次。此外，持久的木材生产本身要求有一个活树储备，它应是年利用额的十倍到四十倍。因此，没有别的收入、不拥有大量森林地带的人，就不能经营正规化的林业"[2]。（马克思引用基尔霍夫的话）

　　因此，马克思说："漫长的生产时间（只包括比较短的劳动时间），从而漫长的资本周转期间，使造林不适合私人经营，因而也不适合资本主义经营。资本主义经营本质上就是私人经营，即使由联合的资本家代替单个资本家，也是如此。文明和产业的整个发展，对森林的破坏从来就起很大的作用，对比之下，对森林的护养和生产，简直不起作用。"[3]

　　资本主义的发展正是这样。随着文明和产业的发展，森林遭到严重破坏，受了惩罚，后来，又不得不回过头来恢复和发展林业。资本主义国家所走的道路，正是这样。我们是社会主义国家，有条件不走那么大的弯路，能够在工业发展的同时，规划好林业的发展。当然，这必须付出巨大的努力，解决一系列的"老大难"问题。这也正是我们林业经济工作者

---

① 《马克思恩格斯全集》第 24 卷，人民出版社 1972 年版，第 267 页。
② 同上书，第 271—272 页。
③ 同上书，第 272 页。

要研究解决的大课题。

（四）林业管理体制的改革

经济管理体制改革的原则，首先是要促进生产的发展，适应生产力发展的需要。林业生产的特点，天然林多属国有，人工林多属集体所有。因此林业管理体制改革必须既适应国营企业的特点，又符合集体所有制生产的要求，国营企业和社队经营的林业，形式和方法都是不同的，现在很多国营林业企业没有什么权力，上级部门管得过死，资金缺乏，很多林业企业长期靠国家投资，没有再生产的能力。过去多次变动，变来变去多是行政管理部门集权与分权的变动，而对企业和职工的关系没有变化，这是这次改革的出发点。多年来习惯用行政办法管理企业，人财物实行统一包揽，忽视客观经济规律，不强调经济利益经济原则和经济效果，企业缺乏必要的自主权，多年来这种管理体制严重阻碍生产力的发展。

体制改革是一项重要工作，这是一件复杂的事。林业企业在国有林区搞政企合一，行政层次多，上层机构工作效率低，要进行改革必须解放思想、实事求是，逐步建立起充分发挥社会主义制度优越性的林业管理体制。总之在体制改革过程中，要搞好林业生产单位的企业化。权利与责任要结合起来，要有科学的考核指标和严格的考核制度，要有精明能干懂得经营管理的干部去领导林业企业的工作。

（五）放宽政策，调动各方面的积极性

当前政策问题主要是松动所有制，采取多种形式经营林业，建立适合于林业生产特点的生产责任制。

林业生产的发展必须依靠8亿农民，他们是主力军，长期以来对群众的利益考虑不够，不讲经济效果的生产方式，政策多变，失信于民，是造成森林破坏的根源。根据很多地方的反映，当前林业政策的中心问题有两条：一是所有制问题。根据生产力发展水平，现阶段应该强调国家、集体、个人一齐上。松动所有制这是大问题，要加以解决。二是必须建立各种形式的林业责任制。无论是划片分段责任制，还是到户到人的责任制，使造林护林的好坏，同每个农民的切身利益紧密结合起来。具体办法都必须结合林业的特点。我们要很好地研究这些问题，争取在调整期间，通过

政策调动各方面的积极性，把林业生产搞上去。

三　努力提高林业经济的科学研究水平

当前林业生产中的问题很多，亟待研究解决，很多好的经验不能从理论上加以总结，林业经济研究工作不能适应林业生产的需要，专业研究机构要根据需要和可能配备一定数量的科研人员，同时要重视提高现有科研人员的研究水平。

（1）如何提高科研人员的水平。一方面科研人员要努力学习理论，钻研业务；另一方面要加强领导。领导上要根据科研劳动的特点，积极创造科研工作条件，要让科研人员参加有关会议、阅读有关文件，在提供资料方面给以方便，对于肯钻研、有创见、勇于革新的科研人员要鼓励，要充分发挥他们的才能。

（2）科研任务要有重点、研究人员要有定向。现在的情况是任务多、力量薄弱，有些研究人员忙于应付日常事务，这种状况应当改变，应当把研究的题目，集中在国家迫切需要解决的任务上。有些地方已成立了林业经济科研所，配备了科研人员，没有成立的，有条件时也应成立。

（3）加强学术交流活动。1978年年底，在带岭召开的规划座谈会上，大家一致同意成立全国林经研究会，以加强学术交流。近两年时间，林业经济学术界思想比较活跃，举办了多种形式的座谈会、讨论会，互相交流学术思想，为发展林业生产献计献策，今后我们除每年定期召开一次学术会外，还拟分专题组织座谈。

（4）从事理论工作和实际工作的同志加强联系，有助于理论密切联系实际。实践证明，这样做，好处很多，实际工作部门的同志经验丰富，情况比较熟悉，理论工作者也有长处，两者结合起来，共同讨论研究，思想比较开阔，提出的意见也比较切合实际。我们这次理论讨论会有生产单位、管理部门、经济研究、教育及新闻等部门的同志参加，可以从不同角度观察问题，思想比较活跃，视野比较广阔，集思广益，这种办法效果好。

应该说，林业经济研究工作，由于各级党委和有关部门的重视、研究人员的努力，在近年内取得的成绩是不小的。但我们必须看到，大量新的现实经济问题亟待我们去研究，很多新的理论问题需要我们去探索，我们社会科学院的同志深感自己的研究水平跟不上形势的要求。

我们要根据党的十一届三中全会的路线，进一步解放思想，进一步努力学习，进一步深入实际调查研究，使林业经济的科研工作有进一步的提高，保证林业事业得到更好的发展。

我国社会主义经济是有计划的商品经济[*]

我国现行的经济管理体制，是一种高度集中的，以行政管理为主的体制。这种体制，从它的基本形态来讲，类似苏联 50 年代斯大林后期的那样一种体制。我国 30 年的实践证明，这种体制是有不少弊病的。这些弊病综合起来有四条：一是使企业成为各级行政机构的附属物，否定了企业的相对独立性。我们的企业就像算盘珠一样，由中央各个部门、地方各个厅局把它拨上拨下，推一推，动一动，自己缺少主动性。这并不是企业不想有主动性，而是我们的体制限制了企业的主动性。二是按照行政系统，行政区划来管理经济，它们自成体系，割断了经济的内在联系。例如，我们的企业是由中央或地方的主管部门，以条条为主管理的，主要是纵向的联系，缺乏横向的联系。这就产生了很多不合理的现象。三是自上而下的指令性计划指标过多，管得过死，生产者和消费者不能直接见面，产销脱节，产需脱节。这样，一方面很多产品大量积压，另一方面很多产品又脱销。四是统收统支，捧"铁饭碗"，吃"大锅饭"，搞平均主义，不负经济责任，不讲经济效果。

这种经济体制不符合社会主义经济发展的客观规律。它和发展社会主义商品经济的要求是不相适应的，和满足人民不断增长、不断变化的需要是不相适应的，和用最小的劳动消耗取得最大的经济效果的要求也是不相

---

* 本文原载《经济研究》1981 年第 7 期。

适应的。这种体制在计划上大包大揽，在流通中统购统销，在劳动上统包统配，在财政上统收统支，所有这一切，必然要求有一套高度集中的、主要采用行政手段的管理方法，甚至排斥用经济手段来管理经济。这种管理体制和方法，是不可能使社会主义商品经济迅速发展起来的。我们现在经济不活跃，经济效果差，同我们现行的经济体制的弊病有很大关系。

我们所以长期实行这种经济管理体制，是来源于我们对社会主义经济性质的认识。具体地说，是由于我们过去不把社会主义经济看成有计划的商品经济，而实际上把它看成自然经济或半自然经济。现在我们要进行经济体制改革，就要对我国的社会主义经济性质有一个正确的认识，这是正确解决经济体制改革的方向、方针、政策、办法等问题的前提。

应当怎样认识我国社会主义经济的性质呢？对于这个问题现在还有不同的看法。比较一致的看法，是认为我国社会主义现阶段的经济，是有计划的商品经济。当然也有不同意这种看法的。主要的争论是，社会主义全民所有制交换的生产资料是不是商品。有的同志认为不是商品，因而认为社会主义经济不是商品经济。这种观点过去占统治地位，现在也还有人坚持。

我认为，现阶段我国是有计划的商品经济，当然，我们这个商品经济与资本主义社会的商品经济性质不同。资本主义商品经济建立在资本主义私有制基础上，同时是无计划的。社会主义商品经济是公有制占绝对优势的，而且是有计划的。

承认社会主义经济是有计划的商品经济，这在理论上是一个很大的进步，是一个飞跃。我们知道，社会主义商品生产问题是一百多年来一直在讨论的问题，马克思主义者内部也一直有争论。马克思在《哥达纲领批判》中讲过社会主义是共产主义的初级阶段，在这个阶段里，还保留着旧社会的痕迹。他说的旧社会的痕迹主要是指按劳分配中还保留着"资产阶级权利"。马克思那时设想的社会主义，是在资本主义高度发展的基础上建立起来的，是不存在商品货币关系的。马克思当时没有预见到，资本主义中等程度发达的国家，甚至像我们这样资本主义只有初步发展，自然经济还占优势的国家能够取得社会主义革命的胜利，能够建设社会主义。而像我们这样经济不发达的国家，建设社会主义必须充分利用商品货币关系，也就是说现阶段社会主义经济必然是有计划的商品经济。

我们还可以考虑这样一个问题，就是那些资本主义高度发达的国家，在工人阶级取得了政权，建立了社会主义制度的时候，是不是立即可以取消商品生产、取消货币呢？这个问题现在许多马克思主义者在考虑。最近几年，我有机会到日本、美国、西欧几个资本主义发达的国家去考察。去考察的同志有一个共同的看法，认为这些国家和马克思所讲的情况相比，经济是大大发展了，和一百多年以前是不能同日而语了。马克思也没有预见到一百年以后，资本主义经济还会有这样大的发展。马克思写出《哥达纲领批判》一百零五年以来，资本主义发达国家的生产力比马克思在世的时候有了更大的发展。但是即使现在这样的经济发展水平，这些国家的无产阶级一旦取得政权后，是不是马上就可以消灭商品经济，消灭货币，而不致造成社会经济生活的混乱呢？看来还不可以。假使那时候货币改个名字叫劳动券，劳动券还是起货币的作用，那又有什么意义？假使真的取消货币，也就是取消商品经济，那就会带来很多问题。日本东京三越百货公司经营的商品品种有 50 万种。我们国家最大的百货公司上海第一百货公司，经营商品 4 万多种，北京百货大楼经营 2.4 万种。美国的旧金山市近郊一个近 20 万人口的小城市有一个超级市场专卖食品，共有 1.4 万多个品种。假如取消商品货币，这些产品怎么有效地进行分配呢？人类诞生以来，经过漫长的年代，经过无数次生活的实践，才产生了货币这个东西。这个东西对人类的经济发展起了极大的推动作用。现在要取消它，就要有一个比它更合理的东西来代替它，这是一件很不简单的事情。看来，在生产力还没有达到高度发展的时候，当劳动还没有成为人们第一需要的时候，取消商品经济，取消货币是不那么现实的。这种观点，还是一种设想，有待于实践的证明。

列宁在十月革命前写的《国家与革命》这本书中，引了马克思的话，阐述了马克思《哥达纲领批判》中的观点，也是主张社会主义取消商品和货币的。苏联十月革命胜利后曾经采取过战时共产主义的经济制度，主要是由于当时帝国主义武装干涉和内战的环境，但和取消商品货币关系的理论指导也不无关系。战时共产主义时期取消商品和货币关系的尝试失败了。列宁总结了经验教训，根据当时苏联存在五种经济成分，尤其是小商品经济和小生产大量存在的情况，提出了新经济政策。新经济政策就是要运用商品货币关系，发展商业，促进社会主义经济的恢复和发展。不幸的是列宁很快去世了，没有赶上社会主义改造的完成。社会主义改造完成后，不是五种经济成分并存了，而是单一的社会主义经济了，在这样的情况下，是不是还要有商品经济呢？列宁没有来得及回答这个问题，这个问题是斯大林遇到的问题。苏联的社会主义改造是在斯大林领导下完成的。斯大林在完成农业集体化以后曾经指出，有两种公有制即全民所有制和集体所有制并存，就存在工人和农民两个阶级，就需要有交换，但是对于两种公有制之间的交换是不是商品交换，价值规律还起不起作用，对于这个问题在农业集体化以后的很长一个时期内，斯大林并没有明确地说明和论证。在这个时期，苏联一直在争论这个问题。直到斯大林的晚年，即1952 年，他才在《苏联社会主义经济问题》一书中承认两种公有制之间存在着商品生产和商品交换关系，认为必须利用价值规律。这是苏联经过二十多年争论才作出的结论。在这以前，在 20 多年中间，他们在处理两种公有制之间的关系时也没有很好利用商品货币关系和价值规律。

斯大林在《苏联社会主义经济问题》中虽然承认了两种公有制之间存在着商品货币关系，但是又认为国营企业之间交换的生产资料不是商品，而且说价值规律甚至对农业中的原料生产也不起调节作用。斯大林还一再强调要限制商品生产，限制价值规律的作用。所以我们可以这样说，斯大林从来没有或者没有完全把社会主义经济看成商品经济，而是在相当大程度上把它看成是半自然经济。基于这样的理论和认识，斯大林时代所设计和所实行的经济管理体制，就不是按照商品经济的要求而是按照自然经济或半自然经济的要求，不是把产品当做商品，实行等价交换，而是实行单一的计划调节，排斥市场调节，并且采用高度集中的，以行政手段为主的管理办法。这种单一的计划调节就是把整个国民经济当做一个工厂来看待。列宁也说过整个社会将成为一个工厂之类的话，但现在看来，这个问题非常复杂，把整个社会当成一个工厂来看待，是会产生很多问题的。

我们实行的那种高度集中的经济管理体制，取消了企业的相对独立性，也是要把整个社会当成一个工厂来看待的，这样做不就产生了很多问题吗？

斯大林的理论和实践，对于我国的社会主义建设有很大的影响。在他领导下设计和实行的经济管理体制模式对我们也有很大的影响。现在我们要改变这个模式，首先就要突破这个模式的理论基础，也就是要突破一些错误的或过时的条条框框。现在我们在理论上已经有了突破。这应该说是解放思想取得的很重要的成果，没有这种理论上的突破，也不会有我们现在体制改革的设想和实践。许多同志已经认识到社会主义制度下不仅生活资料是商品，而且生产资料也是商品；不仅全民所有制和集体所有制之间的交换是商品交换，全民所有制内部的交换也是商品交换。

由于理论上的进步，现在不仅生活资料可以进入市场，生产资料也可以进入市场，例如，鞍钢也开了出售钢材的商店，这是过去从来没有过的事。1979年机电产品进入市场的，从总产值计算将近20%，1980年估计将会更多，有的工厂甚至占70%—80%。对于生产资料进入市场也有人不赞成，但从实践结果看，这样做是起了促进经济发展的积极作用的。这也说明经济体制必须改革。

满足人民的需要是社会主义建设的崇高使命[*]

在中国共产党的领导下，我国人民正在为实现四个现代化而努力奋斗。实现社会主义现代化，归根结底是为了最大限度地满足人民日益增长的物质和文化需要，为了人民的幸福。列宁早就说过："只有社会主义才能使……全体劳动者过最美好、最幸福的生活。""而马克思主义的全部困难和全部力量，也就在于了解这个真理。"①现在当我们把这个真理付诸实现的时候，深深感到满足人民的需要，既是社会主义建设的无比崇高的使命，又是极为艰巨的任务。

30多年来，我们在经济建设上取得了巨大成就，也犯过严重错误。党的十一届三中全会，特别是以调整为中心的调整、改革、整顿、提高新的八字方针的提出和执行以来，我国人民在党的领导下，正在努力探索更好地发展我国社会主义经济的途径，使国民经济走上以满足人民需要为目的的正确轨道。显然，这是一个具有伟大历史意义的战略转变。但是，实现这个转变还有很多理论问题和实际问题需要解决。解决这些问题，有待于广大干部和群众的努力。我国人民无疑是能够正确解决这些问题的。我们下面提出一些问题，就是希望通过研究和讨论取得比较一致的正确认识，找到妥善和切实可行的办法，促进这个战略转变的顺利实现，使人民

---

* 本文是作者作为《红旗》特约评论员写的一篇文章，原载《红旗》1981年第14期。

① 《列宁选集》第三卷，人民出版社1972年版，第571页。

的需要得到更好的满足。

一　社会主义制度下生产和消费关系的特点

为了更好地满足人民需要，必须研究我国社会主义条件下生产和消费的关系，掌握它的规律性。

马克思曾对生产和消费的一般关系作过深刻的分析，揭示了它们之间的辩证关系①。根据马克思的分析，一方面生产决定着消费，另一方面消费又反作用于生产。前者主要表现在：（1）生产为消费创造对象，从而决定消费水平；（2）生产决定消费的方式和消费结构；（3）生产在消费者身上引起需要。后者则主要表现在：（1）消费是劳动力再生产的一个条件，因而它本身就是生产活动的一个内在要素；（2）消费使产品成为现实的产品，产品被消费了，生产这个产品的生产行为才算真正完成；（3）消费是生产的动力，没有需要就没有生产，而消费则把需要再生产出来，推动生产不断前进。马克思有一句名言："没有生产，就没有消费，但是，没有消费，也就没有生产，因为如果这样，生产就没有目的。"② 历史证明，马克思的这些分析是完全正确的。他得出的科学理论也是我们处理社会主义生产和消费关系时必须遵循的准则。过去我们对于生产和消费的一般关系研究得很不够，有时甚至会忽视和违背一些明显的道理，这是经济工作发生失误的一个重要原因。

社会生产和消费的关系，不仅有它的一般的规律性。在不同的社会制度下，生产和消费的关系又各有其特殊的规律性，在这里，生产关系起着决定性的作用。

社会主义生产关系决定了生产的直接目的是满足全体人民的需要，从而使消费和生产直接联系起来，摆脱了资本主义社会所固有的生产无限扩

---

① 马克思在《〈政治经济学批判〉导言》中说的"消费"有两重含义：一是"生产的消费"；二是"原来意义上的消费"，即生活的消费。（《马克思恩格斯选集》第二卷，人民出版社 1972 年版，第 93 页）马克思着重考察的是后一种消费。我们这里的分析也是这样。

② 《马克思恩格斯选集》第二卷，人民出版社 1972 年版，第 94 页。

大的趋势和人民群众的消费相对缩小的矛盾。在任何社会里，生产最终都是为了消费，但生产的直接目的却是由各个社会的生产关系决定的。在资本主义制度下，生产的直接目的是取得尽可能多的剩余价值，尽管为了取得剩余价值，商品也必须满足社会"需要"，但是，做到后者仅仅是实现前者的手段。资本家总是力图把工人的个人消费尽量限制在再生产劳动力所"必要的"范围之内，甚至直接掠夺劳动者的必要消费基金。社会主义以生产资料公有制为基础，消灭了人剥削人的制度，劳动人民的幸福就成为全部生产活动的唯一目标，因此有可能在生产发展的基础上最大限度地满足人民日益增长的物质和文化的需要。恩格斯说：社会主义社会不仅可能保证一切社会成员有富足的和一天比一天充裕的物质生活，而且还可能保证他们的体力和智力获得充分的自由的发展和运用[1]。列宁也强调社会主义社会要"充分保证社会全体成员的福利和自由的全面的发展"[2]。当然，做到这一切要依靠生产力的高度发展。但是即使在生产力还没有得到高度发展的社会主义初级阶段，社会也要尽力满足人民的需要，使社会全体成员都有可能过幸福愉快的生活。这就能充分调动广大人民群众的生产积极性，推动生产迅速发展。

　　社会主义生产和消费之间关系的这种根本性的变化，使得在社会主义社会里有可能在生产和消费之间建立起相互促进的良性循环，发挥马克思所说的生产和消费相互"创造对方"的作用。而在资本主义制度下是不可能充分做到这一点的。第二次世界大战后，一些资本主义国家实行的高消费政策虽然对生产起了一定的促进作用，但这种作用并不总是积极的，而且是很有限的，不能从根本上解决资本主义生产和消费的矛盾。日本曾被称为在生产和消费之间建立了所谓"良性循环"的国家，事实上它的生产和消费之间也存在着深刻的矛盾。日本不少经济学家也承认国内存在着收入不均等、财富占有不均等的贫富悬殊现象，一方面很多人的起码需要得不到满足，另一方面很多产品过剩和生产能力过剩。日本战后七次经

---

① 《马克思恩格斯全集》第 20 卷，人民出版社 1971 年版，第 307 页。
② 《列宁全集》第 6 卷，人民出版社 1975 年版，第 37 页。

济危机平均每次延续七个月，生产下降 7.1%，由于经济危机而中断经济增长的时间占整个 30 年的 28.9%。

由于社会主义生产和消费之间关系的改变，使社会主义的消费本身具有区别于资本主义的鲜明特征。马克思曾把人的需要区分为生理的需要、精神的需要和社会的需要。社会主义消费的特征，是这些需要的全面满足。

现在有一种看法，把某些发达资本主义国家的"高消费"作为我国社会主义消费的目标或样板。这种看法是不正确的。诚然，这些资本主义国家在第二次世界大战后生产增长基础上出现的"高消费"，对延缓生产和消费的对抗性矛盾的爆发起了一定的作用，其中反映出来的某些消费发展的一般趋势（如随着收入增加消费构成将发生变化等）也有可以借鉴的地方。但是，必须看到，资本主义的"高消费"不可避免地带有这种剥削制度的深刻烙印。

首先，这种"高消费"是建立在不可调和的阶级对立和日益悬殊的贫富差别的基础上。一方面，劳动人民收入的某些提高，并没有改变他们受剥削、受压迫的基本事实。正像马克思早就说过的："吃穿好一些，待遇高一些，特有财产多一些，不会消除奴隶的从属关系和对他们的剥削，同样，也不会消除雇佣工人的从属关系和对他们的剥削。由于资本积累而提高的劳动价格，实际上不过表明，雇佣工人为自己铸造的金锁链已经够长够重，容许把它略微放松一点。"[1] 事实上，伴随这种"高消费"的，是剥削程度的加剧，工人债务的增加，以及思想、文化、道德上的空虚和苦闷的进一步发展，因此"高消费"并没有给劳动人民带来生活的稳定和愉快。另一方面，资产阶级的消费则具有寄生的性质。他们穷奢极欲，一掷千金。这种奢侈和浪费，是建筑在本国和第三世界各国广大劳动人民的贫困和不幸的基础上的。其次，资本主义国家的"高消费"不仅伴随着"高浪费"，而且具有畸形的性质，不能给劳动人民带来真正的幸福。在那里，满足消费需要只是取得高额利润的手段，只要能赚大钱，无论什

---

[1] 《马克思恩格斯全集》第 23 卷，人民出版社 1972 年版，第 678 页。

么东西资本家都可以生产和贩卖，而不问社会后果如何。而且，为了掠取利润，大公司还凭借它们的垄断地位，运用广告等舆论工具"说服"消费者，把获得高额利润所必要、而毫无裨益于人生的"需要"强加给他们。所以，在资本主义社会里，从生产猫狗服装、食品，到制造杀人武器，贩卖赌具毒品，都可以成为重要的产业。年复一年，社会把越来越多的人力、物力用在只是满足资产阶级的癖好或有利于大企业赚取利润的产品上，造成了极大的浪费。最后，人类的需要是多方面的，不能光靠物质产品来满足。有些资本主义国家物质享受不可谓不高，但人民并无幸福可言。这是因为幸福不仅取决于物质条件，而且取决于社会条件、周围环境、人群关系、家庭关系，精神文明以及本人的健康状况、思想状况、精神状况，等等。在资本主义社会中，道德沦丧，人与人的关系淹没在利己主义的冰水中，资产阶级经济学家津津乐道的安全，自尊、与人交往，自我实现等"高级需要"是很难得到实现的。而资本主义增加物质产品生产，又是靠加重剥削，这不能不造成人们体力和精神的高度紧张以及社会关系的尖锐对立。这些使得资本主义国家中即使取得了比较高的收入的那部分劳动人民，也普遍感到自己并不幸福。许多人不知道资本主义的前途是什么，不知道人活着又是为什么。人们丧失了前进的目标，于是就产生了失望、颓废、厌世、消极的情绪，单纯地追求物质享受，加上经济不断出现危机，通货膨胀愈演愈烈，失业、破产、吸毒、负债、家庭破裂、青少年犯罪、酗酒、强奸、凶杀、盗窃等各种社会问题，接踵而至。赤裸裸的金钱关系，诲淫诲盗的黄色书刊，使人消沉疯狂的靡靡之音，怕失业、怕生病、怕年老、怕被盗的恐惧心理压抑着人们的心灵。近年来，连一些资产阶级学者也提出资本主义制度下的"丰裕"的物质生活，并没有促进公共目标的实现，没有增进公众的幸福，相反造成了多种社会祸患。社会主义社会又怎么可以把这种"高消费"作为追求的目标呢？

有一种意见把幸福和高度物质享受等同起来，否认我国在当前条件下可以使人民过愉快幸福的生活。这种意见也是值得商榷的。

在社会主义制度下，最大限度地满足人民的物质和文化需要的最高目标，在于使每个人获得自由的全面的发展。为了达到这个目标，需要生产力的极高的发展，人民收入的极大的增加。这将是一个非常长的过程。但不能说，只有达到这样的水平以后，才能使人民过幸福愉快的生活，在这之前就无所作为。实际上，在社会主义社会里，生产将逐步发展，人民生活将逐步提高。这个发展和提高的过程，也就是劳动人民用自己的劳动和斗争为自己创造幸福生活的过程。只要具备了一定的物质条件，就可以保证人民过丰衣足食、不虞匮乏，具备较好的社会条件、周围环境、人群关系、家庭关系，建立起高度的精神文明，使大家的生理的、精神的、社会的基本需要得到满足，对前途充满希望。这是已往任何社会不可能做到的。

社会主义制度为建立合理的生产和消费关系提供了可能性，但是可能性并不等于现实。要使这种可能性变成现实，还要求人们重视这个问题，按照客观经济规律的要求处理好这个问题。我国第一个五年计划时期比较重视社会主义制度下生产发展和消费增长之间相互促进、相互制约的关系，对它们的关系处理得比较好，因此生产发展比较顺利，人民生活改善也比较快。这就表明，经过人们的努力，社会主义社会完全能够在生产和消费之间建立起良性循环。

二　中国的社会主义消费模式

一个国家一定发展阶段上的消费模式（包括消费水平、消费结构、消费方式等），是它的生活方式的组成部分。消费模式不仅由社会制度和经济发展水平决定，而且受地理环境、资源状况、文化传统、风俗习惯以及民族状况等条件的制约。因此，各个社会主义国家由于国情不同，消费模式也会有自己的特点。我们不仅要研究社会主义制度下的生产和消费的一般关系，掌握普遍的规律性，还应当研究中国现阶段生产以及影响消费的其他因素的具体状况，掌握生产和消费的特殊规律性，建立我国自己的消费模式。

过去我们对消费模式问题研究得很不够，现在亟须抓起来，看来有必要组织适当的力量，通过认真的调查研究，弄清楚今后几十年人民物质文化生活发展的趋势和特点，预测我国今后 5 年、10 年，20 年、50 年生产和消费的发展情况，确定我国的社会主义消费模式。要争取尽快地拿出有科学依据的、对实践有指导意义的研究成果来，把它作为制定建设方针和经济计划的依据。

影响消费模式的最重要的因素，是一个国家的经济状况，以此为基本出发点，才能处理好生产和消费的关系。在这方面，特别要重视当前我国的以下这些情况：

（1）人口多，消费大。我国有十亿人口，如果每年增加 1200 万人，个人消费和社会消费按每人 250 元计算，一年需要增加消费基金 30 亿元；口粮按每人 500 斤计算，需增产粮食 60 亿斤；布按每人 25 尺计算，需增产布 3 亿尺。这种情况要求我们在处理生产和消费的关系时要十分慎重。陈云同志说："我们是十亿人口、八亿农民的国家，我们是在这样一个国家中进行建设。""我们必须认识这一点，看到这种困难。现在真正清醒认识到这一点的人还不很多。"

（2）底子薄，水平低。现在我国生产力还不发达，农业劳动生产率很低，工业劳动生产率也不高。目前我国的粮食商品率约为 15%，每个农业人口每年只能提供 80 多元的剩余农产品，这么少的剩余农产品并不能满足城镇人口的生活需要和其他需要，因此现在每年需要进口相当一部分粮食、棉花和其他农产品。我国人民的消费水平也比较低，相当一部分农民还比较贫困。教育不发达，人民文化科学水平不高。这种情况决定了我们必须十分重视改善人民的物质文化生活状况，但是又必须看到生产水平对消费水平的限制，绝不能不顾客观生产条件对消费提出过高的、不合理的要求。

（3）当前经济上、财政上有相当大的困难。由于林彪、"四人帮"的长期干扰破坏，加上我们指导思想和具体工作中的错误，目前我国经济结构很不合理，国民经济比例严重失调，财政有赤字。前几年国家用了很大的力量增加人民的收入，这是必要的，但已经超过了财力物力可能负担的程度。在今后几年调整国民经济、克服经济困难的过程中，人民的收入不能增加过多，否则将增加财政赤字，加剧通货膨胀。在近期内，虽然我们还要根据需要和可能努力改善人民生活，但是不能期望消费水平有迅速的、大幅度的提高。根据这种情况，就要特别注意少花钱、多办事，提高产品和各种服务的质量，丰富文化娱乐活动，尽量使人民得到实惠。

由于我国经济方面和其他方面具有的特点，我们绝不能照抄照搬其他国家的消费模式。这里有几种不同的情况：一种是其他国家做了但我们不应该做的。一些发达国家第二次世界大战以来大量发展了小汽车，并由此形成了"汽车文明"的生活模式。近年来能源短缺有增无减，"汽车文明"就造成了社会生活的严重问题。绝大多数人对此感到头痛。我们在解决行的问题时就不能再走这条路。根据我国的情况，不仅不能大量搞小汽车，也不能大量搞摩托车。看来，这方面我国还是搞好公共交通工具和发展优质高效的自行车为好。西方一些国家在生产上和生活上走的是高度消耗能源的道路。我国不仅从资源条件看不能像西方国家那样搞，而且从经济合理的原则来看也不应当那样搞。我们的资源首先应该用来保证人民的基本生活需要，这是必须明确的方针。一种是虽然应该做，但现在不具备条件做的。例如，一些发达国家住宅情况有了很大改进，现在我国也在尽力改善居民的居住状况，但是限于经济条件，在相当长时期内，还没有可能达到发达国家的水平。一种是我们已经超过或有可能超过其他国家的。例如，我国悠久的历史文化在物质生活、文化生活消费方面为我们留下了丰富多彩的遗产，我们要保留和发扬这些方面，使人民的生活多彩多姿。

根据初步研究，今后一个时期我国社会主义消费模式将有如下一些特点；

第一，消费结构将有显著的变化。根据我国的具体情况，人民消费需求的主要项目和顺序大致是：（1）食品；（2）衣着；（3）居住；（4）日常用品；（5）交通工具；（6）教育；（7）保健；（8）娱乐。这些需求，有的占的比重大些，有的占的比重小些；有的增长得快些，有的增长得慢些；有的在一定时期停顿一下，过一阵子又会有所增长。总之，它们将有先有后、有快有慢地周期性地上升。在生产发展的基础上，在人民物质、文化生活需要不断增长的基础上，消费结构将发生变化。这从新中国成立以来 30 多年的实践中，就可以看出一个端倪。从 1952—1979 年我国消费品零售额中，吃的部分由 56.5% 下降到 50.2%，穿的部分由 19.3% 增加到 23.7%，用的部分由 20.9% 增加到 22.1%，烧的部分由 3.3% 增加到 4%。吃的商品中，粮、油的比重急剧下降，糖、酒的比重相对上升。穿的商品是棉布所占比重下降，化纤织品相对上升。用的商品中耐用消费品增长很快，一般日用品增长较慢，但对中档产品和新兴产品的需求增加了。当然，就全国来说，由于相当一部分农民生活还比较困难，很多居民生活还不富裕，在一定时期内，吃在消费构成中还将是占首位的，但比重将会相对下降，而质量将要提高，品种将要增加。再是城乡相当一部分居民迫切要求改善居住条件。同时随着生活水平的提高，群众对商业、服务业以及交通运输的要求也增加了。还必须看到，现在群众迫切要求学文化、学科学、学管理，丰富自己的文化娱乐生活，因此，随着物质生活水平的提高，教育、健身、娱乐等方面在人民消费中所占的比重将会增大。

第二，个人消费和集体消费的正确结合。马克思在谈到社会主义社会属于共同享用的消费资料时曾说："和现代社会（指资本主义社会，作者注）比起来，这一部分将会立即显著增加，并将随着新社会的发展而日益增加。"① 我国劳动人民享有的公费医疗、免费教育、社会保险以及用于个人消费的房租补贴和其他各种补贴等福利措施，其总额与工资收入几乎相等，相对于生产发展水平来说，处于相当高的水平上。今后无疑还将随着经济的发展逐步提高。但是集体消费又要量力而行，要想超越客观条件办得更多也不行。集体消费的办法也要有利于发展生产和厉行节约，有利于发挥劳动者的个人主动性。

第三，闲暇时间的增加和合理利用。社会经济文化水平的提高会带来两方面的积极的结果：一是社会产品的增加，一是闲暇时间的增加。闲暇时间是指由劳动者自由支配的时间，是劳动者用于享受和使自己进一步成长的时间。在我国目前的生产力水平下，还不能不保持较长的劳动日，加之商业、服务业不发达，职工需要用比较多的时间处理家务，这就使劳动

---

① 《马克思恩格斯选集》第三卷，人民出版社 1972 年版，第 10 页。

者自由支配的时间比较少。今后，随着经济的发展，闲暇时间将会得到稳定的增加，同时社会应当扶持各种服务事业和文化、教育事业的发展，使劳动者的闲暇时间得到合理的利用。

第四，消费的多样性。由于我国土地辽阔，民族众多，各个地区、各个民族的经济文化发展很不平衡，由于城乡之间、工农之间、体力劳动和脑力劳动之间存在着差别，在实行按劳分配的条件下，我国社会主义消费在水平、结构、方式等方面都会具有多样性。这种多样性，是经济工作者应该认真关注的。

第五，人民将过着一种舒适而又不浪费的生活。马克思曾说：一切节省归根到底都归结为时间的节省，他并且把节省时间的规律看做社会主义的首要经济规律。社会主义社会在生产上应当力求节约，在消费上也应当力求实惠。我们所要求的经济效果，不仅包括生产的经济效果，而且包括消费的经济效果，合理的消费结构和消费方式，是提高消费经济效果的重要条件。我国人民有勤俭持家的优良传统，我们要永远保持和发扬这种传统。我国在本世纪末每人平均国民生产总值和经济发达国家相比还是低水平，因此收入水平的提高幅度不可能太大，但我们应当力求在不很高的收入水平的条件下比较好地满足人民的需要，建立起舒适而不浪费，经济实惠而又丰富多彩的社会主义消费模式，使我国人民生活过得愉快和幸福。

在设计我国消费发展的远景时，应当清醒地看到：我们的社会主义制度，为建立劳动人民无比幸福、无比美好的生活开辟了道路。但是，美好的生活要靠我们用自己的双手来建立。党和政府力求提高全体劳动者的消费水平。可是，消费水平究竟能以什么样的速度提高，归根结底还要取决于生产的现实增长。而生产的较大增长，又要靠全体劳动者的辛勤劳动，才能做到。现在有一些人，由于过去创伤或者其他原因，对于生活抱有消极的甚至有害的情绪。他们怨天尤人，而不是砥砺意志，发愤图强，他们向社会提出种种要求，稍不遂意，便觉得社会亏待了自己，却不反过来问一问：在全国人民为克服困难，发展经济而进行的集体奋斗中，自己做出了什么贡献。显然，这种想法是不正确的，无助于社会主义生产目的的实现，也无助于自身消费水平的提高。

对于消费还有一个正确引导的问题。我们知道，人们对于生活方式和消费模式的选择，是同他们在评价社会实践时所持的观点和所使用的尺度（价值观）联系在一起的。然而，经验又表明，人们对自己的消费方式常常不是自觉的，容易受到别人的消费方式的影响。这种消费示范效应对单个人起作用，对一个国家也常常起作用。现在我国人民迫切需要提高物质和文化生活。对于合理的需要，应该努力加以满足。但对于可能出现甚至已经出现的一些不良倾向，则必须加以引导。例如，有些地方结婚讲排场，摆阔气，使当事人背上沉重的债务，不仅没有给生活带来方便和舒适，相反带来了困难和烦恼。又如，有些地方请客送礼成风，增加了人们经济上、精神上的负担，助长了挥霍浪费等恶习。文娱生活中也存在着庸俗轻佻等现象。这一切决不会有利于而只会有害于人们过真正幸福的生活，社会不应该听之任之。根据我国人民目前的消费水平和实际需要，在近期内，首先，必须把满足人民"吃、穿、住、用、行"的基本生活需要，作为发展经济和提高消费水平所要解决的首要问题；其次，是要发展那些有利于建设社会主义物质文明和精神文明的产品，如发展某些耐用消费品，发展教育、科研、卫生、保健等事业，还要重点发展那些有利于方便人民生活的城市公用事业、商业、服务业、幼儿教育以及集体福利、文化事业。在普及的基础上，有选择地进行提高。总之，我们既要按照人民的需要安排好生产，又要对人民的需要加以正确的引导，这样才能处理好生产和消费的关系。

三　实现产业结构的合理化，努力满足人民的需要

我们研究了社会主义条件下生产和消费的关系以及中国的社会主义消费模式，就要以对它们的科学认识来指导我们的经济工作。

新中国成立以后，我们正确地处理了生产和消费的关系，取得了很大的成绩。但是后来有很长一段时间由于背离了社会主义生产目的，存在着为生产而生产的倾向，导致产业结构很不合理。产业结构中的主要问题是：农业严重落后于工业；轻工业不能满足城乡人民提高生活水平的需

要；重工业脱离农业和轻工业片面发展；能源供应紧张，浪费严重；交通运输业成为国民经济的薄弱环节；商业、服务业以及教育科学事业和国民经济的发展不相适应。这些问题造成的主要后果是，经济效果下降，人民生活不能随着生产的发展得到应有的改善，社会主义积极性受到挫伤。

为什么我们会在长时期中发生违背社会主义生产目的的错误？怎样才能克服这些错误，以便更好地满足人民的需要？这些问题的解决对于我国社会主义经济的顺利发展具有十分重大的意义。

我们没有处理好生产和消费的关系是有客观原因的。我国在生产力水平比较低的情况下进入社会主义阶段。为了巩固社会主义制度，迅速发展生产力，需要有较多的积累。同时还面临着帝国主义、社会帝国主义侵略的危险，必须加强国防建设。在这种情况下，我们处理生产和消费的关系、积累和消费的关系困难是很大的。

但是，我们没有处理好生产和消费的关系主要还是由于主观上的原因。由于在经济建设上一直存在着一种"速成论"思想，由于对我国的国情缺乏深刻的理解，我们过去在经济发展战略上存在着以下一些问题：（1）盲目追求高指标，尤其是盲目追求重工业的高指标；（2）片面强调优先发展重工业，实行"以钢为纲"，工业挤了农业，重工业挤了轻工业；（3）盲目扩大基本建设规模，忽视发挥现有企业的作用；（4）积累率过高，积累挤了消费。发展战略上存在的这些问题，导致产业结构严重不合理，生产也就难以满足人民的需要。

我国经济管理体制上的缺陷也是没有处理好生产和消费的关系的重要原因。我们长时期实行的是一种高度集中的、以行政管理为主、排斥市场机制的体制。这种体制妨碍了企业和职工的主动性、积极性的发挥。而且当领导机关在经济决策上发生错误时，企业也只能遵命行事，缺少一种自动地满足人民需要的机制。这些，都不利于社会主义生产目的的实现。

为了克服过去存在的缺点和错误，我们正在贯彻执行以调整为中心的八字方针。调整国民经济的主要目标，就是逐步实现产业结构合理化，以利于社会主义生产目的的实现。当前，除了坚决压缩基本建设战线外，还必须努力把国民经济中的"短线"，首先是消费品生产搞上去，这是实现调整任务的关键一招。

发展消费品生产首先要巩固和加强农业这个国民经济发展的基础。前面已经指出，在我国人民的消费构成中，吃是第一位的，而食物基本上是农副产品；穿是第二位的，衣着的原料也大部分来自农业；用的东西也有不少是农业提供的。这些情况决定了搞好农业生产是改善人民生活的关键。这几年由于贯彻了"一靠政策、二靠科学"的正确方针，我国农业生产的形势是很好的。但是我们不能以为农业问题已经解决了，要看到农业问题还是第一位的问题。要坚持实行正确的政策，妥善解决不断出现的新问题，努力争取农业持续稳定的增长。发展农业既要重视粮食增产，又要重视农、林、牧、渔综合发展和多种经营，要因地制宜、因时制宜地处理好它们的相互关系。同时要注意恢复和保持生态平衡，这不仅是当前农业增产的关键，而且是关系到子孙后代的事情，不可不严重注意。

发展消费品生产还要大力发展轻纺工业。轻纺工业需要的投资少，见效快，产品既能满足市场需要，又能大量回笼货币，增加财政收入。随着农业生产的发展和农民收入的增加，农村需要愈来愈多的轻纺工业产品，因此发展轻纺工业也是满足农民需要、巩固工农联盟的重大问题。过去两年的调整工作中，轻纺工业有了一定的发展。但是前一段时间由于对需要结构、消费结构研究不够，轻纺工业的发展有一定的盲目性。我们必须克服这种盲目性，针对供销脱节的情况，选择最适销对路的若干种产品，一项一项地落实增产增收计划和措施，然后逐步扩展，真正把轻纺工业迅速搞上去。

为了把消费品生产搞上去，需要其他部门的配合。各行各业都要为发展消费品生产服务，都要积极支援农业和轻纺工业的发展。重工业要真正转上为农业、为轻纺工业，归根到底也就是为满足人民需要服务的轨道，从而求得自身的健康发展。机械工业要从过去主要为重工业的基本建设服务，转变为各行各业现有企业以节能为中心的技术改造服务，为轻纺工业的挖潜革新改造服务，并且要积极地而又有计划地发展日用机电产品的生产。冶金工业、化学工业等重工业部门都要围绕消费品生产和国民经济技术改造的需要调整生产方向和进行必要的改组。交通运输业、商业服务业、科学教育等事业，也应为发展消费品、发展农业、轻纺工业作出积极的贡献。各行各业支援消费品生产的过程，同时也是本身按照社会主义生产目的进行调整的过程。这样做将在各个部门之间以及它们内部建立起合理的经济联系，按照人民的需要逐步建立起合理的产业结构。

为了满足人民的需要，我们还应该发展商业和生活服务业，努力提高服务质量。由于长期忽视这些行业，现在我国商业服务业很不发达，网点少，服务质量差，给人民生活带来很多不便。商业和生活服务业是劳动密集型行业，发展这些行业也有利于解决劳动就业问题，是今后城镇劳动力就业的主要出路。今后发展商业和生活服务业主要应该采取集体所有制形式，同时应该允许个体经济存在。

现在我国国民经济不仅在产业结构上，而且在组织结构上也存在着严重的不合理状况。我国经济经过 30 多年的建设，基础并不是很薄弱的。但是由于产业结构、组织结构不合理，潜力难以充分发挥。马克思曾说扩大再生产有外延和内涵两种类型。过去我们主要依靠外延的扩大再生产，这在工业基础较差的情况下是必要的。现在工业已有了相当大的摊子，现有工业企业又有很大的潜力，今后应该主要依靠内涵的扩大再生产。这就要求在调整产业结构的同时，调整工业的组织结构，要按照专业化协作和经济合理的原则，有步骤地进行工业的全面改组，把现有工业生产的潜力充分挖掘出来。

我国工业的改组，是在扩大企业自主权的改革已在主要企业中铺开的基础上进行的，因此，它的基本形式应是企业之间多种形式的自愿互利的联合，使参加联合的各方都得到好处。但是，进行工业改组，也不能没有强有力的计划指导和行政干预。如果不进行自上而下的推动，联合是搞不起来的。当前要从全国着眼，从中心城市着手，进行行业组织的试点。要围绕在国内外市场有竞争力的名牌优质产品，打破行业、部门界限，以名牌产品的生产厂为中心，统一规划，组建公司、总厂或联合体，改变生产结构，实行专业化协作生产，促进新技术的推广应用，促进经济效益的提高，尽快把这些产品搞上去。

总之，通过以调整为中心的八字方针的贯彻执行，我们将逐步建立起一个比较合理的经济结构，使我国社会主义经济建设走上提高经济效果，满足人民需要的新的轨道。这个经济结构的主要标志是：国民经济各部门、各部门内部，以及社会再生产的各个环节之间的比例关系大体协调；社会的人力、物力、财力得到比较合理的利用，在合理布局的原则下各地区的经济优势得到较好的发挥；生产建设的发展和人民生活的改善联系密切，互相促进；社会生产关系包括经济体制，比较适应生产力发展的要求。这样，就可以做到：经济协调发展，稳定增长，社会主义制度的优越性能够比较充分地发挥出来，人民也可以得到更多的实惠。

*　　　　　*　　　　　*

我们的社会主义建设一定要努力实现满足人民需要的崇高使命。我们经过几十年的努力，一定能够建设起中国式的社会主义的物质文明和精神文明。我们应当学习别国的长处，也要避免他们的短处。我们建设的社会主义的物质文明和精神文明，应当是丰富多彩的、万紫千红的，比资本主义国家及社会帝国主义国家优胜得多。在党的领导下，全国人民发扬爱国主义精神，奋发图强，努力奋斗，一定能够用自己勤劳的双手和智慧的头脑，建设一个中国式的社会主义的高尚的物质文明和精神文明的社会。这个目标，我们一定要达到，也一定能够达到，我们应当有这个信心。

关于经济管理体制改革的几个问题

一 为什么要改革经济管理体制

什么是经济管理体制？经济管理体制总的来说就是经济关系。经济体制也包括经济管理工作，因此，它又涉及上层建筑。但是从本质来说，它是生产关系，即经济关系。而经济关系也就是物质利益关系。

改革经济管理体制，就是调整和改善经济关系，也就是调整和改善国民经济中各个方面的物质利益关系。在全民所有制经济中，有中央和地方的关系，国家和企业的关系，企业和企业的关系，企业内部各车间之间的关系，企业和职工的关系，等等。扩大企业自主权就是要调整国家和企业之间的经济关系。我们的国营企业都应该是相对独立的经济组织，是充满活力的经济细胞。每一个国营企业都具有与国家利益相统一而又不同于国家利益的自身的利益。对于这点我们必须看到，必须承认，必须正确处理。这样，我们才能处理好国家和企业的关系，企业和企业的关系，企业和职工的关系，也才能充分调动各个方面的积极性，来为四个现代化事业服务。

我国现行的经济管理体制，是一种高度集中的，以行政管理为主的体

本文原载《经济研究》1981 年第 7 期。

制。这种体制，从它的基本形态来讲，类似苏联 50 年代斯大林后期的那样一种体制。我国 30 年的实践证明，这种体制是有不少弊病的。这些弊病综合起来有四条：一是使企业成为各级行政机构的附属物，否定了企业的相对独立性。我们的企业就像算盘珠一样，由中央各个部门、地方各个厅局把它拨上拨下，推一推，动一动，自己缺少主动性。这并不是企业不想有主动性，而是我们的体制限制了企业的主动性。二是按照行政系统、行政区划来管理经济，它们自成体系，割断了经济的内在联系。例如，我们的企业是由中央或地方的主管部门，以条条为主管理的，主要是纵向的联系，缺乏横向的联系。这就产生了很多不合理的现象。三是自上而下的指令性计划指标过多，管得过死，生产者和消费者不能直接见面，产销脱节，产需脱节。这样，一方面很多产品大量积压，另一方面很多产品又脱销。四是统收统支，捧"铁饭碗"，吃"大锅饭"，搞平均主义，不负经济责任，不讲经济效果。

这种经济体制不符合社会主义经济发展的客观规律。它和发展社会主义商品经济的要求是不相适应的，和满足人民不断增长、不断变化的需要是不相适应的，和用最小的劳动消耗取得最大的经济效果的要求也是不相适应的。这种体制在计划上大包大揽，在流通中统购统销，在劳动上统包统配，在财政上统收统支，所有这一切，必然要求有一套高度集中的、主要采用行政手段的管理方法，甚至排斥用经济手段来管理经济。这种管理体制和方法，是不可能使社会主义商品经济迅速发展起来的。我们现在经济不活跃，经济效果差，同我们现行的经济体制的弊病有很大关系。

我们所以长期实行这种经济管理体制，是来源于我们对社会主义经济性质的认识。具体地说，是由于我们过去不把社会主义经济看成有计划的商品经济，而实际上把它看成自然经济或半自然经济。现在我们要进行经济体制改革，就要对我国的社会主义经济性质有一个正确的认识，这是正确解决经济体制改革的方向、方针、政策、办法等问题的前提。

应当怎样认识我国社会主义经济的性质呢？对于这个问题现在还有不同的看法。比较一致的看法，是认为我国社会主义现阶段的经济，是有计划的商品经济。当然也有不同意这种看法的。主要的争论是，社会主义全民所有制交换的生产资料是不是商品。有的同志认为不是商品，因而认为社会主义经济不是商品经济。这种观点过去占统治地位，现在也还有人坚持。

我认为，现阶段我国是有计划的商品经济，当然，我们这个商品经济与资本主义社会的商品经济性质不同。资本主义商品经济建立在资本主义私有制基础上，同时是无计划的。社会主义商品经济是公有制占绝对优势的，而且是有计划的。

承认社会主义经济是有计划的商品经济，这在理论上是一个很大的进步，是一个飞跃。我们知道，社会主义商品生产问题是一百多年来一直在讨论的问题，马克思主义者内部也一直有争论。马克思在《哥达纲领批判》中讲过社会主义是共产主义的初级阶段，在这个阶段里，还保留着旧社会的痕迹。他说的旧社会的痕迹主要是指按劳分配中还保留着"资产阶级权利"。马克思那时设想的社会主义，是在资本主义高度发展的基础上建立起来的，是不存在商品货币关系的。马克思当时没有预见到，资本主义中等程度发达的国家，甚至像我们这样资本主义只有初步发展，自然经济还占优势的国家能够取得社会主义革命的胜利，能够建设社会主义。而像我们这样经济不发达的国家，建设社会主义必须充分利用商品货币关系，也就是说现阶段社会主义经济必然是有计划的商品经济。

我们还可以考虑这样一个问题，就是那些资本主义高度发达的国家，在工人阶级取得了政权，建立了社会主义制度的时候，是不是立即可以取消商品生产、取消货币呢？这个问题现在许多马克思主义者在考虑。最近几年，我有机会到日本、美国、西欧几个资本主义发达的国家去考察。去考察的同志有一个共同的看法，认为这些国家和马克思所讲的情况相比，经济是大大发展了，和一百多年以前是不能同日而语了。马克思也没有预见到一百年以后，资本主义经济还会有这样大的发展。马克思写出《哥达纲领批判》一百零五年以来，资本主义发达国家的生产力比马克思在世的时候有了更大的发展。但是即使现在这样的经济发展水平，这些国家的无产阶级一旦取得政权后，是不是马上就可以消灭商品经济，消灭货币，而不致造成社会经济生活的混乱呢？看来还不可以。假使那时候货币改个名字叫劳动券，劳动券还是起货币的作用，那又有什么意义？假使真的取消货币，也就是取消商品经济，那就会带来很多问题。日本东京三越百货公司经营的商品品种有 50 万种。我们国家最大的百货公司上海第一百货公司，经营商品 4 万多种，北京百货大楼经营 2.4 万种。美国的旧金山市近郊一个近 20 万人口的小城市有一个超级市场专卖食品，共有 1.4 万多个品种。假如取消商品货币，这些产品怎么有效地进行分配呢？人类诞生以来，经过漫长的年代，经过无数次生活的实践，才产生了货币这个东西。这个东西对人类的经济发展起了极大的推动作用。现在要取消它，就要有一个比它更合理的东西来代替它，这是一件很不简单的事情。看来，在生产力还没有达到高度发展的时候，当劳动还没有成为人们第一需要的时候，取消商品经济，取消货币是不那么现实的。这种观点，还是一种设想，有待于实践的证明。

列宁在十月革命前写的《国家与革命》这本书中，引了马克思的话，阐述了马克思《哥达纲领批判》中的观点，也是主张社会主义取消商品和货币的。苏联十月革命胜利后曾经采取过战时共产主义的经济制度，主要是由于当时帝国主义武装干涉和内战的环境，但和取消商品货币关系的理论指导也不无关系，战时共产主义时期取消商品和货币关系的尝试失败了。列宁总结了经验教训，根据当时苏联存在五种经济成分，尤其是小商品经济和小生产大量存在的情况，提出了新经济政策。新经济政策就是要运用商品货币关系，发展商业，促进社会主义经济的恢复和发展。不幸的是列宁很快去世了，没有赶上社会主义改造的完成。社会主义改造完成后，不是五种经济成分并存了，而是单一的社会主义经济了，在这样的情况下，是不是还要有商品经济呢？列宁没有来得及回答这个问题，这个问题是斯大林遇到的问题。苏联的社会主义改造是在斯大林领导下完成的。斯大林在完成农业集体化以后曾经指出，有两种公有制即全民所有制和集体所有制并存，就存在工人和农民两个阶级，就需要有交换。但是对于两种公有制之间的交换是不是商品交换，价值规律还起不起作用，对于这个问题在农业集体化以后的很长一个时期内，斯大林并没有明确地说明和论证。在这个时期，苏联一直在争论这个问题。直到斯大林的晚年，即

1952年，他才在《苏联社会主义经济问题》一书中承认两种公有制之间存在着商品生产和商品交换关系，认为必须利用价值规律。这是苏联经过20多年争论才作出的结论。在这以前，在20多年中间，他们在处理两种公有制之间的关系时也没有很好利用商品货币关系和价值规律。

斯大林在《苏联社会主义经济问题》中虽然承认了两种公有制之间存在着商品货币关系，但是又认为国营企业之间交换的生产资料不是商品，而且说价值规律甚至对农业中的原料生产也不起调节作用。斯大林还一再强调要限制商品生产，限制价值规律的作用。所以我们可以这样说，斯大林从来没有或者没有完全把社会主义经济看成商品经济，而是在相当大程度上把它看成是半自然经济。基于这样的理论和认识，斯大林时代所设计和所实行的经济管理体制，就不是按照商品经济的要求而是按照自然经济或半自然经济的要求；不是把产品当做商品，实行等价交换，而是实行单一的计划调节，排斥市场调节，并且采用高度集中的，以行政手段为主的管理办法。这种单一的计划调节就是把整个国民经济当做一个工厂来看待。列宁也说过整个社会将成为一个工厂之类的话，但现在看来，这个问题非常复杂，把整个社会当成一个工厂来看待，是会产生很多问题的。我们实行的那种高度集中的经济管理体制，取消了企业的相对独立性，也是要把整个社会当成一个工厂来看待的，这样做不就产生了很多问题吗？

斯大林的理论和实践，对于我国的社会主义建设有很大的影响。在他领导下设计和实行的经济管理体制模式对我们也有很大的影响。现在我们要改变这个模式，首先就要突破这个模式的理论基础，也就是要突破一些错误的或过时的条条框框。现在我们在理论上已经有了突破。这应该说是解放思想取得的很重要的成果。没有这种理论上的突破，也不会有我们现在体制改革的设想和实践。许多同志已经认识到社会主义制度下不仅生活资料是商品，而且生产资料也是商品；不仅全民所有制和集体所有制之间的交换是商品交换，全民所有制内部的交换也是商品交换。

由于理论上的进步，现在不仅生活资料可以进入市场，生产资料也可以进入市场，例如，鞍钢也开了出售钢材的商店，这是过去从来没有过的事。1979年机电产品进入市场的，从总产值计算将近20%，1980年估计将会更多，有的工厂甚至占 70% —80% 。对于生产资料进入市场也有人不赞成，但从实践结果看，这样做是起了促进经济发展的积极作用的。这也说明经济体制必须改革。

二　经济管理体制改革的方向和要求

改革经济管理体制要从我们国家的现实情况出发，也就是要从我们国家的特点出发。

我们国家有哪些特点呢？最根本的特点是：我们是一个 10 亿人口、8亿农民的大国。由此就派生出一系列的问题。首先是我们的国家由于封建主义、帝国主义的长期统治，底子很薄。解放以后，我国经济虽然有很大发展，但是，目前国民收入全国平均每人只有 200 多美元。在全世界 140多个国家和地区中，我国每人平均国民生产总值占第 120 多位，是很低的。以农业人口来说，1979 年从集体分得的收入，每人平均只有 83.4元，其中，还有 27% 的生产队，每人平均收入不到 50 元。城市人民的收入，虽比农村略高一点，但也很不富裕。人口多，消费就大，积累就受到很大的限制。新中国成立 30 年来，平均每年净增 1400 万人，其中农业人口每年净增 1160 万人。即使实行计划生育，自然增长率有所下降，今后每年也要增加 1200 万人，按目前消费水平计算，即每年需增加消费基金30 亿元，粮食 60 亿斤，布匹 3 亿尺。我国每年增产的产品，首先要满足这些新增人口的基本需要以后，才能谈得上改善原有人口的生活，才能谈得上新的投资。其次，我们国家的商品经济很不发达。农村虽然早已实现了集体化，建立了集体所有制，但是经济上基本上还是自然经济，劳动生产率很低，农产品的商品率也很低。我国主要的农产品是粮食，粮食的80% 以上是农民自己吃掉了，除去返销粮以外，全国平均商品率只有15% 左右。当然各个地区是不同的，比如说，粮食产区、商品粮基地的商品率就高一点。经济作物区的商品率也高一些。但每个农业人口每年提供的剩余农产品，在农产品提价以后，也不过 80 元。我国城市的商品经济也不是很发达的。由于受自然经济的影响，我们搞"大而全"、"小而全"，没有很好地搞专业化协作，所以本来是社会化的生产，也变成了自给自足或半自给自足的自然经济。还有一点是，我国的经济发展很不平衡。我国有经济比较发达的大城市，如上海这样的城市。它和纽约、巴黎、东京等城市差不多。当然，现代化程度比他们差。我国多数地区发展程度不高，还有极少数刀耕火种的落后地区。如果世界是按发达地区、发展中地区、不发达地区三种情况划分的话，那么我们国家从经济发展水平来讲，也有比较发达的、正在发展中的和比较落后的地区。再有一点是生产技术结构是多层次的，有自动化的，有半自动化的，有机械化的，有半机械化的，而大量的则是手工劳动。还有，社会经济结构，也是多层次的，有全民所有制，有集体所有制，有个体所有制，有全民和集体联合的所有制，还有中外合资经营的国家资本主义所有制，等等。我们不是讲不能"一刀切"吗？确实不能"一刀切"，因为各个地区、各种经济的情况千差万别，很不相同。

正确地认识国情，这是一个非常重要的问题。不仅经济体制改革要解决这个问题，我们的整个社会主义建设更需要解决这个问题。陈云同志最近说："我们是十亿人口、八亿农民的国家，我们是在这样一个国家进行建设。"我们必须认识这一点，看到这种困难。现在真正清醒认识到这一点的人还不很多。在社会主义建设中我们所以多次跌跤子，犯"左"倾的错误，最根本的原因就是对于我国的基本情况没有清醒的认识。

从这样一个实际情况出发，我国经济管理体制改革的原则和方向，就是要在坚持生产资料公有制占优势的条件下，按照发展商品经济和促进社会化大生产的要求，自觉地运用经济规律，打破行政框框和自然经济思想的束缚，把高度集中的国家决策体系改为以国家为主的国家、经济单位和劳动者个人相结合的决策体系；把单一的计划调节，改为在计划指导下，正确发挥市场调节的作用；把主要依靠行政机构、行政办法管理经济，改为主要依靠经济组织、经济办法和经济法规管理经济，调动各方面的积极性，合理地组织各种经济活动，以最少的劳动消耗取得最大的经济效果，加速社会主义现代化建设。

第一，把高度集中的国家决策体系，改为以国家为主，由国家、经济单位和劳动者个人相结合的决策体系。

我们现行的经济体制，基本上是由国家决策的，企业决策的权力很少，劳动者个人决策的权力也很有限。现在扩大企业自主权，就是使企业有必要的决策权，同时劳动者个人也应该有必要的决策权。

个人决策权通常包括两个方面。一个是收入怎么支配，就是拿到工资和奖金了，怎么用？这方面是不应该由国家决策的。应该是你愿意买什么东西就买什么东西（主要指消费品）。可是在我们现在的经济体制下，劳动者个人在这方面的决策权也受到一定的限制。例如，我们有些商品是要票证才能够买到的，你有了钱并不是想买什么就可以买到。我们最近到广西调查，南宁、柳州、桂林、梧州的农民都想买上海的自行车和缝纫机，但买不到。许多地方买自行车、缝纫机是要抓签、凭票的。凭票供应说明我们的商品不丰富，不能充分供应。在这种条件下，为了使分配能够保证大家最基本的需要，不得已只能采取这种办法。这并不是社会主义的特点，不是社会主义必须采取的办法。采取这种办法，就使劳动者个人支配收入的决策受到限制。只有经济真正发展起来，真正活跃起来，社会的商品供应充足了，个人购买商品才有选择的余地。因此，我们要发展商品经济，要使经济活跃起来，使劳动者个人能充分地实现这方面的决策权。

另一个是选择职业。我们的宪法规定每个公民都有劳动权，但是，在选择职业上个人缺乏决策权。现在我们在劳动管理上，实行统包统配，你到劳动局报到，劳动局分配你到哪里就到哪里，能找到工作就很不容易，选择合适的工作更加困难。社会主义原则是各尽所能，按劳分配。各尽所能就意味着发挥每一个人的最大的才能，给他最适合的工作，让每一个人都有选择职业的权利。可是过去我们谈不上这种决策权。现在改革体制在这一点上也放开了些，就是在一定的范围里允许干部、工人有一定的选择或流动，这对我们经济的发展有好处。当然，我国农业人口多，城乡差别大，在劳动力的分配上，国家还不能不加以必要的控制。但是，作为改革的方向，劳动者个人在以上两个方面应该有一定的决策权。

企业也应该有必要的决策权。我们现在扩大企业自主权，就是因为企业缺乏必要的决策权。目前实行扩大企业自主权试点的企业，在利润留成方面，有了一些权力，但对留用的利润如何支配，还有种种不合理的限制；至于产销方面、人事方面、劳动方面、计划方面的自主权，还是很小的，在国家法令允许的范围内，在国家计划的指导下，还应该逐步扩大以上各种权限，有步骤地使企业有必要的决策权。

宏观经济方面的决策权应该属于国家，内容包括国民经济发展方向，主要比例，基本建设规模，投资方向和重大建设项目以及人民生活的提高幅度，等等。比如说，国民收入增长多少，多少用于积累，多少用于消费；用于积累的有多少搞基本建设，基本建设规模搞多大，等等，应该由国家来决策。我国第一个五年计划时期，积累在国民收入中的比重不到25%，消费是75%多一点，那时候的日子就比较好过。"大跃进"时期积累率最高达40%以上，1978年积累率也很高，达36%以上。由于长期积累率过高，所以人民生活方面的问题越积越多，从1958—1978年间，人民生活没有多大改善，这是处理消费与积累的关系出了问题。如果我们把积累安排得少一些，消费安排得多一些，情况就会有所改善。国家在宏观经济方面的正确决策，是十分重要的。总结过去的经验教训，一定要处理好积累和消费，建设和生活的关系，例如，每年主要产品增加多少，财政收入增加多少，工资增长多少，基本建设规模多大，财政支出增加多少，票子发多少等，这些都要有精确的计算，要搞好财政、信贷、物资、外汇以及积累和消费的综合平衡。否则，就会对经济发展产生消极影响，甚至把经济搞乱。

第二，把单一的计划调节改为在国家计划指导下充分发挥市场调节的作用。

既然承认社会主义经济是有计划的商品经济，因而就产生在国家计划指导下正确发挥市场调节作用的问题。

由于社会主义公有制占绝对优势，由于国家政权掌握在工、农、知识分子劳动者的代表手里，基本的社会需要是可以掌握的。这就是客观上存在着对国民经济实行计划领导的可能性。比如，国民收入中积累和消费的比例、国家建设的规模和人民生活提高的幅度，等等，国家是可以掌握的。

当然国家计划调节不应当过多地采用行政手段直接地干预企业的活动，而应当注意通过经济杠杆，如税收、价格、利息等来进行调节。在坚持计划经济的前提下正确发挥市场调节的作用，就能够使国民经济经常地自觉地保持平衡，而避免大的比例失调。

从我国现阶段情况看，国家的指令性计划还是必须有的。某些关系国计民生的主要产品如粮食、布匹、煤、电、油、钢材、成套设备，等等，这些产品的生产和分配就要有指令性的指标。但必须同时辅之以必要的经济手段。而且这类产品的品种、规格、花色，等等，也应由产需双方协商来决定，实行以需定产。

对于多数产品，国家可以不下达指令性指标，而下达指导性指标，让企业直接同消费者见面，订立供销合同，在这个基础上编制计划，上报有关单位批准。国家在这些方面的责任是向企业提供市场情报，提供参考性指标，指导企业正确确定生产发展方向，并利用经济杠杆进行引导。

第三，把主要依靠行政机构、行政手段管理经济改为主要依靠经济组织、经济办法和经济法规管理经济。

这样做，才能使企业由部门和地方行政机构的附属物变为相对独立的经济单位；才能改变企业"大而全"、"小而全"的状况，按专业化协作和经济合理的原则把企业组织起来，才能改变国民经济被行政系统分割的状况，组成统一的有计划按比例发展的国民经济。这样也才能按照客观经济规律的要求，组织各种经济活动，得到最佳的经济效果。

应该指出，我们批评过去主要依靠行政办法管理经济，并不是说今后不要采用行政手段和行政办法。在任何情况下，行政办法对于领导国民经济都是必要的。问题在于行政办法要正确，也就是说要符合客观经济规律的要求，同时要和经济办法结合起来。尤其在当前调整时期，更不能忽视行政办法的作用和意义。这是因为，由于国民经济比例严重失调，很多经济措施、经济杠杆还不能充分发挥作用，同时在进行改革的过程中，立法一下子还跟不上去，经济上的手段一下子也不配套。加上调整时期带有非常时期的性质，对于解决某些问题来说，行政办法比经济办法见效更快一些。例如，为了有效地制止目前盲目建设、重复建设的倾向，坚决地对那些长期亏损、原材料和能源消耗过大的企业实行关停并转，就要采取必要的行政手段。因此，从主要依靠行政办法到主要依靠经济办法管理经济，要有一个过程。我们要坚定不移地把经济进一步搞活，但当前还要重视行政办法，对一些影响比较大的问题，国家也必须进行干预。要把这两个方面很好地结合起来，保证调整任务的顺利实现。

我们这样改革是不是把社会主义公有制改为资本主义私有制呢？不是。这样改革不但不会改变社会主义公有制，而且有利于公有制的巩固和发展。资本主义商品经济和社会主义商品经济还有一个根本不同点，就是劳动力是不是商品。在社会主义公有制经济中，劳动力不是商品。在现阶段，我们允许个体经济存在和一定程度的发展，因为它是社会主义经济的附属体和必要的补充。个体经济带几个学徒，也是容许的。从马克思主义观点来看，带一定数量的学徒不能说就是资本主义。马克思在《资本论》里作过一些计算，按照当时的情况，做一个资本家要雇八个工人，这样，才能自己不劳动，专靠剥削工人的剩余价值生活。现在考虑这个问题，当然要根据现在的情况。但是，允许手工业者带几个学徒总不能认为劳动力成了商品。社会主义经济和资本主义经济的区别还在于货币是否变成了资本。在我国社会主义经济中，货币并没有变成资本。至于在中外合营企业中，现在允许外资存在，那是为了加快我国的社会主义建设，也是应该允许的。而整个国民经济中还是社会主义经济占绝对优势。以上这些情况，充分说明我们坚持的是马克思主义的路线，是社会主义的方向。

三　中国式社会主义经济体制模式的一些设想

经过改革以后，我国经济体制的模式是从我国实际情况出发的中国式的社会主义经济管理体制。这种体制的总的轮廓现在看来主要有五点：第一是扩大企业自主权，第二是搞多种形式的经济联合体，第三是建立行业组织，第四是发展经济中心，第五是改变行政管理机关的职能。

第一，政企分开，权力下放，扩大企业自主权。这是我们整个经济体制改革的基础。大体来说有三个要求：

一是在经济上，企业在完成国家规定的任务的条件下，实行独立核算、自负盈亏，真正成为一个内有动力，外有压力，具有强大生命力的相对独立的经济单位。

企业的自主权必须扩大到独立经营、独立活动的程度，使它能够在完成国家规定的任务的条件下，独立核算、自负盈亏。我国目前的社会主义经济还是商品经济，企业是商品生产者，是直接发挥生产和交换作用的基本单位。在国家的统一领导下，企业应当具有经营的独立性和相应的独立的经济利益。这样，企业才能成为能动的有机体，成为有充分活力的经济细胞，成为国民经济的强大力量的源泉。

企业实行独立核算，自负盈亏会不会改变全民所有制的性质？我认为不会。过去全民所有制企业的固定资产和流动资金属国家所有，由企业无偿使用。现在企业成为相对独立的经营单位，固定资产和流动资金改为有偿使用，但还是国家所有，企业只是占有它、使用它，并未改变全民所有制的性质。使用权和所有权在一定条件下是可以分开的。在苏联十月革命后，列宁就说过，土地是国有的，但是谁耕种就归谁占用。他说，这不是所有权的转移，而是支配关系的转移。列宁曾主张把国家的某些工厂，租给外国资本家经营，叫做国家资本主义，这也是把所有权和使用权分开来处理的。

至于全民所有制企业实行独立核算、自负盈亏以后，用自有资金建立起来的新的固定资产，算不算是全民所有制？这个问题，应当进一步研究。我以为国营企业用自有资金建立起来的新的固定资产，还应当是全民所有制的。但是为了鼓励这些企业用自有资金进行挖潜、革新、改造和扩大再生产，这笔新的投资，在一定时期内，国家不应当收取使用费。过了一定时期，比如说三年或五年以后，可以减收使用费。从这个意义上说，它同原来的全民所有制的固定资产又有所区别。如果不是这样，而是同原来的全民所有制固定资产一样看待，照收固定资产使用费，那么，就会影响企业自行扩大再生产的积极性。

还有，全民所有制企业的自有资金除用于本身的挖潜、革新、改造和扩建外，如有多余，根据自愿、互利的原则，向别的企业（不论全民所有制或者集体所有制企业）进行投资，实行联合经营，这一部分投资的所有制，属于何种性质，也是需要进行研究的。我认为，对全民所有制企业的投资，还应当看做是全民所有制；对集体所有制的投资，情况就有所不同，它是全民所有制企业的自有资金与集体所有制的结合，这是一种新的经济形式。对于这种投资，国家除给予计划指导外，也应予以经济上的鼓励。全民所有制企业这一部分投资的收入，国家在征收所得税时，在一定时期内，比如说三五年内，可以减税。否则，企业就没有投资的积极性了。此外，全民所有制企业由于向别的企业投资而取得的收入，如果完全用于发展生产，那也会影响本企业职工的积极性。看来，还要有一部分用于企业的福利事业。应该看到，社会主义公有制的形式是可以变化的。社会主义生产关系以生产资料公有制为基础，这是绝对不能改变的，但公有制的形式是多种多样的，我们不能把它凝固化。比如，我们现在就出现了全民所有制与集体所有制联合这种新的经济形式，其经济效果很好。你能说这是不合理的吗？不是社会主义的经济形式吗？究竟哪种公有制形式更适合经济发展，是值得进一步研究的问题。

二是在政治上，由职工群众当家作主，实行民主管理，使职工真正爱厂如家，形成一个职工和企业血肉相连的"命运共同体"，也就是恩格斯所讲的自由平等的生产者的联合体。

扩大企业自主权必须同扩大工人当家作主的权利结合起来。我们同苏联一长制的根本区别之一也在这里。我们强调厂长行使指挥权，但是工厂企业的大问题，必须由工人当家作主，使工人成为企业的主人。

我们的企业要坚决走社会主义道路，就必须在企业管理中充分发扬社会主义民主；使劳动者真正成为生产资料的主人。马克思曾经对未来社会作过这样的预言：生产资料的全国性的集中将成为由自由平等的生产者的联合体所构成的社会的全国性基础，这些生产者将按照共同的合理的计划自觉地从事社会劳动①。我们就是要逐步建设这样的社会。生产资料所有制，不只是一个由谁占有的问题，还要看由谁支配。把支配权交给生产第

① 马克思：《论土地国有化》，《马克思恩格斯全集》第 18 卷，人民出版社 1964 年版，第 67 页。

一线的劳动者（包括管理干部、技术人员和工人），才能更好地利用全民所有制的生产资料来发展生产，使各种措施符合实际，调动直接生产者的积极性，解放生产力，发挥社会主义的优越性。因此，建立有充分权力的职工代表大会及其常设机构，是有重大意义的，是企业领导制度的重要改革。

职工代表大会对企业的生产经营活动应当有以下的权力：在国家计划指导下，制定企业长远和近期计划，确定重大技术改造方案，审定财务预算决算，通过重要的规章制度；完成对国家上交的税利任务后，按照国家的有关政策法令决定劳动成果的分配，即扩大再生产、集体福利、工资和奖金、后备基金的分配；以及对企业主要干部的任免等。广大职工要是真正成为企业的主人，真正当家作主，就应当对这些重大问题具有决定的权力。这就是说不能把职工大会和职工代表大会仅仅认为是"吸收"工人"参加"管理，最多只限于一般的咨询、监督，而应当从广大职工是企业的主人这个前提出发，真正使职工大会或职工代表大会能够发挥权力机构的作用。广大职工作为工人阶级，不仅是企业的主人，而且是国家和社会的主人；不仅要管理企业，而且要管理国家政治事务、经济事务和其他社会事务。而广大职工管理企业，则是他们行使管理国家政治、经济和其他社会事务权力的基础。

三是在领导管理制度上，实行民主管理基础上的厂长负责制。民主管理基础上的厂长负责制是一种什么样的制度，现在意见还不完全一致。有的同志主张是职工代表大会领导下的厂长负责制，也有的同志主张是企业管理委员会领导下的厂长负责制，还有的同志主张仍然实行党委领导下的厂长负责制。中央规定，除少数试点企业外，在中央未做出新的决定以前，仍然实行党委领导下的厂长负责制。

回顾历史，我国工业企业领导管理体制30年来进行了三次大的改革。一开始叫做党委制，将1942年革命根据地决定的党政军民学统一在党的一元化领导下的办法搬到企业里来。最近有同志指出，那个一元化领导的决定在战争时期对取得革命战争的胜利是很需要的，是正确的，但是原封不动地运用到我们今天搞四个现代化建设上来，特别是运用到工厂里来，二十几年来的实践证明是不甚适当的。全国解放后，我们就实行这种办法，搞了一段时间，由于感到它不大适用于现代化大生产，因而改为厂长负责制。实行厂长负责制，有些企业又发生厂长权力过大，党委和群众组织不能很好地发挥作用的问题。为了克服这些毛病，1956 年批判了这个制度，也就是批判了一长制，改为党委领导下的厂长负责制。现在这个制度已经实行 24 年了。实践证明这个制度也有不少毛病，甚至变成了党委书记的一长制，党委包办一切，厂长的职能没有了，职工代表大会的职能没有了，工程师的职能没有了。当然在生产资料的社会主义改造还没有基本完成之前，在无产阶级和资产阶级的矛盾还是主要矛盾的时候，实行党委领导下的厂长负责制，同当时的形势与任务是有相适应的一面，起过一定的积极作用。但是，随着党的工作重点转移到社会主义现代化建设上来，随着经济管理体制改革工作的展开，矛盾就突出了。这种制度一定要有计划有步骤地改革。但是没有经过试点，取得成熟经验之前，在中央未做出新的决定以前，仍然要实行党委领导下的厂长负责制。

党委制、厂长负责制和党委领导下的厂长负责制这三种制度有一个共同的毛病，就是都没有实行广大职工（包括生产工人、干部和科技人员）真正当家作主管理企业，没有很好地发扬民主，这是要改进企业领导制度的一个重要原因。

工业企业领导管理制度的改革，不论采取哪种制度，一定要达到以下目的：首先要克服过去党政企不分的弊病，切实加强和改善党对企业的思想政治领导；其次是要在企业管理中实行民主集中制的原则，使广大职工群众真正成为企业的主人，以高度的主人翁责任感，为办好社会主义企业而努力；最后是要在民主管理的基础上，建立以厂长（经理）为首的集中统一指挥系统，实行生产技术、经营管理的厂长负责制，以适应现代社会化大生产的客观要求，取得良好的经济效果。

为了实现上述经济上、政治上的要求，企业在经济管理上要实行以下六个转变：

（1）使企业由部门和地方行政机构的附属物，变成一个自负盈亏的经济单位，能够建立独立的生产系统和经营管理系统。并且对经营管理结果负全部责任。把企业和行政机关分开的办法，就是把上缴利润改为税收。在税收方面，中央和地方进行适当的分配，这样中央和地方都不至于不愿将企业放开。

（2）使企业从一个缺乏活力的机构变成一个内有动力、外有压力、经营好坏和职工利益直接挂钩的经济单位。企业内部实行民主管理，职工的切身利益与企业经营的效果有直接关系，这样，企业内部就有了动力了。企业外部实行竞争，也就有压力了。有了动力和压力，就可以推动企业更好地前进。

（3）使企业由单纯执行命令的单位变成自动决策的单位。除了必要的指导性计划外，国家的计划应逐步成为指导性的，逐渐减少指令性的计划。我们国家这么大，企业这么多，国家计划如何能对每一个企业都做出那样具体而细微的安排呢？当然国家的干预、国家的指导还是必要的。但应该允许企业在国家计划指导下有权根据市场情况自行决策。

（4）使企业由"大而全"、"小而全"的经济组织变成一个专业化和协作相结合的经济组织。

（5）使企业由单纯生产型变为经营生产型。要使企业不仅注意生产而且注意销售，不仅注意管理而且注意经营，不仅注意计划而且注意市场。这样对企业管理人员不断提出新的要求，促使他们用新的态度对待生产，用新的方法组织生产，并促使他们注意市场的变化，学会竞争。

（6）使企业不仅是对上级机关负责，而主要是对消费者负责。

以上是在扩大企业自主权以后企业本身将会发生的变化。1981年企业独立核算自负盈亏要正式试点，但试点不能铺得太大。关于利润留成的办法，有的同志认为在利润多的企业有油水，才能实行利润留成，在利润少以及有亏损的企业不能实行利润留成，这种看法值得斟酌。从四川的经验看，在利润小和有亏损的企业实行利润留成或亏损包干也是能够促进企业改善经营管理的。其他一些地区的情况也证明了这一点。我最近到了广西柳州调查，柳州钢铁厂从1966—1979年共亏损1.8亿元，1978年亏损1500万元，1979年还亏损873万元。1980年广西壮族自治区对这个厂实行了"亏损包干、多亏不补、减亏留用"的财务包干办法，结果这个厂很快克服了亏损，1—10月已经盈利285万元，可见采取这个办法的效果是非常好的。

当然，在进行试点的时候不能孤立地进行，应该有计划单位、统计单位、物资单位、税收单位、银行信贷单位、物价单位、商业单位、外贸单位、劳动工资单位，还有组织部门，人事部门一起都来参加。因为体制改革牵涉到很多方面的问题，没有各个有关单位参加，这些问题是解决不好、解决不了的。有的地方搞"以税代利、自负盈亏"的试点，只依靠财政局和税务局，这怎么能把试点搞好呢？很多企业反映缺乏人事权。看来，党委的组织部门、人事部门也应该参加扩权试点。

第二，在扩大企业自主权的基础上，把几十万个分散的企业组织起来，发展多种形式的经济联合，成立经济联合体或各种公司。

实行经济联合应贯彻自愿互利的原则，采取自下而上和自上而下相结合的办法。联合的形式可以多种多样，可以是全民所有制之间的联合，也可以是集体所有制之间的联合，还可以是全民所有制和集体所有制的联合，这个省也可以和那个省搞联合，中国的企业也可以和外国企业搞联合。有的是生产过程的联合，有的是流通过程的联合，有的是原料、技术上的联合，有的是资金上的联合，有的是运输上的联合。这个企业可以和那个企业联合，这个经济联合体也可以和另外一个经济联合体联合。多种多样的联合，有利于解决经济的横向联系问题，可以把我们的经济搞活。

社会主义的企业怎样合理地组织起来，充分发挥潜力，发挥各自的优势，是需要认真探讨的大问题。前两年曾经设想过由上而下地建立全国性的或地区性的专业公司、综合公司，把各个企业统一组织到公司里来。现在看来，一下子都成立这样的公司是有困难的，经济组织形式是由生产力发展水平决定的，我国目前生产社会化程度还不高，各地区、各部门、各企业生产发展又很不平衡。在这种情况下，不宜一下子把所有企业都组织到人财物、产供销都高度集中的专业公司或综合公司里来。如果不从实际出发，不考虑生产发展的要求和经济效果，一概采取自上而下把企业收上来成立公司的做法，势必"换汤不换药"，成为变相的行政组织，徒然增加行政层次，助长官僚主义，达不到促进经济发展的目的。实践证明，这种做法有许多弊病。一是这类公司高度集中，容易形成垄断，窒息竞争；二是容易把权力集中到公司，重新剥夺企业刚刚得到的一些自主权，挫伤企业的积极性；三是容易割断企业之间原有的横向经济联系，企业之间需要协作，哪怕近在咫尺，也得通过上级公司同另一公司联系，再由另一公司下达所属企业；四是容易忽视经济效果，例如，1978 年 3 月筹建的西北农机公司，包括 144 个工厂，在 330 万平方公里的辽阔区域内组织协作，最远的相距数千公里，而且还有 20% 的工厂不在铁路线上，每台拖拉机的成本高达 1.5 万元，而天津拖拉机厂类似的产品每台成本才9000 元。

实践经验又证明，按照自愿互利的原则，通过各种形式的经济联合，组织多种多样的经济联合体，实行合理的专业化协作有利于发挥优势，开展竞争，加速经济发展。1980 年以来，四川等地走企业自行联合的道路，实行各种形式的经济联合，好处很多。一是可以发挥各个经济单位的优势，提高经济效果；二是有助于沟通横向的经济联系，打破地区封锁和部门分割；三是有助于实现专业化与协作，避免完全不必要的重复建设、盲目生产；四是有助于把地方、企业的财力吸引到经济建设急需的方面来；五是这种经济联合体对外不采取垄断，而实行竞争；对内不剥夺联合体内各企业的自主权，而是尊重它们独立核算、自负盈亏的权力。因此内有动力，外有压力，具有强大的活力。正因为联合有许多好处，所以一经中央提倡，各地的联合企业就纷纷发展起来。仅上海市轻工、纺织、手工业三个行业，1980 年上半年就办起了 140 个不同类型的联合企业，而且取得了显著的经济效果。例如，上海手工业联合经营的企业，一般在签约后两三个月就开始生产，半年左右形成生产能力，一年可以收回投资。目前联合经营主要是充分利用现有生产能力，而不是搞新的基本建设项目，这是一条重要的经验。

实行经济联合，要从经济的全局和社会的需要出发，采取行政手段和经济手段相结合，由下而上和由上而下相结合的办法，达到有利于生产，有利于提高经济效果的目的。

第三，建立全国的或区域性的行业组织，或者叫做协会，或者叫做联合会。

过去有所谓七十二行，即各行各业。比如纺织业就有棉纺织业、丝纺织业、毛纺织业等。为了把它们组织起来，可以组织纺织业联合会或纺织业协会。如果再分细一点，还可以把棉纺织业分开，丝纺织业分开。行业组织应该是在政府指导下的民间组织，或者是半官方组织，而不是行政组织，不应干预企业内部的事务，而是协助企业解决同行业之间的问题。行业组织的主要任务是，根据政府的政策、法令、法规、计划和企业在组织生产技术经济活动中的需要，办理单个企业和公司无力办到的事情，为本行业企业服务。其主要职能是：

（1）进行企业调查和市场预测，按照国家的经济发展规划，制定本行业的中长期发展规划和年度计划。

（2）收集、整理并向企业提供国内外技术发展和市场需要等情报，为企业改善经营管理提供信息。

（3）沟通同行业企业的联系和交往，组织协调行业内部的协作，组织本行业的竞赛和评比。

（4）制定行业标准，包括企业标准和产品标准。

（5）协调本行业出口产品的质量标准和价格。

（6）对本行业企业的经营管理进行指导。

（7）帮助企业培训管理人才和技术人才。

（8）及时向政府反映行业生产经营活动情况，并提出本行业发展的要求和建议。

行业组织在资本主义国家里是非常盛行的，就是在南斯拉夫、罗马尼亚也广泛采取这种组织形式。据我国一个代表团对日本行业管理的考察，1978年，日本中、小企业建立的各种行业组织达到 5.5 万多个，这些组织推动着同行业事业的发展，企业可以自由参加或退出，参加行业组织的成员仍然是独立经营的企业，日本的行业组织一般是在企业独立自主、自己经营的条件下，执行联系、指导、服务咨询的职能。看来，通过行业组织指导企业的活动，比单纯依靠行政组织领导企业的办法要好。这种在政府指导下的民间的或者半民间的组织，由参加行业联合会，或者行业协会的那些行家组成，无疑能对发展经济起很大的作用，不仅可以给同行业内的每一个企业服务，而且首先给经济联合体服务，可以推动经济联合体的发展，可以推动企业按专业和协作相结合原则实行改组，这对于当前的调整工作是很有利的，可以搞些行业试一试。

第四，发展经济中心，这种经济中心是以工商业比较发达的大城市为依托的。

如广州就是一个很大的经济中心。经济中心不是偶然形成的，而是在漫长的历史过程中经济发展的结果，它对经济发展又起着重要的推动作用。它常常是工业生产的中心，商品集散的贸易中心，而且也是交通运输中心，行情中心，金融中心，以及科学技术和文化教育的中心。世界上大城市大都起着经济中心的作用。经济中心不是单凭人们的主观愿望就可以成形或取消的，这里有经济规律在起作用。因此，我们应当重视经济中心的作用。

怎样充分发挥经济中心的作用，这是一个很值得研究的问题。有些同志设想：为了充分发挥经济中心的作用，应该按照经济规律的要求，在全国范围内形成若干个以工商业比较发达的大城市为依托的经济中心，每个大的经济中心的周围可以有若干个以中小城市为主体的中小的经济中心，与其他中小城镇和农村相联结。经济中心不受行政区域的限制，应按照经济的自然联系，以取得最好的经济效益为原则，开展经济活动。各个经济中心的活动，可以相互交织，相互联结，逐步形成一个网络结构的、灵活的有机体。要有计划地发展中小城镇，只有大中城市，不发展小城镇，农村就没有腿。农村的商品经济离开小城镇，很难孤立地发展起来，而小城镇经济发展了又会促进农村多种经营的发展。现在我国城乡人口比例是二八开，二三十年后经济发展了，城乡人口的比例可能要变到三七开或四六开。假定是三七开，就有一亿多人要离开农村，放到哪里去？基本上要放到小城镇里去，我们要有这个预见。

经济中心本身也有一个如何建设好的问题。经济中心搞得好，人家才来；搞得不好，人家就不来。为了发挥经济中心的作用，就要把供应搞好，把交通搞好，把码头搞好，把运输搞好，把旅馆搞好，把情报搞好，把电话、电报等服务搞好，要使人家到你这个地方来进行经济活动，想要了解什么情况一打听就知道。我们现在城市里缺少咨询机构，不能很好地了解市场情况，外国人来北京做生意，就感到困难重重。在北京住了 20 天，一个月，想谈一份生意，结果还不知道该和谁谈。如果有个咨询机构就好了。四川就由几个待业青年搞了个咨询机构，搞得很活跃。沈阳也成立了这类机构。要起经济中心的作用，一定要有咨询机构，这个机构不仅要能够了解本地区的经济情况，而且要能够了解毗邻地区的经济情况。在广东，至少还要了解香港、澳门的情况。我前年在香港看过一个咨询公司，这个公司通过电子显示器，马上就会知道伦敦、纽约等地金价是多少。它每天给顾客寄一份世界各地商情的报告，如棉花、粮食、布匹等各种商品的价格和销售情况，各种货币的比价变动的情况也都一目了然。我们的经济中心一定要逐步地建立咨询机构和经济情报机构。

第五，行政管理机关职能要发生变化。

扩大了企业自主权，又有了经济联合体，有了行业组织，充分发挥经济中心的作用，这样经济行政部门的职责将发生什么变化呢？有人担心这样改革后行政管理部门就没有什么事情可做了。实际并不如此。将来我们行政管理部门的事情不是少了，而是多了；任务不是轻了，而是重了；对领导水平的要求不是低了，而是高了。将来各级政府主要通过法规、政策、规划、计划，通过用经济杠杆来指导和管理经济，而不是像现在这样，对经济单位的内部事务直接进行干预。例如，将来要通过规划和计划来指导企业的发展方向，通过银行的信贷来支持企业从事那些国家急需的事业，通过立法来鼓励或限制某些行业的发展，通过物价和税收来调节生产和销售，调节企业之间利多利少、苦乐不均的矛盾。以上这些工作对我们来讲很多还是生疏的，我们还缺少这种经验和学问。比如，现在我们也收税，但税率没有起到应有的作用。当然也不能说它不起作用，对国家收入就是起了很大作用的。但是对经济的推动作用还是很不够的。现在不是要以税代利吗？究竟怎么搞法，也还没有经验。过去没有征过所得税，现在有些地方试点的办法是一个企业一个税率。我国有 37 万多个工业企业，这岂不是要有 37 万个税率吗？显然是不行的。这个问题还有待研究解决。

又如银行指导企业，日本的国家银行指导企业通常叫做"窗户指导"，就是在贷款的地方对企业进行指导。企业向银行借款，银行就问借款干什么，就向企业提建议：干这个事情不好，干那个事情好，而且贷款利率也不一样，干政府提倡发展的利率就低，反之，利率就高。过去我们的银行，起了财政部的金库作用，但对指导企业经营活动的作用起得不够。所以体制改革在政府经济行政部门要做的事情是很多的。概括起来说，就是要做好统筹、协调、服务、统计、监督等方面的工作，不断解决出现的新问题。这里要强调一下适应计划调节和市场调节相结合的情况，计划、统计、银行、商业、物资、外贸等系统和主管部门，都要相互配合，开展市场调查和经济预测预报工作，指导企业的经济活动，这是一件非常重要的工作。近来很多地方，很多企业一哄而起搞电风扇、搞洗衣机、搞电冰箱，现在全国生产电风扇的有 1000 多家，造成电风扇积压，卖不出去。为什么会出现这种情况呢？一个重要原因，是不了解市场情况，没有进行科学的市场预测。

实现经济体制改革以后，各级党委就可以从具体事务中摆脱出来，集中精力抓好思想建设和组织建设，在经济建设的方向、路线、政策方面更好地发挥领导作用，就可以加强对经济重大方针、政策、规划的研究和指导，大大提高经济管理水平。

现行的经济体制一定要改革，这是坚定不移的，但改革的步子不能太快。由于经济体制改革对我们来说是个新的事情，会不断出现新的情况、新的问题，我们要及时研究这些新的情况，解决这些新的问题。改革过程中也会遇到困难。有的同志遇到困难的时候往往想走回头路，这种态度不好。按照中央的精神，改革一定要坚决地搞下去，绝不能走回头路，但是步子一定要稳，要在调整中进行改革，使改革有利于调整的进行。这样做，才能处理好调整和改革的关系，保证这两项任务都能顺利实现。

只有社会主义才能使全体劳动者
过最美好、最幸福的生活[*]

在中国共产党的领导下，我国人民正在为实现四个现代化而努力奋斗。实现社会主义现代化，归根结底是为了最大限度地满足人民日益增长的物质和文化需要，为了人民的幸福。列宁早就说过：只有社会主义才能使全体劳动者过最美好、最幸福的生活。

30 多年来，我们在经济建设上取得了巨大成就。我们在旧中国遗留下来的"一穷二白"的基础上，建立了独立的比较完整的工业体系和国民经济体系，同解放前相比，固定资产增加约 30 倍，工农业生产有了相当大的增长，人民生活也得到显著的改善。但是，我们也有过严重失误。如果不是这样，我们发展生产、改善人民生活方面还将获得更多更大的成就。从党的十一届三中全会，特别是"调整、改革、整顿、提高"新的八字方针的提出和执行以来，我国人民在党的领导下，正在努力探索更好地发展我国社会主义经济的途径，使国民经济走上以满足人民需要为目的的正确轨道。显然，这是一个具有伟大历史意义的战略转变。

为了更好地满足人民需要，必须研究我国社会主义条件下生产和消费的关系，掌握它的规律性。

马克思曾对生产和消费的一般关系作过深刻的分析，揭示了它们之间

---

* 本文原载《经济学动态》1981 年第 8 期。

的辩证关系。根据马克思的分析，一方面生产决定消费，另一方面消费又反作用于生产。"没有生产，就没有消费，但是，没有消费，也就没有生产，因为如果这样，生产就没有目的。"① 历史证明，马克思的这些分析是完全正确的。过去我们对于生产和消费的一般关系研究得很不够，有时甚至会忽视和违背一些明显的道理，这是经济工作发生失误的一个重要原因。

在任何社会里，生产最终都是为了消费，但生产的直接目的却是由各个社会的生产关系决定的。社会主义以生产资料公有制为基础，消灭了人剥削人的制度，劳动人民的幸福就成为全部生产活动的唯一目标，因此有可能在生产发展的基础上最大限度地满足人民日益增长的物质和文化的需要。恩格斯说：社会主义社会不仅可能保证一切社会成员有富足的和一天比一天充裕的物质生活，而且还可能保证他们的体力和智力获得充分的自由的发展和运用②。但在资本主义制度下，即使生产力高度发展了，也不可能做到这一切。

社会主义生产和消费之间关系的这种根本性的变化，使得在社会主义社会里有可能在生产和消费之间建立起相互促进的良性循环，充分发挥马克思所说的生产和消费相互"创造对方"的作用。而在资本主义制度下生产和消费之间则存在着深刻的矛盾。第二次世界大战后，一些资本主义国家实行的高消费政策虽然对生产起了一定的促进作用，但这种作用并不总是积极的，而且是很有限的，因而不能从根本上解决资本主义生产和消费的矛盾。日本曾被称为在生产和消费之间建立了所谓"良性循环"的"高消费"国家。但是，一些日本的经济学家也不得不承认他们国内存在着收入不均等，财富占有不均等的贫富悬殊现象。一方面很多人的必需得不到解决，另一方面很多产品过剩和生产能力过剩。日本战后七次经济危机平均每次延续七个月，生产下降7.1%，由于经济危机而中断经济增长的时间占整个三十年的28.9%。社会主义社会消灭了生产社会化和资本

---

① 《〈政治经济学批判〉导言》，《马克思恩格斯选集》第二卷，人民出版社1972年版，第94页。
② 《反杜林论》，《马克思恩格斯全集》第20卷，人民出版社1971年版，第307页。

主义占有的矛盾，才有可能在生产和消费之间建立起真正的良性循环，使它们互相促进。马克思说的生产和消费相互"创造对方"的作用，也只有到了社会主义社会才能充分发挥出来。

现在有一种看法，把某些发达资本主义国家的"高消费"作为我国社会主义消费的目标或样板。这种看法是不正确的。必须看到，资本主义的"高消费"不可避免地带有剥削制度的深刻烙印。首先，这种"高消费"建立在不可调和的阶级对立和日益悬殊的贫富差别的基础上。劳动人民收入的某些提高，并没有改变他们受剥削、受压迫的基本事实。正像马克思早就说过的："吃穿好一些，待遇高一些，特有财产多一些，不会消除奴隶的从属关系和对他们的剥削，同样，也不会消除雇佣工人的从属关系和对他们的剥削。"① 伴随这种"高消费"的，是剥削程度的加剧，劳动人民债务的增加，以及思想、文化、道德等精神上的空虚和苦闷的进一步发展，因此，"高消费"并没有给劳动人民带来生活的稳定和幸福。另一方面，资产阶级的消费具有寄生的性质，他们的奢侈的消费，又是建筑在本国和第三世界各国广大人民的贫困和不幸的基础上的。资本主义国家的"高消费"不仅伴随着"高浪费"，而且具有畸形的性质，它根本不能给劳动人民带来真正的幸福。

在社会主义制度下，最大限度地满足人民的物质和文化需要的最高目标，在于使每个人获得自由的全面的发展。社会主义制度为建立合理的生产和消费关系提供了可能性，但是可能性并不等于现实性。要使这种可能性变成现实，还要求人们按照客观经济规律的要求处理好生产和消费的关系。我国第一个五年计划时期比较重视生产发展和消费增长之间相互促进的关系，因此生产发展比较顺利，人民生活改善也比较快。这就表明，经过人们的努力，社会主义社会完全能够在生产和消费之间建立起良性循环。

一个国家一定发展阶段上的消费模式（包括消费结构、消费方式的特点等等），是它的生活方式的组成部分。消费模式不仅由社会制度和经

---

① 《马克思恩格斯全集》第 23 卷，人民出版社 1972 年版，第 678 页。

济发展水平决定，而且受地理环境、资源状况、文化传统、风俗习惯以及民族特点等条件的制约。因此，各个社会主义国家由于国情不同，消费模式也会各有自己的特点。我们不仅要研究社会主义制度下的生产和消费关系，掌握普遍的规律性，还应当研究中国现阶段生产以及影响消费的其他因素的具体状况，掌握生产和消费的特殊规律性，建立我国自己的消费模式。

影响消费模式的最重要的因素，是一个国家的经济情况，因此必须以此为基本出发点，处理好生产和消费的关系。特别要重视当前我国的以下这些情况：（1）人口多，消费大。这种情况给我们带来很大困难，要求我们在处理生产和消费的关系时十分慎重。（2）底子薄，水平低。现在我国生产力还不发达，农业劳动生产率很低，工业劳动生产率也不高。目前我国的粮食商品率约为15%。我们必须十分重视改善人民的物质文化生活状况，但是又必须看到生产水平对消费水平的限制，绝不能不顾客观生产条件对消费提出过高的、不合理的要求。（3）当前经济上、财政上有相当大的困难。由于林彪、"四人帮"的长期干扰破坏，加上我们指导思想和具体工作中的失误，目前我国经济结构很不合理，国民经济比例严重失调，财政有赤字。在近期内，虽然我们还要根据需要和可能努力改善人民生活，但是不能期望消费水平有迅速的、大幅度的提高。根据这种情况，就特别应当注意少花钱、多办事、提高产品和各种服务的质量，丰富文化娱乐活动活动，尽量使人民得到实惠。

我国随着社会主义生产的发展，消费结构也将不断发生变化。根据我国的具体情况，人民消费需求的主要项目和顺序大致是：（1）食品；（2）衣着；（3）居住；（4）日常用品；（5）交通工具；（6）教育；（7）保健；（8）娱乐。这些需求，有的增长快一些，有的增长慢一些，但它们将有先有后、有快有慢地不断地提高。正如前面所说，一个国家的消费模式不仅受它的社会制度和经济发展水平的制约，而且受地理环境等的影响。因此，我们不仅不能照搬资本主义国家的消费模式，而且不能照搬其他社会主义国家的消费模式。在设计我国消费发展的远景时，应当清醒地看到，我们的社会主义制度，为建立劳动人民无比幸福、无比美好的生活开辟了道路。但是，美好的生活要靠我们用自己的双手来建立。党和政府力求提高全体劳动者的消费水平。可是，消费水平究竟能以什么样的速度提高，归根结底还要取决于生产的现实增长。而生产的较大增长，又要靠全体劳动者的辛勤劳动才能做到。

我们的社会主义建设一定要努力实现满足人民需要的崇高使命。在党的领导下，我们一定能够用自己勤劳的双手和智慧的头脑，建设一个中国式的社会主义的高尚的物质文明和精神文明的社会。这个目标，我们一定要达到，也一定能够达到，我们应当有这个信心。

工业部门建立经济责任制中
值得注意的几个问题[*]

　　工交商业部门正在推行的经济责任制，对于克服长期以来存在的吃
"大锅饭"，搞平均主义问题，是非常必要的。实行经济责任制，可以处
理好国家和企业之间的经济关系。使企业的权利和责任紧密结合起来；可
以处理好企业内部职工之间的经济关系，把各级的责任制和按劳分配结合
起来，使职工的收入和劳动成果直接挂钩。实践表明，实行经济责任制好
处很多：

　　第一，有利于调动企业和职工的积极性，实行增产节约，保证国家财
政任务的落实。

　　第二，促进了企业整顿工作，使企业具有改善经营管理、提高经济效
果的内在动力。

　　第三，使按劳分配在经济生活中的巨大作用开始显示出来。

　　第四，使企业有了一定的机动财力，用于改善生产条件和解决职工生
活上的一些迫切问题。

　　第五，有利于推动整个经济管理体制改革工作。

　　可见，经济责任制是有巨大的生命力的。

　　由于推行经济责任制的时间还短，还缺少经验，特别是还没有掌握它

---

　　* 本文是作者 1981 年 9 月上旬写的一篇文章。

的规律性，因此，在进一步推行时决心要大，步子要稳，要根据不同的情况，采取具体的措施，不能"一刀切"；也不能简单从事，一包了事。要认真加强这方面的调查研究工作，及时总结经验，研究新情况，解决新问题。这就要求我们在看到推行经济责任制的积极作用的同时，还要看到已经发生和可能发生的问题：

第一，现在推行经济责任制，突出一个"包"字，并以利润包干为主要形式。利润包干有积极作用，但也可能使一些人把利润作为生产的最主要的目的甚至唯一目的，即以利润为中心来指导经济工作。在这种指导思想下，必然会出现生产不顾需要，利大大干，利小小干，无利不干，片面追求数量，降低产品质量，任意加大成本等倾向，甚至可能产生投机倒把、唯利是图现象。目前不少产品质量下降，某些急需的品种短缺，就同片面追求利润有一定的关系。我们不能否认利润范畴在社会主义经济中的作用，但是，社会主义生产绝不能以利润作为最主要的目的，更不能作为唯一目的。尤其是现在价格制度很不合理，企业利润多少并不能确切反映经营的好坏和满足社会需要的程度。单纯以利润为中心来指导经济工作，势必背离社会主义生产目的。还要看到，资本主义企业的利润是在商品销售以后才实现的，而我们企业的产品只要生产出来，即使积压在仓库里，甚至没有使用价值，也就算有利润了。因此，实行经济责任制时，企业究竟"包"什么，如何"包"？要作为一个理论问题提出来研究。看来不能只包利润，同时还要包品种、质量、数量、成本，等等。这就要在宏观方面有得力的措施，加强管理和监督。防止发生那种为了片面追求利润而弄虚作假，或者粗制滥造，生产出来的产品大量积压，以及经济效果下降等现象。

第二，企业包干以后，收入多了，也有可能出现过多地发奖金、搞福利的现象。现在有些企业已经存在一方面对国家、对上级主管单位斤斤计较，尽量压低包干基数；另一方面则忽视扩大再生产，不顾条件地增加职工收入的情况。工厂多留一点，多搞一点发展生产基金和多盖点职工宿舍，搞些职工集体福利，并不可怕；最值得注意的是过多的分给个人，这样，奖金水平搞上来就下不去，势必引起市场、社会等一系列问题。个别人突出并不要紧，一个企业，特别是一个行业、一个地区突出问题就会影响一大片，引起连锁反应。还要看到，高积累、低消费固然不对，但在生产水平低的情况下搞高消费，甚至搞分光吃净后果就会更加严重。因此，推行经济责任制时，应当考虑到正确处理积累和消费的关系，瞻前顾后，注意左邻右舍。留给企业的收入部分，在发展生产、集体福利、个人奖励和储备四个方面的基本比例，国家应当有一个原则规定，以防止只顾分给个人、只顾消费一头而不顾积累的倾向发生。

第三，推行经济责任制就企业外部来说，多是实行地区包干，这有可能助长"地方所有制"，使有些地区已经存在的地区封锁现象加剧。从历史看，资本主义国家都是在反对封建割据，建立了统一的国内市场后，才为工业化创造起必要的条件的。在社会主义条件下，地区封锁同样是有害的，它不仅不利于发展商品经济，促进"四个现代化"，而且不利于当前的调整和改革工作的进行，尤其不利于工业的改组和联合。我们在推行经济责任制的过程中，最好能够使"官"、"商"逐步分开，而避免使"官"、"商"结合得更紧。如果使地方各级政府和企业的关系更紧密，可能会使企业更官商化。这个问题如何解决，也要考虑。

以上这些问题决不是在实行经济责任制时必然会发生的，但是，我们要看到它们在一定条件下出现的可能性，采取必要的妥善措施加以预防和克服，使经济责任制的推行能够得到更好的经济效果。

关于我国经济调整方针和经济 发展的战略问题[*]

党的十一届六中全会《关于建国以来党的若干历史问题的决议》指出："一九七八年十二月召开的十一届三中全会，是建国以来我党历史上具有深远意义的伟大转折。全会结束了一九七六年十月以来党的工作在徘徊中前进的局面，开始全面地认真地纠正'文化大革命'中及其以前的'左'倾错误。这次全会坚决批判了'两个凡是'的错误方针，充分肯定了必须完整地、准确地掌握毛泽东思想的科学体系；高度评价了关于真理标准问题的讨论，确定了解放思想、开动脑筋、实事求是、团结一致向前看的指导方针；果断地停止使用'以阶级斗争为纲'这个不适用于社会主义社会的口号，作出了把工作重点转移到社会主义现代化建设上来的战略决策；提出了要注意解决好国民经济重大比例严重失调的要求，制订了关于加快农业发展的决定。"这些内容，我个人理解，不仅是党的工作重点的战略转变，而且是我国社会主义经济建设的战略转变。为什么这样说呢？因为，在社会主义改造基本完成以后，我国所要解决的主要矛盾，已经是人民对于经济文化迅速发展的需要同当前经济文化不能满足人民需要之间的矛盾。根据矛盾的变化，从那时起，党和国家工作的重点也应当转移到以经济建设为中心的社会主义现代化建设上来，大大发展社会生产

* 本文是作者 1981 年 9 月 18 日在全国政协经济建设组所作的报告，原载中央党校《教学参考资料》。

力，并在这个基础上逐步改善人民的物质文化生活。对于这个问题，1956年党的八大政治报告和大会决议都曾经明确肯定过，但是，我们并未认真地去做，所以犯了错误。正如《决议》所指出的："归根到底，就是没有坚定不移地实现这个战略转移，而到了'文化大革命'期间，竟然提出了反对所谓'唯生产力论'这样一种根本违反历史唯物主义的荒谬观点。"这种错误，直到党的十一届三中全会才得以纠正，实现了伟大的战略转移，使党的路线重新回到马列主义、毛泽东思想的轨道上来。这是党的十一届三中全会的伟大功绩。

为了贯彻党的十一届三中全会精神，1979年4月，中央工作会议进一步提出实行"调整、改革、整顿、提高"的方针。这是陈云同志提出，经中央讨论同意作为党的方针提出来的。这次工作会议要求："坚决纠正前两年经济工作中的失误，认真清理过去在这方面长期存在的'左'倾错误影响。"并且指出："经济建设必须适合我国国情，符合经济规律和自然规律；必须量力而行，循序前进，经过论证，讲求实效，使生产的发展同人民生活的改善密切结合；必须在坚持独立自主、自力更生的基础上，积极开展对外经济合作和技术交流。"这样，随着党的十一届三中全会决定的党的工作重点的战略转移，紧接着就提出了我国社会主义经济发展的新战略。

"调整、改革、整顿、提高"是经过对我国实际经济情况和发展趋势作了深刻的分析以后提出来的。这次调整不仅是为了稳定物价，消灭财政赤字，防止通货膨胀，保证经济全局的稳定，解决当前困难，而且有更为深远的意义，这就是使整个经济走出一条投资比较少、经济效果较好、经济稳定发展、人民得到实惠的新路子。这也就是我国的经济发展新战略。

我国经济发展的新的战略方针是怎样提出来的呢？应该从我国经济发展的历史来考察。

中华人民共和国成立以来，我国的社会制度和经济状况发生了根本的变化。我们把一个半封建、半殖民地的旧社会改造成为一个社会主义的新社会。我们消灭了剥削制度，改造了小生产者的私有制度，基本上实现了生产资料的社会主义公有制和按劳分配，实行了计划经济，使占世界人口

1/5 以上的中国人民进入了社会主义社会。这是中国历史上最伟大、最深刻的变革。

社会主义制度给我国国民经济的发展，开辟了广阔的道路。31 年来，农业生产增长 2.8 倍，每年递增 4.4%；工业生产增长 45 倍，每年递增 13.2%；工农业总产值增长 15 倍，每年递增 9.4%；国民收入增长 7.8 倍，每年递增 7.3%；广大人民的生活，比解放以前，也有了较大的改善。与此同时，我们在旧中国遗留下来的"一穷二白"的基础上，建立起独立的比较完整的工业体系和国民经济体系，这就为实现社会主义的四个现代化的伟大事业，奠定了比较好的物质基础，创立了稳步前进的可靠阵地。现在我国的工业固定资产，比 1952 年增长 26 倍以上，工交运输设备 80% 是国内提供的，国外能制造的，绝大多数国内也能够制造。从技术上看，已从仿制走上自己设计、制造。60 年代，我们搞了万吨水压机、原子能、合成氨，10 万瓩火力发电等大型设备；70 年代我们已能搞大型成套设备，如 150 万吨钢铁厂成套设备、120 万吨矿井采煤设备、250 万吨炼油厂设备，30 万吨合成氨和 24 万吨尿素设备，30 万瓩水电火电成套设备等；今天，在大连我们自制 2.5 万吨远洋轮船已经下水，还有，每秒钟运转 500 万次的电子计算机也能制造，还有人造地球卫星上天和胜利地回收，最近还用一枚火箭发射三颗卫星，等等。当然我们有些产品质量不高，有的还存在一些问题。但是，毕竟我们有了很重要的物质基础，比 50 年代的苏联和 50 年代后期的日本都强得多。我们不能小看自己。

我们的经济增长速度，无论就发展中国家来说，还是就全世界各国来说，都不算低，甚至是相当高的。我们工业每年递增 13.2%，农业每年递增 4.4%，这个速度超出同期发展最快的日本，比美国、苏联都快。1951—1978 年，日本工业每年递增 12%，苏联 9.5%，美国 4.5%；农业方面，日本不占重要地位，苏联是 3.5%，美国 1.8%。可见，从速度上讲，我们是高速度。但是，31 年来，我们经济的发展是很不稳定的，忽上忽下，摆动很大，农业有 8 年下降，工业有 4 年下降。当然，任何国家的农业都不能保证年年丰收，受自然条件影响的歉收年总是有的，但是在 8 年中有几年不是由于年成不好，而是由于政策失误而减了产。今年有好几个地区有严重灾害，但是政策对头，从全国来看，农业还是丰收的，估计比去年多收 200 亿斤，粮食总产可能达到 6600 亿斤。工业生产下降的有 4 年，主要是人为的原因，工业生产受自然条件限制较小，应该逐年增长，除非像今年四川那样大的灾害。工业生产下降主要是政策失误造成的。就经济效果来说，也比较差，而且存在不断下降的趋势。因而国力增长较慢，人民得到的实惠较少。例如，新中国成立以来，我们基本建设投资 6000 亿元，形成固定资产 4000 亿元，而其中发挥效益的只有 2500 亿元，经济效果不怎么好。又如，固定资产的利用和流动资金周转次数与外国比较也是低的，西方经济发达国家一般比我们快 3—5 倍。

我们的经济发展速度不算低，为什么经济效果不好、人民得到的实惠少呢？这既有客观原因，也有主观原因。就客观原因来说，新中国成立以来，就面临着严峻的国际形势，必须加强国防，防御外来侵略，因而相当多的物质财富不能直接用来发展经济，改善人民生活。大家知道，50 年代初，美国发动侵朝战争，60 年代又发动侵越战争。我们援助越南不少于 200 亿美元，付出了很大代价，做出了很大牺牲。而这两场战争带给日本、南朝鲜、中国香港、新加坡乃至我国台湾省的却是另一种结果，它们由此发了不少财。日本为什么在近 20 多年来经济会发展这么快？1978 年我们到日本作过考察，今年五月又同日本朋友开过经济交流会，对这个问题做过一些研究，当时日本与我们所面临的情况完全相反，侵朝战争中，美国在日本花掉 500 亿美元；侵越战争中又在日本花掉 1000 亿美元，两者相加是 1500 亿美元。日本自己也承认这是一个机会。从明治维新起，日本真正发展快是最近这 20 多年。另外，日本是在美国的核保护伞下，国防费用少，从目前来说，大约也不到国民生产总值的 1%。我们那时所遇到的国际环境不好，这是客观情况。

除客观原因外，还有主观原因。就主观原因来说，1957 年以后，我们在经济发展的指导思想上犯了急于求成的“左”倾错误，在经济发展的战略目标选择和实现目标的方法道路上，有不少严重的失误。如果不是这样，我们在社会主义建设中得到的成就，肯定会比现在更多、更大。

我们有哪些失误呢？概括起来说，有以下几点：

第一，在生产建设上，片面追求高指标而忽视经济效果。以 1958 年到 1978 年为例，工业产值每年递增 9.7%，但经济效果却明显降低。1978 年比 1957 年，每百元工业固定资产实现的产值下降 1/4。1978 年工业总产值是 4000 多亿元，如果提高 1/4，那么，就可以多增产 1000 多亿元。另外，每百元资金提供利润和税金 1978 年比 1957 年也下降 30.3%。这是个很大的问题。

第二，片面强调发展重工业而挤了农业和轻工业。第一个五年计划期间，重工业投资占全部投资额的 38.7%，比例已经不低了，但到 1958—1978 年又上升到 52.8%。由于重工业的发展占用了大量的财力、物力和运输力，致使农业和轻工业资金不足，加上其他政策上的失误，在这段期间，农业生产发展缓慢，按人口平均的农产品产量增长不多，甚至有些农产品还有所降低。如每人平均的粮食产量，1957 年为 306 公斤，1978 年为 318 公斤；每人平均的棉花产量 1957 年为 2.57 公斤，1978 年为 2.26 公斤；每人平均的油料产量，1957 年为 6.58 公斤，1978 年为 5.45 公斤。轻工业生产也远不能满足人民需要。目前，社会购买力与商品可供量之间有不小的差额，有钱买不到东西，有些日用工业品很紧张，如缝纫机、自行车都很紧张，供不应求。青岛啤酒有名，大家都想喝，不仅国内畅销，而且国际市场也享有盛名，实际上生产啤酒非常赚钱，但是长期发展不起来，今年夏季，到青岛的游客非常多，最高峰时有 80 万人，这些游客到青岛都喝不上青岛的啤酒。像这些问题必须解决。

第三，扩大再生产过多地依靠上新的基本建设项目，忽略了充分发挥现有企业的作用，忽视了对现有企业的技术改造。我们许多企业长期处于设备陈旧、技术落后、产品品种单调、质量不好、物资消耗过高的状况。例如，长春汽车制造厂 1955 年投产，是斯大林汽车厂的翻版，"长汽" 25 年来生产的 "解放牌" 汽车还是老样子，而斯大林汽车厂（现在的哈利乔夫厂）已改型三次，汽车自重减少了 1/4，马力加大了，过去载重 4 吨，现在装 5 吨，还准备提高到 8 吨。这件事不能怪 "长汽"，25 年来，"长汽" 为国家做出了很大贡献，所交的税、折旧金等于投资的 6 倍。但是，我们未给他们技术改造的条件。不只是汽车，别的也如此。比如，我们的热水瓶，在我小的时候看到的就是这个样子，现在还是老样子。我们到外国，看到热水瓶的样子多极了。最近，看到一机部的材料，说现在我们有 20 万台锅炉，每年消耗煤 2 亿吨，占我国煤的总消耗量的 1/3。如果在 10 年内把煤耗量高的锅炉加以改进，每年就可节省 5000 万吨煤，而且可以把 4000 万吨优质煤用劣质煤顶替下来，所需的改造资金并不多，改造后还可给国家上缴几十亿元。能源紧张有些是我们自己造成的。我国每年消耗能源与日本相等，而产值日本比我们多 4 倍。这同我们的技术陈旧有关。当然，也不能把旧设备都回炉，该回炉的要回炉。过去我们对旧设备采取"层层下放"的办法，中央企业不能用了下放给地方，然后地方—集体—公社—街道逐级下放，但是不管放到哪里，都是浪费能源。不能再采取这个办法。我们过去穿衣服是"新三年、旧三年、缝缝补补又三年"，这是中国人勤俭的美德，但是，机器设备不能采取这种办法，孙冶方同志曾经挖苦这种办法是"古董复旧"。锅炉左一个补丁右一个补丁，维修费超过购买的费用。这是很不合算的。与此相联系，我们的产品品种非常少，无论是生产资料还是消费资料，都有这个问题。我们一机部系统的产品有 2.7 万种，按同样口径苏联有 24 万种，高于我们 8 倍。我们同美国相比差距更大。从消费资料看，则更加严重。我国的物产很丰富，但是不会经营，每个省、县都有特产，现在搞得越来越单调。我们的产品质量也不行，如轴承寿命只等于外国的 1/5—1/3，灯泡的寿命国外为万把小时，我们只有 1000 多个小时。这是一种很大的浪费，我们的经济效果不如人家。

这里涉及一个马克思主义的理论问题，扩大再生产主要靠外延的扩大还是主要靠内涵的扩大。"一五"期间，我们无基础，应该多搞点新建的，但是实际上 156 项工程中还是有许多扩建、改建的，如鞍山钢铁公司就是这样。第二个五年计划后，都去搞新建的，摊子铺大了，建设周期越来越长。"一五"期间，周期 5 年，现在是 8 年，日本是 3 年。如果我们少搞新的，少铺新摊子，就可以快一些见效。我们现在已有 40 万个企业，要把重点放在这些企业上，这些企业现代化了，我们国家也就现代化了。当然，这也不是说，我们不再建新的企业，有的新油井、新煤井、新铁路、新电站还是要搞。但是机械工业，现在是提高装备效能问题，以水压机来说，我国在世界上数一数二，日本、联邦德国都不如我们多，但是日本能锻压 500 吨的大件，而我们只能压几十吨的。所以，今后的投资主要应用于技术改造而不要用来铺新摊子。世界各国大体都是如此。在资本主义国家用于技术改造的投资占 80% 以上，苏联也占 70% 以上，而我们用于技术改造（过去称挖潜、革新、改造）的只占 30%。

第四，片面追求像钢铁等重工业初级产品、中间产品的产量，而忽视最终消费品的生产。人民急需的各种消费品，特别是耐用消费品的供应长期处于紧张状态。"三大件"就是突出的例子，想买名牌自行车、缝纫机就很难，手表也如此。去年我们生产 3700 万吨钢，但是这些问题却解决不了，这说明我们战略指导思想上有毛病。手表的成本低售价高，如果能多生产点，价钱便宜点，人民是欢迎的。现在农村开始富裕了，农民也想戴手表了。瑞士对我们购买那么多生产手表的成套设备有些担心，怕抢了他们的生意。他们不了解，我们是 10 亿人口的市场。我们许多省都有手表厂，但是没有很好地组织起来。此外，我们许多重工业产品积压很多，如钢材积压 2100 万吨，我们一年生产的钢材不过 2400 多万吨，几乎和仓库积压的数量相等。我们的机电设备一方面进口很多，另一方面仓库积压达 600 亿元。因此，仓库要清理一下，可用的用，不能用的报废，回炉炼钢。

第五，不适当地追求高积累而挤了人民必需的消费。1949—1957 年间，工农业生产总值每年增加 14.6%，国民收入增加 12.6%，职工工资增长 5.5%，农民生活有很大改善。但是，从 1959—1978 年的 20 年间，积累率都超过 30%，最高时达到 42%。而经济发展速度下降了，工农业生产总值年增长率下降到 7.6%，国民收入下降到 5.1%，20 年中职工平均实际工资下降 1‰，农民生活也没有多少改善，有些地方还下降了。

第六，片面强调人多好办事，对人口增长缺乏控制，吃了大亏。我国人口 1949 年是 5.4 亿，1952 年 5.7 亿，1981 年达到 9.83 亿，31 年中平均每年递增 1.9%，我们的经济发展如果也是 1.9%，那么人民生活就不能改善。解放以来增加的人口，差不多等于现在苏、美两国加起来的人口。当然人是生产力中最重要的因素，但是，要满足这么多人的需要，可不简单，我们背上的包袱很重。人口问题是个大问题，所以要好好抓一下，不然的话，农村实行联产计酬责任制，粮食多了，生活好了，又要多生孩子。其他方面的错误两三年就可以纠正，而这个方面的错误要到几十年后才能纠正。所以对于计划生育，任何时候都不能放松。

第七，片面理解自力更生。我们过去有一段时间实际上是闭关自守，造成了不必要的损失。我们不是扬长避短，充分利用自己的优势产品到国际市场去换我们不能制造或者花很大代价才能造出的东西，有时甚至是扬短避长。有些东西在国外早已试制成功，我们只要花很少的钱就可以买回来，但我们又重新试制，这种自给自足的自然经济思想，既阻碍了国民经济的发展，又造成了浪费。

第八，生产关系的变革操之过急，脱离实际地追求公有化的高级式形式，忽视集体所有制经济的重要地位和作用。我们曾经认为，公有化程度越高越好，生产队规模越大越好，集体所有制向全民所有制的过渡越快越好，割资本主义尾巴越彻底越好。有的地方老百姓养几只鸡也要"割掉"，种几棵南瓜也给挖掉。在广西，有的地方规定农民院内房檐滴水以内种的东西归己，"滴水"外种的东西都属于"资本主义"，有的农民种的沙田柚子也给砍掉了。在分配上，过去把吃"大锅饭"，平均主义当做社会主义优越性，把劳动致富当做资本主义批判。还过早地否定了城镇个体经济的作用。"三大改造"前，城市的个体劳动者有640万人，后来只剩下16万人，今年由于落实了政策，又发展到91万人。这有很大好处，有利于发展服务业，扩大就业，许多传统工艺也有人继承了，像"葡萄常"、"面人汤"，不让他们带徒弟的话，几年就失传了。现在，个体手工业还是不可缺少的，联邦德国的劳动者中手工业者占20%，他们的工资还高于机械工人。我们国家大，有着丰富的传统工艺，搞掉是不应当的，而且有些传统的手工艺品也不能组织起规模很大的工厂去生产。由于在全民所有制内部实行过于集中的体制，搞得很死，也给我们的经济带来了很不好的影响。

由于上述这些失误，就在一定程度上形成了"高速度、高积累、低效率、低消费"的不良循环。我们现在实行"调整、改革、整顿、提高"的八字方针，就是要解决经济建设道路上的上述问题，真正从我国的国情出发，确定我国经济发展的战略目标，走出一条发展我国社会主义经济的新路子来。

我们是社会主义国家，进行经济建设，实现四个现代化，绝不是为建设而建设，为现代化而现代化，而是为了全体人民过美好幸福的生活，在经济发展的基础上，尽可能地满足人民群众的物质生活和文化生活的需要。但是，由于过去在经济工作指导思想上的偏差，在实际经济活动中，常常发生为生产而生产的倾向，使经济建设和改善生活没有得到恰当的结合。现在我们实行以调整为中心的"八字"方针，就是要纠正这种偏向，使整个经济工作真正转变到为满足人民物质和文化生活需要的轨道上来。胡耀邦同志不久前要我们认真研究一下，中国社会主义建设的物质文明是个什么样子？精神文明是个什么样子？5年以内、10年以内、20年以内、50年以内都是什么样子？如果我们的社会主义建设不是为了提高人民的物质文明与精神文明，那么，我们的建设也就没有目的了。

这里，我想指出，建设社会主义精神文明也是一个战略问题，中央领导同志最近提出这个问题是有重大意义的。

建设社会主义精神文明，就我接触到的，有以下几个问题需要深入研究，从理论上探讨清楚。

第一，什么是精神文明，精神文明的科学含义究竟是什么？

第二，我们的精神文明有哪些特征？它与资本主义的精神文明有什么不同？需要进行科学的分析和论述。

第三，为了建设社会主义精神文明，需要搞哪些基本建设？概括地说是否有以下几点：（1）系统地进行马克思列宁主义、毛泽东思想的宣传，这是我们进行社会主义精神文明建设的指导思想；（2）加强社会主义的国民教育，从幼儿园到小学到中学到大学的教育，对人民群众的社会主义教育，包括共产主义伦理道德教育，无论学校或其他社会组织，都要解决究竟把人教育和培养成什么样的人的问题；（3）加强宣传教育部门的建设，一切宣传教育工具，包括报刊、广播、戏剧、出版物等，对于提倡什么，反对什么，包括对英雄模范人物的宣传，对坏人坏事的批判，都要有鲜明的立场；（4）我们能够从本民族和世界其他民族汲取什么精华，来丰富我们社会主义的精神文明；同时，又怎样对我们民族历史上不好的东西，对外国不好的东西，进行具有说服力的批判，绝不能把坏的东西当成好的东西拿过来，毒害我们社会主义社会的人民。

第四，建设社会主义精神文明，要不要有个长远打算，搞个长远规划？比如说，5 年、10 年、20 年后是个什么样子？20 世纪末是个什么样子？能不能搞个规划？怎样搞规划？这些是需要我们研究的。

第五，社会主义物质文明与社会主义精神文明的关系是什么样的？过去一段时间，我们强调了物质文明，而对精神文明重视不够。今后如何把二者的关系处理好，也是需要研究的。

第六，建设社会主义精神文明和建设社会主义物质文明一样，都是我国 10 亿人民切身的事业，如何采取群众喜闻乐见、丰富多彩的形式来动员最广泛的群众自觉自愿地参加这项建设事业，使它由低级到高级不断地向前发展。

中国经济调整的现状和前景[*]

　　我国经济发展的状况，是日本朋友极为关注的。我想在这篇短文中，对我国 1979 年以来实行的以调整为中心的"调整、改革、整顿、提高"的八字方针的目的，以及实行这个方针以来我国经济发展的现状和前景，作一些说明。

　　我国政府决定对国民经济实行以调整为中心的八字方针，是总结了 31 年来我国经济建设中的经验教训，对我国经济当前的实际情况和发展趋势进行深刻分析之后做出的重大决策，是我国经济生活中一项带有根本性质的战略转变。

　　大家知道，我国人民是在旧中国经济极端落后的基础上开始社会主义建设的。经过 31 年的努力，我们建立了独立的、比较完整的工业体系和国民经济体系，从无到有，初步建立了一系列新兴的科学技术部门，城乡人民的生活同解放前比较有了很大的改善。应该说，我们已经为社会主义现代化的建设事业创立了相当可靠的物质基础，成绩是巨大的。但是，如果不是在经济发展战略目标的选择上，和实现这一目标的道路、方法上发生过不少严重的失误，我们的成绩还要大得多。这些严重的失误，是由于急于求成的"左"倾指导思想所造成的。例如，我们往往片面地追求高指标而忽视经济效果，过分强调发展重工业而挤了农业和轻工业；只顾上

---

* 本文是作者 1981 年 9 月应邀为《中日贸易新闻》写的一篇文章。

新项目，扩大基本建设规模而忽视了发挥现有企业的潜力；只注重钢铁等重工业初级产品、中间产品的生产，而忽视最终消费品的生产；不适当地追求高积累而挤了人民必需的消费；过分强调集中管理而忽视了企业的相对独立性，限制了企业主动性的发挥。凡此种种，造成经济结构和企业的组织结构不够合理，技术水平和管理比较落后，劳动生产率低，经济效果差，不能很好地兼顾国家、集体和个人的经济利益，使经济建设和改善生活没有得到恰当的结合，社会主义制度的优越性远远没有充分发挥出来。

我们贯彻"调整、改革、整顿、提高"的八字方针，就是为了纠正上述种种偏差而提出来的。通过调整，我们将要使整个经济工作真正转移到为满足人民物质和文化生活需要的轨道上来，逐步建立起适合我国国情的经济结构，使各个经济部门协调发展；坚持按照人民的需要来安排生产，妥善地处理积累和消费的关系；在整顿和改组现有企业的基础上，大力推进国民经济的技术改造；在提高生产力的同时，把提高经济效果放在极重要的地位；逐步改革经济管理体制、充分发挥企业和劳动者的主动性和积极性；在保证社会主义公有制占绝对优势的前提下，注意发挥个体经济和中外合营的国家资本主义经济的辅助作用，并允许多种经营方式同时并存，使生产关系适合生产力的性质和水平。总之，我们的目标是，通过"调整、改革、整顿、提高"的八字方针的贯彻执行，逐步实现经济结构的合理化，管理体制的合理化和企业组织的合理化。做到经济协调发展，稳定增长。我们认为，这条路子，投资比较少，积累率不那么高，经济效益比较好，人民可以得到更多的实惠，社会主义的优越性能够充分地发挥出来。

当然，达到这个目标不是一件容易的事，但是，经过三年的努力，清理了"左"倾指导思想，打破了重工业自我循环的格局，开始调整经济结构、产品结构，改革经济管理体制，扩大企业自主权，经济形势逐年好转，1979 年、1980 年，农业总产值平均每年递增 5.6%，工业总产值平均每年递增 8.6%，其中轻工业平均递增 13.9%。轻工业在全部工业中的比重由 1978 年的 42.7% 上升为 46.9%。1980 年，每个农民从集体分得的收入比 1978 年实际增加 16%，农民家庭副业收入增加幅度更大。1980

年，全民所有制职工平均工资为 803 元，扣除物价上涨因素，比 1978 年实际增长 14.1%。1980 年，社会商品零售总额比 1978 年增长 27%（已扣除物价上涨因素），城乡人民生活有了明显的改善。今年以来，经济形势进一步向健康的方向发展。农业生产虽然遭到严重的自然灾害，由于普遍实行了联产计酬的生产责任制，调动了农民的生产积极性，仍然全面增长。粮食产量可望达到历史最高水平的 1979 年水平，经济作物的产量也将有大幅度的增长，如棉花产量可望突破历史最高纪录。轻纺工业有很大增长，估计比 1980 年增长 11%—12%，耐用消费品生产的增长尤为显著。重工业的一部分行业暂时减产，这是逐步进行调整所必需的，但与此同时，重工业的服务方向有所端正，产品结构日趋合理，开始突破重工业自我循环的格局，逐步转向为国民经济各部门的技术改造服务，特别是为农业和轻工业服务。基本建设规模虽然有所压缩，但普遍重视提高经济效果。国家财政原来估计有较大的赤字，经过积极采取措施，可以达到财政收支基本平衡。在消费品生产进一步发展的基础上，国内市场情况有所改善，商品供应量明显增加，一度有所上涨的物价，已经基本上稳定下来，进出口贸易总额继续增加。城乡人民，尤其是广大农民的收入增加较多，生活水平普遍提高。整个经济生活，开始出现一种活跃兴旺的局面。

当然，这还仅仅是开始。目前我国正在着手制订长期发展规划。第六个五年计划（1981—1985 年）的主要任务是完成国民经济的调整工作，争取国民经济的根本好转。它的主要目标是：

（1）加快农业、轻工业的发展，加快交通和能源的建设，使国民经济主要部门能够比例协调地发展；

（2）大力增加消费品的生产，使之同人民生活水平的提高和社会购买力的增长大体相适应，保持物价的基本稳定；

（3）有计划有步骤地对现有企业进行技术改造，使重工业特别是机械制造工业保持一定的增长速度，以便为今后的进一步发展积蓄力量，准备条件；

（4）适当降低积累率，合理使用建设资金，充分发挥投资效果，使积累和消费之间的关系得到正确地处理，使社会主义建设同人民生活的改善密切结合起来；

（5）努力提高经济效果，逐年增加财政收入，实现财政收支平衡和信贷收支平衡。

要实现这些目标，我们有许多困难需要加以克服。克服困难，要依靠自己的力量，自力更生，这是基本的；与此同时，也要加强国际间的经济合作和技术交流。我们将继续利用外资，引进适用的技术，用于发展能源和交通运输等的建设，用于现有企业的技术改造；我们要努力发展对外贸易，以扩大出口来增加国内必需物资和新技术的进口。在这个背景下，我认为中日经济合作和技术交流的前景是广阔的，中日贸易会有更大的发展。在这篇短文里，不可能全面探讨中日经济合作的各个领域，我认为重要的是，中日两国为一衣带水的近邻，这样的地理条件和两国人民世代友好相处的愿望，是两国经济技术合作必将不断发展的重要条件。近几年来，我有幸结识到日本经济学界和产业界的许多朋友。许多有识之士表示，对中日贸易要把眼光放远，不要着眼于每年贸易额的增减，而要从中日两国经济发展的长远利益加以考虑。对此我表示欣赏。我相信，随着我国经济调整工作的进展和国民经济的发展，中日两国经济合作和技术交流的领域将会越来越广阔，我们两国人民的友好关系将会越来越密切，这对中日两国经济的增长和人民生活的提高，必将产生良好的效果。这对中日两国人民都是有益的事情，愿我们共同努力。

关于我国经济发展的前景问题[*]

　　国务院在全国人民代表大会所作的政府工作报告总结了新中国成立 32 年来，特别是党的十一届三中全会以来 3 年多的经验，指出我国社会主义经济建设要走一条新的路子，就是速度比较实在，经济效益比较好，人民能够得到更多的实惠这样一条新的路子。按照这条新的路子走下去，我们经济发展是一个什么样的前景呢？

　　政府工作报告中说："六五"期间，要争取国家的财政经济状况有一个根本的好转，90 年代，即本世纪的最后 10 年，我们要开创一个新的经济振兴的时期。具体来说，就是力争到 2000 年时，我国的工农业总产值比 1980 年翻两番，使人民的消费达到小康的水平。这个远景也是邓小平同志多次讲过的：20 年翻两番，到 2000 年的时候，每人平均的工农业总产值达到 800 美元到 1000 美元。为了实现这样的目标，国务院领导同志曾说：我们只要在第六个五年计划期间打好基础，后劲就可以越来越大，在新的基础上加快国民经济的发展。我们在第六个五年计划期间速度不可能很高，但是这个速度是实在的，是有后劲的。到"七五"期间发展速度就有希望比"六五"期间更快一些。以后 10 年的发展速度有希望比第七个五年计划更高一些。农民经常讲"芝麻开花节节高"，我们就有这种可能性。

---

　　* 本文是作者 1981 年 12 月 10 日在中共中央高级党校所作的报告。

　　第六个五年计划稍低一点，第七个五年计划比第六个五年计划高一点，后 10 年比第七个五年计划更高些，这是一个估计。对我们国家国民经济发展的前景做出这样一个乐观的估计有没有根据呢？我认为是有根据的。

　　从 1980—2000 年这 20 年中间，我们工农业总产值要翻两番。要达到这样一个目标，每年平均的递增速度应该是 7.2%。现在我们拟定的第六个五年计划的发展速度是：工业每年增长 4%，农业每年增长 4%，国民收入也每年增长 4%。即使争取达到 5%，它比需要增长的 7.2% 的速度仍然有相当的差距。这样就给以后的发展加重了担子，因此，要求以后的发展速度比第六个五年计划的发展速度更快。那么，第六个五年计划以后的 15 年，要达到什么样的增长速度，才能够使工农业总产值翻两番呢？根据计算，那就要求第七个五年计划期间的工农业增长速度略高于 7%；以后 10 年（就是从 1991—2000 年）的增长速度略高于 8%。这样，到本世纪末就能够实现生产翻两番这样一个目标。这是按照 12 亿人口计算的，就是说，到那个时候，我国的工农业生产总值将达到 12000 亿美元。这是假定一对育龄夫妇生一个孩子，我们本世纪末是 12 亿人口。如果计划生育控制得不好，超过这个数字，那么增长的速度还要更快一点才行。

　　那么，为什么我们不可以在第六个五年计划期间使发展速度高一点呢？这主要是由于我们调整、改革、整顿、提高的任务还是十分繁重的。第六个五年计划已经过去一年了，从现在起还要五年或者更多一些的时间才能完成调整、改革、整顿、提高的任务。那就是包括了第六个五年计划时期或者比第六个五年计划时期还要长一点。在这个期间，我们要花很大的力量来调整经济结构，整顿现有企业，对重点企业进行技术改造，解决能源和交通运输问题。由于这些繁重的工作以及"六五"时期的客观情况，会使发展速度受到限制，所以要求更高的发展速度是不现实的，而且可能带来消极影响。

　　第一，调整经济结构是件很大的事情。工业和农业的比例、重工业和轻工业的比例，近几年来都已作了一些调整。过去在工业内部，重工业大概占 60%，轻工业只占 40%，现在已经各占 50%，轻工业还稍多一点。

至于农业和工业的比例，农业还是稍低一点。现在经济结构中一个比较大的问题是重工业内部结构还是很不合理。重工业过去主要是为重工业本身的基本建设服务，这个比例太大了。它为农业、轻工业服务的比例太小。所以现在要调整重工业的服务方向，调整它的产品结构，这是一项艰巨任务。比如说现在重工业每年生产3000多万吨钢，但是生产洗脸盆用的搪瓷板却没有解决好。我们的搪瓷板深冲合格率只有百分之二三十，而进口的可达到80%—90%。洗衣机用的弹簧片也没有解决好。我们能制造人造地球卫星、中运程导弹等所需要的钢材，但是偏偏这一类东西不能完全解决。这说明我们并不是不能够做，而是我们没有努力去做。"是不为也，非不能也"。机械工业也有类似的情况。好多机械厂没有饭吃，而国家需要的很多机器又不生产，还要进口。所以，服务方向问题需要解决。

今年我国重工业没有什么增长速度，是负数，大约下降5%。但是，由于轻工业发展比较快，增长10%以上，所以整个工业的增长速度还可以达到3%以上甚至4%。重工业本身的结构并不是一下子就能够调整过来的，它需要一个过程。有一位中央负责同志讲：小船好掉头，船大就不好调头；大船调头就像龙摆尾，是不大容易调过来的。重工业调头就像大船调头，也不是一下子就能够调过来的。

第二，整顿企业的任务也是很繁重的。粉碎"四人帮"以后，我们的企业进行了多次整顿。特别是党的十一届三中全会以来，又进一步进行了整顿，成绩是不小的。但是现在不少企业存在经营管理混乱，人浮于事，工作散漫，劳动纪律松弛，产品质量差，消耗高，违背财经纪律等现象，尤其是有些企业的领导班子精神不那么振作，存在涣散、软弱、臃肿、老化等问题。这种状况不进行整顿是不行的。所以中央决定：要花两年到三年的时间，认认真真地对企业进行全面整顿，挖掘企业的潜力，克服巨大的浪费现象，提高经济效益，这件工作需要花很大的力气。目前我国财政收入约有90%是靠国营企业来提供的，我们要把国营企业办好，克服浪费，提高经济效益，财政收入才能增加，财政困难才能克服，赤字问题才能解决。这方面最有效的办法就是把企业整顿好，而这个工作也是很艰巨的。

　　第三，今后我们经济的发展，主要不是靠建设新的企业，上新的项目，而是要加强对现有的企业进行技术改造，发挥现有企业的潜在力量。对我们现有的企业有重点有步骤地进行技术改造，是一件繁重艰巨的工作，不是很短的时间就能够显出效果来的。当然，我们要尽量搞花钱少，见效快的项目，但是，也不是今天进行技术改造明天就可以出效果的。这里也需要一定的时间。

　　第四，我们现在特别需要解决能源严重短缺的问题。我们的石油产量，在第六个五年计划期间，大概只能够维持现在的水平，即1亿吨的生产水平。有的外国专家说1985年我们的石油产量可能要降到8000万吨，我们每年要进口2000万吨石油才能过日子。国务院领导同志在全国人民代表大会上回答了这种说法，指出我们国家不会出现这种状况。但是我们也没有可能像以前设想的那样，在"六五"计划期间使石油增加几千万吨或者翻一番。从现在的情况来看，是没有这种可能性的。因为石油的开采要有一个过程，先要找到油田，勘探清楚，打出井来，还要搞起地面建设来才行。即使找到了油田，要做好这些事情也不是三年、五年就能办得到的。估计到"六五"计划末期或"七五"计划开始的时候，我们有可能开始开采海上的石油。国务院领导同志在全国人民代表大会的报告中也讲了这个问题。讲到这个问题的时候，代表们热烈鼓掌。这方面远景是很好的，但是在五年之内不会有什么很大的增长。煤炭的增长也受到种种条件的限制，近期不可能有很大的增长。所以在"六五"计划期间能源的增长只有1%，这是指一次能源，就是指煤炭、石油、天然气、水力发电，这些加起来大概只能增长1%。而我们的工业要增长4%，如果这些能源产品全部用于国内消费，那么工业总产值增长速度和能源消费增长速度相比，那就差一大截了。这个差额靠什么解决呢？就是靠节约能源，包括节约石油、煤炭、天然气、电力，采取各种节能措施把能源消费增长"弹性系数"降到0.25，才能保证4%的增长速度。如果要使工业增长得更多，能源就缺乏保证了。现在有很多工厂就是因为电力供应不足，不能充分开工。所以要求更高的发展速度是缺乏现实的可能性的。

　　现在我们能源的浪费是很大的，近期内解决能源短缺问题的出路主要是靠节能。我国消耗的能源和日本消耗的能源同样多（折成标准大卡）。而日本的国民生产总值却比我们高4倍。他们在生活方面用的能源比我们多得多。他们的室内，就是在有很好阳光的屋子里，白天也照样把灯点起来，能源的浪费很严重。好多人家有电冰箱、空气调节器、洗衣机、电视机，这些都是需要大量能源的。可是日本用同样多的能源就生产出等于我们4倍的国民生产总值。当然，两国产品的构成不一样，我们搞了很多耗能很高的东西，比如炼铁、炼铝、有色金属，这些都是耗能很高的工业。日本用的矿石是进口精矿，把耗能最多的那一部分产品放在外国生产，消耗外国的能源。但是，的的确确我们在能源使用方面的浪费是很大的，多节约一些煤炭，多节约一些能源来加快我们工业的发展，这种可能性是很大的。过去三年我们节约能源成绩不小。这种节约，主要是从调整工业结构，即适当降低重工业的比重，提高轻工业的比重来实现的。也就是说，有计划地减少社会不需要的、能耗特别高的重工业产品的产量，增加社会需要的、能耗比较低的轻工业产品的产量。这实际上也是产品结构的调整。这几年解决能源的困难，除了努力增产之外，主要的就是靠这个办法。在目前的情况下，我国重工业的速度每增加1%，它所消耗的能源就要使轻工业的速度降低4%。反过来讲，重工业的速度降低1%，省下来的能源就可以使轻工业的速度增长4%。我们就是采取后一种办法节约能源保证轻工业的增长的。今后这个方面的余地大不大呢？余地恐怕不大了。当然，我们还有很多能耗很高的小炼铁厂、小化肥厂，其中质量很差，亏损又很严重的，中央决定要坚决实行关、停、并、转，把能源省出来用到急需的地方去。所以这方面的余地也不是完全没有了，但是，总的来看，余地是越来越小了。今后节约能源除了继续调整经济结构，包括产业结构、产品结构以外，还有以下两个方面的工作要做：

一是提高经营管理水平，改善管理。现在生产中能源的浪费是很严重的。浪费煤很多，浪费油很多，浪费天然气很多，浪费电很多，浪费蒸气很多，浪费水很多，浪费水就是浪费能源。你到工厂里去看看，到处是跑、冒、滴、漏，蒸气、废热的利用很差。这些方面节能的潜力很大，几乎每一个企业都可以想出很多办法来的。

　　二是有计划、有重点地进行技术改造。通过技术改造节能的潜力也是很大的。当然，这要花一定的钱，但是，经济效果是很好的。有一个材料说明，如果我们把大庆现在用的水泵（大庆的油田要注水，因此用的水泵很多）换下来，用沈阳水泵厂生产的新水泵去代替，需要的资金是很少的，节约出来的电力除了偿还更换设备的费用以外，每年还可以给国家提供数量可观的积累。这样做能节约很多电，不是一件很好的事情嘛。今后从这些方面来想办法，是可以节约出很多能源来的。

　　第五，交通运输紧张。我们现在70%以上的能源靠煤炭，而煤炭从地下挖出来之后，需要通过运输，才能到达消费地区，完成全部生产过程。否则生产出来也不能用于消费。即使搞坑口电站，发出电来以后，还要输送出去才行。现在我们主要靠火车运煤，而我们铁路运输好多区段是很紧张的，形成许多所谓"卡脖子"的地段。因此，现在煤炭一方面不足，另一方面有近千万吨煤炭积压在矿上。煤矿的建设，交通运输的建设，油井的建设，天然气的建设，这些都是需要一定的时间的。我们第六个五年计划期间尽一切可能努力发展能源生产，但是，由于投资的限制，也不能搞得太多。同时，由于油田、煤井建设周期比较长，不可能在很短的时间内一下子就能解决能源和交通运输这两个薄弱环节的问题。

　　由于以上原因，在第六个五年计划期间速度是不可能很高的，现在计划为4%，争取5%，这个速度是适合当前我们国家的具体情况的。

　　对我国经济发展速度问题，我们要有一个全面的看法。第六个五年计划期间必须有一定的速度。就是必须达到4%，争取5%。达不到这个速度，我们不仅不能为未来的发展创造条件，而且现有的消费水平，现有的建设规模也难以维持。然而，在第六个五年计划期间要求有很高的速度也是不可能的。也就是说，在第六个五年计划期间不能够有高速度，更不能够有很高的速度，但是又必须有一定的速度。这个一定的速度就是计划4%，争取5%。当然，能够更高一些，那就更好了。我们不要听到第六个五年计划的速度只有4%或者5%就泄气。国务院领导同志讲这个速度是一个实实在在的速度。实实在在的速度是什么意思呢？就是说过去那种8%、9%、10%的速度里面是有所谓水分的，即有虚假因素的，是不实在的，而现在这个速度则是实实在在的，没有浮夸的东西。我们不要再为盲目追求产值的高速度而大干多少天，拼命多少时候，结果拼出来的产品积压起来，或者质量严重下降，这样搞是得不偿失。盲目追求速度而不讲究经济效果，对整个的经济发展是不利的。所以，不能只看速度是百分之几，一定要看它是否实实在在，是否真正有经济效果。我们过去每到第四季度都搞大干第四季度或大干 100 天。到明年春天的时候又不大干了，速度也下来了，但积压增加了，废品增加了。这种做法是很不好的。现在中央已经提醒大家注意这个问题。年终的时候我们特别要注意这个问题。

第六个五年计划工业生产增长速度虽然定得不高，但是，要求经济效果好。第六个五年计划期间要求国民收入的增长速度和工农业的增长速度相等，就说明了这个问题。这不是一个很容易做到的事情，而是要费很大的努力，要大大提高经济效果才能够做得到。为什么这样说呢？过去的 30 年，从 1950—1980 年，我国工农业总产值平均每年增长 9.4%，而国民收入每年增长 7.3%，两者相差 2% 还要多一点。今后要求国民收入的增长速度和工农业总产值增长速度相等，就意味着物化劳动的消耗要节约，新创造的价值要增加，要用同样多的物化劳动和活劳动创造出更多的财富。所以，虽然速度是 4%、5%，但是就经济效果来说，其意义远远超过过去的 4%、5%。国务院领导同志说，我们今后考虑一切问题都要围绕着提高经济效果这个问题。就是说，所采取的措施是否得当，归根到底要看能不能够提高经济效果。如果速度提高了，但是经济效果很差，这样的速度又有什么意义呢？例如，财政收入减少了，利润减少了，那么增加生产有什么用呢？增加生产实际上等于浪费了。提高经济效果是第六个五年计划的一个突出的要求。这个要求体现了我们整个经济活动都要围绕着提高经济效果来进行。

那么，使国民收入的增长速度和工农业生产总值增长速度保持相等或者接近的要求是否能够做到呢？从我们的历史经验来看，是有可能做得到的，问题决定于我们的努力。在我们历史上，前一个调整时期就做到了这一点。比如，1963 年我们工农业生产总值增长了 9.5%，国民收入增长了 10.9%。国民收入的增长超过工农业生产总值的增长。那个时候坚决实行关、停、并、转的正确方针，把亏本的企业、经济效果很差的企业都关掉了，所以经济效果就提高了。1964年工农业生产总值增长了17.5%，国民收入增长了16.5%，也是比较接近的，只差1%。1965年工农业生产总值增长了20.4%，国民收入增长了17%。1966年工农业生产总值增长了17.3%，国民收入增长了17%。这说明，前一个调整时期的经济效果是比较好的。我们过去能够做到的事情，现在更应该能够做到了。所以这个要求还是有实现的可能性的，而实现了这个要求，经济效果就有了新的提高。这样做，也有利于继续调整积累和消费的比例关系。现在我们的积累比例过高，消费的比例偏低，要适当调低积累率，然而，只有在国民收入增长的基础上，这个比例关系才能够调整得更好。由于整个国民经济收入增加了，即使把积累率稍为调低一点，它的绝对额还不一定会减少。这样就可以使基本建设保持一定的规模而不至于缩小，同时人民生活却可以得到继续的改善。如果不是这样，基本建设规模还可能缩小，人民生活的继续改善也就不可能了。所以这是一个很重要的问题。

我们设想，第七个五年计划时期比第六个五年计划时期可能有高一些的发展速度，这个设想有没有根据呢？是有根据的。因为，在第六个五年计划期间，我们要集中力量调整经济结构，整顿企业，还要对重点企业进行技术改造，能源和交通以及基础设施这些薄弱环节也能得到一定程度的改善。做好了这些事情以后，经济效果就能提高起来，就能积蓄力量，为第七个五年计划时期进行更大规模的技术改造和比较快的经济发展速度打好基础。第六个五年计划期间我们还是有重点、有步骤地进行技术改造。第七个五年计划就可以在规模更大的范围进行技术改造。这样也就为第七个五年计划期间比第六个五年计划期间更快地发展打好物质技术的基础。

到第七个五年计划时期，我们积蓄的力量比较大了，基础设施也更好了。到那个时期，我们的石油生产可能要继续上升了。有人估计，第七个五年计划期间我们石油的生产可以每年增加2000万吨。美国有一个人叫哈默，这个人曾见过列宁。从斯大林时代起直到现在，他经常到苏联去，长期和苏联做生意。最近，他也要和我们做生意。不久以前，要求和我们合作开发山西的平朔露天煤矿。这个人90多岁了，到中国来进行访问，跟邓小平同志谈了话。他对邓小平同志讲：第七个五年计划，中国可能新增两个大庆，或者更多。他现在一方面想和我们合作开发平朔煤矿，另一方面还想和我们合作开发海上石油。照他的估计，我国石油前景是很乐观的。邓小平同志对他说，"七五"期间我们能再增加一个大庆就好了。他说绝不止那么多。现在我们并没有按照哈默的估计来作长远计划，因为过去我们在这方面的教训太多了。现在我们采取比较谨慎的估计。根据我国石油工业的现状，在第七个五年计划期间，大概每年增产2000万吨是有可能的。

煤炭工业在第六个五年计划期间的基本建设规模虽然小了一点，但在目前条件下，还是花了相当大的力量来保证煤炭的投资的。我们要特别集中力量开发山西的煤炭，因为那里条件最好，投资最省，见效最快。煤炭的开发是需要一定的时间的。比如，万吨、300万吨的矿井过去大概要建设8年才能正式投产。现在要缩短时间。煤炭工业部今年7月在烟台开了一个有100名技术专家参加的会议，讨论的结果，认为大型煤矿也可以不要那么长的时间就能出煤，办法就是边建设，边出煤。这个不是过去那种所谓"三边"，而是采取科学的办法。因为在建设矿井的时候，搞一个大的井筒，周围要搞几个通风井，这些通风井就可以先出煤。专家们认为这样做，两三年以后就可以陆续出煤。平朔露天煤矿，是一个年产1500万吨的大露天煤矿，大概5年可以建成，但第二年就能出煤。这样把资金投下去，很快就可以得到煤炭，建设资金也就回收得快。我们现在资金回收得太慢了。你想，8年以后才开始生产煤和两三年以后就生产煤，这个效果是大不一样的，资金周转速度也是大相径庭的。我们在这些方面作了改进之后，在第七个五年计划开始的时候，煤炭的情况也就会有所改善。山西的煤矿、山东兖州的煤矿、安徽淮南、淮北的煤矿、河南平顶山的煤矿、贵州水城的煤矿、内蒙古的煤矿、产量都会有所增长，相应的铁路线也要搞起来。现在从山西省的长治到河北省的邯郸的铁路线已经修成了，从兖州到石臼所的铁路线也正在建设。还有从大同到秦皇岛的铁路电气化工程，太原到石家庄的铁路电气化工程，有的正在进行，有的已经接近完成，其他的铁路线也要改造，可能还要建设新的铁路线。在第六个五年计划时期，这些事有的可以完成，有的可以接近于完成，有的可以做完大部分工作，到第七个五年计划时期就可以见效。还有一些基础设施，经过第六个五年计划时期紧张的努力，第七个五年计划时期就可以产生效果了。

经济发展有一个很重要的条件是农业。我国农业实行新的政策以后，靠科学，靠政策，搞联产计酬责任制，使农业生产力又一次得到了大解放。今年遭遇这样大的灾害，粮食不仅没有减产，反而比去年增产了，达到了最高年产量 1979 年那样的水平。其他如棉花、烤烟、甜菜、油料都有大幅度的增长。农村的其他副业也有大幅度的增长。所以，今年农业增长的速度是超过工业增长的速度的。农业总产值现在还没有最后的统计数字，估计至少是增产 4%，有人估计还要高些。正像胡耀邦同志所说的那样，农业的发展是方兴未艾。当然，搞了联产计酬责任制以后，也提出了许多新的问题需要我们解决。但总的讲，农业的前景是很好的。

过去限制我们经济发展的主要有两个因素。一个是农业。这是个大头，现在形势是很好的。另一个是能源。能源和农业相比，过去我们认为农业是更困难的。由于政策对头以后，现在农业找到出路了。能源现在还是相当困难，但是，经过努力，也是会有出路的。这两个限制性的因素解决以后，我们经济发展的速度就会大大地加快。正是根据这种分析，我们对本世纪最后 10 年的经济发展前景是满怀信心的，估计它一定会比第七个五年计划时期更高一些。假定第七个五年增长速度为 7% 稍多一点，后 10 年即第八个、第九个五年计划争取 8% 稍多一点，这是有可能的。

上面论述了第六个五年计划增长 4%，争取 5%。第七个五年计划争取 7% 稍高一点，以后 10 年争取 8% 稍高一点。实现这样一个设想是有可能的，但又不是很容易的，这是因为我们面前还有相当多的困难。

第一，我们的国家，现在有 10 亿人口，其中有 8 亿多是农民。陈云同志讲，我们有 10 亿人口，8 亿农民，这是我们基本的国情，我们考虑问题必须从这样一个实际出发，这个 10 亿人口不是固定的，它本身也是一个发展的概念。现在是 10 亿，到本世纪末，就不是 10 亿了。前面说过，按每对育龄夫妇只生一个孩子计算，到本世纪末我国是 12 亿人口。如果要生两个孩子，或者更多的孩子，那就不是 12 亿人口而是更多了。

现在农村实行联产计酬责任制以后，农民手里粮多了，钱多了，经济活跃起来了，就想要多生孩子。在这方面，控制是很不容易的。所以，国务院在政府工作报告里专门讲了一条，鼓励只生一个孩子，限制多生孩子。当然，也不能强迫命令，不能违法乱纪。所以，怎样做到一对夫妇只生一个孩子，在本世纪末全国人口不要超过12亿，这是一件大事情。

就按到本世纪末12亿人口来说，比现在也要净增2亿人口。这2亿人口是个什么概念呢？2亿人口差不多就等于现在整个美国的人口，两个日本的人口。如果我们现在的人口仅仅等于美国的人口或日本的人口，那么我国人民的生活水平，肯定会比现在高得多。这个道理是很简单的，有些人总是感到我们的生活水平提高得不够快，生活水平低，等等，他们就是没有考虑到我们国家的人口这样多。这一点，有些外国人倒是看到了。我国人口多是一个很大的力量，是一个很大的生产力，同时也是一个很大的消费力。要使我们原来10亿人口的生活水平不断有所提高，同时还要使新生的2亿人口都能过着好的生活，这需要做很大很大的努力。在过去的那些年代里，我们的人口增长曾经失去控制，对我国经济的发展产生了消极的影响。我们新中国成立的时候只有5.4亿人口，那时叫四万万人，其实早在清朝的乾隆时代就已经是四万万人了。我国人丁兴旺，这是很好的。但是，也确实是一个很大的负担。新中国成立30年，我们的人口就增加了将近1倍，如果今后30年还和过去一样，我们的人口又增加1倍，那就是20亿人口了，而现在，全世界才有46亿人口。

美国有一个以巴尼为首的写作班子写了一个叫《2000年全球情况调查报告》，这是卡特下命令写的。他找了好多专家，用了一年多时间，花了100万美元，写出这样一篇报告。报告中讲到世界上存在的严重问题，一是人口问题，二是资源问题，三是环境问题，这三个问题不只是某一个国家存在的问题，而是世界性的问题。地球就是这么大，这么多人在地球上怎样生活？怎样利用资源？怎么保护环境？为了使地球上的人能够更好地生活下去，他提出了这些问题。最近这个人到中国进行了访问。他说，中国好像行驶在海洋中的一条船，这条船上载了10亿人口，是一只非常沉重的船。这条船能够载多少重量，是有一定的限度的。正像一条5万吨的船，只能够载 5 万吨。你要它载 10 万吨或者载 8 万吨，就不行了。他说，现在这条船已经超重了。他当然是资产阶级的观点。但他提出了一个确实值得我们重视的问题。当然，这些年来我们已经重视这个问题了，认识到这个问题是个大问题了。过去，由于我们人口增长得过快，生产发展所增加的社会财富有相当大的部分要用于新增加的人口的消费，这对于我们增加社会主义经济建设的投资和改善人民的生活确实带来了相当不利的影响。今后，我们怎样把这个问题处理好，是一个很重要的问题。最近，国家统计局搞了一个当日经济活动情况的资料，就是每一天我们国家要生产多少东西，要消费多少东西，你看看那个数字，那是一个非常惊人的数字。就是说，我们国家每天如果不能生产出那么多的东西供人们消费，那么，我们的社会就无法存在下去。同志们，看看那个资料，就知道治理我们这个国家，确实不是一件简单的事情。当然我们在座的同志，在治理国家的工作方面，是担负着很重要的责任的，我们可能对于我们自己所管的那个地区或部门是比较熟悉的。但是，整个的国家，这样大的一个国家怎么样管理？的的确确是件很大很大的事情。看了这个材料以后，才知道治国责任重大，治国之难啊！而我们又不能够停留在目前这个水平上，我们还要发展，我们还要进步，我们的生活要过得更好。

第二，我们国家的耕地面积日见减少，而且随着人口的增加，每人平均的耕地面积将会越来越少。当然，我们有 960 万平方公里的国土，这是一个很大的空间。但是，由于人口的增长，我们的空间对每一人来讲，就相对的小了。我们的耕地究竟有多少呢？现在也说不清楚。根据国家统计局的统计是 16 亿亩，美国人用人造地球卫星勘测的结果大概有 20 亿亩，可能是不止 16 亿亩这样一个数字吧。过去搞什么学大寨，亩产过长江、过黄河这一套，本来有 10 亩地，只报有 8 亩地，因为这样就容易过长江、过黄河了。所以，20 亿亩土地，报十五六亿亩是完全可以理解的。这个虚报和过去那一阵子"左"的错误做法是相联系的。而且，中国历来的封建王朝，都是实际的土地多于统计上报的土地。国民党时代、清王朝以及以前的各个王朝，都是按照土地来交粮纳税的，土地报得多，就要多交税。所以，一般总是少报土地。过去人口也是少报的，而现在人口有时候是多报，因为要按照人口数字分粮食，分布票和分其他别的什么东西。当然，现在要求一对夫妇只生一个孩子，生了孩子不报也有可能。过去，人口也是要征税的，就是征人头税。现在不征人头税了，这个是我们新的社会制度和旧的社会制度不同点之一。但在少报土地上面，现在和过去恐怕是一样的。现在我们在土地使用方面，不仅城市周围占用了大量的耕地，农村建房占用耕地也很多。三年来，农民盖了9亿平方米的房子，这是了不起的成绩，是农民生活改善的一个重要表现。但农民盖房子的时候，专门找好地方盖，因为他盖了房子以后，房前房后的地就成了他的自留地，可以种点菜、种点别的什么东西。农民主要不是盖楼房，而是盖平房，9亿平方米的房子，要占多少土地呀。耕地面积日见减少，而人口却日益增加，每人平均的耕地必然是在减少。我们现在对土地的使用实在浪费很大，有好多单位买了很多的土地，就放在那里不用。不该占用那么多土地的占用了那么多的土地。过去北京征一亩地只要几百元、1千元，现在征一亩要几万元，甚至十几万元。这也是个大问题。为什么现在蔬菜涨价幅度比较大呢？除了其他原因之外，郊区的土地、菜地被占用得过多是一个很重要的原因。蔬菜涨价严重影响到人民的生活，政府正在采取措施解决这个问题。蔬菜问题所以这样突出，确实与菜地日益减少有关系，城市周围的菜地占得那么多，农民到哪儿种菜呢？当然也有工作方面的问题。前天，鞍山市委第一书记孙洪志同志给我打了一个电话，说鞍山现在蔬菜供应很好，沈阳的蔬菜供应也不错。过去这些地方蔬菜供应都是相当困难的。现在，他们供应得不错，说明工作抓得不错。既然这些地方能够解决好这个问题，为什么其他地方就不能解决好这个问题呢？鞍山、沈阳、本溪、抚顺那一带是城市最集中、人口最集中的，耕地也是很少的，他们可以解决蔬菜问题，其他地方为什么就不能解决呢？那就是工作问题了。

土地问题是个世界性的问题。虽然每个国家情况不完全一样，但从全世界来讲，耕地面积和人口比起来，耕地在一天天减少，人口在一天天增加。我国不仅基本建设占用了过多的土地，还有一个沙化问题，这是由于乱砍滥伐森林引起的。不少地方因为没有烧的东西，就把好多树木都砍掉了，把草皮都剥掉了，破坏了自然环境。今后我们要充分、合理、有效地利用一切自然资源，特别要珍惜每一寸土地，保护自然环境和生态的平衡。我们要从人口、资源、环境互相联系、互相制约的关系中求得一种平衡。这就需要有计划地着手改造农业生产的基本条件。

改变农业生产的基本条件包括很多内容，其中一项重要内容是植树造林。这一次全国人民代表大会做了一个决定——全民植树的决定。每一个人一年要种三棵树到五棵树。有人说到哪儿去种树呢？北京市有这么多人口，上海市有那么多人口，到哪儿去种树呢？当然，我们北京出路可能多一点，附近这么多山，把光秃秃的山变成青山，这是可能的。如果说北方的山植树困难的话，那么南方的山植树应该说是容易的。1978 年，我从日本访问回来，到香港考察了一个星期。香港有一个地方叫落马坡，到香港而不能进入大陆的人，他们想看看大陆，就在落马坡那个地方，那个山坡上看我们深圳那些地方，看得非常清楚。落马坡周围都是树。在香港，山上是有树的。但是，站在那里看对面我们大陆的山有的却是光秃秃的。当时我很奇怪，因为广东种树总是没有什么问题的，那里劳动力多，劳动力也便宜。为什么香港那个地方种了树，我们有些地方就不种树呢？后来，到了澳门去看了看，澳门这个地方也是这样。站在澳门看我们的珠海，珠海的山有的也是光秃秃的。我觉得我们种树是很必要的。这一次人代会做了决定，这是一个百年大计。

前面说过的那个美国学者还讲到一个问题，认为对于发展中国家来说，最严重的环境问题是土壤流失，没有比保护土壤更重要的事情了。他说，土壤的形成特别缓慢，几世纪才能够形成一寸表土，表土一旦流失，就很难恢复。这个事情我也有亲身体验。我 1952 年到小兴安岭的伊春周围作过一次调查，伊春到处都是茂密的森林。可是，伊春山上的土最多不过四五寸厚。你把树一砍光，一阵大雨，那个青山就变成了光秃秃的山，就把表土冲得光光的。过去我们根据苏联专家的意见，砍树时留下一棵树做母树。可是，树在密集的时候，大风来了吹不倒，剩下一棵树，大风一来，就吹倒了。为什么呢？因为它的根扎得很浅，表土底下就是石头。还有，我联想到延安有不少的山也是光秃秃的山，但是根据古书的记载，那里原来也是有森林的。可能是多少年代以来森林砍伐以后，没有进行移植更新，才变成今天这个样子。现在你要再把土移到山上去，那是根本移不上去的，山上的土壤破坏了，是很难恢复的。

那位美国学者还说，中国有两大问题，人口问题已经受到重视，但水土流失问题尚未引起足够的重视。他说，这一次到中国来访问，飞经黄河的上空，看到黄土高原的水土流失，黄河流的不是泥沙，而是中华民族的血液。他提得是够尖锐的了："中华民族的血液。"他说黄河每年泥沙流量达 10 亿—20 亿吨，这不是微细血管的破裂，而是大动脉出血。这是一个关系到中华民族生死存亡的问题。当然，这样讲未免有点过于严重了，但是，这确确实实是个关系子孙后代祸福的大问题。我们修三门峡工程的时候，邓子恢同志在全国人民代表大会上做过一次报告，说到"圣人出，黄河清"，现在共产党掌握了政权，黄河要清起来。这件事得到了全世界的赞扬。这位美国学者现在也提出中国应该使黄河变清。他说，把黄河变清是一个十分艰巨的任务。但是，中华民族历来是一个善于干出伟大事业的民族。你们修筑了万里长城，又建造了巍峨的建筑——故宫，今天你们也一定能够使黄河变清。当黄河变清的时候，中华民族就会有一个繁荣幸福的未来。应该说他这个人对我们是友好的，他并不是怀着恶意来讲这个问题的，他是怀着好意来讲这个问题的。

关于大江大河的治理问题，前年社会科学院的一些学者提出黄河应该治理。"黄河之水天上来"，这是李白的诗句。你住在开封，就会感觉到黄河之水不是从黄河的发源地来的，而是从天上来的。因为在开封就感觉到黄河比它高得多，河床本身就比开封高得多。黄河的河床，新中国成立30 年来还是在增高的。黄河比普通平地要高，这是一个很大的问题，一旦决了口，就不好办了。所以，治理黄河是一个很重要的问题。怎么治理呢？如果不在黄河上游植树、种草，不采取一些根本的治理办法，那是没办法的。这些学者还提到，如果长江不注意治理就要变成第二条黄河。这个问题提出来以后，有的人反对，有的人赞成，直到现在还在争论。但是，不管怎么样讲，长江的泥沙确实一年比一年多了，在长江口就可以测量到这一点。今年 1 月，国务院叫我们到上海论证宝钢如何建设的问题，其中有一个问题就是宝钢的码头 10 年以后还能不能用？特别是万吨船还能不能靠近码头？因为长江口的淤积越来越厉害，崇明岛不就是这样淤积成的吗？这个淤积哪里来的呢？还不是上边的泥沙冲下来的。如果我们不治理，长江有朝一日也是有可能变成黄河那样混浊的。这种危险是存在的，当然有个时间问题，不是一年、二年，而是在几百年或者千把年以后。现在的黄河也不是一千年以前的那个黄河嘛。

大江大河的治理，大面积土地的改良，这些都要很长的时间，进行很艰苦的工作，还需要大量的人力、物力、财力的投资。我们应该很好地使用人力资源，使它充分发挥作用。这正是发挥我们的长处，使我们的英雄有了用武之地。对于农业，我们也不能够只是看到眼前，现在农业的形势很好，而且会越来越好，但是，在我们面前还摆着这么多事情。这些事情都是很不容易做的，都是需要经过长期的艰苦的奋斗，才能办到的事情。要把黄河变清，使长江不变成黄河，把那么多盐碱地治理好，把那么多沙漠治理好，把荒山变成青山，哪一件是容易的事情呢？

这里应该指出，我们国家的农业绝不能够走美国那样的现代化道路。为什么不能走美国那样的道路呢？只要举一个例子就可以说清楚了。我们国家的农业投入 1 个大卡的能量能够生产出 4 个大卡的农产品来，因为我们主要是靠人工劳动，靠太阳能。而美国要投入 6—8 个大卡的能量才能够生产出 1 个大卡的农产品。有人把美国的农业叫做"石油农业"，或者叫做"能源农业"。美国农业劳动生产率高是由于投入大量的矿物能源和大量的机械，施用大量化学肥料和农药，实际上也是投进能源。显而易见，美国农业发展的道路不适合我们国家的情况，我们国家不能走这条道路。

有人说，世界上工业发达的国家人们食用的蛋白，都是以动物蛋白为主，而不是以植物蛋白为主。但是，生产同样数量的动物蛋白所消耗的能量要比植物蛋白高 3 倍。我们国家历来是个以素食为主的国家，我们的人口这么兴旺，说明素食并不一定不好，以动物蛋白为主的一些国家也并不一定就是很好的。我们的农业发展和将来食品的构成有很大关系，这些事情都是我们展望将来时需要考虑的。将来，我们的动物蛋白也要发展。发展什么呢？发展草食动物，发展以草食为主、而不是以吃粮食为主的动物。还要发展养鱼，养鱼并不需要消耗很多的能量或粮食。我们需要动物蛋白要从这些地方来吸取，而不是主要依靠粮食来养活牲畜。

总之，我们的农业走什么道路，这是一个需要很好研究的问题。我们不能照抄美国、苏联等国家的做法。因为我们是一个人口多，农民多，耕地少的国家。那位美国学者也说，美国目前这样的农业实际上也很难维持下去，一旦世界能源枯竭了，它就没有办法了。我们要走一条中国自己的道路。叫做10亿人口，8亿多农民，20亿亩耕地，要在这种情况下实现现代化。这是前人没有走过的道路，我们要走出这样一条道路来。这条道路当然是一个比较艰难的道路，但却是有着光明前途的道路。

第三，缺乏人才。我们要搞现代化，就需要有能够和现代化的要求相适应的科学技术人才和管理人才，就需要使我们的科学技术水平、经营管理水平有一个很大的提高。而要做到这一点，也需要相当长的时间。这不仅是由于"文化大革命"这10年造成的破坏，给我们增加了困难，而且，还因为要真正培养出这种人才来，也并不是一件容易的事情，不是一天就能够培养得出来的，中国有句老话，叫做"百年树木，十年树人"。培养出一个人才，至少要10年吧，不是说"十年寒窗苦"才能够成名吗？我们要培养出一个自己的专家，没有10年或者更长的时间也是不行的。这个困难我们应该清醒地认识到。

第四，我们现在经济体制的弊病很多。外国人挖苦我们，说我们的经济体制是扯皮的体制，我们的机构是扯皮的机构，而且认为这是我们的不治之症。他们这个认识当然是错误的。但是，我们的机构是扯皮的机构恐怕是事实。国务院领导同志这次在人代会上就批判了这种不可容忍的官僚主义现象，而且下决心在人代会闭幕以后要解决这个问题。这个决心很大，所以他讲了这个问题之后，全场报以热烈的掌声，这说明大家要求改变这种扯皮机构的急切心情。这种机构严重影响了各个方面积极性的发挥，妨碍了我们经济效果的提高。例如，一件公文可以旅行几个月出不了政府机关的门。这样的例子是有的。今年夏天，我去青岛时了解到，那里要办一个啤酒厂，就是办不成。大家知道，青岛啤酒是全国有名的，但是在青岛的人喝不到青岛啤酒，买青岛啤酒还要走后门才行。青岛啤酒在国外的销路也是很好的，前年我们在维也纳考察的时候，在维也纳洲际饭店里就卖青岛的啤酒。国务院批准青岛再建一个啤酒厂，既是国内人民消费的需要，又可以赚取外汇。就是这么一件好事情，公文旅行了四五个月还没有出政府机关的门。青岛市政府机关的门就不少，跑到北京来，国家机关的门就更多了，这个部，那个委，七转八转，就是办不成这件事情。应该指出，这种扯皮的机构当然不是像外国人所说是不治之症，那是可以治好的。新中国成立初期的体制、机构并不是扯皮的，效率是很高的。但是，也应该看到已经形成了的这种体制，改变起来也不是那么容易的。这次下了决心，先从改革机构开始，而且首先从国务院开始，不是采取改良的办法，而要采取革命的办法解决。我们共产党人采取革命办法的时候总会有出路的，但是，也应当看到这是相当艰巨的工作。机构改革以后，我们好多体制不改革也不行，不改就运转不起来，经济体制改革要更难一些。我们现在实行财政包干、分灶吃饭以后，各方面关系相当复杂，改起来不大容易。

以上种种条件不能不在一个较长的时间内，制约我们经济的发展。所以，我们绝不能抱有任何侥幸心理，一看到我们经济形势好了，就头脑发热，急于求成，提出一些不切实际的目标，重犯过去的错误。过去我们经济一好转的时候，就急于求成，认为又可以快起来了，快了一阵子，出了问题，又被迫调整。今后，我们再不能犯这方面的错误了。

当然，我们也不能只看到不利的条件，而看不到有利的条件，那样就会产生消极情绪，对发展前途缺乏信心。这个方面也不能说没有问题。在一部分干部中间，在一部分群众中间，对我们能不能搞好经济建设和四个现代化有点缺乏信心。我认为，我们应该有信心。这里最根本的理由是：我们党是有能力领导全国人民实现四个现代化的，人民群众是拥护党领导我们国家的社会主义现代化事业的；同时，社会主义制度也给我们提供了实现四个现代化的客观可能性，给我们生产力的发展开辟了广阔的前景。

第一，社会主义制度的优越性是不容否认的。我国 30 年来的发展速度在世界上是名列前茅的。比同一个时期世界上最快的日本要快，比美国要快，比苏联也快得多。当然，我们原来的基数比他们低，我们的速度可能也有些水分，同时，经济效果不那么理想。但是，毕竟我们有了比较高的速度。还应当看到在这30年中间，我们有10年是处于动乱中，经济不仅没有发展，而且是停滞的。除了10年内乱，我们1958年搞"大跃进"、人民公社也犯了很大的错误，遭受了很大的损失。总之，30年中间有一半时间，我们的经济没有能够得到健康的、正常的发展。考虑到这些因素，应该说我们的速度是很高的。如果不是社会主义制度，怎么能做得到呢？旧中国蒋介石做到没有？没有做到。现在中国台湾省在吹嘘自己的成就。然而，中国台湾是遇到了特殊条件的。它和日本、韩国、新加坡、中国香港等一样，都得到了一种非常幸运的机会。一个是朝鲜战争，一个是越南战争，使他们发了财，而我们却付出了巨大的代价。以日本来讲，这两次战争美国人在日本花了1500亿美元，为日本经济的"起飞"提供了极其有利的条件。日本的经济专家，连他们政府计划部门的负责人，都承认这个事实。而我国在这个期间却作出了很大的牺牲，例如，在越南，我们至少花了200多亿美元，一进一出就差得太多了。韩国、新加坡、中国香港以及中国台湾都和日本有相似的情况，所以日本人自己也说这是一种幸运，以后再也不会有这个机会了。有些人把我们和它们不加分析地进行对比，认为社会主义不存在优越性，这种说法显然是错误的。把这些国家和地区吹得神乎其神，也是不符合实际的。我国社会主义制度具有无可比拟的优越性，这一点，在1957年以前几乎是举世公认的，那个时候中国台湾有什么发言权？因为我们遭受了一些挫折和失误就怀疑社会主义制度的优越性是没有任何根据的。

第二，应该看到我国已经建立了一个独立的、比较完整的工业体系和国民经济体系。这是30多年来建设起来的物质基础。过去我们没有这个基础，现在有了这个基础，这是决不能低估的。国务院领导同志讲，过去我们是播种，现在到了收获时期了。虽然我们过去的经济效果不好，但是，毕竟有了这么一个雄厚的基础了，只要我们现在很好地利用这个基础，就可以发挥很大的作用。不仅工业是这样，农业也是这样。发展农业现在最主要的是依靠政策，如搞联产计酬责任制。但是，也不能否认过去30多年在农田水利建设以及其他建设方面我们所付出的劳动和做出的成绩，这是会长期起作用的。比如说，今年长江那样大的水，黄河那样大的水，如果不是有一定的水利建设基础，那么灾害就会大得多。黄河那样大的洪峰平安入海是很不容易的一件事情，如果不是在上游修了那么多水电站，不是沿途有相当多的防洪、水利设施，是办不到的。连外国人也担心黄河洪峰下来挡不住。中国香港一向对我们不友好的报纸也讲，你说中国是官僚机构，但是黄河那么大的洪水为害的时候，政府的副总理、部长还是要到前线去的，从这一点看，他们并没有官僚主义。当然，如果没有那么大的水坝，没有那样多的建设，要把这样大的洪峰挡住还是不可能的，就是部长到了那里也不行，大禹王到那里也不行。

第三，我们已经有了一支具有社会主义觉悟的知识分子队伍，科学技术有了一定程度的发展。我们已经成功地用一枚运载火箭发射三个卫星上天，这标志着我国尖端科学技术水平的提高。说明了我们征服自然的能力和我们的生产力发展水平。

第四，现在我们的国家是安定团结的，我们党和政府的工作重点确确实实转到经济建设方面来了。我认为这是最重要的有利条件。这次全国人民代表大会上的政府工作报告就是讲经济建设和经济建设的方针，这就是主题，是政府的主要工作。从指导思想上来讲，党的十一届三中全会以来我们在总结过去经验的基础上，逐步摆脱了"左"倾错误的影响，走出了一条符合我们国家实际情况的、受到广大群众拥护的、被实践不断证明是正确的新的路子。这条路子的主要内容体现在国务院《政府工作报告》里所说的十条重要方针上。这十条重要方针将越来越显示出重要的作用，这次全国人民代表大会坚决拥护这十条方针，认为是完全正确的。

第五，我们的国际环境也发生了很大变化。过去，我们被帝国主义和敌对势力包围封锁，多年来就处在这么一个国际环境中。而现在国际环境对我们是十分有利的，战争在一个时期也不一定能够打起来，我们可以有一个比较和平的国际环境；而且打破了敌对势力对我们的封锁和包围；我们可以利用外资和引进先进技术。通过利用外资可以增强我们自力更生的能力，这也是一个有利条件。

总之，我们在实现社会主义四个现代化的道路上，既要反对怀疑论，认为这也搞不成、那也搞不成；也要反对速成论，认为可以很快实现四个现代化。我们应该树立一种长期建设的战略思想和战略方针，坚持实事求是、量力而行的原则，有步骤地分阶段地实现四个现代化的目标。只要全国各族人民在中国共产党的领导下振奋精神，同心协力，艰苦奋斗，勤俭建国，就一定能够实现预定的目标。

经济调整与发展速度[*]

一 重大的战略转变

为了贯彻执行党的十一届三中全会的路线，党中央在 1979 年 4 月召开的工作会议上提出了对整个国民经济实行"调整、改革、整顿、提高"的八字方针。这个方针，是对我国经济的实际情况和发展趋势进行了深刻分析以后作出的一个重大的决策。这次调整，不仅仅是为了解决大量财政赤字，稳定物价，防止通货膨胀，保证经济全局的稳定，而且具有更为深远的意义。正如国务院领导同志在政府工作报告中所指出的，这就是：真正从我国实际情况出发走出一条速度比较实在、经济效益比较好、人民可以得到更多的实惠这样一个新路子来，使我国经济稳步前进，健康发展。这实际上是我国社会主义经济发展的一个重大的战略转变。

这种战略转变，意味着我们不再追求过去那种不切实际的高指标，而把提高生产、建设、流通等各个领域的经济效益放到最重要的位置上来。

这种转变，也意味着我们将要改变片面地强调发展重工业这么一种做法，而力求建立起适合我国国情的经济结构，使农业、轻工业、能源工业、原材料工业、机械制造工业、电子工业、交通运输业、商业服务业和

---

* 本文原载《人民日报》1981 年 12 月 29 日。

科学文教事业能够得到协调的发展。

这种转变，也意味着我们将不再片面地追求钢铁等初级产品和中间产品的产量，不顾质量，不顾品种，不顾最终消费品的生产，而是要按消费者的需要，按照市场需要，按照社会主义建设的需要安排生产。

这种转变，也意味着将不再主要依靠扩大基本建设规模，建设新的企业，而主要依靠发挥现有企业的潜力，在整顿和改组现有企业的基础上，有计划地进行国民经济的技术改造来提高生产力。

这种转变，也意味着我们不再片面地强调高积累而挤占人民必要的消费，而力求正确地处理积累和消费的关系，使生产的发展同人民生活的改善密切结合。

这种转变，也意味着我们不再闭关锁国，而要在独立自主、自力更生的基础上，积极地开展对外的经济合作和技术交流，更好地利用外资和引进国外技术。

这种转变，还意味着我们将要逐步地改变不合理的经济体制，建立起合理的经济体制，充分地发挥企业和劳动者的积极性和主动性。

这种转变，同时也意味着在社会主义公有制占绝对优势的前提下，允许多种经济成分同时并存。比如，现在我们有全民所有制、集体所有制，还有个体所有制，等等。在公有制的基础上实行计划经济，同时发挥市场调节的辅助作用，大力发展社会主义的商品生产和商品交换。

总之，要通过八字方针的贯彻执行，逐步地实现经济结构的合理化、经济体制的合理化和企业组织的合理化，使社会主义的优越性能够充分发挥出来。由此可见，实行调整、改革、整顿、提高的方针，是具有重大理论意义和现实意义的转变。

二　这次调整的新特点

要做好当前的经济调整工作，应当总结上次经济调整的经验，研究这次经济调整的新情况和新问题。这次调整和1962年前后的那次调整比较，有同有异，我们要研究这次调整有些什么新的特点。只有这样，才能采取切实有效的措施。

这次调整和1962年前后那次调整有些地方是相同的。比如，国民经济主要的比例关系严重失调，基本建设战线过长，经济效果差，货币发行过多，物价上涨，等等，这些基本上是相同的。当然通货过多、物价上涨，前一次比这一次要厉害得多。因为有以上这些相同的地方，所以1962年调整所采取的若干重要的措施，在今天还应该采取。比如，压缩基本建设投资，紧缩开支，回笼货币，稳定物价，调整积累和消费的比例，整顿企业，对那些经济效果差的企业实行关、停、并、转，等等。当然在进行这些工作的时候，具体的做法也不能完全照搬。同时，还应该看到这两次调整有很大不同。下面就生产、流通、分配、消费、就业这几个方面来看这次调整的一些新情况。

第一，从生产领域来看，首先家底不同。前次调整，我们家底还比较薄，现在厚多了，1979年国营企业固定资产比1962年增加了3倍多。其次，农业生产的情况大不相同。前次调整的时候，农业生产连年下降，1959年比1958年下降了13.6%，1960年又比1959年下降了12.6%，1961年又比1960年下降了2.4%。这一次调整不一样了，粮食不断增产，经济作物增产更多。按总产值计算，1978年比上年增长8.9%，1979年又增长8.6%，1980年虽然遭受严重自然灾害，仍比上年增长2.7%。再从轻工业来看，也有很大的不同。前次调整时，同上一年相比，轻工业总产值的增长，从1960年到1962年连续三年是负数，1960年负9.8%，1961年负21.6%，1962年负8.4%。轻工业下降得这样厉害，是同农业生产大幅度的下降有密切关系的。这次调整，轻工业不但没有下降，反而上涨得很快，轻纺工业的产值，1980年比上年增长了18.4%，1981年预计将比去年同期增长12%。重工业情况也有很大不同。前次调整，重工业的产值1961年比1960年下降46.6%，1962年比1961年下降22.6%。但是，有一个情况和今天不同，就是大庆油田的开发，为石油工业打开了一个新的局面，1959年原油产量373万吨，1960年达到520万吨，1964年达到848万吨，1966年达到了1455万吨，这对于解决当时的经济困难起了相当重要的作用。这次调整，钢铁机械等重工业产品，由于调整服务方向和产品结构，产量降下来了，不过下降幅度没有前一次大。但是，原油产量没有增长，在最近时期也不可能增长。煤炭生产 1981 年比上年也略有下降。这就是说，能源是这次调整中的重要薄弱环节。这是应当看到的。

第二，从流通领域来看，有显著的不同。首先看市场的情况。前次调整，我们国营商业的商品严重不足，自由市场的价格大大高于国家规定的牌价，黑市是普遍存在的。这次调整，市场的情况总的来看是好的，城乡市场活跃，购销两旺，集市贸易也比较活跃，物价曾一度上升，经过多方的努力，上涨幅度已经降低，有些商品价格仍有上涨，特别是蔬菜上涨得多一些，但是，基本生活必需品的价格是稳定的。其次，看看银行储蓄情况。前次调整，银行的存款急剧下降。这次调整，银行的存款在增加。职工每年的储蓄额占当年工资总额的百分比，1976 年 1.9%，1977 年 2.5%，1978 年 3.5%，1979 年 6.4%。1981 年 1—10 月，城乡人民的储蓄存款，增加了 95 亿元，达到 494 亿元。这是广大人民生活改善，广大群众对我国经济发展前途满怀信心的一个重要标志。

第三，从分配领域来看，财政状况也有很大差别。那次调整，除 1960 年出现了 19.2 亿元的赤字以外，1959 年、1961 年、1962 年都没有赤字。那个时候我们财政是集中的，财政上各项补贴也不是很多。这次调整，财政情况是比较严峻的，去年和前年都有大量的赤字，今年才达到基本平衡。这是因为财政补贴的负担越来越重了。前次调整，中央和地方没有钱，企业也没有钱。这次调整，虽然中央财政有赤字，但由于实行了体制改革，调动了地方和企业的积极性，不仅地方有钱，企业有钱，甚至一些机关团体也有节余。这是一个新的情况。

第四，从消费领域来看，前次调整，人民的生活水平不但没有提高，而且下降。这次调整，农民由于农产品的提价，多种经营的发展，收入有了相当的提高。从 1979—1981 年，由于国家提高农副产品的收购价格，减轻部分地区税收负担，农民增加的收入达 520 亿元；由于国家安排城镇大量人员就业，加上提高工资和实行奖励制度，职工增加收入 405 亿元。前次调整，消费品的零售额急剧地减少，1961 年比 1960 年减少了 8.4%，

1962 年又比 1961 年减少了 8%。而这次调整，消费品的零售额是急剧增加的，1979 年比 1978 年增加 23.5%，1980 年又比 1979 年增加 21.9%。今年比去年预计将要增加 9%。

第五，从就业领域来说，前次调整的时候，大量职工返回农村去了，职工的人数大大减少了。全民所有制的职工，1961 年比 1960 年减少了 870 多万人，1962 年又比 1961 年减少了 860 万人，1963 年又比 1962 年减少了 16 万人。这次不同，不仅没有减少职工，反而安排了 2000 多万人就业。当然，我们许多工厂存在着人浮于事、劳动生产率低的现象，这个问题是需要认真解决的。

此外，就经济管理体制来说，也有很大的不同。前次调整的时候，经济管理体制是强调集中的，这次调整是同体制改革、权力下放结合起来进行的。地方实行了财政包干，分灶吃饭，国营企业扩大了自主权，等等。农业广泛地实行了联产计酬责任制。在广东、福建还搞了经济特区。这是体制上的变化。

以上讲的是国内情况的变化。国际环境也有了很大变化。前次调整的时候，苏联单方面撤走了专家，撕毁了合同，逼我们还债。当时我们国家在国际经济舞台上活动的余地是很小的，遇到的困难是相当大的。这次调整，就国际环境而言，我们活动余地大了，主动性大了。另一方面，现在我们许多大的建设项目是从国外引进来的，这一点也和过去不同。过去由国内设计和自行制造设备的基本建设项目，要下马虽有困难，但还比较容易解决，所以那次调整，基本建设战线很快就缩短了；而这次要调整的大的基本建设项目，不少是引进的项目，往往是上又上不去，退又退不下来。下马照样要付款，还得背利息。所以这次基本建设项目下马，要比前一次困难得多。

从上面这些情况来看，这次调整比上次调整在某些方面是有利的，但是也有一些方面困难较多。从一定意义上说，上次调整我们是轻装前进的，这次调整则是背着包袱进行的，这就是困难。但是，从另一方面看，它也有积极的因素，那就是这些引进的大项目上去了，就可以比较快地形成较大的生产力，这对我们经济的振兴是大有好处的。

三　在调整时期要有适当的发展速度

　　这次调整，要不要有一定的发展速度？什么样的速度是切合实际的？这个问题需要进行研究。当然，在调整时期，由于调整经济结构、整顿企业、改革管理体制等任务很重，特别是能源、交通等基础设施还在改造和建设的过程中，所以速度不可能高，更不可能很高，勉强抬高了不利于调整，不利于提高经济效果。要记取过去的教训，不能因为形势好了一点，就头脑发热，把调整丢开。我们应当清醒地看到贯彻执行八字方针的任务仍然是很重的，这件事情搞不好，我国国民经济在新的基础上稳步发展是不可能的。在调整时期速度低一点，是不可避免的。但是，速度也不能过低，而要有一个经过努力可以达到的经济效益比较好的扎扎实实的速度。没有一定的速度就不能满足人民当前急迫的需要，特别是对于消费品的需要，而且也不能很好地解决财政上的困难，不利于鼓舞广大职工群众的干劲，不利于提高干部的经营管理水平，也不利于为今后的发展积蓄力量，甚至会使国民经济发生萎缩。就是说，在调整时期，增长速度不可能过高，但是也不能没有一定的增长速度。我们今年的农业生产超过了原定的计划增长速度，农业的发展方兴未艾。工业生产计划增长 3%，但今年上半年实际的增长是 0.8%，其中轻工业增长 11.6%，而重工业则下降了8.2%，重工业把整个工业发展速度拖下来了。一批重工业企业停止了能源消耗很高的严重积压的产品的生产，腾出能源来上轻纺工业，这是必要的；也有相当一批重工业企业，过去主要为新的基本建设项目服务，今年由于大幅度压缩基本建设规模，以致生产下降，这在重工业调整服务方向和产品结构过程中也是难免的。还有一种情况值得注意，就是有些同志对于调整重工业的服务方向和产品结构的必要性认识不足，甚至对于调整抱着抵触的情绪，说什么"方向不变，产品不丢，队伍不散，设备不动，挺过调整，东山再起"。于是不应该下降的也下降了，不应该下降得那么多的下降得过多了。这种倾向正在纠正，并且已经取得明显的效果。

　　前次调整经过两年多的工作，1964 年、1965 年速度一下子就上去了，同上一年相比，1964 年增长 17.5%，1965 年增长 20.4%，1966 年增长 17.3%。这次经过调整能不能达到这样高的速度呢？要回答这个问题，首先应当看清楚，那次调整，经过两年就有百分之十几到百分之二十几的速度，如前面列举的材料所表明的，是带有恢复的性质，而且石油生产的大幅度增长起了重要的作用。这次调整没有前次那种恢复的因素，而且石油生产在近期也不可能有新的增长。同时重工业调整服务方向和产品结构需要一个过程，能源和交通等基础设施这些薄弱环节的改变也需要一个过程，所以重工业发展的速度在最近几年内必然要低一点，从而整个工业的增长速度也不可能很高。在这样的情况下，希望这次调整以后，有一个像前次调整以后那样的高速度，是不切实际的，但是，力争一定的速度，则是完全可能的，也是必要的。这次调整比前次调整具有一系列的有利因素，我们有力争达到一定速度的条件。总之，在"六五"期间，我们应该争取有一定的增长速度，在"七五"期间的速度将比"六五"期间的速度高，但也不会像前次调整以后那样高。这两种情况我们都应该估计到。我们不要抱不切实际的幻想，但要鼓足干劲，力争有一定的发展速度。

四　同经济发展速度有关的两个重大问题

采取什么样的措施，才能够使"六五"期间达到一定的速度，以便蓄积起力量，争取"七五"的发展速度比"六五"高，再后 10 年有更高的速度呢？这里提出两个同当前增长速度有重大关系的问题来讨论。

第一个问题，是调整重工业的服务方向和产品结构。重工业在服务方向和产品结构没有得到适当的调整之前，是不可能有什么显著的发展速度的，更不用说什么高速度了。在目前情况下如果片面追求重工业的发展速度，生产的产品积压，挤了发展轻工业所必需的能源，那么，这只能给整个国民经济带来恶果。当然这并不是说，重工业在调整中是无所作为的，更不能把它看成一个包袱。我们应当采取各种有效措施，使重工业在服务方向对头、生产适合需要和能源许可的情况下活跃起来，使它为满足农业、轻工业以及国民经济其他方面的需要，为增加出口，为国家减少亏损，增加积累，克服财政的困难做出贡献。这个问题要提到重要的议事日程上来，好好地研究解决。

我们正在尽一切努力，一方面开源，一方面节流，使能源的供应适应生产增长的需要。当前还要努力使机械工业、冶金工业、化学工业、建筑材料工业，等等，通过调整，更能适应为农业、轻工业、交通运输业、节约能源和人民的生活需要服务，特别是为现有企业的技术改造服务。如果不这样做，轻工业也不可能在比较长的时间内维持现在的增长速度。还应当看到，如果在调整时期，重工业没有一定的作为，就不可能蓄积力量，使我们以后有比较高一点的增长速度。因此，要研究在当前能源供应量不可能增加甚至还要减少的情况下，采取什么样的办法，使我们的机械工业、冶金工业、化学工业、建筑材料工业，等等，能够尽快地摆脱目前的困境。这样我们整个工业的增长速度就可能快一点。

那么，重工业的根本出路何在呢？在于调整服务方向和产品结构。过去我们重工业主要是为新的基本建设特别是重工业的基本建设项目服务，自我服务过多，而为农业、轻工业、交通运输业等服务过少。因此，要把服务方向这个问题抓紧解决。看来，重工业直接生产耐用消费品也是有一定限度的，在目前情况下，大概只占机械工业产值的15%—20%。但是，它可以为增加消费品的生产服务，为企业的技术改造服务，这方面的工作现在仅仅开始，大有前途。

第二个问题，是有计划、有重点地进行技术改造。调整时期进行工厂的技术改造，包括有重点地进行设备更新，产品换代，工艺革新，等等。这些工作做好了，就给我们蓄积了力量。技术改造可以使我们重工业有活干，使我们的一些老厂设备更新，增加新的生产能力。当然技术改造也要防止盲目性，要围绕着提高经济效益，从以下几个方面来进行：节约能源，节约原材料，降低消耗，降低成本，提高质量，增加品种，合理地利用资源以提高综合利用水平。通过技术改造把老设备撤下来回炉，给企业以新的设备，这样冶金工业就有原料了，机械工业就有饭吃了，而工厂又得到了效能更高的新的设备，这不是很好的事情吗。技术改造是搞活我们经济的一个重要途径。这样做，一不靠扩大基本建设，二可以提高经济效益。在第六个五年计划期间，抓紧技术改造这个环节，就可以使我们重工业有用武之地，从而更好地支援农业、轻工业，并可以蓄积起力量，为第七个五年计划争取个比"六五"期间高的速度。

进行技术改造一定要有计划有步骤地进行，不能一哄而起，齐头并进。今年改造多少，明年改造多少，五年改造多少，相应的每年设备退役报废回炉多少，都要同生产和基本建设计划一起进行综合平衡，要把技术改造和新建企业统一考虑，一并纳入国家计划。对于好多年久失修的设备，或者修理费用超过新设备购置费的设备，或者是消耗能源太多，一年之内浪费能源的价值超过购置新设备费用的设备，更要有计划地优先地进行更新。有的同志把花很多钱去修理效率很差的设备叫做"古董复旧"。实际上"古董复旧"的情况是很多的，而且我们还有个不好的做法：那就是把一些陈旧不堪、能耗极高的设备替换下来以后，逐级下放，国营大厂交给小厂，小厂还是在那里照样浪费能源。今后应当杜绝这类做法。纺织工业、食品工业和其他轻工业部门以及冶金工业、化学工业、建筑材料工业等重工业部门和交通运输部门，在有计划、有重点地进行设备更新和技术改造之后，加上经营管理的不断改善，将使能源的消耗大大降低，技术水平有新的提高，从而增加产量，提高质量，增多品种，降低成本，这样不但可以加快发展速度，提高经济效益，而且给未来的发展蓄积了力量，创造了条件。我们应当抓紧时机，有步骤地进行技术改造，这是今后经济发展战略的一个极重要的课题。

《国外企业管理的比较研究》前言[*]

一 为什么要对国外企业管理进行比较研究

我国人民正在中国共产党领导下为实现四个现代化而努力奋斗。实现四个现代化要求企业管理现代化。因此，我们要在认真总结本国企业管理经验的同时，努力学习国外企业管理的好经验。

"四人帮"疯狂破坏我国的经济管理和企业管理，反对学习国外管理的经验，给管理工作造成了极大的损失。粉碎"四人帮"以后，我们逐步恢复了过去行之有效的制度，并正在根据新的情况建立新的管理制度和管理方法，同时对国外管理也开展了调查研究。

为了学习国外企业管理，我们派出了大批管理考察团和研究人员出国研究考察，请了很多外国管理专家学者来华讲学，在国内举办了学习外国管理知识的学习班，翻译了很多书籍，写了大量介绍外国管理经验的文章。学习热情之高，规模之大，在我国历史上是空前的。这一切，为我们对国外企业管理进行比较研究提供了条件。

当然，严格来说，对国外企业管理进行比较研究的条件还是不够的。我们对国外企业管理的理论和实践，缺乏全面的系统的调查研究，一些重

　＊　本文是作者 1982 年 8 月与周叔莲合著，中国社会科学出版社 1982 年 8 月出版。

要的管理理论著作也还没有翻译过来。这样就给对他们经验进行比较研究带来了相当大的困难。我们自己的经济管理、企业管理还比较落后，存在不少问题，这也是研究其他国家企业管理的不利条件。即便如此，我们认为开展对国外企业管理的比较研究还是必要的，应该积极开展起来。

为什么要对国外企业管理进行比较研究呢？

第一是为了进一步认识改进企业管理的重要性。我们当前企业管理水平还很低，远不能适应经济发展的要求，许多通过改进管理可以解决的问题，往往不能及时解决。特别是不少人对管理的意义还认识不足。由于"四人帮"长期诋毁管理工作，流毒深远，有些影响还待肃清。通过对国外企业管理的比较研究，将有利于提高我们对管理的认识。

从历史上看，经济发达国家的管理都比较先进，这说明管理先进正是经济迅速发展的一个条件。英国的管理人员在很长时期以来是世界上最成功的，但后来他们落后于美国了，并在某些方面落后于德国。这是英国经济由迅速发展到停滞的一个重要原因。美国原来管理比较落后，不利于经济迅速发展；后来管理科学和管理实践发展了，促进了经济的发展。美国和西欧国家之间的管理差距，是美国经济发展一度快于西欧国家的重要原因之一。日本的情况也是如此，人们称技术和管理是日本现代化的两个轮子，许多外国从事管理比较研究的学者都认为，日本管理先进对日本经济的发展起了极为重要的推动作用。他们说，日本企业的经营方式"揭开了'奇迹般的生产率'的秘密。"

"四人帮"曾说管理就是"管卡压"，这是完全错误的。不仅社会主义社会的企业管理不是"管卡压"，资本主义国家的企业管理也并不都是"管卡压"。现在很多发达的资本主义国家根据行为科学的理论，很注意用说服、诱导、物质刺激等办法来调动职工的积极性，搞好管理工作。说管理是"管卡压"是不符合实际情况的。这一点，通过比较研究，扩大了我们的视野，是看得很清楚的。

第二是为了防止和克服学习外国企业管理经验中的盲目性。我们学习外国企业管理经验取得了成绩，这是不能否认的。但是，也存在着一些问题，除了有些人不重视学习、盲目排外以外，主要是存在着不顾条件照抄照搬的情况。例如，有些同志看到计算机在现代管理中的作用，因而片面强调必须使用计算机才能改进管理。如果有条件广泛使用计算机，这当然是好事，我们也要逐步创造使用计算机的条件，这是管理现代化的内容之一。问题在于，整体上说，我国当前改进管理的关键不在于使用计算机，过分强调使用计算机反而会忽视管理工作中的迫切任务。又如有些同志看到某些国家引进技术产生了良好的效果，因而照抄照搬，造成了损失。事实上，技术引进的成效得失，决定于多种情况，外国有引进最先进技术取得成功的，也有引进最先进技术结果失败的。日本引进最先进技术比较成功，但这是有条件的，例如，日本教育水平比较高，这也是他们引进最先进技术后能充分吸收消化使之发挥作用的重要条件。许多日本的经济学家、历史学家都指出过这一点，我们却往往忽视了这些条件。

我们学习国外企业管理还往往发生这种情况：谁考察过哪一个国家，就片面强调这个国家的经验；谁考察过哪一个问题，就片面强调这个问题的重要性。有些方面我国有很好的经验，甚至超过别的国家。而有的同志在研究这些问题也常常忽视我们自己的经验，甚至存在着盲目崇外的现象，有点"月亮也是外国的圆"的味道，这些盲目性，是不利于我们正确地理解和吸收国外企业管理的经验的。

过去我们在照搬照抄外国管理经验上吃过大亏。新中国成立初期，我国的经济管理体制基本上是抄苏联的，这种经济管理体制存在着很多缺陷，而照搬进来形成固定的制度后，现在改革起来就遇到种种困难。全国解放时帝国主义在封锁我们，当时广泛地学习各国的先进经验也不可能。现在情况不同了，我们已经有条件对国外经验进行比较、分析，这就有可能在学习人家长处的同时，克服他们的短处和缺陷。

第三是为了掌握企业管理的规律性。搞好企业管理，最根本的是要按照经济规律办事，其中包括按照企业管理的规律办事。而掌握规律并不是一件轻而易举的事情。并不是任何成功的经验本身都是规律，有些做法在一定条件下是成功的，而在另一种条件下，却可能失败，这是由于没有真正掌握规律。有些事情我们知其然而不知其所以然，也是由于没有掌握规律。因此，不能把成功的经验和规律混为一谈，从总结经验到发现规律，还要经过艰苦的研究工作。

企业管理的规律，从比较研究的角度看，可以认为主要有以下四种类型：第一种是各个社会都存在管理的规律。虽然企业是资本主义发展的产物，但管理在各个社会都是存在的。在人类历史发展的较早时期，人们就开始运用正式组织，有意识地设计和指挥这样的组织去达到事先确定的目的。这就是说，管理早就存在了，因此，从管理的角度来说，各个社会是存在着共同的规律的，如管理必须讲求效率，讲求效果。第二种是几个社会共同存在的规律，如社会主义社会和资本主义社会共同存在的企业管理规律，即只存在于这两个社会而不存在于或基本不存在于以往社会的规律。社会主义社会和资本主义社会的企业有一个共同点，即都是建立在社会化大生产基础上的，存在着高度的社会分工，存在着商品生产和商品交换，因此，它们也会存在一些共同的企业管理规律，如企业管理必须充分考虑专业化和协作，以及价值规律的作用。第三种是一个社会经济形态存在的规律，如社会主义社会特有的企业管理规律。社会主义社会有自己的固有特点，因此社会主义企业管理也必然存在特殊的规律，如企业管理必须由职工当家做主，必须实行按劳分配等。第四种是一个国家特有的规律，如我国社会主义社会特有的企业管理规律。我国的社会主义制度和其他国家的社会主义制度相比也有自己的特点，因而也会出现一些只存在于我国社会主义社会的企业管理规律。我国企业管理有自己的好的经验，虽然不能等同于规律，但从中可以发现中国社会主义企业管理的特殊规律，如强调职工群众在企业管理中的重要作用，强调思想政治工作。我国企业的民主管理制度和合理化建议制度，以及干部参加劳动、工人参加管理，改革不合理的规章制度，工人、技术人员、管理干部一起解决企业中重大问题的所谓"两参、一改、三结合"制度，就受到日本企业家和管理学者的高度重视。

要掌握以上四种类型的规律，都要求对各国的企业管理进行比较研究。不进行比较研究，不可能发现各个社会共有的规律和资本主义社会、社会主义社会共有的规律，也不可能发现社会主义社会特有的规律和我国社会主义社会特有的规律。

　　不仅认识企业管理规律要进行比较研究，而且运用这些规律也要进行比较研究，因为规律即使认识了，运用起来还是大有学问的。例如雇佣制度，这是资本主义社会的根本制度，受剩余价值规律支配，而美国、日本对这种制度的运用就大不相同。日本的"终身"雇佣制度被认为是经济发展快的重要原因之一，这里就有如何根据本国情况运用规律的问题。运用规律的学问，也是我们通过比较研究可以和需要学习的。

　　第四是为了建立一门企业管理比较研究的科学。各国企业管理比较研究本身就是一门科学，它研究各个国家企业管理制度、管理方法等方面的共同点和不同点，总结它们的经验教训，评价它们的优缺点，目的是要揭示企业管理的规律性和学会利用这些规律。

　　作为科学的企业管理比较研究和通常的企业管理学既有联系又有区别。它们的任务都是揭示企业管理的规律性，并研究如何运用这些规律，这是共同的。而企业管理比较研究着重于各个社会、各个国家企业管理的比较，企业管理学则不着重于这种比较（当然不是不进行比较）。企业管理比较研究要以企业管理学已揭示的原理原则作为指导，企业管理学也要及时吸取企业管理比较研究取得的成果。可以这样说，企业管理学在内容上也包含着对各国企业管理的比较研究，不过现在已有必要使这种比较研究成为一门专门的科学。

　　企业管理的比较研究是比较经济学的一个组成部分。比较经济学是一门新兴科学，很多国家的经济学界在注意研究。它包括对经济制度的比较研究，也包括对经济管理、企业管理的比较研究。人们研究这门科学的目的是不同的。资本主义国家一些学者从事这种研究是为了证明资本主义制度的生命力，反对社会主义制度，并吸取别国的长处为本国的资本主义制度服务。我们从事这种研究则是为了深刻地揭示社会发展的客观规律，包括资本主义社会必然灭亡、社会主义社会必然胜利的规律，同时认真吸取其他国家发展生产力和处理生产关系、上层建筑问题的经验教训，为建设社会主义服务。这里也有一个共同点，就是都要研究其他国家中可供自己借鉴的东西。各个国家之间和各种社会制度之间总是有可以借鉴的地方的。在企业管理上，我们有许多地方要向经济发达的国家学习。而其他国家，比如日本，也很重视研究我国企业管理的经验。我们不应盲目自大，也不应妄自菲薄。通过比较研究，我们更坚信社会主义制度是优越的。

国外一些管理学者早就对各国企业管理进行了比较研究。例如，德尔在《管理：理论和实践》一书中曾研究了英国、法国、德国、美国在管理方面存在的差异。他说：英国为什么不能维持它长期的领先地位？这有许多原因。"部分地必须归因于它的经营管理人员。"他们很多人"采取贵族的姿态"对待企业管理，"同工业革命早期阶段英国管理人员的行为形成直接对照的，是革新的缺乏"。英国刊物《经济学家》把这描述为"一种特殊形式的英国毛病，表现为对利用新发展的断然拒绝，以及对正常财政刺激没有反应"。该书还指出，第二次世界大战后，法国开始了一次新的工业革命，大大增加了工业生产和出口，其重要原因之一，是法国政府的"计划"管理。德国管理人员的特点是严格的权威主义、勤勉、彻底性。战后德国经济的成绩"在很大部分上仍然是由于管理方面突出地显示出了活力"。勒·约翰逊和维·大内在一篇文章中曾对日本和美国的经营方式作了比较。他们指出，日本的经营方式有以下五个特点：（1）下情上达；（2）管理人员的职责不是下命令或机械地下命令，而是向下级和有关部门调查研究，统一思想；（3）统一思想的方法主要是中层管理人员对各种建议进行调整统一；（4）在作出决策过程中反复调整协商，虽然耗费些时间，但作出决策后实行起来却较快，而且错误较少；（5）上下级之间关系比较融洽。这里，主要不在于介绍他们研究的内容，而是指出他们的研究是有成效的。我们为了加快社会主义建设，用马克思主义作为指导来对国外企业管理进行比较研究，应该取得比他们更大的成绩。

总的来说，我们进行国外企业管理比较研究，是为了建立我国的科学管理体系，这是我们面临的艰巨任务。我们当前经济工作中存在的种种困难，也可以说主要是一个管理问题，例如，经济结构问题、管理体制问题，都是要靠改进管理工作来解决的。

列宁早说过，要学习外国管理经验，尤其要学习托拉斯的管理经验。他还说要派人去英国、德国考察管理，尤其强调学习美国和德国的管理经验。可见，列宁早就提出了对各国管理进行比较研究的任务。毛泽东同志也说要学习其他国家管理中的好东西，这也要求我们对各国管理进行比较研究。粉碎"四人帮"以后，党中央制定了加速实现社会主义现代化的战略决策，真正把改进管理提到重要议事日程上来，为我们着手进行这项工作创造了极为有利的条件。

二　必须联系整个国民经济来研究企业管理

本书主要是对国外企业管理进行比较研究。正如研究本国企业管理不能脱离本国的社会经济情况一样，研究外国企业管理也不能脱离外国的社会经济情况。因此，必须联系宏观经济来研究微观经济，必须联系整个国民经济来进行国外企业管理的比较研究。

现在存在一种脱离宏观经济孤立研究微观经济的现象。有些同志研究国外企业管理时，有时脱离了这些国家的社会经济制度和整个国民经济状况。这样做，既难以深刻理解这些国家的企业管理，因而也难以从中吸取应该吸取的东西。

比较国外企业管理时，必须重视社会制度，特别是生产关系对企业管理的影响。马克思曾深刻地阐明了管理的两重性，即管理的内容和性质既受生产力制约，也受生产关系制约。生产关系的不同，会给企业管理带来性质上的区别。马克思的这些分析，对我们的研究有重要的指导意义。例如，社会主义企业管理和资本主义企业管理相比，就有以下一些重要差别：

第一，管理的目的不同。列宁曾说资本主义是为掠夺而管理。资本主义企业管理的目的是为资本家攫取最大限度的利润，这是由资本主义所有制的性质所决定的。社会主义企业管理的目的则是为了满足整个社会和全体成员物质和文化的需要，这也是由社会主义所有制的性质决定的。不这样做，企业就不成其为社会主义企业了。

当然，对管理的目的也不能机械地理解。例如，不能否认，资本主义企业管理也要考虑满足社会的需要，而社会主义企业管理也要增加利润。资本主义企业如果不通过改进管理努力满足社会需要（通过市场需要反映出来的社会需要），也就难以达到增加利润的目的。社会主义企业如果不通过改进管理，努力增加盈利，也就难以达到满足社会及其成员日益增长的物质和文化需要的目的。因此，对管理的目的必须有辩证的理解。

但是，辩证地理解管理的目的，决不能混淆两种制度下企业管理的目的有根本的不同。有一种说法认为，现代资本主义企业管理的目的变了，例如，有人说资本主义企业采用目标管理后不再以利润为唯一目的了，这种说法值得商榷。马克思曾说，生产剩余价值是资本主义生产的绝对规律，因此通常说增加利润是资本主义管理的唯一目的。这当然不意味着资本主义企业管理没有其他目标（如提高质量、降低成本、扩大市场，等等），但又不能把其他目标和增加利润等量齐观；归根结底，这些目标是为完成增加利润这一目的服务的。马克思关于资本主义生产目的的科学分析，对现代资本主义企业也是完全有效的，实行目标管理并没有改变也不可能改变资本主义管理的目的，就像不能改变资本主义生产的本性一样。国外资产阶级经济学家早就鼓吹资本主义生产目的变了的理论，企图抹杀社会主义生产关系和资本主义生产关系的根本区别。我们应该看到这种理论为资本主义制度辩护的性质。

第二，计划化的性质和程度不同。资本主义私有制决定了资本主义社会单个企业是有计划的而整个社会是无计划的，社会主义公有制决定了社会主义单个企业和整个社会都可以是有计划的。这一点，也是对比社会主义企业管理和资本主义企业管理必须注意的。

整个社会能不能有计划，对单个企业的计划管理有决定性的作用。在社会主义制度下，由于整个社会能够有计划按比例地发展，企业才有可能把目前利益和长远利益结合起来，把局部利益和整体利益结合起来；企业不仅有近期的打算，制订近期计划，而且有长远的打算，制订出有科学根据的长期计划。企业的活动、企业的管理不仅考虑本身的利益，而且要使本身的利益服从社会的利益。在资本主义制度下，企业受市场支配，由价值规律自发调节，企业内部计划管理无论怎样好，也摆脱不了跟着市场转的命运。现在，有些资本主义国家也制订社会经济发展计划，我们不能完全否认这种宏观经济计划的作用，但由于受资本家所有制的限制，资本主义国民经济是难以真正做到有计划按比例地发展的，因此现代资本主义企业仍摆脱不了社会生产无政府状态的困境。这就使资本主义的企业首先考虑的是眼前利益，很难认真考虑甚至根本不能考虑长远利益。有的管理学者说，现在美国企业考虑近期利益多而考虑远期利益少，认为这是美国经营管理新出现的危机。其实，这种状况对资本主义企业管理是必然的，很难说是"新出现的危机"。

亚当·斯密曾经说过资本主义生产是由一只看不见的手支配的。他指的是市场的自发调节。现在有人说，由于管理的发达，市场调节已被管理调节代替了，看不见的手因而也被看得见的手代替了。这种说法也不符合实际情况。它混淆了资本主义社会企业内部的管理和整个国民经济的管理之间的界限，前者是受管理调节的，后者则不可能完全由管理调节，不可能完全摆脱市场的自发调节。这不仅是由于资本家和各资本集团之间为了更多地攫取利润，存在着你死我活的竞争，而且它们为了各自的利益完全可以不顾以致牺牲社会的利益、国家的利益。这是资本主义国家生产无政府状态和周期经济危机产生的客观必然性。它充分表明资本主义国民经济还是由看不见的手支配的。不根本改变资本主义制度，不废除资本主义所有制，社会经济不可能由看得见的手代替看不见的手进行调节。

应该指出，我们现在的计划工作也搞得不好。但这不是社会主义制度的问题，而是工作中的缺点、错误造成的。我们不能由于当前计划管理不好而否认社会主义经济是计划经济，以及它和资本主义经济相比的巨大的优越性。社会主义计划经济的优越性，不仅已经为马克思列宁关于社会主义经济的理论所证明，而且已经为社会主义建设的实践所证明。例如，我国第一个五年计划时期国民经济的计划管理和企业的计划管理都是比较好的，是取得了显著成效的。

第三，对经济效果的要求不同。各个社会都关心提高经济效果，但不同的生产关系对经济效果又有不同的要求。资本主义企业最关心的是剩余价值率和利润率，社会主义企业最关心的则应该是人民需要满足的程度。

这当然不是说资本主义企业不关心提高劳动生产率，资本家是非常关心劳动生产率问题的。资本主义企业甚至也不能不关心工人的生活福利，但这归根到底还是为了保证资本家的利润。

这当然也不是说社会主义企业不要关心利润率，利润率对社会主义企业和社会主义社会也有非常重要的意义。在社会主义制度下，每个劳动者创造的利润首先是对社会的贡献。企业的成本利润率、资金利润率反映着经营管理的好坏、对劳动力和生产资料利用的效率、对社会贡献的大小。

有的同志认为，经济效果仅仅是生产力范畴，这种看法是不全面的。经济效果包含着极为复杂的内容，不同的内容由不同的指标反映出来。有些经济效果指标反映生产力的状况，属于生产力范畴；有些经济效果指标反映生产关系的状况，属于生产关系的范畴；有些经济效果指标既反映生产力的状况又反映生产关系的状况，既属于生产力的范畴又属于生产关系的范畴。因此，不能否认经济效果有属于生产关系范畴的方面。否则，就会忽视生产关系在经济效果方面对企业管理的影响。

第四，工人在管理中的地位和作用不同。资本主义制度下生产资料属于资本家所有。因此企业经营管理也由资本家及其代理人当家做主。社会主义制度下生产资料属于整个社会或劳动者集体所有，劳动者成了生产资料的主人，因而也成了企业管理的主人。

第二次世界大战以后出现了一个值得注意的情况，就是有些资本主义国家的企业吸收工人参加管理。为什么会出现这种情况？它有什么意义？有什么可供我们借鉴的地方？这些问题是应该认真研究的。应该看到，这种情况是工人阶级进行斗争的结果，是社会主义国家革命和建设的影响的表现。但是，出现这种情况也绝没有改变资本主义所有制和资本主义企业管理的实质。资本主义企业吸收工人参加管理仍是为了资本家的利益，只是在有利于或最少是无害于资本主义制度时，资本家才会愿意这样做。

有的同志根据我国社会主义企业中还存在着的某些不民主现象，便认为在管理方面社会主义企业还不如资本主义企业民主，这种看法是不正确的。我们一定要设法根除企业管理中的不民主现象。现在我们也正在加强企业的民主管理。但是，即使和西方最民主国家的企业相比，我国社会主义企业在民主管理方面也远远超过它们。因为在我国社会主义企业中工人是主人，理所当然地应该参加管理活动，而资本主义企业即使吸收工人参加管理，也没有改变工人的受雇用的地位。有的同志过分夸大资本主义企业吸收工人参加管理的意义，忽视了社会主义企业民主管理和资本主义企业民主管理的根本区别，这也是离开生产关系孤立考察企业管理导致的片面性。

生产关系对企业管理的影响，不仅表现在处理生产关系问题上，而且表现在处理生产力问题上。例如，泰罗研究劳动动作，揭示了节约劳动时间的规律，这是有关生产力的规律。但是，当利用这些规律组织生产劳动时，生产关系就发生作用了。在资本主义企业里，资本家要尽量榨取工人的劳动，泰罗制正是为了实现这个目的。在社会主义企业里，既要考虑节约劳动时间，又要考虑劳动者健康、休息和全面发展，因此我们既要学习泰罗制，又不能照搬照抄。可见，生产关系对生产力的管理也是有影响的，这是我们进行国外企业管理比较研究时也要注意的。

战后日本企业管理的改进，就是同一系列政治改革、经济改革分不开的。战后初期，日本实行了农地改革，废除了旧财阀的"家族康采恩"形式，允许建立公司工会。尽管这些改革是极不彻底的，并以美国占领当局的利益和需要为转移的，但是，由于这种改革在比较大的程度上克服了日本经济中封建、小生产的落后因素，确立了战后日本经济民主化和发展了资本主义竞争的原则，从而为经济体制改革、发挥经营管理专家的作用，实现企业管理现代化和日本经济的迅速恢复与发展扫清了障碍。日本在废除旧财阀统治体系的同时，还从美国引进了董事会制度、事业部制度，在经济管理体制方面进行了一系列改革，这些改革对企业管理影响很大。日本不改革旧的带有封建落后成分的经济体制，企业的主动性和民主化就不能实现，经营管理专家的作用就不能发挥，从而现代化的经营管理制度则无从建立起来①。日本进行的只是资产阶级的民主改革，而且很不彻底，但对企业管理起了重大的作用。

我们从很多经济落后国家都能看到，他们企业管理落后常常是同政治

---

① 参见任文侠《论日本企业经营管理的现代化》，载《日本工业企业管理》，吉林人民出版社出版，第3—4页。

制度、经济制度的缺陷、弊端以及国家宏观经济政策的失误紧密联系着的。

历史文化传统包括经营管理方面的传统，也对企业管理有重要影响，这是我们进行比较研究时也要注意的。许多管理学者指出，美国、日本企业经营管理上的差异，根源之一是文化上的差异。问题在于如何利用历史传统，使之有利于经济发展。这里有很深的学问，需要很高的领导艺术。因为历史文化传统的发展趋向和作用，在很大程度上是由社会经济制度和国家宏观经济政策所制约的。

在社会主义制度下，经济管理体制不同，对企业管理的影响也不同。例如，斯大林时期的苏联，由于实行高度集中的经济管理体制，企业是行政机关的附属物，缺乏必要的独立性，商品生产、价值规律受到各种人为的限制，企业内部缺少动力，外部缺少压力，因而企业缺少改善经营管理的主动性和积极性，企业管理不被重视，这方面的科学研究也受到影响。这是一种情况。另一种情况如南斯拉夫，它早就不照搬斯大林的经济管理体制模式，根据本国的情况进行了经济改革，建立了自治经济制度，发挥了联合劳动组织的主动性，企业管理也有了进步和发展。罗马尼亚的企业管理在实行经济管理体制改革前后发生的变化，也说明了经济管理体制对社会主义企业管理的巨大影响。

通过两种社会制度下企业管理的对比，可以看到，社会主义制度就其客观方面来说，在改进企业管理方面比资本主义制度存在着无比的优越性。这是因为，社会主义制度以生产资料公有制为基础，消灭了剥削，国民经济能够有计划按比例发展。但是，要使社会主义制度的优越性发挥出来，还必须做好工作，包括改善经济管理体制。否则，即使客观上具备有利条件，社会主义企业管理也是搞不好的。

还要指出，研究微观经济固然不能离开宏观经济，而研究宏观经济同样不能离开微观经济。宏观经济决策要通过微观经济才能全部贯彻，因此研究宏观经济也要关心微观经济。过去政治经济学不把企业管理作为研究内容，理由是企业管理不是生产关系问题，这种看法也是片面的。企业管理中有很多生产关系问题需要研究，政治经济学在这里大有用武之地。把宏观经济管理和微观经济管理结合起来研究，分工而不分家，各有侧重而又兼顾，这将有利于整个经济管理水平的提高和经济科学的发展。

三　把管理理论和管理实践结合起来研究

对国外企业管理进行比较研究，还应该把管理理论和管理实践结合起来，并对各种管理理论进行科学的评价。本书在这方面做了一点尝试，但是做得很不够，有的还没有做。下面仅就有关的几个问题，谈一些初步看法。

第一，资本主义企业管理的现代化是在一定的理论指导下形成发展起来的。本书考察的近代和现代企业管理都是在一定的企业管理理论指导下形成和发展起来的，这是它区别于以往企业管理的重要特点。不研究近代和现代的企业管理理论，也就难以深刻理解近代和现代的企业管理。因此，在对国外企业管理进行比较研究时，既要考察企业管理实践，又要研究企业管理理论，要把两者结合起来研究。

企业管理是伴随着企业同时产生的。早在资本主义社会以前，一些规模较大的手工作坊和商业企业就存在管理问题，不过当时的管理是凭经验进行的，我们可以把这种管理方法称为经验的管理方法。资本主义初期企业管理也是采用的这种管理方法。在经验积累的基础上，出现了管理方法的程序化，即按照一定的程序或程式进行管理，这种方法可以称为程序的管理方法。它不再依赖于管理者直接经验的积累，但基本上也还是一种经验的管理方法，没有把管理经验上升为理论，在理论指导下进行企业管理。

近代科学的企业管理是和美国人泰罗的名字联系在一起的，这种联系不是没有根据的。泰罗利用科学方法对企业管理的许多问题，如劳动动作问题、劳动时间问题、工资问题、计划工作问题等进行了研究，提出了通常称为"科学管理"的古典管理理论，使企业管理不再单凭经验而越来越依靠理论的指导。美国管理学家威拉曾把泰罗的管理理论概括为以下六个原理：（1）时间研究原理。进行时间研究，对所有作业规定标准时间。

（2）按件计酬原理。实行差别计件的工资制度。（3）计划与作业分离原理。管理者担当计划职能，劳动者担当作业职能。（4）作业的科学方法原理。管理者要研究作业方法，训练劳动者。（5）经营控制原理。高级管理阶层将某一部分权力交给较低管理阶层，只处理例外事项的管理问题。（6）职能管理原理。管理者实行管理职能的分工和专业化。泰罗这些原理的很多内容，至今仍是现代化企业管理的重要依据。

泰罗的研究着重于车间管理和作业管理，而对整个企业的管理研究不够，同时期的法国人法约尔弥补了泰罗的不足。法约尔把企业的管理职能与技术职能、营业职能、财务职能、安全职能、会计职能等并例，并把管理分为五个部分：（1）计划；（2）组织；（3）指挥；（4）协调；（5）控制。他对管理下了一个有名的定义："管理就是实行计划、组织、指挥、协调、控制。"法约尔把计划看成是最重要而又最难办的管理职能，把组织工作看成是关于人力和物力的组织问题，着重研究了人力的组织问题。他认为，对于一个成功的企业来说，指挥、协调和控制都是必不可少的。法约尔总结了实践经验，提出了十四项管理原则，其中包括分工原则，命令统一原则，指挥统一原则，保持安定原则，等等。法约尔的这些理论和原则也是近代科学企业管理的理论基础，在各国企业管理实践中得到了广泛的运用。

各国企业管理理论的发展对实践有着重要影响。20世纪以来美国企业管理所以比较先进，是同美国企业管理理论研究工作比较发达分不开的。为什么英国工业化最早而后来企业管理却不如美国呢？原因之一在于英国不像美国那样重视企业管理理论的研究。日本企业管理所以比较好，也同重视企业管理理论有关系。明治维新后，日本就从国外引进企业管理理论，战后又积极研究国外企业管理理论，并同本国传统相结合，形成了富有民族色彩的管理理论。

在很多国家，接受国外资产阶级企业管理理论的任务，一般是由本国资产阶级来完成的。在旧中国，官僚资产阶级没有接受也不可能接受国外先进的企业管理理论，民族资产阶级也没有力量完成这个任务。新中国成立前翻译的国外企业管理著作寥寥可数。这个任务，只能在新中国成立后由我国工人阶级和知识分子来完成。但新中国成立以来，我们这方面的工作一直做得不够，特别是"十年动乱"中，更对西方企业管理理论采取了全盘否定、一概打倒的态度，带来了严重的消极后果。列宁早就指出："应该在俄国研究与传授泰罗制，有系统地试行这种制度，并且使它适应下来。"① 根据我国情况，在对国外企业管理进行比较研究时，显然应该十分重视对企业管理理论的研究。

　　第二，半个世纪以来西方企业管理理论的发展对实践发生了重要的影响。泰罗建立科学管理以来，企业管理理论的变化是很快的。西方有些现代企业管理理论，不论对资本主义企业管理而言，还是对社会主义企业管理而言，都是不容忽视的。

　　例如，行为科学。西方行为科学于 20 世纪 30 年代出现以来，对资本主义企业管理有多方面的影响。行为科学开始是以美国哈佛大学教授梅奥为代表的一批管理学者，在芝加哥西方电气公司的霍桑工厂，经过多年实验提出来的与传统理论不同的新理论。它的要点有：（1）传统管理把人假说为"经济人"，认为金钱是刺激积极性的唯一动力；行为科学则提出"社会人"的假说，认为除了物质条件外，还有社会的和心理的因素影响人的生产积极性。（2）传统管理认为生产效率简单地受工作方法和工作条件所制约；行为科学则认为生产率的升降主要决定于"士气"，而士气决定于个人家庭、社会生活以及企业中人与人的关系。（3）传统管理只注意到"正式组织"问题；行为科学还提出了"非正式组织"的作用。依据行为科学理论，资本主义企业管理也有了变化和发展。明显的如吸收工人参加管理。30 年代末，美国有的工厂就制定了工会和资方合作管理生产的制度，其中包括职工建议制度和建立有职工参加的生产委员会，以此来共同寻求节约方案，进行改革，帮助工厂克服困难。再如实行工作扩大化和丰富化的制度，从此来提高工人的"士气"。工作扩大化是让职工承担多样化的工作，使每个人做周期更长的工作。工作丰富化除了个人的工作多样化外，还要求把工人的工作内容提高到包括产品设计、计划、工

---

① 《列宁选集》第三卷，人民出版社 1972 年版，第 511 页。

艺、组织和控制等管理职能。这些办法都取得了一定成效。这些理论和实践不仅使资本主义企业管理有所变化，而且使资本主义企业内部的关系有所变化。当然，由此否认资本主义生产关系的剥削性和压迫性，是完全错误的，但这里的变化却值得重视和需要认真研究的。

又如，决策理论。第二次世界大战以后，随着竞争的加剧和企业规模的进一步扩大，决策在企业管理中的地位越来越重要。很多管理学者认为决策是现代企业管理的中心课题。诺贝尔奖金获得者西蒙更认为"管理就是决策"。传统的观点把决策看成是最后做出决定的瞬间行动，现代决策论认为这是一种误解，因为决策是包括情报的收集、审查与分析和制定各种可选择的方案等的长过程。一些管理学者认为，决策过程可分为三个阶段：（1）收集情报。（2）制定各种方案。（3）在各种方案中选择一种最优方案。他们还把决策分为定型化决策与非定型化定策。前者属于程式化的决策，决策时有定规可循，不必进行新的决策；后者是指没有定规可循的决策，遇到这类问题必须进行新的决策。现代决策理论还与企业分权的倾向有着一定的内在联系。美国从四五十年代开始，企业管理有着分权的倾向，这和决策理论受到重视有关，因为在企业规模越来越大的情况下，决策权集中在最高管理阶层是不利于正确决策的，分权则有利于决策。欧美、日本很多大企业实行的事业部制，就是这种分权趋向的产物。有的学者把事业部说成既是分权化的单位，又是利益责任单位，又是产品责任单位。可见，事业部首先有利于进行决策。现代决策论还认为，企业中所有的经营管理者，包括最高管理阶层、中级管理阶层以及基层管理阶层，都是决策者。应该指出，西方现代企业管理决策理论，以及与此相联系的集权分权理论，对于处理社会主义企业的决策问题和企业管理体制问题，是有重要的借鉴意义的。

再如，管理技术和管理方法。第二次世界大战以后，西方资本主义企业在组织生产、分配、流通的技术和方法上也有不少值得重视的科研成果。诸如全面质量管理、价值工程、系统工程、投入产出法，等等，社会主义企业管理可以从中学到应有的东西。

人们曾经思考，资本主义进入帝国主义阶段以后生产力为什么还能迅速发展？我们认为，原因之一在于资本主义企业不断改进管理。虽然资本主义生产关系和生产力之间早就存在尖锐的矛盾，但由于采取种种措施尽量缓和这种矛盾，合理地组织生产力，因而仍有可能促进生产力的发展。而资本主义企业管理的改善，又是同管理科学研究、管理理论的发展分不开的。现代企业管理理论不仅对资本主义社会发生了重要影响，而且对我们改进社会主义企业管理有参考意义，这是我们必须重视研究企业管理理论的又一个原因。

第三，对资产阶级企业管理理论应该有正确的评价。我们应该正确评价各种资产阶级管理理论。曾经有过一种流行的观点，认为资产阶级管理理论是剥削阶级的意识形态，是资产阶级剥削无产阶级的工具，否认它有科学性。我们认为，在阶级社会里，企业管理理论和企业管理一样，涉及到阶级关系和阶级利益问题，确实是有阶级性的。资产阶级企业管理理论确实也是为资本主义和资产阶级的利益服务的。但是，马克思主义从来没有把社会科学理论的阶级性和科学性截然对立起来，从来没有否认一些资产阶级社会科学理论的科学性。马克思曾深刻而又具体地分析了以亚当·斯密和大卫·李嘉图的著作为代表的资产阶级古典经济学的阶级性和科学性。马克思主义政治经济学就是资产阶级古典经济学的继承和发展。资产阶级企业管理理论和政治经济学理论有所不同，后者以生产关系为研究对象，前者则不仅研究生产关系，而且研究生产力。有的资产阶级企业管理理论还以生产力的组织问题为主要内容，它所揭示的生产力规律带有自然科学规律的性质。因此，即使到了帝国主义时期，资产阶级企业管理理论仍有可能揭示管理中的规律性，更不用说它会反映资本主义组织生产的经验。由此可见，我们固然不能否认资产阶级管理理论的阶级性，但是也不能否认资产阶级企业管理理论的科学性，而应该对各种理论进行具体的科学的分析。

首先要用实践来检验这些理论。资产阶级企业管理理论五花八门，有人形象地比喻为热带的丛林。上面说资产阶级企业管理理论有科学性，当然不是说所有的理论都具有科学性，有很多理论并没有科学性。管理理论和管理经验有所不同，理论是实践经验的总结、概括和提高，同时又是人的思维的产物，因此，一定的理论总是受一定的思维者的立场、观点、方法的影响和作用，即使理论是从实际出发的，也并不一定正确反映实际，更不一定揭示实际中的内在联系即规律性。理论有没有科学性，归根到底要由实践来检验。泰罗的管理理论之所以有科学性，就是由于它的很多内容经过实践检验证明是正确的。例如，他通过铁锹铲物的试验，提出铲重物时用小锹，铲轻物时用大锹，使每一锹的重量都接近 21 磅。实行他的建议，使每人日产量提高两倍多。我们把管理理论和管理实践结合起来考察，将有利于用实践来检验理论。

其次，要给各种理论以应有的历史地位。我们对一种理论进行评价，不仅要用实践来检验它，而且要给它以应有的历史地位。这就是要考察，这种理论和已有的理论比较提出了什么新的问题、新的观点和新的方法，这些问题、观点和方法具有什么意义。例如，行为科学关于"社会人"的假说，打破了古典管理理论把人仅仅看成是"经济人"的传统观点，对企业管理的理论和实践提出了一系列新问题和新观点，因而在企业管理理论发展上占有重要地位。有些理论提出的问题和观点仅仅是过去理论的复述或改头换面，有些理论是一些空泛的议论而缺乏实际意义，这些理论就说不上有什么贡献。有些理论宣扬或搬弄历史上的反动的东西，例如，鼓吹封建的管理办法等等，这些理论本身也就是反动的了。以上各种情况（还有其他情况），都是我们研究国外企业管理理论会碰到的。

评价资产阶级企业管理理论，还有一个坚持无产阶级立场的问题。资产阶级企业管理理论既然是为资产阶级利益服务的，马克思主义者在承认它的一定的科学性的同时，当然不能无条件地赞同它所反映的资产阶级对无产阶级的剥削、压迫和欺骗。当评价一种理论在资本主义社会起什么作用时，我们既要看到它可能包含的科学真理，又要看到它起着维护资本主义剥削制度的作用。对前者，我们是肯定的；对后者，我们则持批判态度。在考虑这些理论可否运用于社会主义企业管理，以及如何运用于社会主义企业管理时，则还有一个坚持社会主义道路的问题。社会主义企业管理，既要有利于发展生产力，又要有利于巩固和发展社会主义生产关系。这当然不是说，我们只能吸取资本主义企业管理中组织生产力的经验，而不能吸取其处理生产关系的经验。组织生产力的经验固然可以吸取，处理生产关系的经验同样可以吸取。因为，资本主义生产关系也不仅仅是无产阶级和资产阶级的关系，还有资产阶级之间的关系，无产阶级之间的关系，还有企业与国家的关系，企业与企业的关系，企业内部各单位之间的关系，等等。资本主义企业在处理后面这些关系时，某些对我们有用的经验，社会主义企业也是可以借鉴的。即使资本主义企业处理资产阶级和无产阶级关系的经验（如西欧一些资本主义国家的企业吸收工人参加管理的经验等），社会主义企业也是可以从中吸取有利于自己的东西的。这里的关键是在借鉴资本主义国家的经验时坚持社会主义道路。在这方面，列宁也为我们做出了榜样。他指出泰罗制有两个方面，"一方面是资产阶级剥削的最巧妙的残酷手段，另一方面是一系列的最丰富的科学成就"①。我们在评价资产阶级企业管理理论时分清这两个方面，就能够做到坚持无产阶级立场和社会主义道路。

第四，重视研究和努力发展社会主义企业管理理论。我们所以强调要对国外企业管理理论进行研究，还由于我们面临着发展我国社会主义企业管理理论的迫切任务。

我国社会主义企业从开始出现那天起，是一直在马克思主义指导下进行管理的。虽然马克思早在社会主义革命胜利前就去世了，但是，他的经济理论为社会主义企业管理提供了指导思想。马克思、恩格斯关于社会主义经济是计划经济的理论，关于社会主义大生产必须管理的理论，关于社会主义企业管理目的性的理论，关于管理必须有权威的理论，关于社会主义制度下簿记更加重要的理论，关于按劳分配的理论，关于节约的理论，等等，是我国社会主义企业管理遵循的准则。列宁在十月革命胜利后领导俄国进行社会主义建设中，曾提出了一系列关于社会主义企业管理的理论，例如，关于管理重要性的理论，关于向资产阶级学习管理的理论，关于民主管理的理论，关于社会主义制度下劳动纪律的理论，关于经济核算的理论，关于培养管理人才的理论，等等，也在我国社会主义企业管理中

---

① 《列宁选集》第三卷，人民出版社 1972 年版，第 511 页。

得到了贯彻。

毛泽东同志对于如何办好社会主义工业企业，也提出过一系列重要的指导思想。他强调全心全意依靠工人阶级，工人是企业的主人，要实行干部参加劳动、工人参加管理、改革不合理的规章制度，和技术人员、工人、干部"三结合"，实行从群众中来，到群众中去；他强调产品好、成本低、推销快是企业行政、基层党组织、工会三方面三位一体的共同任务；他强调国家经营和合作社经营的事业，都要有相当精密的计划；他强调价值规律是一个大学校，要勤俭办工厂，建立经济核算制，使一切工厂实行企业化；他强调要遵守按劳分配的原则，反对平均主义，强调物质鼓励和精神鼓励要结合起来；他强调思想政治工作是经济工作和其他一切工作的生命线，要坚持做到政治和经济的统一、政治和技术的统一，又红又专，等等。毛泽东同志这些关于我国社会主义工业企业管理的理论是经验的科学总结，已被实践证明是正确的。

马克思主义、毛泽东思想的指导，是我国社会主义企业管理的特点和优点，保证了我们在管理上取得了巨大的成绩。但是，不能否认，整个社会主义建设的历史还比较短，经营管理经验也不够丰富。我国认真进行社会主义建设和经济管理的时间，也不过十几年，当然不可能积累起丰富的社会主义经济管理的经验，理论基础还比较薄弱。首先，我国企业管理理论原来的底子差。前面说过，旧中国的资产阶级没有在企业管理理论上做起码的工作，这样差的基础当然不利于以后理论的发展。其次，马克思主义毛泽东思想虽然是我们企业管理的指导思想，但不能代替社会主义企业管理理论。而我们却长期没有很好地认识建立我国社会主义企业管理理论的必要性，满足于原有的一些理论观点。再次，我国从苏联搬来的高度集中的经济管理体制，使企业失去了应有的独立性，企业经营决策问题，在实践上和理论上被忽视甚至被取消了，这就不能不严重限制企业管理理论的发展。最后，不重视研究国外企业管理的理论和实践。那种否认资产阶级企业管理理论具有科学性的观点，是长时期地相当普遍地存在的。由于这种观点的影响，不仅不努力吸取国外对我们有用的东西，甚至不去了解国外的情况，造成闭目塞听。特别在"十年动乱"中，林彪、"四人帮"

否定一切，打倒一切，破坏了企业管理，导致企业管理理论的严重倒退，这期间对企业管理理论的研究工作（包括研究国外企业管理理论）完全中断了。

由上可知，发展社会主义企业管理理论需要从多方面进行工作，其中包括对国外企业管理理论进行认真的研究。应当指出，第二次世界大战以后社会主义企业管理理论也有很大的发展，尤其是由于社会主义国家着手改革经济管理体制，使社会主义企业管理的理论和实践有明显的前进。很多社会主义国家的经济学家在社会主义企业管理理论上都有新的贡献，社会主义企业管理理论的科学体系正在形成。在这种情况下，我们结合企业管理实践，对国外企业管理理论进行比较研究，将有利于建立和发展我国社会主义企业管理理论这门重要的学科。

四　学习外国企业管理经验必须与本国具体情况相结合

我们从事国外企业管理比较研究，归根到底是为了学习外国企业管理的先进经验，促进我国社会主义现代化事业的完成。学习外国企业管理经验和学习其他方面经验一样，都要注意和本国具体情况相结合。所谓本国具体情况，包括政治制度、经济制度、经济发展水平、科学技术水平、经营管理现状、文化教育水平、历史传统、风俗习惯、伦理道德观念，等等。学习外国先进经验，要重视和发扬还适用的本国的传统经验，防止和克服不顾本国条件的生搬硬套。日本在这些方面是做得比较好的。

战后初期，日本企业管理很落后，当时在对待国外管理经验上，日本有两种片面观点：一种主张全盘接受，认为凡是美欧的都是先进的，不加分析，不考虑国情，主张拿来就用；另一种主张一概排斥，认为一切外国的东西都与日本传统习惯相矛盾，不能接受。但是，占主导的意见则主张把美国先进的企业管理制度与日本传统经验结合起来，对引进的东西认真消化，对本国的东西认真总结，使两者取长补短，形成具有日本特点的现代化企业管理。如何把国外经验和日本传统结合起来呢？当时存在着三种可能：（1）不分重点，把两者统一起来；（2）以保持日本的传统经验为主，用引进的现代化经营方法补充其不足；（3）以引进的现代化经营方式为原则，结合日本国情和传统经验，逐步实现日本企业管理的现代化。日本基本上采取了第三种方式，建立起适合本国情况的企业管理制度。日本企业管理制度具有以下一些特点：

第一，从管理理论上来说，日本的企业管理注意吸收"技术组织学派"和"行为科学学派"的优点，并且同日本的民族传统和民族习惯结合起来应用，形成了一种具有日本民族特色的管理体系。日本在处理企业和工人的关系上与西方资本主义国家比较，有很大的不同。

"技术组织学派"强调在技术上、组织上、制度上下工夫，通过建立科学的组织和严格的规章制度来促进生产效率的提高；"行为科学学派"则强调人的能动作用，从社会心理学的角度研究管理，注意调动人的内在动力来促进生产效率的提高。有些国家的管理学家把两种理论对立起来，或者只强调一面而忽视另一面。日本的企业管理则注意集各家之长，吸收两大学派的优点，既强调组织制度，又重视研究人的心理，发挥人的主动性，结合它们民族的特点形成了自己独特的管理方法。

第二，日本民族传统和民族习惯在企业管理上的突出表现，是"家族主义"，即把企业的整体看做一个"家族"，经理就是家族的"长者"，企业的职工就是这个家族的"成员"。企业内部各级组织也就成为一个个的小"家族"，各级负责人都是"长者"，都有相当的权威，形成一级对一级的有效控制。

"家族主义"的观念，牢固地树立在人们的头脑中，渗透在管理制度、管理办法、管理习惯当中。这种观念和从这种观念出发建立起来的一套经营管理办法，使企业全体人员结成所谓"命运共同体"，拧成一股劲，形成一种集体力，使企业具有很强的竞争力。

第三，从"家族主义"出发，建立起三项传统的制度，日本人自称是企业管理的"三大支柱"。这三项制度：

一是"终身"雇用制。不是由社会、国家保证工人就业，而是企业内部的"终身"雇用制。这种制度的根源就在于"家族主义"。把企业看成一个家族，只要企业不倒闭，一般不轻易解雇职工。当然这种所谓

"终身"雇用制，是相对来说的，企业倒闭了，工人照样失业。

二是年功序列工资制。这是指工资的一部分按工龄长短计算，而这种工龄仅仅是指在本企业的工龄，如果跳厂，工龄要从头另算。这样做也是因为把一个企业看成是一个家族，按每个人对本家族贡献时间的长短来计算工资。

这就是说，实行"年功序列工资制"时，工资的一部分是死的，另一部分是活的，活的部分是按职务，成绩以及特殊作业而定的。活的部分也不是由群众评定，而是由各级主管人员决定后报告上级批准的，他们把这个叫做"第一次人事权"。

三是按企业组织工会，不是按产业组织工会。各企业有自己的工会，但各企业工会之间没有联系。劳资双方的冲突和交涉限制在企业内部，实际上是利用家族主义来分裂阶级，把劳资关系歪曲为家族内部的关系，鼓吹"家里的事情在家里解决"。

这套制度使工人在职业上有一定的稳定感，把每个职工的利益同企业的命运紧扣在一起，结成所谓"命运共同体"。

第四，在调动职工的积极性方面，也有一套比较有效的办法。

一是注意思想教育。每个企业都有"社训"（日本的企业统称株式会社），作为企业全体职工共同遵守的准则。

许多企业设有厂史展览馆，新工人入厂第一课就是到这里来接受"爱厂如家"的教育。

有的企业设有进行思想健康教育的"健康管理室"，专门来调解领导和被领导之间以及工人之间发生的冲突，用形象化的方法来启发双方正确对待自己，正确对待别人，消除对立，共同搞好生产。

普遍举行"忘年会"，这是传统的做法，每到年终，以生产班组或行政科室为单位聚餐，通过这种活动，使大家把一年来相互间发生的不愉快的事情"忘掉"，达到相互谅解，在新的一年里达到新的团结。

祝贺生日。各级主管人员对每个部下的生日都记得很清楚，按时祝贺，赠送一些小礼品，讲些鼓励的话。

二是注意奖励的效果。日本的管理中有一个信条：不要为了调动一个人的积极性而伤害一片人的积极性。因此，日本的企业里不评奖，他们认为评奖得不偿失。日本企业的奖金主要有两种：

一种是根据企业经营好坏，按每人的工资等级，每年普遍增发相当于本人3—6个月工资的奖金。

另一种是根据每个人贡献的大小，每年年终由各单位的主管人员分别发给每人一份数额相差悬殊的奖金。这种奖金的个别授予，职工之间互不通气。每人得到多少不评议，由主管人员根据平时考核成绩决定。

三是注意开展群众活动。日本企业管理中，群众活动搞得相当广泛。最有名的是群众性的质量管理，各企业普遍建立群众质量管理小组，定期评比，每年还要开展一次全国质量月活动，广泛交流质量管理经验。

日本的企业管理当然不是没有缺陷的。例如，终身雇用制主要是在大企业实行，而大企业往往是用牺牲中小企业的利益来维持这种制度的。这种终身雇用制每每成为企业灵活经营的障碍，在大企业中是用把这种不灵活性转嫁到中小企业以至于公司的办法来接济的。在景气的时候大企业把若干订货包给中小企业以满足他们的需要，一到萧条的时候需要减少就停止订货，由中小企业承受着牺牲。小企业倒闭频繁，这些企业的职工也就频繁地失业，"终身"雇用制对这些企业来说，只是徒有其名。就实行这种雇用制的企业来说，它包含着封建制度残余，使职工就业后无选择企业的自由，雇主可以借此压低工资，同时不利于工人思想觉悟的提高。现在由于企业之间竞争的加剧，工人思想状况的变化等等原因，终身雇用制也越来越难以维持了。尽管日本企业管理制度存在着种种缺陷，尤其是不可能克服资本主义制度的基本矛盾，但它把国外经验和本国情况结合起来的指导思想和一些具体做法，还是值得我们借鉴的。

学习外国企业管理的经验，要取得成功，必须与本国的具体情况相结合，不仅日本如此，世界其他很多国家也是这样。我们知道，第二次世界大战对西欧经济破坏极大。西欧在经济复兴过程中，美国曾经发生过相当大的影响。美国企业管理的经验，对西欧也曾发生过很大的影响。但是，经过西欧各国人民的努力，都重建并且大大地发展了自己的民族经济，并没有美国化，而是保持了自己仍然起积极作用的好传统。奥地利的安德利兹公司总经理舍里奥在谈到他们经营企业成功的经验时曾说："我们的秘诀是传统加进步。"

欧洲经济论坛主席施瓦布教授曾向我们介绍了西德、瑞士、奥地利等国家流行的管理哲学。他说：在欧洲，企业是被看做社会的一个小系统，同社会的其他小系统保持着经常的联系。企业领导的任务就是用尽可能好的方式为整个社会服务，具体来说就是为它的顾客、股东、雇员、政府、债权人和供应厂商服务。首先，企业必须为顾客服务，必须满足顾客的需要并给他们最好的产品或劳务。其次，企业必须为投资者服务，使投资者的投资回收率高于向政府放款的利率。再次，企业必须为雇员服务，必须提供雇用的连续性、实际收入的增长以及工作的人道待遇。最后，企业必须为社会服务。它必须对后代的物质利益负责，必须最好地使用知识与资源，必须不断把管理与技术方面的知识推向前进，必须向社会交纳适当的税款。企业为了完成这些任务，保证自己能够长期存在下去是必要的。社会的成员对企业有一个共同的基本愿望，就是企业的连续性的繁荣。这一总的目标可以用四个具体目标来衡量：（1）利润。它表明资源是否有效地得到了利用。(2) 发展。它表明用以主宰当前和未来的活力。(3) 安全保障。它表明企业处理预见不到的问题和对付威胁的能力。(4) 社会责任。它表明企业对社会承担的义务，如防止污染，等等。企业的顾客、股东、雇员以及政府、工会等，对这些目标的优先考虑方面存在着矛盾，企业领导人必须找出办法来妥善地解决这些矛盾。

值得注意的是，以上管理哲学力图掩盖资本主义企业的剥削性质，但这种哲学确实对欧洲国家的企业管理起了重要的影响。

联邦德国、瑞士、奥地利在企业经营管理上也有着自己的特点。例如：

第一，企业的所有制形式比较复杂。虽然都是资本主义企业，但具体形式却有：（1）由一个或几个家族所有，对外不出售股票。（2）由一个或几个资本家和银行家掌握主要股份，其余的股份分散在较多的股票持有者手中。（3）政府和私人合资经营，有的政府占主要股份，有的私人占主要股份，出售股票。（4）联邦政府和州政府合营，不售股票。（5）资金国营，不出售股票。

联邦德国的国营经济，在 11 个主要工交行业中，邮政、电信、铁路、航空全为国营，电力国营部分约占 3/4，煤气和煤炭约占 1/2，石油产品、汽车和造船约占 1/4。

第二，国营企业都按私人资本主义经营原则进行管理。国营企业在组织上、经营管理的原则上和方法上都和私人资本主义企业一样，除了铁路、高速公路等由政府垄断外，其余的都和私人企业在市场上竞争。

第三，职工在企业经营管理方面起较大的作用。联邦德国法律对企业的监督委员会、管理委员会和工人委员会的组织和职责，都有明确的规定。监督委员会类似美国、日本的董事会，但它的一半是股东代表，另一半是职工代表。凡 2000 人以上的企业，必须成立监督委员会。凡雇用 5 人以上的企业都必须成立工人委员会，工人委员会由全厂职工选举产生，主要任务是维护工人的工资、福利、安全等权益，每两年改选一次。工人委员会和企业中的工会是两回事，非会员也有选举权和被选举权。工人委员会对管理委员会涉及工人权利的某些决定，如解雇工人、调整工资等有否决权，但不能干预企业的生产经营活动。

第四，管理机构的设置灵活多样。在管理机构的设置上，美国和日本都大体有一个格式，而联邦德国各企业的管理机构却差别很大，企业都根据自己的需要，设置相应的机构，而不彼此模仿。他们按照企业的特点设置管理机构的做法，可以避免机构臃肿，有利于提高管理效率。

第五，在技术改造中充分利用旧设备，重视传统的手工技巧。他们在对老企业进行技术改造的过程中，比美国更加重视旧厂房、旧设备的利用，还特别注意发挥传统手工技巧的优势。

第六，实行能力工资制度。西欧三国都实行能力工资制度，即按技术和实际工作成果拿工资。西欧工人和美国工人一样，实行小时工资制和集体计件或超额计件工资制，职员、工程技术人员和管理人员实行月工资制，而美国的职员、工程技术人员和管理人员则实行年薪制。联邦德国人认为，能力工资制度更能调动人们的积极性，便于发现人才，使能干的年轻人有充分的用武之地。西德在福利方面也有自己的特点，例如，每年除法定假日外，还有六星期的假期，这六周假期除工资照发外，还要按工资加发一定比例的休假津贴，以资助职工旅游，这在美国、日本也是没有的。

联邦德国等国企业经营管理上的特点是和它们的特殊历史条件相适应的。例如，联邦德国工人在企业中权利较大就有其历史原因。战后，原国营企业被占领军控制，要依靠职工恢复生产，因此给职工代表以较大的经营管理权。私人企业的资本家因与战争有牵连，许多人逃往国外，职工为了生活，组织起来护厂，恢复生产，进行经营活动。后来这些资本家陆续返回，也不能不考虑已经形成的现实。欧洲一些国家工人在企业中权利较大同社会主义国家的影响、国际工人运动的发展也有密切关系，同时也同受本国社会民主党的影响较深有关。

总之，把外国企业管理的经验和本国具体情况相结合，是一个好经验，一个成功的经验。中国要实现现代化，当然要向已经现代化的西方和东方国家学习，学习他们对我国现代化有益的那些东西。但绝不能照搬，也绝不是西方化或日本化。有的人有这种担心，有的人有这种希望，这都是不切实际的。我们的现代化是中国式的，是社会主义的。正如党中央的负责同志所说，我国的现代化是中国式的社会主义现代化。

我国当前学习外国企业管理经验应该注意哪些国情呢？这是一个需要专门研究的问题。我们考虑，以下一些情况是要特别注意的。首先，我国是社会主义国家。像前面所说，学习外国企业管理应该既有利于发展生产力，又有利于巩固和发展社会主义制度。其次，我国科学技术水平还比较低，运用管理手段应该考虑到这种情况，不宜脱离客观可能性过分强调利用先进的管理技术。而现有的先进管理技术（如电子计算机）则应设法充分利用。再次，我国管理人员数量少，水平低。因此要把培养管理人员放在重要地位。培养管理人员要考虑他们现有的文化水平，循序渐进，逐步提高，不宜要求过高过急。例如，对数学水平低的人不要过多地讲数学公式，讲的时候也要做到明白易懂，否则会影响他们的学习兴趣，达不到应有的目的。又次，各个企业情况不同，改善管理的要求也不同，学习国外经验要注意因地因时制宜，防止一刀切。事实上，外国各种不同企业的管理办法也不相同，例如，大企业和中小企业的管理制度就大不一样，即使同是大企业，也根据本身特点而各有不同。最后，现在不少企业还没有把过去行之有效而且适合目前条件的管理制度、管理方法恢复起来，例如，管理的基础工作很不健全。应该重视这种情况，花大气力解决这方面的问题，而不要形式主义地学习外国经验而放松该做的基础工作。

我们在学习外国企业管理经验时必须注意发扬我国企业管理的优点，尤其要注意发扬我国社会主义企业管理的优良传统，通过对国外企业管理的比较研究，也可以看到我国社会主义企业管理是有很多好经验的。我国社会主义企业从全国解放以来，已经有 30 多年历史，从革命根据地算起，则已经有半个世纪的历史。在这个过程中，我们在企业管理上积累了丰富的经验教训，形成了自己的优良传统。例如，我国社会主义企业从诞生之日起就在管理中重视思想工作，贯彻群众路线，实行民主管理。我国社会主义企业管理一直是在中国共产党领导下形成发展的。这些都是我们的好传统，在历史上起过巨大的积极作用。虽然这些好传统在"十年动乱"中受到林彪、"四人帮"的严重破坏，但那些坚持这些好传统的企业，管理工作显著地表现出自己的优越性，说明这些传统是有生命力的。例如，第一汽车制造厂回顾了建厂以来在思想政治工作中形成的一些好做法，总结了如下经验：（1）下达任务时，要搞好思想动员，讲清形势、任务、目的、要求；（2）对各类人员进行思想排队，分清主流与支流，有针对的进行思想工作；（3）抓住带普遍性的思想倾向，进行系统集中教育；（4）发扬艰苦奋斗、勤俭办厂、敢想敢干、严肃认真、谦虚谨慎，团结互助的革命精神和作风，教育职工坚持社会主义道路，听党的话；（5）党员应该如实向党汇报情况；（6）全党做思想工作。"一把钥匙开一把锁"，一人一事地做工作；（7）讲新旧社会对比，讲革命传统，激励职工为国争光；（8）开展各种形式的立功运动；（9）开展家访、谈心活动；（10）开展学雷锋、学先进、树新风活动；（11）开展各种适合青年、妇女、知识分子不同特点的有教育意义的活动；（12）举办各式各样的读书会、报告会、展览会、纪念会和参观访问活动，提高职工的文化水平和科学技术水平；（13）一手抓思想教育，一手抓解决实际问题，关心职工生活，注意劳逸结合；（14）开展评先进、树典型、比贡献活动；（15）开展有教育意义和有益于健康的文化娱乐活动，丰富职工的精神生活，等等。该厂的领导同志说："这些经验，是继承发扬党的优良传统的产物，是有生命力的。只要我们注意把'左'的东西去掉，正确地加以应用，对改善和加强思想政治工作是有益。我们要重视运用这些经验，并要在新的形势下很好研究新的方法和经验，逐步形成适合我厂特点的科学的思想政治工作体系"。我们认为他们的意见是有科学根据的。

　　我们现在常说的企业管理落后，这确实是事实，但这绝不是说我们的企业管理没有好的经验，更不是否认我国社会主义企业管理有自己的优良传统。我们要通过认真调查研究和艰苦的工作，把国外企业管理的好经验和我国企业管理的好传统结合起来，早日建立起适合我国具体情况的科学的社会主义企业管理体系。

试论我国社会主义经济发展的新战略[*]

一　我国社会主义经济发展的战略转变

（一）党的十一届三中全会与我国社会主义经济发展的战略转变

党的十一届六中全会通过的《关于建国以来党的若干历史问题的决议》指出：1978年12月召开的十一届三中全会，是新中国成立以来我党历史上具有深远意义的伟大转折。全会结束了1976年10月以来党的工作在徘徊中前进的局面，开始全面地认真地纠正"文化大革命"中及其以前的"左"倾错误。全会坚决地批判了"两个凡是"的错误方针，充分肯定了必须完整地、准确地掌握毛泽东思想的科学体系；高度评价了关于真理标准问题的讨论，确定了解放思想、开动脑筋、实事求是、团结一致向前看的指导方针。关于全党工作的重点，全会果断地停止使用"以阶级斗争为纲"这个不适用于社会主义社会的口号，做出了把工作重点转移到社会主义现代化建设上来的战略决策；同时，提出了要注意解决好国民经济重大比例严重失调的要求，制定了关于加快农业发展的决定。这不仅是我们党的工作重点的战略转变，而且也是我国社会主义经济发展的战略转变。

---

　　*　本文是作者的专著，中国社会科学出版社1982年1月出版。

　　全国绝大部分地区，在 1956 年基本上完成对生产资料私有制的社会主义改造以后，我国就胜利地实现了从新民主主义到社会主义的伟大历史转变。1956 年 9 月召开的党的第八次全国代表大会指出：社会主义制度在我国已经基本上建立起来，我们还必须为解放台湾、为彻底完成社会主义改造、最后消灭剥削制度和继续肃清反革命残余势力而斗争，但是，国内主要矛盾已经不再是工人阶级和资产阶级的矛盾，而是人民对于经济文化迅速发展的需要同当前经济文化不能满足人民需要的状况之间的矛盾；全国人民的主要任务，是集中力量发展社会生产力，实现国家工业化，逐步满足人民日益增长的物质和文化需要，虽然还有阶级斗争，还要加强人民民主专政，但其根本任务，已经是在新的生产关系下面，保护和发展生产力。这就为新时期社会主义建设事业的发展指明了方向。

　　我们党根据党的八大决定的正确路线，领导全国各族人民开始转入全面的大规模的社会主义建设，并取得了很大成就。但是，由于缺乏社会主义建设的经验，对经济发展规律和中国经济基本情况认识不够，急于求成，1958 年党的八大二次会议提出社会主义建设总路线以后不久，轻率地发动了"大跃进"和人民公社化运动，使得以高指标、瞎指挥、浮夸风和"共产风"为主要标志的"左"倾错误严重地泛滥起来；加上当时的自然灾害和苏联政府背信弃义撕毁合同，致使我国国民经济发生了严重困难，国家和人民遭到了重大损失。1960 年冬，中央决定对国民经济实行"调整、巩固、充实、提高"的方针。从 1962—1966 年，我国国民经济得到了比较顺利的恢复和发展。但是，"左"倾的指导思想在经济工作中并未得到彻底纠正，而且在政治、思想、文化方面还有了发展。这些越来越严重的"左"的偏差，后来发展成为"文化大革命"的导火线。十年"文化大革命"，则把这种"左"倾错误发展到了登峰造极的程度。

　　本来，在社会主义改造基本完成以后，我国所要解决的主要矛盾，是日益增长的物质文化需要同落后的社会生产力之间的矛盾。党和国家的工作重点，应当及时转移到现代化建设上来，大力发展社会生产力，并在这个基础上逐步改善人民的物质文化生活。我们过去所犯的错误，归根到底，就是没有坚定不移地实现这个战略转移；而到了"文化大革命"期间，竟然提出了所谓反对"唯生产力论"这样一种根本违反历史唯物主义的荒谬理论。直到党的十一届三中全会，才彻底纠正了这种"左"倾错误，实现了这个伟大的战略转移，使党的路线重新回到马列主义、毛泽东思想的正确轨道上来。

为了贯彻执行十一届三中全会的精神，党在 1979 年 4 月召开的中央工作会议上，进一步提出了对整个国民经济实行"调整、改革、整顿、提高"的方针，要求全党认真清理过去长期存在的"左"倾错误的影响，强调经济建设必须适合我国国情，符合经济规律和自然规律，必须量力而行，循序渐进，经过论证，讲求实效，使生产的发展同人民生活的改善密切结合；必须在坚持独立自主、自力更生的基础上积极开展对外经济合作和技术交流。这样，随着党的工作重点的转移，就提出了我国社会主义经济发展的新战略。

为了阐明我国社会主义经济发展的新战略，有必要简要地回顾一下我国社会主义建设的历史，看看有哪些成就，哪些缺点，哪些错误，还存在哪些主要问题，这对于正确地认识我国社会主义经济发展的新战略是有帮助的。

（二）我国社会主义经济建设的伟大成就

中华人民共和国成立以来的历史，是我国各族人民在中国共产党领导下，在马克思列宁主义、毛泽东思想指导下进行社会主义革命和社会主义建设，并取得巨大成就的历史。

我国社会主义建设，经历了以下四个时期：

第一，从 1949 年中华人民共和国成立到 1956 年对生产资料私有制的社会主义改造基本完成，这 7 年间，我国社会主义建设是同社会主义改造结合进行的。在这期间，经济发展比较快，经济效果比较好，重要经济部门之间的比例关系比较协调，市场繁荣，物价稳定，人民生活有显著的改善。

第二，1956 年社会主义改造基本完成以后，到"文化大革命"前夕的十年，是开始全面建设社会主义的十年。在这期间，我们虽然遭受过严重挫折，但经济建设仍然取得了很大成就：工业固定资产增长 3 倍，工业布局趋向合理，发展了电子、石油化工等一批新兴工业，主要工业产品产量有很大增长，实现了石油全部自给，农业的基本建设开始大规模展开，并逐渐收到成效。

第三，在"文化大革命"的十年中，我国国民经济遭到了巨大损失。但是，由于全党和广大工人、农民、解放军指战员、知识分子、知识青年和干部的共同努力，仍然取得了一定进展：粮食生产保持了比较稳定的增长；工业交通、基本建设和科学技术方面取得了一批重要成就，其中包括一些新铁路和南京长江大桥的建成，一些技术先进的大型企业的投产，氢弹试验和人造卫星发射回收的成功，等等。当然，这绝不是"文化大革命"的成果；如果没有"文化大革命"，我们的社会主义建设本来可以取得更大得多的成就。

第四，1976 年 10 月，粉碎江青反革命集团的胜利，使我们国家进入了新的历史发展时期。从这时开始到党的十一届三中全会以前的两年中，广大干部和群众以极大的热情投入各项革命和建设工作，工农业生产得到比较快的恢复。党的十一届三中全会以后的两年中，社会主义建设的成绩，尤为显著。在农业方面，推行各种形式的联产计酬责任制，恢复并适当扩大自留地，恢复农村集市贸易，发展农村副业和多种经营，并提高了农副产品的收购价格，极大地调动了农民的社会主义积极性。这两年粮食产量超过了历史上最高水平，经济作物和农副产品的生产都有了迅速的发展。在工业方面，轻工业的发展大为加快，工业内部结构正朝着合理的协调的方向发展，包括扩大企业自主权等在内的经济管理体制的改革，正结合经济调整有步骤地进行。由于农业以致整个经济的发展，近两年来，人民生活有了改善，各项事业欣欣向荣。

总之，新中国成立 30 多年来，经过全国各族人民的艰苦奋斗，我国的社会经济制度发生了根本的变化，社会生产力有了很大的发展，社会主义经济建设取得了伟大的成就。

新中国成立以后，我们把一个半封建、半殖民地的旧社会改造成为一个社会主义的新社会。我们消灭了剥削制度，改造了小生产者的私有制度，基本上实现了生产资料的社会主义公有制和按劳分配，使约占世界人口 1/4 的中国人民，进入了社会主义社会。这是我国历史上最伟大、最深刻的变革。

社会主义制度给我国国民经济的发展，开辟了广阔的道路。31 年来，我国农业的水利设施、化肥、农药、农村用电、农用机械等大大增加，农业的生产条件有了显著改善。到 1980 年年末，全国累计共有大小水库 8.6 万座，配套机电井达到 209 万眼，全国灌溉面积已由 1952 年的 3 亿亩扩大到现在的 6.7 亿多万亩，大江大河的洪水灾害得到初步控制；农用大中型拖拉机拥有量达到 74.5 万台，比 1949 年增长了 1856 倍；小型和手扶拖拉机达到 187.4 万台；农用排灌动力机械达到 7464.5 万马力；农用载重汽车达到 13.5 万辆；1980 年机耕面积为 4009.1 万公顷，占耕地总面积的 41.3%；农用化肥施用量为 1269.4 万吨，平均每公顷耕地施用化肥 127.8 公斤；农村用电量为 321 亿度[①]。

我国社会主义工业建设发展得更快。旧中国经过近百年的积累，到全国解放前夕，工业固定资产仅有 128 亿元。1980 年，我国工业固定资产达到 4100 多亿元，为解放前的 32 倍，比完成经济恢复的 1952 年增长 26 倍多。新中国成立以来，我国钢铁、电力、石油、煤炭、化工、机械、轻纺等工业部门大大加强，许多新兴工业部门（如石油化学工业、电子工业、原子能工业和宇宙航空工业等）也从无到有、从小到大地发展起来。在辽阔的内地和少数民族地区，解放前几乎没有什么工业，现在已经建立起了一大批新的工业基地。

我国交通运输、邮电以及国民经济其他部门的建设事业也有了迅速的发展。

总之，新中国成立以后，我们在旧中国贫穷落后的基础上，建立了独立的比较完整的工业体系和国民经济体系。这就为实现社会主义现代化事业奠定了比较雄厚的物质基础，创造了可靠的前进阵地。

随着社会主义建设的迅速发展，我国工农业生产有了巨大的增长。31

---

① 《人民日报》1981 年 4 月 30 日第 2 版。

年来，我国农业生产增长 2.8 倍，平均每年递增 4.4%；工业生产增长 45 倍，平均每年递增 13.2%，工农业总产值增长 15 倍，平均每年递增 9.4%，国民收入增长 7.8 倍，平均每年递增 7.3%。

在社会主义生产发展的基础上，我国人民的生活比解放以前也有了较大的改善。社会主义全民所有制单位职工的平均实际工资，1952 年为 446 元，1978 年上升到 557 元，增长 24.9%，1979 年比 1978 年增长 7.6%，1980 年又比 1979 年增长 6%。职工生活的提高，还表现在劳保福利费和各种补贴的增长上。1952 年全民所有制单位职工劳保福利费为 9.52 亿元，相当于工资总额的 14.1%；1978 年上升到 66.91 亿元，相当于工资总额的 15.7%。据有关部门计算，1978 年全民所有制企业职工从国家得到的劳保福利费和各种补贴，平均每人达 526.7 元，相当于当年平均工资的 81.71%。

农民的生活也有了显著的改善。农村社员每人平均从集体分得的收入也有了增长：1957 年为 40.5 元，1978 年达到 73.9 元，1980 年又上升到 85.9 元。近年来，社员家庭副业收入增长更快。

上述社会主义生产建设的迅速发展和人民生活的显著改善，虽然是初步的，但却无可否认地表现了我国社会主义制度的优越性。

为了充分说明这一点，需要作一些对比。

新中国在工业发展方面取得的成就，在旧中国是难以设想的。旧中国从 19 世纪末建设第一座机械采煤矿井起，到 1949 年，半个多世纪的时间，原煤年产量才达到 3243 万吨，其中最高年产量不过 6188 万吨。从 1882 年外商在上海设立第一个发电厂到 1949 年，花了 67 年的时间，发电量才达到 43.1 亿度，其中最高年发电量不过 59.6 亿度。从 19 世纪末开始创办现代冶金工业起，到 1949 年的 50 多年，钢的年产量才达到 15.8 万吨，其中最高年产量也只有 92.3 万吨。从 1850 年外商开始设立机械修理工业起，到 1949 年的 100 年时间，机床产量才达到 1582 台，其中最高年产量也只有 5390 台。而新中国仅仅经过 30 年建设，1979 年的煤炭产量就达到 6.35 亿吨，发电量达到 2820 亿度，钢产量达到 3448 万吨，机床产量达到 13.96 万台，把旧中国的纪录远远地抛在后面。

新中国成立后发展工业取得的成就，也大大超过了同属于发展中国家人口众多的大国——印度。1950 年，中国原油的产量为印度的 115.4%，原煤为 134.6%，电力为 51.5%，钢为 37.2%，水泥为 52.0%，化肥为 90.0%，棉布为 66.3%。在 1950—1979 年的 30 年间，印度的原油产量增长 45.1 倍，原煤产量增长 2.7 倍，发电量增长 7.0 倍，水泥产量增长 7.2 倍，化肥产量增长 112.0 倍，棉布产量增长 1.4 倍，而中国的原油产量则增长 352.8 倍，原煤产量增长 13.7 倍，发电量增长 64.2 倍，钢产量增长 91.5 倍，水泥产量增长 52.1 倍，化肥产量增长 675.4 倍，棉布产量增长 3.8 倍。这样，到 1979 年，中国原油产量就为印度的 884.5%，原煤为 529.1%，电力为 268.5%，钢为 431.0%，水泥为 336.0%，化肥为 335.1%，棉布为 121.5%[①]。许多原来落后于印度的产品产量，迅速赶了上来，并大大地超过了它；原来就高于印度的产品产量，则超过得更多。

新中国工业发展的速度也显著地超过了经济发达国家。如前所述，从 1949—1980 年，中国工业平均每年递增 13.2%，而在 1950—1977 年期间，日本工业总产值平均每年增长 12.4%，联邦德国 6.9%，美国 4.5%，苏联 9.7%[②]。这里需要指出的是：就比较方法来说，把新中国和旧中国对比是合适的。把新中国和印度作对比，大体上也是合适的，因为就国家大，人口多，经济落后，独立或解放的时间（印度是 1950 年，中国是 1949 年）这几个主要方面来说，有相似的地方；区别在于社会制度不同（印度是资本主义制度，中国是社会主义制度）。从这种对比中可以明显地看到社会主义制度优越性。而把新中国和经济发达国家作对比，就有应该注意的地方，因为经济发达国家的生产技术、科学教育和经营管理等方面的水平都比我们高得多，而这些都是现代生产力的直接要素，它们对于工业的发展有着巨大的作用。所以，这种对比有时不易看出社会制度的优劣。然而，尽管我国工业发展水平的许多方面还远远落后于经济发达国家，但在发展速度上还是超过了它们，这就足以表现了我国社会主义制度

---

① 《光明日报》1981 年 3 月 3 日第 3 版。
② 《中国社会科学》1980 年第 4 期，第 4 页。

的优越性。况且，我国社会主义建设的成就还是在几经挫折的情况下取得的，否则，我们的成就将会比现在大得多，社会主义制度优越性的表现将会更为明显。

（三）我国经济发展中存在的主要问题

我国经济的增长速度，无论就发展中国家来说，还是就全世界各国来说，都不算低，甚至是相当高的。但是，我国经济的发展很不稳定，忽上忽下，摆动很大；就经济效果来说，也比较差，而且有着下降的趋势，因而国力增长较慢，人民得到的实惠不多。这些就是新中国成立以来经济发展中存在的主要问题。

我国工农业生产的发展速度虽然总的说来比较高，但并不是稳定地持续地增长的。农业总产值的年增长速度，1949—1952 年国民经济恢复时期为 14.1%，"一五"（1953—1957 年）时期为 4.5%，"二五"（1958—1962 年）时期大幅度地下降为 -4.3%，1963—1965 年三年平均增长速度为 11.1%（这当然包含有一定程度的恢复性质），"三五"（1966—1970 年）时期为 3.9%，"四五"（1971—1975 年）时期为 4.0%。工业总产值的年增长速度，在上述几个时期分别为 34.8%、18.0%、3.8%、17.9%、11.7%、9.1%。

尽管"二五"时期以来生产和建设都发展了，但经济效果却显著地下降了。

在工业生产方面，社会主义全民所有制工业企业每百元固定资产实现的利润，1957 年为 23.6 元，1976 年下降到 12.1 元，减少了 48.8%；每百元资金实现的利润和税金，1957 年为 34.7 元，1976 年下降到 19.3 元，减少了 45%。在建设方面，我国"一五"时期以来工程造价成倍地增加，建设周期成倍地延长。"一五"时期固定资产形成率为 83.7%，"二五"时期为 71.4%，"三五"时期为 59.5%，"四五"时期为 61.4%。如果保持"一五"时期的水平，1958—1978 年可以多形成固定资产 1000 亿元。每增加 1 元国民收入需要的投资数，"一五"时期为 1.68 元，"四五"时期为 3.76 元，增加 1 倍以上。如果保持"一五"时期的水平，"四五"

期间可以多增加国民收入约 3000 亿元以上[①]。

国民收入的增长是国力增长的一个综合指标。由于工农业生产忽上忽下，经济效果下降，就必然使得国民收入增长速度也呈现下降的趋势。我国国民收入的年平均增长速度，"一五"时期为 8.9%，"二五"时期为 -31%，1963—1965 年为 14.5%，"三五"时期为 8.4%，"四五"时期为 5.6%。如果我们把国民收入的增长速度和工农业总产值的增长速度作一下对比，还可以更清楚地看到；我国国力增长速度是不快的。在 1950—1979 年期间，工农业总产值的年平均增长速度为 9.4%，而国民收入的年平均增长速度只有 7.3%，后者远远低于前者。

与上述情况相联系，在一个长时期内，我国人民的生活不仅没有伴随生产的增长而相应地上升，甚至在某些时候还有所下降。除了"一五"时期全民所有制职工的平均工资，由 1952 年的 446 元提高到 1957 年的 637 元，增长较快以外，"二五"时期以来，职工的平均货币工资增长很少。1957 年职工平均货币工资为 637 元，1978 年为 644 元，21 年只增长了 1.1%。但在同一期间，职工生活费指数却上升了 5.9%，因而实际工资是下降的。1957 年职工平均实际工资为 582 元，1978 年下降到 549 元，减少了 5.7%。农民的生活还要困难一些。据统计，1978 年农村社员从集体分得的收入每人平均在 40 元的基本核算单位有 77.02 万个，占基本核算单位总数的 16.5%；从集体分得的粮食每人平均在 300 斤以下的基本核算单位有 46.3 万个，占基本核算单位总数的 10.6%，超支户 3294 万户，占参加分配总户数的 19.5%。

我国经济发展中的这些问题是什么原因造成的呢？

就客观条件来说，帝国主义长期封锁、挑衅，苏联霸权主义背信弃义地破坏、威胁，迫使我们必须加强国防，以防御外来侵略，加上对朝鲜、越南人民抗美战争的援助，以致有相当多的物质财富不能直接用来发展经济，改善人民生活。这当然是一个重要的原因。

就主观条件来说，我们在指导思想上犯了急于求成的"左"倾错误，

---

① 《人民日报》1981 年 3 月 2 日第 5 版。

以致在选择经济发展战略目标和实现目标的方法道路上，有不少严重的失误。如果不犯这些错误，我们在社会主义经济建设中取得的成就，肯定会比现在更多、更大。

我们在选择经济发展战略目标上的主要错误在于：长期以来，我们对社会主义基本经济规律的认识很不深刻，在经济工作中，由于受"左"倾错误的影响，虽然口头上也常讲社会主义生产目的是满足人民的需要，但实际上并没有经常这样做，而是存在着某种为生产而生产的倾向，而且急于求成，常常忽视经济规律和自然规律，去做一些客观上根本不可能做到的事情。所以，在经济发展战略目标的选择上，或多或少地背离了社会主义生产的目的。

我们在实现经济发展战略目标的方法道路上，有哪些失误呢，概括起来说，有以下几点：

第一，在生产建设上，片面地追求产值的高指标，而忽视经济效果。以 1958—1978 年为例，20 年中，工农业总产值每年递增 7.6%，其中工业为 9.7%，速度不算低。但是 1978 年与 1957 年相比，每百元工业固定资产生产的总产值下降了 25.4%，每百元资金提供的利润和税金下降了 30.3%。投入的多，产出的少，经济效果明显地降低了。

第二，片面强调发展重工业，挤了农业和轻工业。第一个五年计划期间，重工业投资占全部投资额的 38.7%，比例已经过高，可是 1958—1978 年继续上升到 52.8%，这就不能不严重地挤了农业和轻工业。在这段时间里，农业生产发展缓慢，按人口平均的农产品产量增长不多，有些品种甚至有所降低。如全国每人平均的粮食产量，1957 年为 306 公斤，1978 年为 318 公斤；每人平均的棉花产量，1957 年为 2.57 公斤，1978 年为 2.26 公斤；每人平均油料产量，1957 年为 6.58 公斤，1978 年为 5.45 公斤；轻工业生产也远远不能满足需要。

第三，扩大再生产单纯地依靠上新的基本建设项目，忽略了充分发挥原有企业的作用，不重视原有企业的技术改造。在国外，一般国家约有 7/10 的投资用于原有企业的革新和改造；而我们则相反，7/10 的投资用于新的建设项目。

第四，片面地追求像钢铁等重工业初级产品、中间产品的产量，严重忽视最终消费品的生产。例如，近年来全国库存钢材达 2000 万吨以上，几乎等于钢材的年产量，库存机电产品达 600 多亿元，相当于半年以上的产量。而人民急需的各种消费品，包括耐用消费品，却供不应求。

第五，片面追求高积累，挤了人民必需的消费。1958—1960 年以及 70 年代以来，积累率都超过 30%，而在第一个五年计划时期只略高于 20%，由于积累率过高，人民的消费水平相对地降低了。

第六，片面地强调人多好办事，对人口增长缺乏控制，吃了大亏。

第七，片面地理解自力更生，实际上搞闭关自守，造成了不少本来可以避免的浪费。

第八，在生产关系上急于过渡，脱离实际地提高公有化的程度。例如，急于把集体所有制过渡到全民所有制，过早地否定城镇个体经济的作用，等等。1952 年，城镇个体劳动者有 883 万人，1957 年减少为 104 万人，而到 1975 年只剩下 24 万人。在全民所有制内部，又实行了过于集中的经济管理体制。

由于这些错误，就在一定程度上形成了"高速度、高积累、低效率、低消费"的经济不良循环。

（四）提出新的经济发展战略的重大意义

1978 年冬季举行的党的十一届三中全会，纠正了长期以来党内存在的"左"倾错误，清算了林彪、江青两个反革命集团对马列主义、毛泽东思想的歪曲和篡改所造成的思想上、政治上的种种恶劣影响，同时坚定地、明确地提出要把党和国家工作的重点转移到以经济建设为中心的社会主义现代化建设方面来。这就使党的路线重新回到了马克思主义的正确轨道。

为了贯彻党的十一届三中全会的决议，把面临崩溃边缘的经济挽救过来，并且按照党的十一届三中全会重新肯定的坚持社会主义道路，坚持无产阶级专政，坚持党的领导，坚持马列主义、毛泽东思想四项基本原则，探求一条发展我国社会主义经济的新路子，党中央进一步制定了以调整为中心的"调整、改革、整顿、提高"的八字方针。

"调整、改革、整顿、提高"的八字方针，就是要坚决纠正 1977—1978 年两年经济工作中的失误，认真清理过去长期存在的"左"倾错误影响，真正从我国的国情出发，确定我国经济发展的战略目标，走出一条发展我国社会主义经济的新路子。

这是我国社会主义经济建设发展中的一次伟大的战略转变，它具有重大的理论和现实意义。这个转变，概括起来说，是两个方面：一是发展经济的战略目标的转变；二是达到经济战略目标的方法道路的转变。

我们所说的转变，意味着我们的社会主义经济建设要以满足人民需要为根本目的。我国是社会主义国家，我们进行经济建设，实现四个现代化，不是为建设而建设，为现代化而现代化；而是为了使全体人民过美好幸福的生活，在经济发展的基础上，尽可能地满足人民群众的物质和文化生活的需要。现在我们实行以调整为中心的八字方针，就是要彻底纠正过去存在的某种为生产而生产的倾向，使整个经济工作真正转变到为满足人民物质和文化生活需要的轨道上来。

我们所说的转变，意味着我们不再片面地追求产值的高指标而不讲究经济效果，也就是说，我们将把提高经济效果放在极其重要的地位，这样才能达到满足人民需要的目的。

我们所说的转变，意味着我们将改变片面强调发展重工业而忽视农业和轻工业。也就是说，我们将力求建立起适合我国国情的经济结构，使农业、轻工业、能源工业、原料材料工业、机械制造业、建筑业、交通运输业、商业服务业以及科学文教卫生事业等各方面得到协调发展，以保证人民物质文化生活日益增长的需要。

我们所说的转变，意味着我们将不再片面地追求像钢铁等初级产品和中间产品的产量而不顾质量、不顾品种、不顾社会最终消费品的生产，而要按照消费者的需要，市场的需要，保卫社会主义成果的需要，来安排生产，从而更好地满足人民的需要，社会的需要，包括国防的需要。

我们所说的转变，意味着我们生产的增长，将不再主要依靠片面地扩大基本建设规模，而必须主要依靠发挥现有企业的潜力，在整顿和改组现有企业的基础上，大力推进国民经济的技术改造来提高生产能力。同时，这也意味着我们不再采取片面地追求高积累，压缩人民的消费需要的错误做法，而是使积累和消费的关系得到合理的安排。这样，才能做到速度高、积累多、效果好，人民的需要也才能得到更好的满足。

我们所说的转变指我国的人口，将不再盲目发展，失去控制，而要实行计划生育。

我们所说的转变，也意味着我们将不再搞闭关自守那一套，而要在独立自主、自力更生的基础上，积极开展对外经济合作和技术交流。

我们所说的转变，还意味着我们将逐步改革不合理的经济体制，建立起合理的经济体制，充分发挥企业和劳动者的主动性和积极性，促进生产力的发展，保证人民合理的需要得到满足。同时，这种转变也意味着我们将使生产关系适合生产力的性质和水平，在社会主义公有制占绝对优势的前提下，允许多种经济成分、多种经营方式同时并存，在公有制的基础上实行计划经济，同时发挥市场调节的辅助作用。

总之，通过贯彻执行"调整、改革、整顿、提高"的八字方针，我国的经济将逐步形成如国务院领导同志所说的那样一种模式：经济协调发展、稳定增长，实现良性循环，社会主义制度的优越性能够比较充分地发挥出来，人民可以得到更多的实惠。

由此可见，我们进行调整、改革、整顿、提高，就是为了克服过去经济发展战略目标和实现目标的方法道路上的错误，使我国社会主义经济建设全部走上新的轨道，也就是走上提高经济效果，满足人民需要的轨道。因此，这是具有重大理论意义和实践意义的转变，是具有历史意义的转变。我们要充分认识这种转变的战略意义。

对于战略问题我们并不陌生。战略问题，指的是涉及全局性的根本性的长远性的问题。毛泽东同志写过《中国革命战争的战略问题》等有名的著作。这些著作对于取得中国革命战争的胜利，具有重大意义。大家知道，中国革命战争曾经遭到过严重挫折，后来终于取得了胜利，一个根本原因就在于从错误的战略转变到正确的战略。在革命战争中，没有正确的战略，就不可能使革命战争取得胜利。同样，在社会主义经济建设中，没有正确的战略，也不可能使经济建设获得成功。

　　总之，我们要从经济发展战略的高度，充分认识调整时期和八字方针的重要意义。从战略的高度来看问题，就能知道调整时期多么重要，以调整为中心的"调整、改革、整顿、提高"的八字方针多么重要。我党在革命战争时期有过几次具有重大历史意义的战略转变，一次是遵义会议，一次是抗战前夕，一次是抗战胜利以后。这几次战略转变的伟大胜利，大家知道得很清楚。这一次经济发展战略的转变，在一定意义上说，和革命战争时期的战略转变有着同样重大的历史意义，也一定会取得伟大的胜利。

　　国务院领导同志说过：我们要通过调整和改革，在经济稳定发展的基础上，逐步实现经济结构合理化，管理体制合理化，企业组织合理化，走出一条速度比较实在、经济效益比较好、人民可以得到更多实惠的发展我国社会主义经济的新路子来。实现这三个合理化，都是同我国社会主义经济发展的新战略和实现新的战略目标的方法道路有密切关系的。下面，分别讲讲同这三个合理化有关的一些问题。

二　经济结构的合理化

　　我国经济调整，从根本上说，是要调整经济结构，有步骤地改变国民经济重大比例严重失调的状况，使经济结构合理化，从而把国民经济纳入以满足人民需要为最终目标的、有计划按比例发展的健康轨道。

（一）我国经济结构的现状和存在的主要问题

　　为了说明调整经济结构的必要性，也为了使调整工作有步骤地进行，使调整措施更有针对性，就需要对我国经济结构的现状和存在的主要问题进行一些分析。

　　应该怎样评价我国当前的经济结构？

　　我国当前经济结构和解放前相比，发生了根本性的变化。

　　旧中国是半封建半殖民地社会，经济结构极不合理，生产力长期停滞。新中国成立以后，我们为改造旧中国的经济结构做了大量的工作，取得了巨大的成绩。

第一，建立了独立的比较完整的工业体系和国民经济体系。解放前，我国农业和手工业占优势，现代工业比重很小，国民经济依附于帝国主义。解放后，我国进行了大规模的社会主义工业化建设，现在我国工业的门类逐步齐全，现代化水平不断提高，我国已经由农业国变为农业工业国了。

第二，我国社会主义农业早已建立并且巩固起来。农民在土地改革以后，就走上了集体化道路，30年来我们大规模地进行了农田水利基本建设，农业生产条件得到显著改善，生产水平有了较大提高。解放前我国农业几乎全部是手工劳动，解放后农业机械化也有了一定的进展。特别是党的十一届三中全会以来，由于实行了多种形式的生产责任制，使农业生产力又得到了新的发展。

第三，交通运输事业有了很大发展。旧中国遗留下来的线路少、运输能力低、布局不合理的状况有了改变。现在除西藏外，全国各省、市、自治区都通了火车；除西藏的墨脱和四川的德荣两个县外，全国县县通了汽车。1979年民用航空线国内里程达16万公里，国际航线已有15条，同十多个国家通航。我国已建立起一支初具规模的远洋船队，同一百多个国家和地区进行往来。

第四，国内外贸易发展迅速。旧中国广大农村基本上是自给自足的自然经济，现在起了重大变化。国内社会商品零售总额1950年为170.6亿元，1980年为2140亿元，增长12.5倍。在对外贸易方面，1950年进出口总额11.3亿美元，1977年148亿美元，1978年206.4亿美元，1979年293.3亿美元，近两年增加很快，进出口产品的构成也起了变化。通过对外贸易，为现代化建设积累了资金，引进了一批先进技术设备。

第五，技术结构有了显著改善。我国工业不仅有了大批机械化设备，而且有了一批自动化设备。农业中也采用了一些农业机械和新技术。我国国民经济的技术结构已经由解放前以手工劳动为主发展为目前自动化、半自动化、机械化、半机械化、手工劳动相结合的多重结构。

在生产发展的基础上，人民生活比解放前也有很大的改善。

我国经济结构发生以上变化的根本原因，在于胜利地进行了新民主主义革命和社会主义革命，建立了社会主义制度，为迅速发展生产，改革经济结构提供了有利条件。从解放前后经济结构的对比，可以看到，我国当前经济结构存在着很多积极因素。由于我国已经建立起独立的比较完整的工业体系和国民经济体系，生产力特别是工业生产力有较大的发展，已为现代化打下了基础，这就可以基本上立足于国内，独立自主地进行建设，就易于适应各种情况，经受风浪的能力较强。

我国农业有巨大潜力。矿产资源和水力资源也较丰富。同时，我国劳动力多，如果善于使用，可以成为发展生产的极有利的条件。只要我们充分利用社会主义的优越性和以上这些有利因素，一定能逐步建立起适合我国情况的合理的现代化的经济结构。

但是，当前我国经济结构存在的问题还是相当严重的。由于经济结构不合理，国民经济比例严重失调，导致我国社会再生产不能顺利进行。许多工厂由于缺少动力而开工不足，据估计，全国一年缺电四五百亿度，因此而减少的工业产值达 750 亿元以上；许多基本建设项目被迫下马，不下马的也打消耗战，长期不能建成投产。不少设备的利用率很低，大量待业人员需要就业。经济结构不合理，也导致经济效果下降。例如，固定资产的利用和流动资金的周转次数，经济发达的国家比我们快 3 倍以上。经济结构不合理，也造成能源消耗的严重浪费，每消耗一吨标准煤所创造的国民收入，我国还不到日本的 1/4。经济结构不合理也影响人民生活水平的提高，并妨碍经济管理体制的改革。当前我国经济结构存在的问题，严重阻碍着四个现代化的实现，我们对此必须有足够的认识。

当前经济结构存在哪些主要问题？

第一，农业的发展不能适应国民经济发展的需要，成为国民经济迅速发展的一个重要的限制性因素。新中国成立以来，我国农业产值在工农业产值中的比重，从 1949 年的 70% 下降到 1979 年的 29.7%，呈急剧减少的趋势。我国农业日益落后于工业，工业有离开农业而片面发展的危险。我国农业劳动生产率低，1979 年我国农业人口占总人口的 83.8%，农业劳动者占工农业劳动者的 84.9%，农业比重虽然这样大，但农产品仍远不能满足国民经济发展的需要。我国农业结构也很不合理，由于过去片面实行"以粮为纲",破坏了森林和草原,不仅不能充分利用自然资源,而且使生态平衡遭到破坏。长期以来,我国农业的发展和整个国民经济的发展不相适应,一段时期内粮食的增长速度还低于人口增长速度,"二五"时期以来,每年都要净进口粮食几十亿斤。只要歉收或征购偏高,局部地区就发生饥荒。这种情况同一个农业大国极不相称。党的十一届三中全会以来,党对农业采取了新的政策,扩大了生产队的自主权,实行了联产计酬、多种形式的生产责任制,粮食生产特别是多种经营,有了迅速的发展,这就为改变农业发展落后的状况,提供了极为有利的条件。

第二,轻工业落后,不能满足城乡人民提高生活的要求。我国轻工业一直没有摆在应有的地位,轻工业投资占基本建设投资的比重过低,"一五"时期为5.9%,以后不仅没有增加,反而还有减少的趋势。我国按人口平均的主要轻工业产品,不仅大大低于世界先进水平,而且有些还不能满足人民生活的起码需要。我国轻工业的生产技术大都相当于国外四五十年代的水平,有的是二三十年代的水平,劳动生产率很低。轻工业内部比例关系也极不协调。轻工业的原料结构也很不合理,以农副产品为原材料的比重过大,以工业产品为原料的比重过小,这也严重限制了轻工业的发展。轻工业落后导致市场供应紧张,近年来市场商品可供量与购买力的差额一直有几十亿元,近一两年竟高达100多亿元。

第三,重工业脱离农业和轻工业片面发展,并且内部比例严重失调。我国重工业很不发达,还要进一步发展,但从当前整个经济情况看,重工业的规模和速度超过了国民经济可能提供的物力和财力,挤了农业和轻工业,也妨碍自身的发展。重工业部门之间也很不协调:一是能源工业落后。1953—1979年我国工业总产值每年平均增长11.1%,而能源生产每年平均只增长10.0%,加上能源使用中浪费严重,能源紧张已成为当前国民经济中的突出问题。二是原材料工业和加工工业不相适应。目前我国机床加工能力大于钢材供应能力3—4倍,机床拥有量虽多,但其中粗加工为主的机床比重大,精加工为主的机床比重小。机床效率也比国外低得多,机械制造工业远远不能适应国民经济技术改造的需要。三是建材工业落后。1953—1979年建材工业年平均增长速度为11.6%,低于重工业

13.4% 的年平均增长速度；除"一五"和"调整时期"外，建材主要产品的增长速度都低于同期工业增长速度。各重工业部门内部也比例失调，如石油、煤炭工业内部采掘失调，钢铁工业内部采矿和冶炼、冶炼和轧制比例失调，等等。这些情况，使得重工业难以充分发挥对农业、轻工业和整个国民经济的主导作用。

第四，交通运输业的发展也远远落后于经济增长的速度。我国铁路通车里程不到美国的 1/6，不到苏联的 1/2，比印度还少。我国公路、水路运输也不能满足工农业生产发展的要求。沿海港口吞吐能力严重不足，影响对外贸易的发展。我国邮电通信也是国民经济中的一个薄弱环节。

第五，商业、服务业和国民经济发展不相适应。我国人口 1978 年比 1957 年增长 48%，职工总数增长 2 倍多，社会商品零售总额增长 2 倍多，而商业、饮食业、服务业人员增加很少。同一时期，每一人员服务的人口数，零售商业由 114 人增加为 213 人，饮食业由 563 人增加为 912 人，服务业由 1056 人增加为 1699 人，使职工每天要花很多时间排队，增加了人民生活的不便。1979 年稍有改善，但不相适应的情况还是十分突出。

第六，对外贸易和加速现代化的要求不相适应。1978 年世界贸易总额 26212 亿美元，我国仅占 0.8%。我国出口商品（按外贸国内收购的出口商品总值计算）在工农业生产总值中所占的比重也很小，1977 年和 1978 年为 3.9%。由于外贸出口增长慢，限制了进口技术装备的能力；进出口商品的结构也不合理，大量进口成套设备，重复引进的状况极为严重。

第七，基本建设规模过大，战线过长。"一五"时期基建支出占财政支出 37%，现在一般认为这个比例比较合适。"二五"时期提高到 46.2%，远远超过了可能，对生产带来极为不利的影响。"四五"时期平均为 40.2%，1978 年为 40.7%。基建规模过大严重影响了投资效果，同时挤了正常生产，挤了人民正常的消费。近年来整顿基本建设取得了一定成效，但是规模仍是过大，调整的任务还很艰巨。

第八，"骨头"和"肉"的比例关系失调。"一五"时期，全部基本建设投资中生产性投资占 71.7%，非生产性投资占 28.3%。这个比例基本上适应当时国民经济发展的要求,生产建设发展快,人民生活相应地得到改善。"二五"时期,生产性投资上升到86.8%,非生产性投资下降到13.2%。1967—1976年间,生产性投资上升到87.3%,非生产性投资下降到12.7%,再度出现"骨头"和"肉"的比例关系严重失调。1977年全国城市平均每人居住面积只有3.6平方米,比1952年的4.5平方米还少0.9平方米。城市缺房户达626万户,约占城市总户数的37%。

以上列举的问题远不全面,其他问题,如价格结构不合理,"三线"建设遗留问题多,国防工业和民用工业脱节,工业污染严重,城镇集体所有制企业发展慢,科学、教育事业和现代化要求很不适应,职工技术水平和管理水平很低,待业人员多,等等,也都是调整经济结构中应该逐步解决的问题。

在以上这些问题中,最主要的是农轻重比例关系失调。农轻重关系本质上是生产资料和消费资料两大部类的关系。当前我国经济结构的根本问题,就在于生产资料生产和消费资料生产不相适应,特别是消费资料的发展严重落后于生产资料的发展。我们应当把解决两大部类的关系作为解决一系列经济结构问题的出发点。

造成当前经济结构不合理的原因很多,有些在前面已经说过了,这里就其中比较重要的几点再补充作一些说明:

第一,片面地追求产值的高指标破坏了综合平衡。综合平衡是计划工作的首要任务。从1958年开始,我们不断片面地追求产值的高指标,违背国民经济按比例发展和综合平衡的要求。过去曾流行过一种说法,认为比例应该服从速度,把不切实际的产值的高指标一概称为马列主义,把合乎实际的指标一概斥之为右倾机会主义或修正主义,把综合平衡当成消极平衡来批判,把破坏综合平衡当成积极平衡来提倡。实践已经充分说明,这些观点是完全错误的。

在社会主义建设问题上,长期存在一种"速成论"思想,把经济建设看得过于简单容易,希望在一个早晨把一切事情都办好。在这种思想指导下,难免从主观愿望出发,提出脱离实际的高指标,盲目追求高速度。不切实际地要求各省搞成工业省,建立独立完整的工业体系,也是这种

"速成论"思想的表现。今后我们在经济建设上应该着重反对急于求成的速成论，同时，也要防止和克服消极情绪。

第二，片面地强调优先发展重工业，忽视了农业和轻工业。毛泽东同志曾一再指出，在社会主义建设中要正确处理重工业、轻工业和农业的关系。然而，在实践中，我们往往忽视农业和轻工业，片面强调优先发展重工业。特别是长期实行以钢为纲，在重工业内部也引起了严重的比例失调。过去有一种流行的理论，认为从轻工业开始工业化是资本主义道路，从重工业开始工业化是社会主义道路。实践证明，这种理论缺乏科学根据。事实上，从农业国向工业国过渡，一般是从轻工业开始工业化的，轻工业和农业发展到一定阶段，才要求优先发展重工业，这可以说是一个规律。我国 1953 年大规模开展社会主义工业化时，由于当时工业中轻工业比重较大，有一定潜力，而重工业却很落后，同时考虑到当时的国际环境，因而提出优先发展重工业的方针，这在当时是必要的，"一五"时期贯彻这个方针也取得很大成绩。但优先发展重工业不能离开农业和轻工业，重工业的发展速度不是任何时期都要快于轻工业。后来我们离开农业、轻工业的基础，片面地发展重工业，就出了问题。

第三，片面追求高积累。"一五"时期，我国积累率基本上稳定在 23%—25% 之间，这是比较适合当时情况的。"二五"时期以来我国积累率长期偏高，这也是形成经济结构不合理的一个重要原因。过去由于对社会主义生产目的认识不够，实际上存在一种积累率愈高愈好的看法，认为积累率越高，国民经济发展越快。实则不然。实践证明，积累率过高总是引起国民经济比例失调，导致投资效果和生产效果的严重下降。如果积累率过高，生产性积累比重过大，不仅与生产资料的增长不相适应，而且必然造成消费水平过低，挫伤劳动者的积极性，给生产建设带来消极影响。

第四，人民公社化过程中某些过"左"，的做法挫伤了农民的积极性。我国经济结构的问题，从根本上说是农业过分落后。农业落后，轻工业上不去，重工业也难以迅速发展。造成农业过分落后的原因很多，其中重要一条是长期执行的"左"倾政策，挫伤了农民的积极性。我国农业合作化取得了伟大成绩，但在合作化时期，有些地方就有对合作化速度要求过快、对社会化程度要求过高的缺点。特别在人民公社化过程中，由于共产风、高征购、瞎指挥，伤了农民的元气，后来林彪、"四人帮"又长期不断地搞所谓"割私有制尾巴"，取消自留地和集市贸易，还搞什么"穷过渡"，使得有些正确政策不能始终如一地贯彻执行。

第五，全民所有制经济管理体制有严重的缺陷。我国现行的经济管理体制，集中过多，统得过死，企业缺少应有的自主权，不能正确发挥市场调节的作用。在工业、交通运输业和商业中，也没有重视和充分发挥城镇集体所有制经济的作用。加上政企不分，偏重行政管理办法，忽视经济手段，社会生产在计划经济的条件下，缺少一套完善的调节机制，不能及时发现和解决国民经济中出现的问题。关于这方面的问题，在本书的第三部分中，还要详细讨论。

我国当前的经济结构属于什么类型？关于这个问题，国内有多种说法。不少同志认为，我国是一种畸形经济结构，在相当长的一段时间，工业片面抓钢，农业片面抓粮。这种意见是有一定道理的。我认为，关于当前我国经济结构的类型可否作这样的概括：长期以来，我们经济工作受"左"倾错误的影响，片面强调发展重工业，忽视农业、轻工业；生产总值和财政收入的增加，以及劳动力的安排，主要是靠投入大量资金和能源，扩大基本建设，办许多新厂子来解决的。这样，工业虽然建设起来了，但不能和农业形成统一的生产体系；重工业虽然建设起来了，但不能和轻工业形成统一的生产体系。特别是在重工业的建设上，又片面强调"以钢为纲"，消耗了大量能源，占用了很多运输力，而且花费了大量投资，不但挤了农业、轻工业，也挤了能源工业和交通运输业，结果造成重工业本身发展的不平衡，能源和交通运输已经成为国民经济中突出的薄弱环节，而钢铁工业本身也没有获得应有的发展。这样，日久天长就逐渐形成这样一种畸形发展的经济结构，即某些重工业部门过分突出，而农业、轻工业、能源工业、交通运输业、建筑业、商业、服务业相当落后；而且地区搞自给自足的经济体系，部门、企业又搞大而全、小而全的生产系统。这样，比例失调、构造松散、机制失灵、效率低下、浪费严重，就成为这种经济结构的特征。

这种类型的经济结构，国民经济各部门的比例关系是不会协调的。国民经济各个部门、各种成分、各个组织、各个地区以及社会再生产各个方面的构造必然是松散的，它们之间缺乏内在的紧密联系，专业化和分工协作受到阻碍，商品流通不能顺利进行。计划机制和市场机制都是不灵的，供产销各环节之间、生产和流通之间的矛盾得不到及时解决，市场对计划的反馈不能灵敏地实现。所有这些，就必然导致投资多，浪费大，消耗高，经济效果低，人民得到的实惠少，并往往造成经济的不良循环。

综上所述，我们既要看到当前经济结构问题的严重性，也要看到其中存在的积极因素，这样才能对它有全面的认识，对存在的问题有正确的估计，并且找到解决这些问题的正确途径和方法。

（二）调整国民经济的基本要求和途径

社会主义生产关系的优越性，不仅在于它为国民经济的有计划发展提供了可能性，而且在于当宏观决策失误导致国民经济比例关系失调时，可能通过有计划的调整，使比例关系重新走向协调。

经济调整，就是要把各部门相互脱节、畸形发展的不合理的经济结构调整过来，建立起合理的经济结构。这种合理的经济结构，要求把以建设重工业为目标的指导方针，转变为以增产最终消费品为目标，即根据人民消费和社会消费的需要，确定最终消费品的生产，根据最终消费品生产的需要来决定中间产品和原材料等初级产品的生产，建立起以最终消费品为目标的包括工业和农业在内的协调发展的经济结构。这样的经济结构建立起来以后，原料工业和中间产品加工工业都为最终产品服务，每个行业、每个企业都有自己明确的服务对象和奋斗目标。这样，它们所生产的产品都会成为再生产过程中所必需的产品，使社会产品的供给能够更好地和社会的需要衔接起来，从而使社会投入的人力、物力、财力能够取得最大的经济效果，更好地满足人民日益增长的物质和文化生活的需要。这样的经济结构，就是能够比较充分和比较有效地利用我国人力、物力和自然资源，使国民经济各部门和社会再生产各个环节能够协调发展，实现良性循环的经济结构。这就是调整国民经济的基本要求。

要探索调整我国当前经济结构的途径，必须把握住我国经济的基本特点，从实际出发，发挥优势，扬长避短。我国经济的基本特点主要是：（1）我国有10亿人口，其中8亿是农民，这是一个基本点；（2）人口多，劳动力多，资源比较丰富，但资金不足；（3）社会主义建设虽然取得了重大成就，但底子还很薄，技术、管理水平也很低；（4）社会主义经济制度已经确立，但经济结构和管理体制还很不完善。

从我国经济的基本特点和当前国民经济结构存在的问题出发，在今后调整我国经济结构，制定有关政策时，似应掌握以下几个基本原则：（1）我国的社会主义制度要求我们的经济结构应当以满足10亿人民的吃穿用住等人民基本生活需要为中心；（2）要把解决好农业和轻工业当做首要问题，同时要紧紧抓住能源这个重要环节，真正使交通运输成为先行；今后10年内应当多发展劳动密集型的、节约能源的产业，以利于解决就业问题和能源问题；（3）坚持自力更生方针，充分利用现有基础，在老企业的挖潜、革新和技术改造上下工夫；（4）扩大出口，引进技术，利用外资，加强我国若干薄弱环节；（5）军事工业和民用工业要真正结合起来，寓军于民；（6）把发展科学教育放在重要地位，努力搞好人口规划、环境保护、劳动条件、城市建设，保健卫生等方面的工作。总之，要把社会生产适应人民的消费需要作为改善我国经济结构的出发点和目标。

根据上述原则，下面对调整国民经济的具体途径作一些探讨。

第一，全面发展农业，为国民经济发展打下坚实的基础。当前我国农、林、牧、副、渔各业全面发展的一个主要困难，是粮食问题没有解决。但是，中外历史的经验表明，粮食问题，只能在农、林、牧、副、渔各业和经济作物的全面发展中去解决，而不能片面地以粮为纲，单打一，更不能毁林、毁草原、毁经济作物去发展粮食。否则，不但解决不了粮食问题，反而会破坏农村经济，破坏生态平衡，带来严重的恶果。

为了全面发展农业，需要认真贯彻执行党的十一届三中全会以来党的一系列重要的方针政策，主要是：

（1）维护生产队的集体所有制，尊重生产队的自主权。要实行各种符合生产力发展水平、行之有效的联产计酬责任制度和其他经营管理制度。对社员自留地和家庭副业，要有长期稳定的政策。

（2）科学地制定农业区域规划。保证经济作物区和林牧区的农牧民口粮供应，要允许各个地区之间加强协作，互通有无，以充分发挥各个地区的自然优势和经济优势，争取短期内使林、牧、副、渔各业和各种经济作物有比较大的发展。各个地区，都要因地制宜，发展能够发挥当地优势的、经济效果最好的多种经营。

（3）制定适合我国特点的农业机械化政策，不要照搬外国的全盘机械化。要充分利用农村劳动力多这个条件，实行科学种田，努力提高单位面积产量。除东北、西北等地广人稀的地区以外，其他地区首先解决农村运输、仓储以及抢季等方面的农业机械。今后一段时间内，还应采取措施鼓励使用和发展役畜。目前，我国化肥施肥水平低，氮、磷、钾又不成比例。今后化肥生产应填平补齐，平衡发展。同时应增加有机肥。发达资本主义国家已普遍出现农业在有机构成方面大大高于工业的情况，单位农产品占用的固定资产和流动资金很多，消耗的能源过高，这种情况很值得我们注意。

（4）讲究农业建设工程的实效。历年来，通过国家投资和生产队出工兴建的农田基本建设规模相当大，对农业生产起了重要作用，但相当一部分工程实效很差，有的甚至还破坏了环境和生态平衡。今后，兴修水利应改变过去那种只重工程措施的做法，要把治山治水和植树种草结合起来，使水源获得基本保证。应当反对形式主义，杜绝无效劳动，重视已建工程的配套，充分发挥投资效果。

（5）要有计划、有步骤地调整工农产品的比价，缩小工农产品的"剪刀差"。

第二，加快轻工业发展。要使轻工业的增长速度，在一定时期快于重工业的增长速度。

为了加快轻工业的发展，需要解决以下几个问题：

（1）逐步改变轻工业的原料结构。鉴于现代工业的发展趋势，以及我国重工业（特别是冶金、石油化工和煤炭化工）的发展和市场的需要情况，设想先争取1985年（或者稍后一些时间）轻工业产品的工业原料和农业原料的构成由现在的三七开，上升到四六开以致对半开；然后再争取 1990 年（或者稍后一些时间）实现对半开或六四开。

（2）逐步改变轻工业的产品结构。据国内外的经验，随着人民生活水平的提高，在吃、穿、用三项消费品中，穿的特别是用的比重将会上升；耐用消费品和中、高档消费品的比重也会上升。轻工业产品的结构需要依据上述情况作相应的改变。同时，要保持和发展传统手工艺品，换取更多的外汇。

（3）调整轻工业所有制结构。在一个长时间内，手工业生产还是不可忽视的，集体所有制工业更要进一步发展。可以允许集体所有制工业的产值在轻工业产值中的比值超过全民所有制工业。此外，还要恢复和发展一定数量的个体手工业，允许个体手工业者带几个帮手和学徒。

（4）要坚决贯彻业已确定的发展轻工业的"六个优先"① 的原则，提高轻工业职工中科技人员的比重，调整轻工业内部的不合理结构，尽快补上欠账，克服轻工业内部比例去调。

（5）重工业部门应当努力生产一些适合人民需要的消费品，特别是耐用消费品。

第三，调整重工业结构，充分发挥机械工业在技术改造中的作用。重工业在国民经济中具有主导作用，它要为国民经济各部门提供能源、原料、材料和设备，同时也要为人民提供耐用消费品和出口产品。要使重工业能够有效地促进国民经济迅速发展，就必须紧紧围绕上述几个方面的需要来安排重工业的生产和建设，增加为农业和为轻工业服务的比重。为了改善国民经济结构，需要适当调整重工业的服务方向和产品结构，以及相应地调整它的发展速度和它在工业总产值中的比重。

实现四个现代化，必须对我国国民经济各部门进行技术改造。机械工业要很好地承担起这个任务，切实调整服务方向和产品结构。要从主要为新厂基本建设服务转向更多地为老厂技术改造服务；更多地为农业、轻工业服务，更多地为城市建设特别是住宅建设服务，更多地为人民生活特别

---

① 即原材料、燃料、电力供应优先；挖潜、革新、改造的措施优先；基本建设优先；银行贷款优先；外汇和技术引进优先；交通运输优先。

是为生产耐用消费品服务；从只着眼于国内市场，逐步转向更多地为出口服务。

为此需要解决以下几个问题：

（1）有计划地加速设备更新和技术改造。我国现有的多数企业，设备陈旧，争取在 10—15 年内把过于陈旧的设备更新一遍。这样做，可以增加废钢来源，促进钢铁工业发展；可以提高机械工业企业设备利用率，缓和机械工业吃不饱的矛盾；有利于改善企业的技术状况，促进劳动生产率的提高；更可以减少能源消耗和原材料浪费。技术改造应当作为 10 年规划的一项战略任务提出来。设备更新是技术改造的一个重要内容，在设备更新的过程中，要考虑到我国劳动力还有富余，不能片面强调自动化，而应以提高质量，增加品种，节约能源，降低消耗，防治环境污染，提高产品的技术经济指标和扩大生产能力为目的，使生产出来的产品具有先进水平和国际竞争能力。自动化水平的提高必须根据生产的条件和需要。凡是设备的大修理费用高于新购设备费用，或者浪费的能源的价值高于新购设备价值时，就要坚决进行更新。现行的过低的折旧率要逐步适当提高，使技术改造有稳定的资金来源，并纳入国家的计划。

（2）充分利用军工企业的生产能力，按产品制造工艺的类型和特点，统一组织军工和民用机械工业的专业化生产。全国的机床特别是大型机床、高精度机床和数控机床，有相当一部分在军工企业，现在利用很不充分。因此在机械工业的生产组织上，必须突破国防工业和民用工业、各部所属工业和一机部所属工业之间的界限，按工艺性质相近的产品组织专业公司，统一组织同类产品的生产。军工企业生产民用品，有时需要增加某些设备，但不宜盲目扩大基本建设，更不要盲目新增生产线；要在一条生产线上，既能生产军用产品，也能生产民用产品。

（3）提高质量，降低成本，增强在国际市场上的竞争能力。我国机床拥有量在世界居于前列，但我们的机床技术性能差、质量低、寿命短、可靠性差、产品成本高。只有提高质量，降低成本，才能更好地装备国民经济各部门和进入国际市场。我国出口产品，逐步转为以机械工业产品为主，增加成套设备出口，这应当是机械工业发展的战略思想。

　　钢铁工业是重工业的一个重要部门，它的发展应当充分考虑国民经济各部门特别是机械工业对钢材质量、品种、规格、数量的要求。为了改变钢铁工业过分突出的情况，在一个时期内，冶金部门应当把钢铁生产的重点放在发展品种规格、提高质量上，并且要努力降低能耗和其他物质消耗，提高经济效果。发展钢铁生产需要大量的投资和能源，在我国四个现代化建设的进程中，不同阶段到底需要多少钢铁，是需要认真研究的问题。现在日本年产 1 亿吨钢，其中出口 3000 万吨，在国内消费的部分当中，用钢量最大的造船业和汽车制造业的产品，又主要用于出口，其他机械制造业出口量也很大。联邦德国也只有 5000 万吨钢，英国还不到 3000 万吨钢，但都够满足国内制造业的需要。我们到底需要多少钢，应当有个切合实际的测算。钢铁工业的内部结构也要进行调整，目前我国铁与钢的比例是 1.09∶1，而世界平均水平为 0.7∶1。如果降低到 0.9∶1，每年就可节约 900 多万吨标准煤。为此需要加强废钢铁的回收和利用。这样，就可以在不增加能源消耗的情况下，增加钢的产量。同时，还要大力提高钢的成材率，使同样的钢产量获得更多的钢材，提高使用价值和增加价值。

　　我国石油化工和煤炭化工还很落后，远远不能满足轻工业和国民经济其他部门的需要。今后 10 年，在原料和资金可能的条件下，应争取有较快的发展，使之能够为轻工业和国民经济其他部门提供更多的原料、材料，并为农业现代化作出更大的贡献。

　　第四，及早确定长期的稳定的能源政策，建立合理的能源结构。能源是工业发展规模和速度的一个重要的限制条件。按人口平均能源消费量是社会生产和生活水准的一个综合尺度。现在我国能源严重不足。不解决能源问题，要使国民经济协调发展，人民生活不断改善，是根本不可能的。

　　我国能源资源按实现四个现代化的要求来说，并不很丰富。以现在掌握到的可采储量计算，我国按人口平均的能源资源量只相当于世界平均数的 1/2，相当于美国的 1/10、苏联的 1/7。因此，我们需要制定有远见的有科学根据的能源政策。

　　（1）根据我国能源资源情况，在今后相当长的时间内应以煤炭作为主要能源。因此今后 10 年的能源消费构成，仍需保持目前煤炭占 70% 以上的比重。要大力开发煤炭资源，特别是大力综合开发山西、内蒙古、贵州、两淮、河南、山东等地的煤炭，有计划地建设一批大的煤炭生产基地。当前，首先要集中力量，综合开发储量最丰富、开发条件最好、经济效果最佳的山西省的煤炭，供应国内缺煤地区和出口的需要。要合理开采，努力提高回采率，改善劳动条件，实现安全生产。今后 10 年，煤的气化、液化要有计划地进行，但估计不可能有很大的进展，主要的消费方式还是直接燃烧，因此要相应地改进燃烧技术，提高热效率，并采取保护环境措施。

（2）石油要加强地质勘探，合理开发，合理使用。今后石油应当逐步做到主要用作化工原料，要大幅度减少直接烧掉的部分。

（3）水电是一种廉价的清洁的可再生性能源。我国水能资源比较丰富，先将经济合理的部分开发起来，一年就可以发电 1 万亿度以上，相当于六七亿吨煤，但现在开发的还不到理论资源量的 3%。水能资源的 70%，分布在西南边缘地区，如何合理开发和利用，是一个需要进一步探讨的问题。开发水能资源，就投资和建设周期来说，如果考虑到火电的煤矿和运输的配套，水电并不比火电逊色。因此，今后应当抓紧水能资源的开发和建设。

（4）要重视解决农村能源问题。认真发展沼气、小水电、薪炭林，解决农村和山区能源问题。今后在投资和材料分配方面，要为农村发展多种形式的能源创造条件。

（5）要大力节约能源。我国节约能源的潜力很大，过去能源耗用系数大约为 1.2（即产值增长 1%，能源的消费量增加 1.2%），1979 年抓了一下节约工作，耗用系数下降了 0.12，足见能源节约是大有可为的。节约能源的主要措施，应当是坚决压缩那些能源耗用量很大、而产品又不是社会需要的产品的生产，并注意发展节能工业；同时在技术改造中要采取必要措施节约能源。某些长期耗能特高、亏损很大的"五小工业"，要下决心停办。

第五，有计划地发展建筑材料工业和建筑业。当前我国城镇居民最突出的生活问题，是缺少住房。农村缺房现象也很严重。因此，今后应当有计划地发展建筑业。建筑业是国民经济的一个重要物质生产部门，我们应当重视建筑业的作用，当前尤其要重视建筑材料工业的发展，否则建筑业也将发生"无米之炊"的困难。

（1）加强城市规划，合理布局，有计划地进行建设，克服目前的无政府状态。农村的建设也要因地制宜，合理规划，克服滥占农田的现象。

（2）要大力发展建材工业，加快水泥、玻璃、砖瓦等建筑材料的生产；应当发展地方集体所有制的建材工业；发展新型建材；择优建设非金属矿基地，为国民经济和国防尖端提供非金属材料。

（3）加强建筑业与国民经济有关部门的平衡和协调。

（4）逐步实行建筑产品商品化。

（5）实行住房基金储蓄和实行分期付款，鼓励个人购买和修建房屋。为此，住宅的分配、使用和收租的办法也要作相应的改进。

第六，适当降低积累率，合理调整投资结构。

（1）长期以来，我国积累率过高，出现了很多问题。根据国内外的历史经验和我国当前国民经济水平，积累率保持在 25% 左右是比较合适的。

（2）基本建设的规模要适当。基本建设规模应当适应我国的国情国力，必须有个界限：一不能降低人民生活水平；二不能出现财政赤字；三不能留有物资缺口。要有效地缩小基本建设规模，必须下决心停缓建一些重工业大项目。

（3）遵循先生产、后基建的原则，在基本建设投资的使用上，必须首先保证现有企业技术改造的需要。加快现有企业的技术改造，是实现四个现代化的主要方式和根本途径。从以新建为主改变为以更新改造为主，是分配投资的一条重要原则。今后用于现有企业的技术改造资金在中央和地方基本建设投资总额中的比重，应由 1978 年的 30% 逐步提高到 70%。引进外国的技术设备，首先是用于老企业的技术改造，不能一讲引进，就安排新的建设项目。

（4）按照调整农轻重结构的需要，合理确定投资方向。首先保证轻工业的必要投资，这既能缓和市场供应紧张情况，又能较快地增加积累。

同时，在具备条件时，应适当增加农业投资。坚决改变挖农业补工业，挤轻工保重工的投资分配办法。重工业的投资也要适当安排，首先是保证能源工业发展的需要，冶金工业投资主要用于增加适合需要的产品品种、规格，提高质量，用于必要的矿山建设。

（5）适当增加服务部门的投资，加快服务部门的发展，是建立合理经济结构的一个重要方面。

（6）增加教育和科学投资，加快科学教育事业的发展。科学和教育事业落后已成为我国四个现代化的重大障碍。尽可能多和尽可能快地增加科研和教育投资即智力投资，是分配投资时必须考虑的一个极其重要的问题。

（7）应当把讲求投资经济效果提到首位。各部门都应确定合理的投资回收期限和合理投资的最低标准，不符合标准的，不许建设。今后再不允许经营性亏损企业存在。对政策性亏损，要尽可能缩小补贴范围和补贴金额。

第七，调整进出口商品结构。目前我国进出口商品结构必须进行调整，以适应经济结构合理化的要求，促进农轻重的协调发展，加速社会主义现代化建设。

（1）在进口方面，应以引进关键技术、关键设备和我国因资源不足或从经济效益上考虑自己生产不利的物资为主，以利我国各行业的现代化。引进大的成套设备必须从严掌握，慎之又慎。要加强仿制、翻版和创新的能力，防止重复引进。要制定适合我国情况的保护政策，凡是国内能够制造或在进口一些技术以后就能制造的设备，一律不得引进。

（2）出口方面，要充分估计国内资源的可能，国内市场的需要。要根据国内生产的可能和国际市场的需要，由以出口农产品和初级产品为主，逐步过渡到以出口重工业和轻工业产品为主，特别是出口机械工业产品和高级加工产品。机械工业产品要在增加单机出口的同时，努力发展成套设备出口。要大力发展劳动密集型产品，特别是我国擅长的各种手工业品和工艺品的出口。要制定保护国内资源的政策。对那些"高汇商品"要大力组织出口。那些出口商品亏损率在70%以上的"高亏商品"，要有步骤地在提高质量、降低成本、降低收购价格后再继续出口，或减少出口，直至停止出口。

（3）调整进出口商品结构，要特别重视运用经济手段，制定各种限制进口、鼓励出口的政策和措施，例如，确定合理的外汇结算制和税收、价格政策等。

第八，做好经济区划，建立合理的地区经济结构，发挥各地的经济优势。

合理的经济结构要求在全国范围内统筹规划、合理布局的条件下，科学地制定经济区划，建立合理的地区经济结构，充分发挥各地的自然优势和经济优势，大力发展商品经济，互通有无。

（1）要根据自然资源的分布情况，原有工农业生产的基础，交通运输条件，以及历史上形成的经济联系，在全国划分若干经济区，把经济区划和行政区划区别开来。将来行政区划也应按经济区划作适当调整。

（2）各地应从实际出发，建立能够发挥各自优势，包括自然优势（气候、土壤、资源等）和经济优势（生产能力、技术力量、管理经验等）的经济结构。各地经济结构不应千篇一律，而应各有重点，各具特色。各地要把人力、物力、财力投放到经济效果高的部门，生产比较成本最低的产品。只有经过综合平衡，在最优的地区经济结构基础上建立的全国经济结构，也才可能是农轻重等部门协调发展的、经济效果最高的经济结构。

（3）建立能够发挥各自优势的地区经济结构，需要相应地创造一些条件。譬如，在交通运输条件上要保证有关物资的调出、调入畅通无阻，规定区际交流的物资的价格要做到互利；要使调出商品的地区能够按时、按质、按量得到自己需要的商品；兼顾原料产地和加工地区各方面的利益，等等。

（4）必须坚决克服各地都要建立门类尽可能齐全的经济结构的思想。一般来说，由于各地自然条件的差异和历史上各地经济发展的不平衡，要求各地一律全面发展，是不现实的。即使在那些有条件全面发展农轻重部门的地区，也应注意适当集中力量发展更有利的产业部门。只有这样，才能取得全社会较高的经济效果。

第九，运输先行是经济结构合理化的重要条件。随着生产社会化的发展，国民经济各部门之间的联系，产供销之间的联系，生产和消费之间的联系，以及各地区之间的联系越来越密切，对交通运输、邮电通信将提出更高的要求。我国经济的发展和经济结构的调整，要求交通运输、邮电通信应当有一个较大的发展。

（1）对各种运输方式要按照不同特点，统筹安排，合理分工，合理利用，尽可能改变铁路承担运输任务过重的局面。铁路主要应在长距离的、大宗的物资运输中发挥作用。要充分利用水运，凡是有条件走水运的，要尽量安排水运；积极开辟华南地区同华东、华北地区间的沿海直达航线。对短途运输要根据经济合理的原则，在铁路与公路间明确分工，尽可能交由公路运输承担。要提高民用航空在长途旅客运输和货运中的作用。要组织好各种运输方式间的衔接转运工作，逐步推广铁路、水运、公路联运和沿海、长江、内河联运；努力创造条件，开展产、供、运、销大协作。

（2）各方面的现代化，要求信息的迅速传递，邮电通信日益重要，要统筹安排，合理布局，加快发展速度。除军事部门和铁道部门，各部门的通信系统应该统一规划、统一建设、统一管理。各大中城市的电话建设和邮电营业网点建设，要纳入城市建设规划，提高通信能力和服务水平。

（3）各产业部门要合理安排生产力布局，按照合理流向分配调拨产品，以减少对流、迂回等不合理运输。增加煤矿、磷矿等矿产品的洗选能力，消灭运输大量无用的石头、灰分等不合理现象。

第十，改革经济管理体制，促进经济结构的合理化，当前，国民经济比例严重失调是我国经济发展的重大障碍，不首先解决这个问题，经济体制改革就不能全面展开。当前一切经济工作的中心是调整，改革要在服从调整、促进调整的条件下进行。但是，如果没有经济体制的彻底改革，要建立农轻重协调发展的合理经济结构是不可能的。过去长期实行的以政代企的行政方法为主的经济管理体制，重工业大部分实际上由中央各部管，农业和大部分轻工业由地方管，不利于综合平衡，妨碍农轻重协调发展；

军工的独立体制，在和平时期容易造成军工生产能力大量闲置，不能发挥应有作用；条条管生产，块块管生活，容易造成生产和生活脱节，发生生产挤生活的情况；单纯用行政命令、行政层次、行政区划的方法来管理经济，是阻碍商品生产和商品流通发展，建立万事不求人、门类尽可能齐全的经济结构的重要原因之一。

只有在经济管理体制的改革中，真正按照客观经济规律办事，扩大企业的自主权，在国家统一计划的指导下，实行市场调节，完善社会经济机制并充分发挥其作用，才能促进经济结构的合理化，促进经济的协调发展。

（三）近两年来调整国民经济的成就

如前所述，由于经济工作指导思想上长期存在着"左"的错误和现行经济管理体制的严重弊病，特别是林彪、江青两个反革命集团的干扰和破坏，我国国民经济严重失调，其突出表现是：农轻重的关系以及积累和消费的关系很不协调。五届人大二次会议指出："我们讲调整，就是要针对林彪、'四人帮'长期干扰破坏所造成的经济比例严重失调的状况，自觉调整比例关系，使农轻重和工业各部门能够比较协调地向前发展，使积累和消费之间保持合理的比例。"① 近两年来，在调整这两种基本比例关系方面，取得了明显的成绩。

第一，农轻重比例关系严重失调的状况有了一定程度的改善。党的十一届三中全会以来，党中央在发展农业方面，采取了一系列有效的政策和措施。比如，维护生产队所有权和经营自主权，贯彻按劳分配，保护自留地、家庭副业和集市贸易，特别是近年来各地普遍实行了各种形式的联系产量计算劳动报酬的责任制，又大幅度地提高了农副产品的收购价格，减免了一部分农村税收，国家在资金方面加强了对农业的支援，还设立了支援经济不发达地区的发展基金。所有这些，大大地激发了农民的积极性，使得农业多年发展缓慢的状况开始有所改变。1979 年农业总产值达到

---

① 《中华人民共和国第五届全国人民代表大会第二次会议文件》，人民出版社 1979 年版（下同），第 15 页。

1584 亿元，比上年增长 8.6%，占工农业总产值的比重由上年的 27.8% 上升到 29.7%。粮食产量在上年大丰收的基础上达到 6642 亿斤，增长 9.0%；棉花产量 4414 万担，增长 1.8%；油料产量 11283 万担，增长 23.5%。1980 年，农业生产尽管遭受到几十年少有的南涝北旱的严重自然灾害，但由于上述各项因素的作用，仍然获得了较好的收成：粮食产量为 6364 亿斤，比上年减产 278 亿斤，下降 4.2%，但比大丰收的 1978 年仍增产 269 亿斤，是新中国成立以来仅次于 1979 年的第二个丰收年；棉花产量达到 5414 万担，增长 22.7%，创造了新中国成立以来的最高纪录；油料产量在上年大丰收的基础上达到 15382 万担，增长 19.5%。

农业比较迅速的发展，在粮食、副产品、原料等方面为工业特别是轻工业的较快增长提供了条件。1979 年商业部门收购农副产品总额为 586.8 亿元，比上年增长 27.6%，1980 年为 677 亿元，又比 1979 年提高了 15.4%。1980 年棉花收购量达到 5200 多万担，比上年增加 25.8%，是历史上收购量最多的一年。

党的十一届三中全会以后，党中央、国务院提出：在调整时期，要使轻纺工业的增长速度赶上或超过重工业的增长，速度。① 为了优先发展轻工业，国务院 1979 年就在燃料、动力、原材料、资金、外汇等方面，为轻工业提供了一系列有利的条件。1980 年国务院进一步决定对轻纺工业实行"六个优先"的原则。需要特别指出的是，党的十一届三中全会以后，党中央纠正了过去长期在发展集体所有制经济方面存在的"左"倾错误，强调努力发展集体所有制工业，而这种工业在我国轻工业中占有很大的比重。这些都是轻工业近两年来能以较快速度发展的重要因素。1979 年轻工业产值比上年增长 7.7%；1980 年轻工业又比 1979 年增长 18.4%，重工业增长 1.4%。在这两年中，轻工业产值占工业总产值的比重，由 43.1% 上升到 43.7%，再上升到 46.9%，重工业由 56.9% 下降到 56.3%，再下降到 53.1%。

为了调整严重失调的农、轻、重比例关系，1979 年尤其是 1980 年重

---

① 《中华人民共和国第五届全国人民代表大会第二次会议文件》，第 15 页。

工业发展速度进一步放慢了，但重工业产品的品种规格有所增加，质量有所改善，为农业、轻工业和国内外市场服务方面有了新的进步。比如，一机部系统的工业在改变生产结构方面开始迈出了可喜的步子：（1）从主要为重工业服务，开始改变为同时为轻工业、农业服务。1980年一机部系统的工业，一方面减少了为重工业服务的大型重型设备的生产，另一方面则增加了农业，轻工业所需设备的生产。据28个省、市、自治区机械厅（局）503个企业的不完全统计，1980年仅向轻工业一个部门（不包括纺织工业）就提供了专用机械17.4万台件，产值约2.2亿元。（2）从主要为建新厂、为基本建设服务，开始改变为现有企业的技术改造服务。例如，辽宁省鞍山市冶金机械局，1980年为轻纺工业技术改造提供了411套专机，安装了两条生产联动线，而且还专门组织10个技术力量较强的企业，与轻纺系统10个企业实行定点协作，帮助他们进行技术改造。（3）从主要为工业生产建设服务，开始改变为同时直接为人民生活服务。1980年，一机部系统的工业生产了大量的电度表、电风扇、洗衣机、电冰箱等多种耐用消费品投入市场。据不完全统计，1980年一机部所属企业生产的轻工产品比上年增加了70多种，产值增加约2倍。（4）从主要为国内需要服务开始改变为同时面向国际市场，扩大机电产品出口。1980年一机部系统出口额比上年增长了57%，出口产品100多种，销售120多个国家和地区[①]。

第二，积累和消费很不协调的关系也开始有所改变。长期以来，我国积累和消费的关系也处于严重的失调状态，其表现是：积累率过高；在积累基金中，生产性积累比重过大，非生产性积累比重过小；在生产性积累中，重工业积累比重过大，农业、轻工业等部门积累比重过小。这种不合理的状态，从1979年开始有所变化。1979年的积累率从上年的36.5%调整到33.6%。1980年进一步调整到32.6%。

1979年基本建设投资总额中，生产性建设投资比重由上年的82.6%调整为73.0%；非生产性建设投资比重由17.4%调整为27.0%；其中住

---

① 《光明日报》1981年3月14日第1版。

宅建设投资由 7.8% 调整到 14.8%。1980 年生产性建设投资占投资总额的比重，由上年的 73.0% 调整到 66.3%；非生产性建设投资由上年的 27.0% 调整到 33.7%，其中住宅建设投资由上年的 14.8% 调整到 20.1%。1979 年新建职工住宅面积 6256 万平方米，比上年增长 66%，1980 年为 7821 万平方米，增长 18.8%。1980 年是新中国成立以来住宅建设投资最多、占投资总额比重最大、新建住宅面积最多的一年。当然，非生产性建设资（包括住宅建设投资）这样急剧地大幅度地上升，在某种程度上带有弥补过去"欠账"的性质。

1979 年工业建设投资占基建投资的比重，由 1978 年的 61.4% 调整为 56.4%，其中重工业由 55.7% 调整为 50.3%，轻工业由 5.7% 调整为 6.1%。农业建设投资由 11.8% 调整为 12.9%。1980 年工业建设投资额占基建投资总额的比重，又从上年的 56.4% 调整到 54.1%，其中重工业投资的绝对量下降了，占投资总额的比重由上年的 50.3% 调整到 46.1%，轻工业由上年的 6.1% 调整到 8.1%。

上述生产结构和分配结构的调整，既从提供生产资料、资金等方面促进了农业和轻工业比较迅速的发展，又在生产发展的基础上，从实物供应和货币收入两方面为人民生活的提高创造了条件。事实表明："一九七九、一九八〇两年贯彻执行调整、改革、整顿、提高的八字方针，取得了显著的成绩。当前的经济形势是很好的。"[1]

（四）为什么要在经济上进一步实现调整的方针

当前的经济形势是很好的，但潜伏着的危险尚未完全消除。继 1979 年之后，1980 年财政又出现较大的赤字，致使货币发行过多，不少商品价格上涨。如不采取有力措施，1981 年财政仍然要出现庞大的赤字，还要增发大量的票子，结果就会引起物价上涨，影响安定的局面。

从根本上来说，上述问题的发生，是由于过去多年形成的国民经济比例关系严重失调、经济管理体制的缺陷、企业经营管理不善三方面的情况

---

[1]　五届人大常委会《关于批准国务院调整一九八一年国民经济计划和国家财政收支报告的决议》，《人民日报》1981 年 3 月 7 日第 1 版。

造成的，还难以在短期内完全彻底解决。但这同近两年对调整方针执行不力也是有直接联系的。党的十一届三中全会以后，党中央提出了以调整为中心的八字方针。这本来应该成为我国经济发展的一个根本转折点。但是，由于有些同志对国民经济比例失调的严重性认识不足，对调整必要性的看法也不一致，因而执行不力。它的突出表现是：近两年来，基本建设投资总规模并没有压下来。1979 年全国全民所有制单位完成基本建设投资总额 500 亿元，比 1978 年还增长了 4.4%[1]，1980 年完成基本建设投资总额 539 亿元，比历史上最高年份 1979 年又增长了 7.8%[2]。基本建设投资规模大大超过实际的可能性，不仅降低了投资效果，而且由于它过多地占用了燃料和原材料，也影响了生产的经济效果。

基本建设方面存在的另一个问题是：重复建设严重。在实行财政包干和扩大企业自主权以后，地方和企业有了更多的自有基金。由于计划指导工作没有及时跟上，致使地方和企业上了一大批重复建设的项目，这些项目建成以后，原料和销路都无保证。比如，我国机械工业加工能力，相对于其他有关部门来说，早已成为"长线"，许多企业吃不饱，甚至没有饭吃，1979 年机床的利用率只有 52.1%。但是，据 20 个省、市、自治区的统计资料，1980 年头十个月又新建了 2018 个机械工业企业。重复建设不仅发生在重工业中，而且也发生在轻工业中。比如，多年来，我国棉纺工业的生产能力已经大大超过了国内原料供应的可能，但在 1979 年增加了102 万锭以后，1980 年又增加了 80 万锭，正在建设的还有 246 万锭。全部建成后，全国棉纺生产能力将达 2000 万锭，那时，国内棉纺原料（包括化纤）将缺 2400 万担。

与基本建设战线过长、重复建设相伴随，工业方面不按需要和可能的重复生产也很突出。由于新建企业数超过了关停并转的企业数，1979 年底比年初增加了 6566 个企业，1980 年头十个月又增加了 7331 个企业。在 1980 年新增的企业中，以农副产品为原料的轻纺工业占了 69%，大部

---

①　《光明日报》1980 年 5 月 1 日第 3 版。

②　《人民日报》1981 年 4 月 30 日第 2 版。

分都是重复生产的小企业。由于农副产品原料不足，这些企业建成以后，相当普遍地造成了以小挤大、以落后挤先进的后果。重复建设和重复生产不仅造成了大量的浪费，而且使得燃料、动力和原材料供应不足的矛盾进一步扩大了，在某些方面，加重了经济比例的失调。

工业生产调整中的另一个重要问题，是长线产品，特别是耗能多的长线产品（其中尤其是耗能更高的中小企业产品）的生产指标压不下去。比如，从钢铁、机械等工业部门的内部来看，尽管它们也有自己的短线，但从国民经济的全局来看，它们无疑是长线。然而，1979 年的钢产量仍然达到 3448 万吨，比 1978 年增长 8.5%；1980 年原计划产钢 3300 万吨，比上年调低 148 万吨，以便提高钢材的质量，增加品种，节约能源和尽可能利用库存钢材，但实际上 1980 年钢产量达到了 3712 万吨，比上年还增长 7.7%。而在超产的 400 万吨钢中，耗能特别高的中小钢铁厂占了 1/5 以上。钢产量增加了，钢的成材率却提高很少，品种规格的增加也很少，以致钢材的积压比以前更多。库存钢材，超过了 2000 万吨。机械工业的产值（按 1970 年不变价格计算）1979 年比 1978 年增长 5.6%，1980 年还提出产值不低于 1979 年。这样，即使是开展了市场调节，取得了相当成效，但仍然不能阻止这些长线产品积压增多的趋势。目前，机电产品库存积压 600 多亿元，此外，商业外贸库存 1000 亿元，其中有相当一部分是不合格、不对路的产品①。1980 年长线产品积压情况不仅比 1978 年增长，而且比 1979 年也增长了。长线产品产量的继续增长，不仅造成了严重的积压，而且占用了短线产品急需的能源和原材料，加剧了经济生活中的矛盾。

上述一切会造成什么后果呢？（1）连续两年出现大量财政赤字，货币发行过多，不少商品价格上升幅度较大。1979 年财政赤字为 170.6 亿元②，1980 年为 121 亿元。1979 年多发了票子，1980 年原来计划全年增发 30 亿元票子，实际增发 76 亿元，多发了 46 亿元③。1979 年 12 月份全

---

①　《经济研究》1981 年第 3 期，第 6 页。

②　《中华人民共和国第五届全国人民代表大会第三次会议文件》，人民出版社 1980 年版，第 72 页。

③　《光明日报》1981 年 3 月 8 日第 1 版。

国零售物价总水平（包括国营商业牌价、议价和集市贸易价），比上年同期上涨 5.8%①，1980 年全年平均零售物价同上年比较，大约上涨了 6%，其中副食品上涨了 13.8%②。这种情况的出现固然主要是由于基本建设投资未减下来，但同事业费、行政费和国防费增加过多也有关系，同个人消费基金增长过多也有一定关系。1970—1978 年，社会购买力平均每年增加了 92 亿元，1980 年一年就增加了 200 亿元③。为了调整积累和消费严重失调的关系，适当地以较大幅度提高消费基金的比重是完全必要的。但增加过多，也是国力所承担不了的。个人消费资金的增加，大部分（如提高农产品收购价格和职工工资等）是国家有计划安排的，但也有一部分是由于控制不严和制度不健全，由企业滥发奖金、补贴等造成的。（2）经济效果仍然很低。从列入国家预算内的国营工业企业来看，每百元产值实现的利润，1980 年为 16.7 元，虽比 1976 年的 13.5 元增加 3.2 元，但比 1979 年的 16.6 元仅增加 0.1 元，比 1957 年的 24.7 元仍低 8 元；每百元产值占用的流动资金，1980 年为 31.2 元，虽比 1976 年的 38.5 元减少 7.3 元，但比 1979 年的 32 元仅减少 0.8 元，比 1957 年的 27.4 元多占用 3.8 元。如果能把国营工业每百元产值实现的税利提高到历史上的较高水平，那么，1980 年就可增加税利 200 多亿元；如果把每百元产值占用的流动资金降低到历史上的较低水平，那么，1980 年就可减少流动资金几百亿元。这一增一减，就不仅可以弥补 1980 年的财政赤字，而且还有几百亿元的节余。所以，当前的财政经济困难，是由经济结构不合理（还有经济管理体制和企业经营管理不合理等原因）所造成的经济效益差的集中反映。

　　上述情况表明：1980 年年底党中央提出在经济上实现进一步调整的方针，是完全符合我国经济的实际情况的，是完全正确的。

（五）调整经济结构的目标和步骤的设想

　　调整经济结构的目标和步骤问题，是我国经济调整工作中提出的重要

---

①　《光明日报》1980 年 5 月 1 日第 3 版。

②　《光明日报》1981 年 3 月 8 日第 1 版。

③　《经济研究》1981 年第 2 期，第 27 页。

理论问题和实际问题，迫切需要解决。1981 年 4 月，中国社会科学院工业经济研究所和四川省社会科学院联合召开的"经济管理体制改革理论与实践问题讨论会"着重地讨论了这个问题。根据会议讨论的意见，关于经济调整的目标和步骤提出了以下一些设想。

　　总的说来，经济调整的目标，是要从我国的实际情况出发，建立起一个以增产满足人民需要的最终消费品为目标、比例关系较为协调、经济效益比较高的良性循环的经济结构。其主要标志是：（1）国民经济各部门、每个部门内部以及社会再生产各个环节之间的比例关系大体协调；（2）社会的人力、物力、财力得到比较合理的利用；（3）生产建设的发展和人民生活的改善紧密联系，互相促进。建立了这样的经济结构，我们就能够取得较好的经济效果，从而在国民收入不断增长的基础上，保证城乡人民的物质文化生活在国力允许的范围内得到尽可能多的、稳定的改善。

　　为了达到上述的总目标，经济调整可以考虑分三个阶段进行。第一阶段是稳定经济阶段。主要任务是实现财政和信贷收支的基本平衡，保持物价的基本稳定，调整经济结构，大力发展消费品生产，发展商业、服务业，发展集体经济和个体经济，安排待业人员就业，使人民在保持现有收入水平的条件下生活继续有所改善。这个阶段大体要两年左右时间。第二阶段是经济结构初步合理化阶段。主要任务是进一步调整经济结构，使产业结构、产品结构、企业组织结构逐步合理化，使社会生产两大部类之间的关系基本协调，从而保证城乡人民的生活继续得到改善，这个阶段大体要三年左右时间。然后即可进入第三阶段，进一步解决能源、交通、邮电、通信、城市公用事业等基础设施落后的问题，在国民经济各部门之间建立比较协调的关系，使经济效果有显著的提高，国民收入有较快的增长，生活有较多的改善。实现这个阶段的任务当然需要更长一些的时间。

　　这些显然只是一些大体的设想，还有待于进一步的研究工作去论证它、充实它、修正它、完善它。

　　以上三个阶段，前两个阶段可划为调整时期。在第二阶段的目标达到以后，国民经济中最基本的比例关系——农轻重比例已基本协调，因此，以调整为中心的时期也就结束了。第三阶段的任务，可以在今后经济正常发展的过程中完成。

（六）实现国民经济的调整需要探讨的几个理论问题

按照上述的要求，实现国民经济的调整，有若干理论问题是需要探讨的。除了要正确认识社会主义的生产目的，继续批判为生产而生产的错误倾向以外，还有以下一些理论问题值得讨论。

长期以来，我们把优先发展重工业，当做社会主义建设的普遍规律。当做社会主义工业化的道路和方法。我国长期片面强调优先发展重工业是同这种指导思想紧密相关的。我们调整国民经济，建立合理的经济结构，要求把以建设重工业为目标改变为以增产满足人民急需的最终消费品为目标，就必须重新评价这种指导思想。

世界上许多经济发达的国家的经验表明：重工业是在农业、轻工业发展的基础上发展起来的，而且是适应农业、轻工业和其他生产部门对于生产资料的需要而发展起来的。

有的同志说，这是资本主义工业化的道路。这样看问题，并不一定符合事实。问题的关键在于：经济发展的这种客观进程，并不是同资本主义这种特殊的生产关系相联系的，毋宁说它是近代和现代工业生产发展一般规律的要求。马克思说过："没有消费，也就没有生产，因为如果这样，生产就没有目的。"[①] 从最终目的来说，任何社会的生产都是为了消费。这是生产与消费之间的一般联系，是社会生产的一般规律。就生产资料生产与消费资料生产的联系来说，这个一般规律就表现为生产资料生产最终总是为消费资料生产服务的。就近代和现代工业生产来说，这个一般规律表现为主要生产生产资料的重工业，最终总是为主要生产消费资料的农业、轻工业以及交通运输业、商业和其他服务业服务的。当然，重工业要做好这种服务工作，它本身也必须得到相应的发展。

这里需要提出的是，马克思在《资本论》第一卷第十三章《机器和大工业》第一节《机器的发展》中，曾经从大机器工业发展史的角度，

[①]　马克思：《〈政治经济学批判〉导言》，《马克思恩格斯选集》第二卷，人民出版社1972年版，第94页。

对这个一般规律的表现作过详尽的分析。但是，过去人们往往只把马克思分析的资本主义产业革命过程中由轻工业到重工业的发展，看做是剩余价值规律作用的结果，而忽视了马克思对近代工业生产一般规律所做的分析。诚然，马克思在论述近代大机器工业的发展时曾经说过："机器是生产剩余价值的手段。"[1] 他在讲到近代大工业（包括轻工业）的发展要求近代机器制造业的发展时也说过：手工业生产的机器"很昂贵"。但在这里，马克思主要还是阐明了这个思想："大工业发展到一定阶段，也在技术上同自己的手工业以及工场手工业基础发生冲突。"[2] "因此，大工业必须掌握它特有的生产资料，即机器本身，必须用机器来生产机器。这样，大工业才建立起与自己相适应的技术基础，才得以自立。"[3] 这就告诉我们：近代轻工业发展到一定阶段，就要求作为重工业最重要部门的近代机器制造业的发展，或者说，后者的发展正是以前者为基础，并且是适应前者的需要而发展的。马克思的这些理论分析，是同英国近代工业发展的历史进程完全相吻合的。如果以蒸汽机的发明和运用作为英国产业革命开始的标志的话，那么英国近代轻工业是从 18 世纪 60 年代开始发展的。但按照马克思的说法，只是"随着十九世纪最初几十年机器生产的发展，机器实际上逐渐掌握了工具机的制造。但只是到了最近几十年，由于大规模铁路的建设和远洋航运事业的发展，用来制造原动机的庞大机器才生产出来"[4]。

马克思在《资本论》第二卷第三篇中，又从社会总资本的再生产与流通的角度，对这个一般规律的表现作了全面的分析。马克思在《资本论》第三卷中曾经对这个分析作了这样的概括："正如我们以前已经说过的（第 2 卷第 3 篇），不变资本和不变资本之间会发生不断的流通（甚至把加速的积累撇开不说也是这样）。这种流通就它从来不会加入个人的消费来说，首先不以个人消费为转移，但是它最终要受个人消费的限制，因

---

①　《马克思恩格斯全集》第 23 卷，人民出版社 1972 年版，第 408 页。
②　同上书，第 420 页。
③　同上书，第 421—422 页。
④　同上书，第 422 页。

为不变资本的生产，从来不是为了不变资本本身而进行的，而只是因为那些生产个人消费品的生产部门需要更多的不变资本。"① 如果把马克思所说的"不变资本的生产"换成"生产资料的生产"，那么，这个原理不仅对社会主义是适用的，而且是特别有效的。因为社会主义生产的直接目的，就是为了满足人民的生活需要。

可见，无论是近代工业发展的历史，或者是社会再生产的一般进程都表明：生产资料生产最终总是为了消费品生产服务的，因而，重工业总是要在农业、轻工业、交通运输业等发展的基础上，并且是适应它们对生产资料的需求而发展起来的。这是近代工业生产发展一般规律的要求，并不因社会经济制度是资本主义或社会主义而有所不同。

可见，调整经济，建立合理的经济结构，把以建设重工业为目标改为以增产满足人民需要的最终消费品为目标，不仅符合社会主义基本经济规律的要求，而且同近代和现代工业生产发展一般规律的要求也是一致的。

也有的同志说，苏联曾经在一个时间是坚持优先发展重工业的。苏联的经验表明：优先发展重工业是社会主义工业化道路。苏联确实这样做过。但是，应该看到：苏联曾经是世界上唯一的社会主义国家，当时曾处在帝国主义的包围和威胁之中。苏联的那种做法实际上是处在一种特殊历史条件下采取的特殊办法，并不能反映社会主义工业化的普遍规律。而且，由于苏联长期片面强调发展重工业，违反近代和现代工业生产发展一般规律的要求，所以，尽管它对苏联工业的发展，特别是在增强抵御希特勒法西斯侵略的军事力量方面起了重要的作用，但也不可避免地陷入了经济结构极不合理的状态。这里应该着重指出：如果说，在斯大林时代，苏联坚持优先发展重工业是为了增强社会主义苏联的经济独立和国防力量的话，那么，在赫鲁晓夫、勃列日涅夫执政以后，苏联仍然坚持优先发展重工业的经济发展战略，却成为它推行霸权主义的军事扩张政策的一个重要支柱了。这种迥然不同的社会意义，是应该分清的。苏联坚持这种经济战略，连他们自己都承认，已陷于经济比例严重失调的困境。

① 《马克思恩格斯全集》第25卷，人民出版社1974年版，第341页。

　　这样说，是不是就否定了生产资料优先增长的规律了呢？把增产满足人民需要的最终消费品作为经济发展的目标，是否就是同生产资料优先增长的规律相矛盾的呢？不能这样来理解。因为，（1）什么是生产资料的优先增长呢？按照列宁的说法，就是生产资料的生产比消费资料的生产增长得更快①。分别说来，增长最快的是制造生产资料的生产资料生产，其次是制造消费资料的生产资料生产，最慢的是消费资料生产②。而把增长满足人民需要的最终消费品作为经济发展的目标，要求初级和中级产品的生产为最终消费品的生产服务，同要求主要是提供生产资料的重工业生产为主要是提供消费品的农业、轻工业和交通运输业等服务，这是两种不同的含义。在把增产最终消费品作为经济发展目标的前提下，仍然可以实现生产资料的优先增长。问题在于，重工业的发展方向仅仅是自我服务、自我循环呢，还是主要为农业、轻工业服务，为消费品生产服务？（2）生产资料为什么要优先增长呢？就是在技术进步的一定条件下，社会实现扩大再生产对追加生产资料的需求，快于对追加劳动力（从而对追加消费资料）的需求。列宁说得很清楚：所谓生产资料增长最快，不过是不变资本比可变资本增长得更快的趋势的规律运用于社会总生产时的另一种说法而已③。但是，制造消费资料的生产资料生产较快的增长，正是在技术进步的一定条件下消费资料生产部门的扩大再生产而引起的。至于制造生产资料的生产资料生产较快的增长，虽然直接是由于制造消费资料的生产资料生产的需要引起的，但终极地说来，仍然是由于消费资料生产的需要引起的。所以，整个说来，生产资料生产较快的增长，是由于消费资料生产的需要引起的。列宁说得好：不言而喻，生产消费归根到底总是同个人消费相关联的④。可见，无论从生产资料优先增长的含义来说，或者从它的原因来说，同把增产以满足人民需要的最终消费品作为经济发展的目标，都不是不相容的。

---

① 列宁：《论所谓市场问题》，《列宁全集》第1卷，人民出版社1955年版，第72页。
② 同上书，第71页。
③ 同上。
④ 列宁：《俄国资本主义的发展》，《列宁全集》第3卷，人民出版社1959年版，第34页。

需要进一步指出：长期以来，有人把生产资料优先增长的规律作了绝对化的理解，似乎在任何条件下，近代和现代社会生产的发展都要求实现生产资料的优先增长。我国长期片面强调发展重工业，不能说同这种理解没有关系。现在看来，这样认识问题并不是全面的。（1）按照马克思列宁主义的理论，只是在技术进步的一定条件下实现扩大再生产，才要求生产资料的优先增长；没有这样一定的条件，实现扩大再生产，并不要求生产资料的优先增长。马克思在《资本论》第一卷分析资本积累过程，首先就分析了资本构成不变条件下的资本积累；第二步才分析了资本构成提高条件下的资本积累。马克思这个理论分析是反映了资本主义的历史发展的。（2）近代和现代社会生产的技术进步历史表明：有一种技术进步，如农业中同生物措施相联系的技术进步，并不要求生产资料的优先增长。有一种技术进步，如大机器工业代替手工业，则要求生产资料的优先增长。可见，并不能以为，只要在技术进步条件下实现扩大再生产，都要求生产资料优先增长。（3）即使生产技术的进步要求生产资料优先增长，但能否优先增长，还要取决于其他的条件。就资本主义工业化的初期情况来看，轻工业技术进步很快，生产发展也快。但是，当时轻工业使用的机器还是由手工作坊提供的，生产资料生产的增长并不很快。这除了其他原因以外，缺乏发展重工业所必需的资金是一个重要的原因。就我国工业发展来说，在新中国成立初期的一定时期，优先发展重工业是有必要的，而且也有条件。半殖民地半封建的旧中国，轻工业有了一定的发展，但重工业很薄弱。全国解放以后，随着生产资料私有制的变革，农业、轻工业的增产潜力都很大。在这种情况下，适当地以某种较快的速度发展重工业是应当的，并且取得了良好的经济效果。但在重工业已经有了相当的发展之后，还长期片面强调发展重工业，忽视农业和轻工业的发展，那就势必走到事情的反面，导致了经济结构的严重失调。可见，把增产以满足人民需要的最终消费品作为经济发展的目标，不仅同优先发展生产资料的原理是不矛盾的，而且在某个时期内把优先发展轻工业作为经济发展的重要方针，同优先发展生产资料生产的原理也是可以相容的。

另外有一种观点，认为经济调整工作，就是要把目前重工业过重的不合理的"重型结构"逐步调整为"轻型结构"。持这种观点的同志设想，所谓"轻型结构"，就是指工农业总产中，农业、轻工业的比重占60%以上，重工业占40%以下。所谓"重型结构"，是指工农业总产值中，重工业占40%以上，农业、轻工业占60%以下。这种划分的出发点，是要改变农轻重比例关系严重失调的状态，它在某种程度上对改变重工业过重、轻工业过轻、农业落后的结构，有一定的参考意义。但在实际上，按照这种观点，就要得出否定继续优先发展轻工业的结论。因为在1980年的工农业总产中，农业、轻工业已经占了将近60%，1981年大约要超过60%。这种划分方法的不妥之处，不仅在于它没有包括在现代化生产中居于重要地位的交通运输业、邮电业、商业、服务业、科学、教育等重要部门，就我们讨论的问题来说，它的主要缺陷还在于：（1）在我国农业总产值中，农业、轻工业和重工业究竟各占多大比重才表明它们的关系是协调的，没有也不可能有一个什么固定的比例；它要决定于社会生产力的发展、经济体制的变化以及人口的增长等复杂因素。即使就我国当前的具体情况来说，也不能认为上述"轻型结构"的标准是完全符合实际情况的。目前我国农业、轻工业在工农业总产值中所占的比重已经接近这个标准了，但农轻重严重失调的比例关系还没有完全改变过来。（2）这种单纯从量的比例关系方面来划分产业结构的方法，并不能反映结构的质的方面，因而并不能表明结构是否是协调的。从理论上说来，我们完全可以作两种设想：在一定的社会生产力发展水平下，即使重工业占工农业总产值的40%以上，但如果它是建立在农业、轻工业发展的基础上，并且是为农业、轻工业的发展服务的，因而它同农业、轻工业的关系就是协调的。在相同的生产力条件下，重工业也占40%以上，但如果重工业是自我服务型的，那么，它同农业、轻工业的关系就是失调的。当前我国重工业虽然占了40%，但片面地自我服务的状况并没有显著的改变，因而农轻重的比例关系仍然是不协调的。这样说，当然不否认近两年来在党的以调整为中心的八字方针的指引下，我国在调整国民经济方面所取得的成就。近两年来，轻工业的增长速度超过了重工业，农业发展多年缓慢的局面也有了显著的改变，重工业在调整产品服务方向方面也有新的进步。但是，长期以来形成的严重失调的比例关系，难以在一两年的时间就从根本上扭转过来。再加上在贯彻调整方针方面，某些部门在过去一个时期还执行不力，这在某种程度上也延缓了调整的进程。总之，当前要调整产业结构，不仅要加强农业，继续坚持优先发展轻工业，而且要调整重工业的服务方向和产品结构，改变重工业片面地自我循环的不合理状况，使得产业结构逐步走向合理化。

三　经济管理体制的合理化

我国经济的改革，就是要有步骤地改变现行经济管理体制严重不合理的状况，建立起一套既有利于调动各个经济单位和广大群众积极性，又有利于中央和地方对于经济生活进行有效的组织领导，能够大大促进生产力发展，适应社会主义四个现代化建设需要的经济管理制度。这就是经济管理体制合理化的要求。

（一）为什么要改革经济管理体制

我国现行的经济管理体制，是一种高度集中的、以行政管理为主的体制。这种体制，从它的基本形态来讲，是从苏联搬来的，也就是说，类似苏联斯大林后期的那样一种体制。我国30年的实践证明，这种体制是有不少弊病的。这些弊病综合起来有四条。一是使企业成为各级行政机构的附属物，否定了企业的相对独立性。我们的企业就像算盘珠一样，由中央各个部门、地方各个厅局把它拨上拨下，推一推，动一动，自己缺少主动性。这并不是企业不想有主动性，而是我们的体制限制了企业的主动性。二是按照行政系统、行政区划来管理经济，它们自成体系，割断了经济的内在联系。例如，我们的企业是由中央或地方的主管部门，以条条为主管理的，主要是纵向的联系，缺乏横向的联系。这就产生了很多不合理的现象。三是自上而下的指令性计划指标过多，管得过死，生产者和消费者不能直接见面，产销脱节，产需脱节。这样，一方面很多产品大量积压，一方面很多产品又脱销。四是统收统支，捧"铁饭碗"，吃"大锅饭"，搞平均主义，不负经济责任，不讲经济效果。由于存在这些弊病，这种经济体制必然不利于调动企业和职工的积极性、创造性、不利于国家对于经济生活进行有效的管理，不利于四个现代化的建设。

这种经济体制不符合社会主义经济发展的客观规律。它和大力发展商品生产、商品交换的要求是不相适应的，和满足人民不断增长、不断变化的需要是不相适应的。这种体制在计划上大包大揽，在流通中统购统销，在劳动上统包统配，在财政上统收统支，所有这一切，必然要求有一套高度集中的、主要采用行政手段的管理方法，甚至排斥用经济手段来管经济。这种管理体制和方法，是不可能使社会主义商品生产迅速发展起来的。我们现在经济不活跃，经济效果差，同我们现行的经济体制的弊病有很大关系。

我们之所以长期实行这种管理体制，是来源于我们对社会主义经济性质有一种不正确的认识，具体地说，是由于我们过去不把社会主义经济看成是存在着商品生产和商品交换的计划经济，而把它看成半自然经济。现在我们要进行经济体制改革，就要对我国的社会主义经济性质有一个正确的认识，这是正确解决经济体制改革的方向、方针、政策、办法等问题的前提。

对于如何认识我国社会主义经济，我个人认为我们的经济是大力发展社会主义的商品生产和商品交换的计划经济。在公有制基础上实行计划经济，这是社会主义经济的一个本质的特征。而要大力发展社会主义的商品生产和商品交换，就必须同时发挥市场调节的辅助作用。当然，也有不同意这种看法的。主要的争论点是：在社会主义制度下，生产资料是不是商品？有的同志认为不是商品，因而不赞成笼统地说社会主义要大力发展商品生产和商品交换。这种观点过去占统治地位，现在也还有同志在坚持。

当然，我们社会主义的商品生产和商品交换与资本主义社会的商品经济在性质上是不同的。资本主义商品经济是建立在资本主义私有制基础上的，是无计划的。而且，劳动力也是商品，存在剥削关系。社会主义经济则相反，它是建立在生产资料公有制基础上的，是有计划的商品生产和商品交换。而且劳动力已不是商品，消灭了剥削。

这样来认识社会主义经济在理论上是一个很大的进步，是一个飞跃。

我们知道，社会主义商品生产问题是一百多年来一直在讨论的一个大问题，马克思主义者内部也一直存在着争论。1875 年，马克思在《哥达纲领批判》中就讲过社会主义是共产主义的初级阶段；在这个阶段里，还保留着旧社会的痕迹。他这里说的旧社会的痕迹主要是指按劳分配。马克思那时设想社会主义是在资本主义高度发展的基础上建立起来的，是不存在商品货币关系的。马克思当时没有预见到，资本主义中等程度发达的国家，甚至像我们这种资本主义只有初步发展，自然经济还占优势的国家，能够取得社会主义革命的胜利，能够建设社会主义。而像我们这样经济不太发达的国家，建设社会主义必须充分利用商品、货币范畴，也就是说，社会主义经济是要大力发展商品生产和商品交换的计划经济。

　　这里，我们还可以考虑一个问题，就是那些资本主义高度发达的国家，在工人阶级取得了政权，建立了社会主义制度的时候，是不是就可以立即取消商品生产，取消货币呢？这个问题，现在许多马克思主义者在考虑、在讨论。最近几年，我有机会到日本、美国、西欧几个资本主义发达的国家去考察。我们去考察的同志有一个共同的看法，认为这些国家生产力目前发展的情况和马克思当时所讲的情况相比，是不能同日而语了。马克思也没有预见到一百年以后，资本主义还会有这样大的发展。马克思发表《哥达纲领批判》一百多年以来，资本主义发达国家的生产力是几倍、几十倍地甚至更大程度地发展了。但即使是发达的资本主义国家现在这样的经济发展水平，这些国家的无产阶级一旦取得政权后，是不是就可以马上消灭商品、货币，而不致妨碍经济的发展，并造成社会生活的混乱呢？看来还不可以。假使那时候货币改个名字叫劳动券，劳动券还是起货币的作用，那有什么意义？假使真的取消货币，也就是取消商品，那就会带来很多问题。我们在日本东京看了一个百货公司，叫三越百货公司，和美国纽约的美西百货公司比起来，它还不是最大的。它的商品品种有 50 万种。我们国家最大的百货公司是上海第一百货商店，经营商品 4 万多种。北京王府井百货大楼只经营 2.4 万多种商品。我们在美国旧金山近郊一个近 20 万人口的小城镇开了一个超级市场，这个超级市场专卖食品，共有 1.4 万多品种。假如取消商品和货币了，那么，这些产品将怎么有效地进行分配呢？人类诞生以后，经过了多少万年生活的实践，经过漫长的岁月，才发明了货币这个东西。这个东西对人类社会经济发展起了极大的推动作用。现在要取消它，就要找一个比它更合理的东西来代替它，这是一件很不简单的事情。看来，马克思的上述观点，还只能当作一种设想，还要留待后人的社会实践来检验。当社会生产力还没有高度发展的时候，当劳动还没有普遍成为人们生活第一需要的时候，要取消商品，要取消货币，看来是不现实的。

列宁在十月革命前写的《国家与革命》这本书中，引了马克思的话，阐述了马克思《哥达纲领批判》中的观点，也是主张社会主义社会取消商品和货币的。苏联十月革命胜利后曾经采取过战时共产主义的经济制度。实行这种战时共产主义，主要是由于当时帝国主义干涉和内战的环境，但同取消商品货币的理论指导也不无关系。战时共产主义时期取消商品和货币的尝试失败了。列宁总结了经验教训，根据当时苏联存在五种经济成分，尤其是小商品经济和小生产的大量存在，提出了新经济政策。新经济政策就是要运用商品货币关系，发展商业，促进社会主义经济的恢复和发展。不幸的是，列宁很快去世了，没有赶上社会主义改造的完成。社会主义改造完成后，不是五种经济成分并存，而是单一的社会主义经济成分了，在这样的情况下，是不是还要有商品生产和商品交换呢？列宁没有回答这个问题。苏联的社会主义改造是在斯大林领导下完成的。斯大林在完成农业集体化以后曾经指出，有两种公有制即全民所有制和集体所有制并存，就存在工人和农民两个阶级，就需要有交换。但是对于两种公有制之间的交换是不是商品交换，价值规律还起不起作用，对于这个问题，在完成农业集体化以后的很长一个时期内，斯大林并没有明确的说明和论证。所以，在这个时期，苏联一直在争论这个问题。直到斯大林的晚年，就是直至1952年，他才在《苏联社会主义经济问题》一书中承认两种公有制之间存在着商品生产和商品交换关系，认为必须利用价值规律。这是苏联经过20多年争论才作出的结论。在这以前，在20多年中间，他们在处理两种公有制之间的关系时，也没有很好利用商品货币关系和价值规律。

　　斯大林在《苏联社会主义经济问题》中虽然承认了两种公有制之间存在着商品货币关系，但是，又认为社会主义制度下生产资料不是商品，而且说价值规律甚至对农业中的原料生产也不起调节作用。斯大林还一再强调要限制商品生产，限制价值规律的作用。所以我们可以这样说，斯大林从来没有认为社会主义经济是要大力发展社会主义商品生产和商品交换的计划经济，而是把它看成是半自然经济。基于这样的理论和认识，斯大林时代所设计和实行的经济管理体制，就不是按照有计划地发展商品生产和商品交换的要求而是按照半自然经济的要求设计的；不是把产品当做商品，实行等价交换，而是实行单一的指令性计划，完全排斥市场调节，并且采用高度集中的，以行政手段为主的管理办法。这种单一的指令性计划，就是把整个国民经济当做一个工厂来看待。列宁也说过整个社会将成为一个工厂之类的话。但现在看来，这个问题非常复杂，把整个社会当成一个工厂来看待，是会产生很多问题的。我们实行的高度集中的经济管理体制，取消了企业的相对独立性，就是把整个社会当成一个工厂来看待的结果。这样做不就产生了很多问题吗？最近，国务院的领导同志说：我们实际上是把整个国家当成一个大企业，财政部就像企业里的财务科，其他的部、局也像企业里类似的职能机构，这个做法是管不好国民经济的。从国内外的经验看，把社会当做一个工厂来管理，肯定是管不好的。

　　斯大林的理论和实践，对于我国的社会主义建设有着很大的影响。他领导下设计和实行的经济管理体制模式对我们也是有很大影响的。我国迄今一直在实行的经济管理体制基本上是斯大林的模式，当然也有些变化。上面说的计划上的大包大揽，流通中的统购统销，劳动管理上的统包统配，财政上的统收统支，吃大锅饭这一套东西，基本上都属于斯大林的模式。现在我们要改变这个模式，首先就要突破这个模式的理论基础，也就是要突破一些错误的或过时的条条框框；不这样做，我们就不可能改变旧的阻碍经济发展的模式，创造一个新的促进经济发展的模式。现在我们在理论上已经有了突破。这应该说是解放思想取得的很重要的成果。没有这种理论上的突破，也就不会有我们现在体制改革的设想和实践。我们已经认识到社会主义制度下不仅生活资料是商品，而且生产资料也是商品；不仅全民所有制和集体所有制之间的交换是商品交换，全民所有制内部的交换也是商品交换。当然也还有些学者持有不同意见，写了文章进行争论，这也是好事，因为真理总是越辩越明，我们应该发扬百家争鸣的精神。

由于理论上的进步，现在不仅生活资料可以进入市场，生产资料也可以在计划指导下进入市场，例如，鞍钢也开了出售钢材的商店，这是从来没有过的事。现在机器也进了市场。1979 年机电产品进入市场的，按总产值计算将近 20%，1980 年估计将会更多，有的工厂甚至占 70%—80%。对于生产资料进入市场，也有人不赞成。但从实践结果看，这样做是起了促进经济发展的积极作用的。这也说明经济体制必须改革。

（二）改革经济管理体制的方向

改革经济体制，要坚持正确的方向。根据社会主义经济要大力发展商品生产和商品交换的理论，对体制改革的方向可以有这样一些设想：要改变统得过多、管理过死的状况，给企业以必要的自主权；改变单一的计划控制，在实行计划经济的基础上，同时发挥市场调节的辅助作用；改变"吃大锅饭"、"捧铁饭碗"等平均主义的做法，建立严格的经济责任制，对企业实行经济"包干"的制度；对职工实行各尽所能、按劳分配的制度；改变单纯依靠行政手段管理经济，把经济手段和行政干预结合起来，主要运用经济杠杆、经济法规来管理经济，等等。

根据改革的总方向，对改革的脉络和轮廓也可以有以下一些设想：要逐步实行党政企分开，权力下放，扩大企业自主权和职工民主管理的权力；发展各种形式的经济联合，建立行业组织，把企业合理组织起来；改变封闭的、少渠道、多环节的商品流通体系，建立多渠道、少环节、开放的商品流通市场；以大中城市为依托，形成各类经济中心，组织合理的经济网络，等等。与这些改革相配合，需要在计划、财政、税收、价格、银行、商业、物资、外贸和劳动工资等方面进行一系列的改革。看来，这些改革的方向和内容，是符合发展社会主义有计划的商品生产、商品交换和社会化大生产的要求的。

近两年来，我国经济管理体制改革工作取得了可喜的成就。我们扩大了企业的自主权，实行了计划指导下的市场调节；在发挥优势、保护竞争、推动联合的方针指导下，发展了城乡之间、地区之间、行业之间、企业之间的多种形式的经济联合和协作；进行了基本建设和挖、革、改投资由国家拨款改为银行贷款的试点；实行工贸结合，发展外贸出口；以及在生产资料公有制占优势的条件下，允许多种经济成分、多种经营方式的存在，等等。同时，进行了县级工业管理体制改革的试点，并在少数企业进行了以税代利、自负盈亏以及企业内部领导体制改革的试点。实践证明，两年来的改革，方向是正确的，成绩是显著的，对调动各方面的积极性，搞活经济，提高经济效果，起了积极的促进作用。

下面，就扩大企业自主权，建立经济责任制，实行计划指导下的市场调节，进行县级工业管理体制改革的试点以及发展集体所有制经济等五个方面的情况，进一步作些说明。

第一，近两年来，扩大企业自主权的工作不断发展，并已具有相当规模。1980年，除西藏外，各省、市、自治区参加试点的国营工业企业已发展到6000多个，占全国列入国家预算内工业企业总数42000个的15%，产值占60%，利润占70%。试点企业在利润留成、生产计划、产品销售、新产品试制、资金使用、奖励办法、机构设置以及人事等方面，都不同程度地有了一些自主权。此外，1980年以来，一些省、市、自治区还选择少数企业，进行了在国家计划指导下"以税代利、独立核算、自负盈亏"的试点。据不完全统计，截至1980年年底，进行这种试点的有一个市（柳州市）、一个公司（上海轻机公司）和80多个企业。

继1979年之后，1980年扩权企业又取得了显著的经济效果。这一年，相当一部分扩权企业生产任务不足，再加上原材料涨价等因素，给企业完成生产和财政收入任务带来了一定的困难。但是，由于扩权在一定程度上把企业的经济权力、经济责任和经济利益结合起来了，把企业的经济利益与企业的生产经营成果结合起来了，把国家利益和企业利益结合起来了，使企业获得了内在的动力；伴随着竞争的展开，又给了企业以外在的压力。这就使得企业有了一定的活力。扩权还使得企业获得了一部分自有资金，为企业的技术改造提供了一定的财力和物质条件。扩权又为企业搞好民主管理提供了实际内容和物质基础，促使职工运用好当家做主的民主权利。这样，就调动了企业和职工的积极性，使得绝大多数扩权企业都实现了增产增收。据 28 个省、市、自治区地方工业 5777 个试点企业（不包括自负盈亏的试点企业）的初步统计，1980 年完成工业总产值 1653.5 亿元，比上年增长 6.8%，比全部国营工业总产值增长 6.2% 的速度，高出 0.6%。实现利润 333.6 亿元，增长 11.8%；上缴利润 290 亿元，增长 7.4%，这些也超过了非试点企业。在增产增收的基础上，实现了国家利益和企业利益的结合。在上述实现的 333.6 亿元利润中，上交国家的占 87%，企业利润留成占 10%，其余 3% 属于归还贷款、政策性补贴等。同非试点企业提取企业基金的办法比较，试点企业实际多得 12.4 亿元，占增长利润 35.2 亿元的 35.2%。可见，无论是在实现利润中，或在增长利润中，大部分都是归于国家的。

扩大企业自主权不仅推动了企业的增产增收，而且促进了国民经济的调整。这表现在，企业有了一定的经营管理自主权，有助于按照市场需要生产，使短线产品增产，长线产品减产；扩权企业有了一定的自有资金，可以进行技术改造和修建职工住宅，解决生产上的薄弱环节和职工生活上的迫切需要，有助于逐步改变"骨头"与"肉"比例失调的状况；扩权还可以促进企业的联合和改组，从而有助于推动一些应该淘汰的企业关停并转。

第二，建立经济责任制。扩大企业自主权虽然取得了明显的经济效果，但是，扩权企业实行的利润留成办法，还有三个问题未能很好地解决：一是实行"环比"，以上年利润为基数，年年提高，增长越来越难，有的企业反映："第一年有甜头，第二年有苦头，第三年没干头"；二是只在盈利多的企业实行，微利和亏损企业除外，因而不能解决整个工业方面"吃大锅饭"的问题；三是奖金的分配，未能使职工的收入与劳动成果直接挂钩，捧"铁饭碗"、搞平均主义的做法依然存在。实践证明，解决这些问题的有效措施，就是建立经济责任制。

建立经济责任制，重点要抓相辅相成的两个环节：

一个环节是处理好国家和企业的经济关系，实行盈亏包干，使企业的利润分配和经营成果直接挂钩，以调动企业的积极性。在这方面，山东省先走了一步。这个省盈亏包干已经普遍推开，由单个企业包干，发展到全行业包干；从上到下各级层层包干，从省到地（市）、到县、到企业，一层包一层，一层保一层。据 13 个地市统计，在县以上 1850 个国营企业中，已经落实盈亏包干任务的有 1352 个，占 73.1%。其中，440 个亏损企业，已经落实包干任务的有 410 个，占 93.2%。364 个微利企业已全部实行包干。例如，济南市把 1981 年增产增收计划，从上到下实行"五包"，即市包到局，局包到厂，厂包到车间，车间包到班组，班组包到个人；然后又自下而上实行"五保"，即个人保班组，班组保车间，车间保厂，厂保局，局保全市，并用经济合同形式联结起来，层层落实。这样做，经济效果是很明显的，上半年完成的上缴利润比 1980 年同期增长 10%。就行业包干看，效果也是很好的。例如，山东全省煤炭系统，今年全年计划亏损 1357 万元，3 月下旬实行全行业亏损包干，4 月份即扭亏转盈，实现利润 57 万元，五六月份又盈利 902 万元①。实行盈亏包干，要注意以下几点：一是基数定得合理，一定几年不变；二是超收分成比例，应根据实现利润的难度大小而定，不能一刀切；三是对企业所得在发展生产基金、集体福利基金、奖励基金三者之间分配，作出合理的规定。

另一个环节，是处理好企业内部联产计酬的分配关系，有条件的可以实行计件和超定额计件工资；没有条件搞计件的，可以实行记分计奖，使职工的收入和劳动成果直接挂钩，解决捧"铁饭碗"、搞平均主义的问题，以调动职工的积极性。过去企业中实行计时工资加奖金的办法，往往把奖金按人平分，或者是分作一、二、三等"轮流坐庄"，体现不了按劳分配的原则。实行计件工资或超定额计件工资，才能真正做到多干多得，少干少得，不干不得。例如，烟台鞋厂 1981 年 1—5 月份每个工人平均每月得超额计件工资 14.74 元，其中最高的每月得 60 元，最少的只得 3 分钱；个别完不成定额的，还被扣发了基本工资。工人们高兴地说："现在是喜煞勤的，治了懒的，铁饭碗靠不住了，大锅饭吃不成了，再不好好干不行了。"实行计件或超额计件工资制，要注意以下几点：一是实行这种

---

① 参见 1981 年 7 月 30 日《大众日报》。

工资制度，要具备必要的条件：领导班子要强，基础工作和管理制度比较健全，特别是要有比较精确的工时定额和原材料消耗定额，有严格的质量检验制度，原材料、电力有保证，产品有销路，能以个人、机台或班组为单位单独核算产量。二是要制定平均先进定额，使绝大多数工人经过努力可以达到。三是对产量、质量、原材料动力消耗、安全生产等要同时考核，防止发生片面追求数量，不顾质量，拼体力，拼设备，浪费原材料动力等现象。四是要处理好青年工人和老工人的关系、前后方工人的关系以及管理人员和工人的关系，从收入上使他们相互挂起钩来，以便相互配合搞好生产。超定额计件，是一种工资制度，不是奖金，所以这项开支应列入成本。实行计件和超额计件工资的，不再提取奖励基金。

实行经济责任制，必须同加强思想政治工作结合起来。通过联系职工思想实际的、生动活泼的思想政治工作，才能不断地提高广大职工群众的社会主义觉悟，自觉地以国家主人翁的态度，对待劳动，对待企业，对待国家，对待自己的劳动报酬，同各种投机取巧，弄虚作假、挖社会主义墙角的歪风邪气作斗争。广大职工说得好：思想政治工作和经济责任制"两个翅膀"一齐飞，才有力量，才能使经济工作取得巨大的成效。

第三，近两年来，我国对计划、物资、商业等方面的体制进行了一些改革，开始实行了计划指导下的市场调节。主要是：允许企业在完成国家计划的条件下可以依据市场需要和本身的情况，制订增产计划；初步改变了物资、商业部门独家经营，生产资料统一调拨和消费资料统购包销的局面，允许企业对超额完成国家计划的部分生产资料和消费资料自行购销。现在大约有占工业总产值 15% 的产品，是实行市场调节的[①]。一机部系统将近一半的产品是实行市场调节的。开展市场调节，对于促使企业广开生产门路，截长补短，调整产品方向，改变生产结构，调节产需关系，搞活经济；对于促进企业加强经营管理，提高产品质量，促进产品更新换代，增加花色品种，降低生产成本，提高劳动生产率；对于改进经营方式和作风，搞好技术服务；对于广开流通渠道，减少流通环节，疏通购销关系，

---

① 《经济研究》1981 年第 1、3 期。

繁荣市场，都起了积极作用。1980 年社会商品零售总额达到 2140 亿元，比上年增长 18.9%，扣除提价因素，增长 12.2%。增长幅度之大，是新中国成立以来未有过的。此外，农村、城镇集市贸易相当活跃，供应的农副产品和土特产品种类很多，成交额大幅度上升。这些都是同开展市场调节分不开的。当然，市场调节也有产生盲目性的一面。如果计划指导工作跟不上，就一定会发生盲目性，事实上也已经产生了某些盲目性。这是需要研究解决的问题。

第四，县、市进行了县级工业管理体制改革的试点。据不完全统计，目前全国共有 25 个省、市的 125 个县、市进行了这方面的试点工作。广东省清远县试点工作进行得比较早，也取得了一些经验。过去这个县有国营工业企业 17 个，职工 6000 人，设 8 个局分管。管生产的经委和各局管不了人、财、物，管人、财、物的其他综合部门又不管生产。这种层次过多、头重脚轻、权责脱离的对工业企业的行政管理体制，严重地束缚了企业的积极性。1979 年清远县对这种体制进行了改革。主要是：撤销了局，由县经委直接管理所属企业的人、财、物和产、供、销，上级各部门向企业布置任务，统由经委一个口子下达；县经委把一部分权限下放给企业。现在企业初步获得了利润提留权、固定资产处置权、计划外安排生产权、超产产品销售权、奖金制度和奖励办法选择权、招工和惩罚处理权，以及机构设置和人事权。这些改革尽管是初步的，但效果却是好的。1979 年全县地方国营工业企业实现利润 425 万元，比上年增长 2 倍多。1980 年在原材料和燃料涨价、一些企业生产任务不足、能源供应紧张的情况下，实现利润 542.4 万元，比上年增长 26.7%。1979 年全县工业百元产值利润为 9.3 元，比 1978 年增长 1.7 倍；1980 年达到 11.14 元，又比 1979 年增长 19.7%。在这方面，通辽市也取得了较好的经验，同样获得良好的经济效果。

第五，在讲到改革我国生产关系，促进工业特别是轻工业的发展时，还有一点是必须提及的，就是长期以来，在"左"倾错误的指导下，对集体所有制工业急于搞"升级"，把它搞成了准全民所有制，严重地阻碍了集体所有制工业的发展。实际上，当前手工劳动不仅在农村占主要地位，在城市也在相当大的范围内存在着。因而，集体所有制经济不仅在农村是主要的经济形式，在城市也有广阔的发展余地。党的十一届三中全会以后，开始纠正了这种"左"倾错误，在恢复和发展集体所有制工业方面取得了巨大的成就。城镇集体所有制职工人数，在 1979 年大幅度增长的基础上，1980 年达到 2425 万人，比 1979 年又增加 151.5 万人，增长 6.7%。集体所有制经济的发展对促进我国工业发展起了重要的作用。1980 年我国工业总产值为 4993 亿元，比上年增长 401 亿元。其中全民所有制工业约占增长额的 60%，集体所有制工业约占增长额的 40%。还要指出：目前集体所有制工业在我国二轻系统（手工系统）工业产值中占 90% 以上；而二轻系统工业产值又占轻工系统工业产值的 50% 以上。所以，集体所有制工业的发展，对于我国轻工业生产的增长，具有特殊重要的意义。

上述五个方面，进一步说明了我国经济体制改革的方向是正确的。在经济体制改革中也出现了一些问题，如重复建设，盲目生产，以小挤大，滥发奖金、补贴，等等。产生这些问题的原因很多，今后只要加强领导、监督和检查，采取疏导而不是堵死的办法，是完全能够解决的。

（三）在经济管理体制改革的方向问题上两种值得商榷的观点

有一种观点认为，对那些以手工劳动为基础、有机构成低的国营企业实行自负盈亏，是适宜的，而对生产力水平较高、有机构成较高的国营企业则不宜实行自负盈亏，而应当实行统负盈亏。这种意见是值得商讨的。

以手工劳动为基础、有机构成低的小的国营企业，固然应该实行自负盈亏，而且对它们来说，甚至还可以把企业包给职工经营，实行完全意义的自负盈亏。但是，如果认为除此以外，其他国营企业可以不实行自负盈亏，那就值得考虑了。问题的实质在于：国营企业究竟是不是相对独立的商品生产者？如果肯定这一点，那就在原则上承认全部国营企业都需要实行自负盈亏。因为在国家计划指导下实行企业自负盈亏，是一种比较好的让企业成为相对独立的商品生产者的经济管理体制。如果否定了这一点，那就在实际上否定了企业作为相对独立的社会主义经济单位的经济地位，也就不能有效地实行经济核算制。因为在实际的经济生活中，企业的这种经济地位，就是通过自负盈亏的形式表现出来的。这一点，在我们说明了社会主义经济是大力发展商品生产和商品交换的计划经济以后，是比较清楚、毋庸多言的。

这当然不是说，所有的社会主义全民所有制企业马上都可以实行自负盈亏。当前经济工作的中心是调整，改革必须在服从调整、有利调整、促进调整的条件下进行。实行自负盈亏，不仅企业本身需要具备一定的条件，而且从整个国民经济来说也需要具备一定的条件，也还需要取得一定的经验。所以，现在除小企业可以提前实行自负盈亏以外，对一般企业来说，还只能进行自负盈亏的试点。

这里需要详细讨论的，还有下面的这种观点。

如前所述，我国现行的经济管理体制的弊端甚多，急需进行改革。但这是改革社会主义国家所有制如何管理的具体形式，即现行的经济管理体制，而不是根本否定社会主义国家所有制的本身。可是现在有一种观点认为，经济生活中各种弊病的根源，是在于我国生产力的发展还没有达到能够实现社会主义国家所有制的水平，出路是改革国有制本身，是退到集体所有制。

看来，这种观点既不符合马克思主义关于社会主义国有化的理论，也不符合我国的实际情况。

马克思主义关于社会主义国有化的理论根据是什么呢？它是针对资本主义生产中的生产社会化和生产资料的资本主义私人占有之间的矛盾，为了解决资本主义生产的这一基本矛盾而提出来的。这个光辉的论点，马克思主义创始人在标志着科学社会主义诞生的《共产党宣言》中，已经作了清楚的说明。后来，恩格斯又在他的科学巨著《反杜林论》中作了进一步的发挥。

现在的问题是：马克思主义的这一原理，对于我国是否适用呢？在半殖民地半封建的旧中国，尽管资本主义的发展程度远远低于西方的资本主义国家，但是，"中国的现代性工业的产值虽然还只占国民经济总产值的百分之十左右，但是它却极为集中，最大的和最主要的资本是集中在帝国主义者及其走狗中国官僚资产阶级的手里"①。在这里，资本主义的基本矛盾也是尖锐地存在着。毫无疑问，在无产阶级专政的国家建立以后，理应对这部分资本主义企业通过没收的手段，实现社会主义的国有化。在民族资本主义经济中，生产社会化的程度虽然低一些，但资本主义的基本矛盾也是存在的。无产阶级领导的国家也需要通过和平改造的方法，把它逐步改造成为社会主义的国有制。总之，从原则上说来，马克思主义关于社会主义国有化的理论，对于我国是适用的。当然，由于旧中国的资本主义很不发展，同发达的资本主义国家无产阶级取得政权以后的情况相比，社会主义国有化的范围要小一些。但这是实现社会主义国有化的范围问题，而不是根本不能实行社会主义国有化的问题。

　　还要进一步指出：新中国成立以来，由于长期存在的"左"倾错误的影响，特别是由于林彪、江青一伙的破坏，我国经济的发展几经严重的挫折。但我国的社会主义工业还是大大地向前发展了，整个生产的社会化程度还是大大地提高了。在这种情况下，怎么可以逆着生产社会化的要求，把社会主义的国有制退到集体所有制呢？当然，由于"左"的错误的影响，曾经出现过急于把集体所有制变为社会主义国有制（即全民所有制）的所谓"穷过渡"的错误，把大量的城镇集体所有制工业搞成了准全民所有制，把一部分以手工劳动为基础、本来应该实行集体所有制的小企业，也搞成了全民所有制。现在依据生产力的情况，把那种本来应属于集体所有制的准全民所有制改成真正的集体所有制，这在表面上看来，似乎是一种"倒退"，实际上是改正错误。但这是部分的问题，不是全局的问题。就是说，不是根本不应该实行社会主义国有化，不是把全部的社会主义国有制企业都退到集体所有制，而只是把那些本来不应该搞全民所有制的企业改为集体所有制。

　　如果像有的同志主张的那样，把社会主义国有制都改成集体所有制，那么，整个国民经济有计划的发展何以保证，怎样避免社会生产的无政府

---

　　① 毛泽东：《在中国共产党第七届中央委员会第二次全体会议上的报告》，《毛泽东选集》第4卷，人民出版社1960年版，第1432页。

状态？如果不存在社会主义国有制，那么，集体所有制能否长期地巩固和发展下去，无产阶级专政的国家能否长期地、稳固地建立在集体所有制的经济基础上，这是需要十分严肃、郑重对待的问题。

四　经济组织的合理化

我国经济的整顿，重点是整顿好企业，根据专业化和协作相结合的原则，实行改组和联合，使企业组织合理化。同时，建立行业组织，加强行业的经济联系，建立经济中心，加强地区内部和地区之间的经济联系，从而使整个经济组织合理化。

（一）大力整顿企业，不断地提高企业的经营管理水平

加强企业的经营管理工作，是社会主义现代化大生产得以顺利进行的必要条件，是发展生产、提高经济效果的一个十分重要的因素。

应当清醒地看到，我国原来的企业管理水平就不高，在"文化大革命"期间又遭到了林彪、江青两个反革命集团的严重破坏，致使许多企业的管理处于混乱的状态。在这种情况下，大力整顿企业，不断地提高企业的经营管理水平，就成为发展我国经济的一个十分重要的因素。还应当看到，在高度集中的、以行政管理为主的经济管理体制下，企业的经营也是难以有效地开展的。但随着扩大企业自主权以及在计划指导下市场调节的展开，在一定范围内为企业的经营活动创造了有利的条件。我们应当审时度势，抓紧企业的整顿，做好经营管理工作。

近年来，在这方面也取得了一定的成就。主要是：

第一，进一步调整和加强了企业的领导班子，选拔、配备了一批政治思想好、熟悉业务技术、懂得经营管理、年富力强的干部，参加企业的领导工作，干部队伍的结构状况有了初步的改善。根据北京、天津、上海、辽宁、四川、湖北六个省市不完全统计，重点企业的领导班子，懂技术、会管理的内行约占一半；平均年龄有所下降，约为 53 岁左右；文化水平有所提高，大学、中专文化水平的，平均约占 1/3 左右。

第二，开始建立了严格的责任制度。企业的生产组织指挥、经营管理

由厂长全权负责,各项业务工作,实行专责制,生产技术工作由总工程师负责,财务工作由总会计师负责;各级、各个环节、各个岗位和各个工序,都要有明确的责任。在许多企业里,过去那种只讲集体领导,不讲个人负责,名义上大家负责,实际上谁都负不了责的状况,已经开始有所改变。

第三,在整顿基础工作的基础上,有 4000 个企业推行了全面质量管理,即从设计、试制、生产到销售后服务全过程的质量管理;企业普遍加强了经济核算,有些企业还实行了全厂(各个经营管理部门)、全生产过程(从产品设计、试制、生产到产品出厂)、全员参加(从领导干部到工人)的全面经济核算。特别是实行盈亏包干的经济责任制的企业,经济效果大为提高。

第四,企业全员培训工作有所加强,县属以上的企业领导干部,已轮训了 32.8 万人,大中型企业办学面达 50%,约有 20% 的职工参加了各种专业的学习。

第五,许多企业特别是扩权企业开始重视和加强经营工作,并创造了一些有益的经验。主要是:(1)加强销售机构,把销售作为经营工作的重要环节来抓,生产计划与销售计划相结合,以销定产,以销促产。(2)开展市场调查和预测,及时了解国内外市场发生的新情况、新变化、新趋势,根据消费者的需要增产适销对路商品,不断截长补短,做到产销两旺。(3)加强产品的科研、设计和试制力量,充分利用市场信息和它的"反馈"作用,改进产品设计,提高质量,大力研制新产品,采用新技术、新工艺,降低生产成本,以期达到"质量以优制胜,品种以新制胜,价格以廉制胜"。(4)做好产品的宣传工作,积极开展为用户服务的各项业务,主要是把技术服务业务搞好。(5)按质、按量、按时履行经济合同,讲究信誉。(6)最重要的是厂长亲自抓经营,依据国家计划和市场的需要确定经营方针,逐步建立起相应的经营管理体系和制度,广泛开展多种形式的产销直接结合的经营活动,并注意掌握情报,把握时机,当机立断,作出经营决策。

第六,企业的民主管理开始有所加强。据不完全统计,目前全国建立职工代表大会制度的企业有 3.62 万个。职工开始行使当家做主的民主权利。

最后也是最重要的，是企业的思想政治工作开始有所加强。许多企业在整顿中注意对职工进行坚持四项基本原则的教育，党的路线、方针、政策教育和形势教育，以及革命人生观的教育。并注意把思想政治工作同关心职工生活、解决职工实际问题结合起来。

企业经过全面整顿，要逐步地建设起一种民主集中的管理体制，加强党委领导下的厂长负责制和职工代表大会制；逐步地建设起一支又红又专的职工队伍；逐步建立起一套科学的管理制度，使我们的企业真正成为国家、企业、职工三者兼顾好，产品质量好，经济效益好，劳动纪律好，文明生产好，政治工作好的企业。

企业整顿好了，就为按照专业化和协作相结合的原则，实行改组和联合，使企业组织进一步合理化，创造了更有利的条件。

（二）建立各种形式的经济联合体实现企业的联合

我国工业企业是按部门、按地区分别管理的，形成了部门林立、地区分割、领导多头、管理分散，以及企业本身"大而全"、"小而全"的不合理状况。这种状况不仅不能使企业互相协作，形成更大的生产力，反而由于互相牵制，各搞一套，造成了人力、物力、财力的巨大浪费，严重地阻碍了技术的进步和劳动生产率的提高，大大降低了经济效果。所以，当前我国经济工作的一项迫切任务，就是有步骤地把部门林立、地区分割、专业化协作水平很低的生产组织结构，改变为不受部门、地区和所有制限制、实现专业化和协作相结合的生产组织结构，达到经济组织的合理化。

要实现经济组织的合理化，首要的和基本的一环，是要按照专业化协作和经济合理的原则，改组工业，建立各种形式的经济联合体，实现企业的联合。

企业的联合，首先是现代社会生产力发展的客观要求，是生产技术进步的客观要求。列宁在 19 世纪末根据资本主义生产发展的经验指出：技术进步必然引起生产的各部分的专业化、社会化[①]。当代生产技术的进

[①]　列宁：《论所谓市场问题》，《列宁全集》第 1 卷，人民出版社 1955 年版，第 85 页。

步，使得产品专业化、零部件专业化、工艺专业化、原材料生产专业化和辅助生产专业化大大地向前发展了。这是一方面。另一方面，由于整个社会生产是一个有机的整体，伴随着生产专业化的发展，各个部门、各个企业之间的相互依存关系也越来越密切了。这就要求发展广泛的联合，来适应专业化协作的需要。列宁说过：帝国主义阶段"有一个极重要的特点，就是所谓联合制，即把不同的工业部门联合在一个企业中"①。这种联合制的发展，一方面是现代资本主义生产关系发展的结果，另一方面也是现代社会生产力发展的结果。就后者来说，它有一般的意义，就是说，对社会主义社会也是适用的。

我国的实际情况是：经过 30 多年的社会主义建设，同半殖民地半封建旧中国落后的工业相比较，工业生产技术有了很大的发展，要求广泛发展专业化和协作。但是，我国当前工业生产组织相当普遍地存在着"大而全"、"小而全"的状况，专业化协作水平很低。根据一机部 1978 年的调查，在 6057 个机械工厂中，铸铁专业厂只有 162 个，其铸铁产量只占总产量的 18%，锻造专业厂只有 52 个，其锻件产量只占总产量的 9%。而日本目前铸铁专业厂生产的铸铁产品占总产量的 60% 以上；锻造专业厂的锻件产品占总产量的 84%。美国机械工业，目前按产品的销售总额计算，属于专业工厂生产的已占到 70% 以上，自己生产铸件和锻件的工厂只有 1.2%，自己进行热处理的工厂只有 4.46%。许多大的机械工厂只生产关键性的部件，其他从原材料、毛坯到零部件，几乎都是通过经济"联合"的手段建立广泛的协作网点来进行的。当然，我国生产力水平还比较低，生产专业化水平目前还不可能达到美国和日本那样的程度。但我国生产专业化水平低，不能适应生产发展的需要，却是必须解决的。当前许多工业企业存在的"大而全"、"小而全"的状况，是我国工业劳动生产率低、经济效果差的一个重要因素。显然，要加快我国工业的现代化建设的步伐，就必须按照专业化协作的原则来改组工业，实现企业的联合。

实现工业的改组和企业的联合，也是调整国民经济的需要。当前我国

---

① 列宁：《帝国主义是资本主义的最高阶段》，《列宁选集》第二卷，人民出版社 1972 年版，第 741 页。

国民经济仍未摆脱失调状态，有的部门和企业生产能力过剩，有的部门和企业生产能力不足。经验表明：企业的联合，大大有利于压缩长线产品的生产，扩大短线产品的生产。从这个意义上说，联合就是调整。调整不仅要求实现企业的联合，而且由调整而引起的一系列企业的整顿，一部分企业关停并转，这又为实现企业的联合，提高经营管理水平和经济效果，提供了有利的条件。

实现工业的改组和企业的联合，又是改革经济管理体制的需要。我国现行的经济管理体制的特点，是高度集中的、从行政管理为主的。所谓高度集中的领导，实际上是由中央和省市各经济部门领导。这种条条块块的行政管理，既切断了行业之间的经济联系，也切断了地区之间的经济联系。这些都不符合大力发展社会主义商品生产、商品交换的要求。实现企业的联合，特别是跨部门、跨地区的联合，就有助于打破部门林立、地区分割的局面，以适应社会主义大力发展商品生产、商品交换的需要。从这个意义上也可以说，联合就是改革。但改革也不只是要求实现企业的联合；由于扩大了企业自主权，实行了国家计划指导下的市场调节，企业之间的竞争逐步地开展起来，这又推动了企业之间的联合的发展。

总之，实现工业的改组和企业的联合，是贯彻以调整为中心的八字方针的需要，是发展我国社会主义经济的需要。

现代生产力的发展，无论在资本主义社会，或者在社会主义社会，都会产生企业联合的趋势。但这两种联合在社会经济性质上是根本不同的。（1）资本主义企业的联合和垄断，是在生产资料资本主义私有制的基础上进行的。因此，在这种联合和垄断形成以后，虽然会限制自由竞争，但并不能消除竞争，并使得垄断企业之间，特别是垄断企业与局外企业之间的竞争变得更为剧烈。列宁在论到这一点时写道：现在已经不是小企业同大企业、技术落后的企业同技术先进的企业进行竞争了。现在已经是垄断者扼杀那些不屈服于垄断组织、不屈服于垄断组织的压迫和摆布的企业了[①]。社会主义企业的联合，是在生产资料公有制的基础上进行的。联合

---

① 列宁：《帝国主义是资本主义的最高阶段》，《列宁选集》第二卷，人民出版社1972年版，第749页。

企业之间以及联合企业与非联合企业之间的关系，是社会主义企业之间的关系。它们之间也存在着竞争，但这是以它们之间的根本利益一致、局部利益差别为基础的。在它们之间不存在那种资本主义垄断企业对非垄断企业的压迫关系。（2）资本主义企业的联合和垄断是资本主义经济规律自发作用的结果。联合和垄断形成以后，也不能从根本上消除社会生产的无政府状态。战后资本主义国家加强了对企业的联合和生产的指导，但并不能从根本上改变这种自发性，因而经济危机连绵不断。社会主义企业的联合，是社会主义经济规律作用的结果，是在国家计划指导下进行的，是适应国民经济有计划按比例发展的要求发展的。所以，企业的联合有可能促进国民经济的协调发展。（3）资本主义企业联合的发展，只是在形式上对资本主义所有制的扬弃，并在某种程度上适合了生产社会化的要求；但在实质上却是大量资本越来越集中在少数资本家手中，资本主义的基本矛盾越来越尖锐化。在社会主义制度下，企业联合的发展既是生产社会化发展的要求，又是促进生产社会化的手段；而生产社会化的发展，同社会主义公有制的本质是相一致的，是为巩固和加强社会主义制度奠定物质基础的。这些都表明了社会主义生产关系对于资本主义生产关系的巨大的优越性。

近两年来，工业改组和企业联合的试点工作，也取得了很大的进展。据全国28个省、市、自治区最近统计，各地按照专业化协作原则，已经组建了各种专业公司、总厂1973个（包括试点的企业性公司216个），组织起来的企业有19173个，占这些省、市、自治区企业总数的5.38%。其中京、津、沪三大城市已组建公司、总厂278个，参加的企业有4548个，占三市企业总数的31%。各地还组建了一批工艺协作中心。另外，有些地方还突破地区、部门、行业、所有制的限制，组织了联营、合营、国内"补偿贸易"等多种形式的经济联合体8300多个。

工业企业的改组和联合，也开始取得了良好的经济效果。它开始改变了"大而全"、"小而全"的工业生产组织，突破了条条块块纵横分割的现行经济管理体制，从而促进了专业化协作的发展，增强了部门之间、地区之间的经济联系。这对于提高专业化协作水平，发挥各地区、各部门、各企业的优势，扬长避短，挖掘各经济单位的诸种潜力，加快企业的技术改造，采用新技术、新工艺和高效专用设备，提高产品质量和促进产品的更新换代，提高劳动生产率和降低生产成本，对于压缩长线产品的生产能力，增强短线产品的生产能力，调整产品结构和工业结构，都起了有益的作用。1952 年，上海市共有各类工厂 25878 个，全员劳动生产率 6288元，平均每个职工一年为国家创造的利润和税金 1200 元。从那时开始，上海一方面新建了某些新兴的骨干企业，另一方面对原有企业先后进行了四次规模较大的改组工作。到 1980 年年底，全市的工厂合并改组为 6770个，比 1952 年减少将近 3/4，而全员劳动生产率却增长了 3.7 倍，平均每个职工为国家创造的利润和税金增长 6.5 倍。沙市组织的各种经济联合体，经济效果也都比较好。

现在的问题是：我们究竟应该循着怎样的路子来促进企业的改组与联合？

首先，我们回顾一下两年多来走过的路子。自从党的十一届三中全会后提出"调整、改革、整顿、提高"的八字方针，不少地区和部门进行了工业改组的试点工作，设想用行政办法建立一批企业性公司，一开始就强调搞"人财物产供销"的"六统一"，并把"六统一"作为公司企业化的根本标志，有的还把"六统一"理解为"六集中"，因而出现了很多矛盾。由于阻力大，发展很缓慢。针对这种情况，1980 年上半年，中央提出了在国家计划指导下"发挥优势，保护竞争，推动联合"的重要方针，强调在自愿互利的基础上，从生产发展的需要出发，突破地区、部门、隶属关系和所有制的界限，开展各种不同形式的联合。这一阶段出现了两种现象：一种是在国务院 1980 年 7 月 8 日发布《关于推动经济联合的暂行规定》之前，各地区和部门曾一度放松了行政干预，任凭企业之间"自由恋爱"，只要两厢情愿，不登记也可以"结婚"。这种做法，开始打破过去限制过死的习惯势力，突破了只"唯上"不"唯实"，即：上面规定的不能变，现在没有的不能创的传统观念，从而促进了各种形式经济联合的蓬勃开展。但是，这样做有不少盲目性，重复建设的现象严重，大批同老厂、大厂争原料的小企业创办起来，给国民经济的调整带来了新的困难。另一种是在国务院发出推动经济联合的八项规定之后，不少地区和部门加强了必要的行政干预，例如，计划部门注意了综合平衡，工商行政管理部门加强了对企业的管理。但是，有的企业却把这些有利于经济调整的做法当成给经济联合设置障碍，因而把联合的步子放慢了下来。

当前，对"用什么办法促进经济联合"的问题大致有三种意见：一种意见认为，经济调整是中心，改组与联合要服从调整的需要。为了加快经济调整的步伐，对工业企业的改组与联合必须采取行政的办法，实行自上而下的联合。这样，才能在几年的时间内，把全国 36 万多个工业企业全部组织起来。如果再强调自愿互利，双方为了各自的利益而互相扯皮，必然要拖延调整的时间，所以，不能再强调自愿和自下而上的协商了。另一种意见认为，还是要像 1980 年上半年那样，完全听从双方的自愿，让联合各方"自由恋爱"，无须搞那么多道审查和批准的烦琐手续。再一种意见认为，工业企业的改组、联合，一定要按照客观经济规律办事，在坚持自愿互利原则的基础上，实行自下而上的协商和必要的行政干预相结合的办法，尤其在当前"部门所有制"和"地区所有制"还严重阻碍工业改组、联合的情况下，国家更有必要运用行政的权力来突破部门和地区的限制，以促进联合。

历史的经验证明，用单纯行政命令的办法组织联合，是难以取得成功的，即使有的企业一时联合起来了，也不易巩固和发展。早在 60 年代初期试办全国性"托拉斯"的时候，就已经有过这种教训。1964 年，用自上而下的行政命令办法建立了 12 个全国性工业公司，虽然按专业化协作的原则改组了生产，体现了现代大工业的客观要求，取得了明显的经济效果，但是，在某些做法上却超越了客观经济条件的许可程度，存在不少弊病。例如，公司外部实行高度垄断，设想把全行业的大小企业全部吸收到公司里来，而照顾地方的利益不够；在公司内部则高度集权，没有实行分级管理，一切权力都集中在公司，公司所属的工厂没有必要的自主权和机动性，因此，挫伤了地方和所属企业的积极性。近两年来，在工业改组和联合过程中，由于没有很好地总结过去的经验，又出现了类似以前曾经发生过的一些问题，走了一些弯路。在工业改组初期，多数地区和部门为了加快工业企业改组的进程，用行政的办法，自上而下地将企业梳辫子，按行业实行归口管理，组织专业公司或联合公司。采取这种做法有的也取得了一些成绩，但存在不少问题，例如，有些地区和部门不顾客观经济条件和组织管理水平是否具备，急于成立"人财物产供销"高度集中统一的公司。事实上，许多单位由于缺乏管理经验和必要的物质条件，公司不仅"统"不起来，而且还剥夺了基层企业刚刚得到的某些自主权，以致引起很多矛盾，挫伤了基层企业的积极性。实践证明，不符合客观经济规律的联合，虽然主观愿望很好，但总归是要失败的。另外，有些地区和部门只从自身利益着想，为了保住自己所属的企业不被别的部门或单位联合去，于是把若干个生产上毫无联系、风马牛不相及的企业硬凑到一起组成公司，企业实际上并无好处可得，只多了一个"婆婆"，结果同床异梦，貌合神离。类似以上的事例是不少的。这是因为用行政办法组织联合，往往容易把企业当成只能听命于上级行政机构的附属品，产生大大小小的瞎指挥。多年来，我国实行的那种高度集中的经济管理体制和单纯运用行政命令管理经济的办法，已经习惯成自然。许多干部感到，用行政的办法管理经济既方便，又顺手，用经济的办法管理经济却需要重新学习和摸索经验，既费力，又费事。搞工业改组和开展经济联合是一项新的任务，如果单纯用自上而下的老办法组织联合，就容易回到违背客观经济规律的简单行政命令的老路上去。

那么，是不是不要行政干预，只要"自由恋爱"就可以顺利地实现联合呢？也不是。如果没有正确的、必要的行政干预，积极性就会变为盲目性。片面强调"自由恋爱"，容易出现协商时间过长，盲目发展，重复建设，以小挤大等现象。所以，搞工业改组和开展经济联合，必须使经济办法和必要的行政干预紧密结合起来。

要想使经济办法和行政办法配合得好，协调一致，关键是真正按客观经济规律办事，用行政权力来克服阻力，促进联合，用经济的办法建立公司、总厂等联合体，把企业组织起来，使行政干预符合经济规律的要求。各地区、各部门、各企业之间生产发展的迫切需要，是开展联合的内在经济动力。用经济的办法组织联合，就是要从生产发展的需要出发，遵循社会生产过程中企业之间的内在有机联系，根据客观条件的许可，按经济合理和专业化协作的原则组织生产，以达到降低成本、减少消耗，提高效率和取得最佳经济效果的目的，而不是按照行政工作的需要来组织联合。比如，在形式的选择上，不能单纯以行政管理是否方便为标准，而要以生产发展需要和条件的可能为出发点。又如，对一些生产连贯性强，协作配套密切，产品结构不太复杂，有一定管理水平的企业，可以用公司或总厂的形式组织起来；对任务吃不了，厂房场地小，需要发展的"拳头"产品的企业，可以和任务吃不饱，有空闲厂房、设备的企业联合经营，取长补短，发挥各自优势，共同发展"拳头"产品的生产，等等。总之，根据不同的情况，可以组织各种不同形式的经济联合体；也可以"联"而不"合"，用经济合同的办法建立临时或长期的协作关系，切不可硬套一个模式。确定企业规模时，不能片面地认为企业搞得越大越好，包罗的工厂越多越好，内部专业分工越细越好，而应当以是否有利于发展生产，增加赢利，管得了、管得好为前提。在联合的进度上，不能不加区别地齐头并进，而应该从各地实际情况出发，先易后难，循序渐进。在联合的方法上，不能搞那种违背客观经济规律的行政命令的办法，不能用"拉郎配"或"乱点鸳鸯谱"的手段，使不愿联合的企业硬联在一起，使愿意联合的企业反而合不起来；而应当采取以自下而上的协商为主，上下结合的做法。各级主管部门在企业各方自愿互利并经过综合平衡考虑了各方面需要的基础上，应竭力促使"有情者终成眷属"，促进企业联合。

行政手段应当使用在哪些地方，解决好哪些问题，才能既促进改组、联合，又符合客观经济规律呢？根据过去的经验教训，主要应当抓好以下五项工作：

（1）要破除"部门所有制"和"地区所有制"，为发展经济联合开辟道路。首先要解决好关停并转企业的调整、改组和联合，充分利用它们闲置的生产要素来发展"拳头"产品的生产，以满足人民消费、经济建设和出口贸易的需要。对于影响联合的各种错误思想，各级党组织和行政部门要积极去做好深入细致的思想工作。例如，有的干部怕丢"官"，有的企业怕丢"钱"，大厂怕背包袱，小厂怕被吃掉，为了各自的利益，长期争执不休，无法实现联合。对此，各级领导首先要做好领导班子成员的思想工作，然后再做基层干部和群众的思想工作，克服小生产者的狭隘眼界，树立社会化大生产和顾全大局的观念，使改组、联合顺利健康地进行下去。各级主管部门，从统筹规划、综合平衡和经济合理的原则出发，可以充当"红娘"，为条件合适的企业联合"搭桥"、"引线"，把经济办法、思想政治工作和必要的行政手段结合起来。

（2）联合不要从主观愿望出发，要从实际出发，由低级到高级循序渐进，逐步发展。一般来说，在改组、联合的开始阶段，联合规模宜小不宜大，要由小到大；联合内容宜少不宜多，要由少到多；联合程度宜松不宜紧，要由松到紧；联合地域宜近不宜远，要由近到远。这是就一般情况而言，特殊情况当然应当例外。比如，有的企业生产社会化水平较高，经营管理经验比较丰富，就有必要也有可能成立较大规模的、供产销统一经营的、紧密的、全国性或区域性的联合体。对这种情况下的这种做法，不但不应限制，而且还要积极鼓励和支持。

（3）要认真调查研究，计算经济效果，做好统筹兼顾、综合平衡工作。经济效果如何，是检验工业改组与企业联合成功与否的最重要标志。从前一段实践的情况来看，在改组和联合过程中，企业往往为本身的生产发展和经济利益考虑得较多，难以顾及全局的综合平衡和全局经济效益。例如，有的产品在当地是短线，但从全国来看却是长线；有的单位为了自身的经济利益，而影响了全国生产优势的发挥。因此，要切实加强国家计划的指导，使各部门、各地区的企业协调发展，使行政手段通过更多的经济立法，例如，公司法、工厂法、合同法、劳动法和价格法等形式来体现，协调企业的经营活动，确保各项经济措施的落实，使局部的利益与整体的利益有机地结合起来。

（4）要坚持互利原则，至少不能损害任何一方的经济利益。如果调整和改组给某一方造成一些短期的经济损失，那么另一方就应当从自身所得的利益中抽出一部分予以适当补偿。互利是自愿的基础，双方只有在平等互利的条件下才能自愿结合，调动大家的积极性。根据互利原则，对三项基金应区别处理，奖励基金应主要留给生产企业自己支配；福利基金公司可以留出少部分，在公司范围内进行调剂；生产基金则由公司、总厂等经济联合体适当集中使用，但是，也必须留一些给企业自行支配。生产基金由公司、总厂适当集中，对保持企业的协调发展是有利的，它可以集中用于克服生产中的薄弱环节，促进联合企业内落后工厂或车间的技术改造，使综合生产能力得到提高。

（5）分权与集权要适当。经济权益处理得是否恰当，是组织、巩固和发展联合的关键。要搞好改组、联合，不但要处理好公司与工厂之间集权与分权的关系，而且还要解决好主管部门与公司、工厂之间集权与分权的问题。主管部门应当尽量逐步精简合并，成为一个综合性的工业行政管理机构，负责统一规划，综合平衡，行使对经济联合体的审批权，研究制定政策，及时解决实践中出现的新问题，并配合银行、财政、税收、司法等部门搞好监督、检查工作，为企业服务。主管部门经营管理的权力可以根据情况逐步地下放给公司，很多事情应当直接由公司去做。公司的作用是要解决厂里解决不了的问题，比如，按专业化协作原则改组企业，企业内大的技术改造、科研和推销等。公司的主要任务是对所属企业统筹、协调、监督、服务。基层生产企业一定要有自主权，不但松散的联合体要给工厂必要的自主权，不能统得过多过死；就是紧密的联合体也要认真搞好分级管理。这是发挥企业积极性、主动性和创造性的重要前提条件。过去我们在管理工作中，惯于采用简单的行政办法，现在应当加强协商精神，有关生产经营和经济利益方面的大问题要尽量采用协商的办法处理，即使应由公司集中统一的某些权力和资金，也不能单纯靠行政命令的办法简单从事；集中多少，怎样使用，都要同工厂商量，以免挫伤企业的积极性。

总的来说，实现工业改组与企业联合的正确办法，是按照经济客观规律办事，在坚持自愿互利原则的基础上，实行自下而上的协商和必要的行政干预相结合，尤其在部门、地区分割还严重阻碍工业改组和联合的情况下，国家更有必要运用行政权力，破除部门，地区的限制，为改组、联合开辟道路。这样说，并不意味着否定部门和地方的行政权力。实际上，在现行的经济管理体制没有根本改革的情况下，还要依靠部门和地方去组织工业的改组和企业的联合。所谓"必要的行政权力"，在许多方面，是要靠部门和地方去行使的，要发挥它们在这方面的积极作用。只是当实行跨部门、跨地区的联合，而部门和地区又阻碍这种联合的实现时，才需要运用国家的行政权力，去破除阻力。

在企业的改组与联合上，有一个值得注意的问题是：目前我国的公司，大多数是行政性质的，而不是企业性质的。上海市是全国最早组织公司并且取得良好成绩的城市，但是，根据这个城市的资料，自从1956年基本完成生产资料私有制的社会主义改造以后，几经裁并改组，目前共有72家工业公司，其中，除29家以公司为单位进行了扩权，带有一定的企业性质之外，其他大多数公司还是行政性质的。这种行政性质的公司与企业性质的公司不同，它以行政办法进行领导，不搞经济核算，不负经济责任。而企业性公司则是独立核算的经济组织，是一个经济实体。一般来说，企业性公司具有四个特征：一是进行独立的经济核算，具有独立经营的权力，承担经济责任，并按经济效果获得经济利益；二是制订和执行计划的企业单位，三是对所属工厂的人财物、产供销实行统一经营管理，但统一不等于一切都集中到公司，公司与工厂要处理好集权与分权的关系，可以实行统一领导、分级核算的制度，四是具有法人的地位。

这四条中，独立经济核算是最基本的特征。要实行独立核算、自负盈亏或盈亏责任制，做到经济权力、经济责任、经济利益、经济效果四者密切结合。首先，要使公司拥有经营管理自主权，使它能按照社会需要、生产条件和自身利益，有效地组织经济活动；其次，公司要承担相应的经济责任，不能只要权力，不讲责任；再者，公司的经营活动成果要同企业和职工的切身利益直接挂起钩来，才能有利于调动公司和职工的主动性和积极性，成为推动公司发展的内在经济动力。此外，公司还要具有自行增值的能力，因为公司是一个经济实体，要求它能够独立自主地组织生产和经营活动，用自身的力量，不仅要保证简单再生产，并在国家计划指导下实现扩大再生产，因此，公司要建立自己的生产发展基金，用于自我发展，并筹办全公司性的集体福利事业。

公司的组织要根据不同条件和特点，采取不同形式，不能搞"一刀切"，可以有松散的，也有紧密的；可以按地区组织企业性的公司，也可以突破行政区划按行业组织公司。例如，上海、天津、沈阳、重庆等大工业城市，已经按行业组成工业专业公司，进行了企业性公司的试点。应当进一步提高公司的专业化协作水平，促使组织结构合理化和提高经济效果，同时要积极创造条件，逐步使行政性公司向企业化过渡。对一些过去没有工业公司的地区，近年来按照生产发展需要组建的效果较好的企业性公司和总厂，应当在调整中继续巩固、完善、提高，在企业化上多下工夫。对于行政性公司要作具体分析，凡能发挥公司的组织领导作用，促进生产发展，但目前还缺乏企业化条件的，可以暂时保留行政性公司的形式，但要积极创造条件逐步向企业化过渡。对于那些一哄而起，不能发挥公司作用，徒然增加行政层次，甚至束缚工厂积极性的"二婆婆"公司，应予以调整，实在没有存在必要的应当撤销。

企业性公司的核算制度，也不能强求一律，搞同一模式。有的可以实行公司一级核算，有的可以实行公司、工厂两级核算。因为长期以来，工厂作为独立核算单位，一下子转为公司核算，不但可能削弱工厂的经济核算工作，而且各项管理工作如果不能相应跟上，将会造成管理上的混乱，助长吃"大锅饭"的思想。根据上海、天津等地的经验，目前以实行公司、工厂两级核算为宜。

（三）建立行业协会，发展行业的经济联系

建立行业协会，发展行业的经济联系，也是经济组织合理化的一项重要内容。

我国现行的对企业的管理体制，主要是由国务院和各级地方政府的工业管理部门，按大行业分工实行行政管理的。随着生产社会化的发展，社会分工越来越发展，这种粗线条的按大行业分工的行业管理，也越来越不适应工业现代化发展的要求。而且，在现行的工业管理体制下，中央的工业管理部门即使对同一行业的企业，也是只管本部门直属的企业，不管其他部门和地区所属的同一行业的企业；只管本部门单一产品的生产，不管资源的综合利用。但在实际经济生活中，任何行业的产品都不是纯粹单一的，都有跨部门的问题。所以，现行的管理体制的弊病，不仅在于不该管的管了，更严重的是需要管的管不起来。

　　为了改变这种状况，除了要在国家指导下把一定范围的决策权下放给企业，实行企业的联合以外，还需要建立行业协会，发展行业的经济联系。

　　关于行业协会的性质和任务可以作这样的设想：行业协会是同行业企业自愿组成的协调行业发展的民主管理机构。它是一种行业的联合，即由参加行业协会的企业民主选举的理事会进行管理。行业协会可以规定参加的企业应有的权利和应尽的义务。它的特点是：不是国家的行政机关，而是在国家指导下的半官方、半民办、半行政、半经济的组织。它不是政府的行政机构，但有一定的行政权力；它不是经济联合体，但有一定的经济职能。它在国家和企业之间以及企业与企业之间起着桥梁作用。对政府，它代表行业说话；对企业，它代表政府进行民主协商。

　　行业协会的职能，既不同于行政主管部门和行政性公司，也不同于企业性公司。它的主要任务是根据政府的方针、政策、计划和企业在组织生产技术经济活动中的需要，承办单个企业和公司无力办到的事情，为本行业的企业进行联系，指导和咨询服务。其主要职能是：（1）根据政府的方针、政策和经济计划，在市场预测和行业调查的基础上，制订本行业的中长期发展规划和年度计划；（2）制订本行业的技术改造、技术发展规划和技术装备政策；（3）制定行业标准，包括企业标准和产品标准；（4）组织、协调行业内部的协作；（5）组织本行业的产品出口，统一对外开拓国际市场；（6）协同产业工会，组织厂际竞赛和行业评比；（7）联络和沟通同行业企业的联系和交往；（8）组织国内外技术经济情况交流；（9）帮助企业培训专业人才；（10）向政府报告行业生产经营活动的情况，并提出有关要求和建议。

　　建立行业协会，发展行业的经济联系，有利于贯彻执行国家的政策和计划，实现调整国民经济的要求，调整长线产品和短线产品的生产，合理组织生产，有利于避免重复建设和重复生产；有利于发展专业化协作，按照专业化协作的原则改组工业，推动企业的联合；有利于提高技术和经营管理水平，提高经济效果；有利于开拓国外市场，扩大出口；还有利于破除部门分割、地区封锁，并可在某些方面代行国家管理经济的职能。从这些方面来说，建立行业组织，发展行业的经济联系，既是实现调整和改革的重要途径，也是实现经济组织合理化，加快社会主义四个现代化建设的一项重要措施。

组织行业协会，是一个新事物。它要突破地区、部门和所有制界限，不可能不遇到各种困难和阻力。为此，应当解决以下几个问题：

（1）大力宣传建立行业组织的必要性，宣传它对于促进我国社会主义经济发展的重大作用，克服思想阻力。

（2）处理好行业协会和联合公司的关系。行业协会与联合公司之间不是行政隶属关系，但联合公司应当是行业协会的骨干成员。大的联合公司应在行业协会中占主导地位，但是，又要防止大企业对行业协会的垄断，要设法为中小企业创造有利的发展条件。

（3）处理好全国行业协会和地区性行业协会的关系。全国行业协会可以先成立筹备会，待几个中心城市的行业协会成立后就可正式组成。全国行业协会主要应设在工业中心城市。例如，缝纫机行业协会可设在上海，机床工业协会可设在沈阳，等等。全国性的行业协会以工业中心城市的大企业和行业的科研中心为依托，比较有利。地区性行业协会原则上应设在经济中心地区，但不一定每个省都要成立。切不要搞得层层处处有协会，把协会变成各级行政机关的附属物。地区性协会是全国协会的下级机构。地区性行业协会，既要代表本地区会员的利益，又要顾全大局，在全国行业协会的领导下，从全局利益出发做好自己的工作。

（4）处理好行业协会与行政机关的关系。行业协会必须保证贯彻执行国家的方针、政策和法律、法令、国民经济计划，并接受国家有关行政机关的监督。

作为一种历史现象，行业协会早在封建社会商品经济有了某种发展的阶段就已经产生了。在当代发达的资本主义国家，行业协会更有广泛的发展。但我国即将建立和发展的行业协会，同这两种行业协会的性质都是根本不同的。封建社会中的行业协会以简单商品生产为基础，是带有封建性质的经济组织，它活动的目的主要是为行会老板的利益服务的。资本主义社会的行业协会，以资本主义商品生产为基础，是资本主义的经济组织，它的活动目的是为协调资本家之间的矛盾，便于资本家加重对无产者的剥削，获取更多的利润服务的。社会主义社会的行业协会，是社会主义的组织，它以社会主义的商品生产为基础，行业协会的活动目的，主要是为更好地发展社会主义生产，并在发展生产的基础上提高人民的物质文化生活服务的。

（四）建立经济中心，发展地区内部和地区之间的经济联系

建立经济中心，发展地区内部和地区之间的经济联系，在实现经济组织合理化方面，有着重要的作用。

经济中心是一定地区内社会经济活动，包括工业、商业、交通、邮电、信贷、金融以及文教科学等活动比较集中的场所。它以一定规模的城市为依托，是商品经济发展到一定阶段的产物。随着奴隶社会和封建社会商品经济的发展，随着城市的出现和发展，经济中心也就出现了。但大范围的特别是全国的经济中心的形成，则是伴随着资本主义商品生产的发展而形成的。显然，全国经济中心的形成是同民族的统一市场的形成相联系的；而全民族统一市场的形成，则是资本主义商品生产发展的产物。可以说，现代意义上的经济中心的发展，是现代资本主义商品生产发展的结果，是现代大工业和现代科学技术发展的结果。

社会主义的经济中心，也是以一定规模的城市为依托，也是商品生产、商品流通发展的产物。但从社会经济的性质来说，它又根本区别于历史上的经济中心。就是说，它不是以生产资料私有制的商品经济为基础的，而是以社会主义公有制、大力发展社会主义的商品生产和商品交换的计划经济为基础的。因而，它的形成和发展过程，也不像历史上的经济中心那样，是商品经济自发发展的产物，而是在国家计划领导下实现的。经济中心和与经济中心相联系的地区之间的关系，也不像在生产资料私有制条件下那样，存在着利益对抗关系，而是根本利益一致，只有局部利益差别的关系。

我国的经济中心，可以设想为以一定规模的城市为中心的经济区域的联合。它不是经济联合体，也不完全像过去那样以行政区域划分的所谓"协作区"，而是由参加经济中心活动的各种经济组织（如企业，各种形式的经济联合体以及行业协会等）自愿联合起来的，协调各种经济活动的组织。它在国家政策和计划的指导下，协调各经济组织的活动。它并不是国家行政机关，然而在国家指导下，可以逐渐代行国家的一部分管理经济的职能。

这样，在社会主义条件下，经济中心就成为整个社会主义经济体系结构中的重要一环，是促进各项经济活动有计划发展的重要因素。就当前来说，建立经济中心会推动调整国民经济工作的发展，并有助于破除部门和地区分割的状况，因而也是调整和改革的重要内容。

就我们国家当前的情况来说，实际上，全国有全国的经济中心，地方有地方的经济中心；就一个县来说，也有它的经济中心，如县城和集镇。一般地说来，一个城市就是一个经济中心。我们讲的中心城市，就是指全国范围内的比较大的经济中心。这些以中心城市为依托的经济中心，同若干个相邻的中心城市及经济区域相互联系、相互促进，结成了一个有机的整体，成为全国经济活动的网络，对国民经济的发展起着举足轻重的作用。

我们过去往往把经济区域与行政区域等同为一个概念。其实，两者的划分是不同的。比如河北省，它的经济中心显然不是在省会石家庄市，而是在天津，同样，成都是四川的省会，但它的经济中心是重庆，而不是成都，重庆不仅是四川省的经济中心，而且也是我国西南地区的经济中心。过去，我们有六个所谓经济协作区，实际上，它与其说是经济协作区，不如说是行政管理区。比如中南协作区，它的管理区北至河南的新乡、安阳，南至广州，怎么可能成为一个紧密联系的经济协作区域单位呢？因此，经济中心绝不是简单的行政区域的划分。再则，各个经济中心起作用的范围都是相对的，不可能划出一条明显的界限；它们是互相渗透、犬牙交错的。同样地，它们的经济活动，也不是靠行政的力量，靠下命令，而是一种经济联系，这种经济联系可以大大地超出行政管理的范围。比如，大连的经济活动，对内可以延伸到内蒙古、吉林、黑龙江以及全国其他地区，对外可以延伸到日本和世界其他国家和地区，而行政管理却不能涉及这些地区。

这些年来，我们没有很好地发挥经济中心的作用，而是用行政区划代替以中心城市为依托的经济区域。行政区划同经济区域既有相一致的地方，又有相矛盾的地方。当经济活动同行政区划相矛盾的时候，我们往往不是让行政区划为经济活动服务，适应经济发展的需要，而是让经济活动服从行政区划，这就破坏了经济活动的规律。这个问题说到底，就是上层建筑要不要适应经济基础，并为经济基础服务的问题。目前，我们的社会主义商品生产和商品交换还不发达，在经济领域中还有某些封建主义的残余。资本主义国家，早在资产阶级革命时期，就打破了封建主义的束缚，使资本主义得以迅速发展。我们是在公有制基础上，实行社会主义的计划经济，当然不能照抄资本主义那一套。但是，发展社会主义经济同样必须从各种各样阻碍经济发展的条条块块束缚下解放出来，真正按照客观经济规律办事；否则，我们的经济就不能活跃起来，就不能取得较好的经济效果。

因此，中心城市要发挥经济中心的作用，关键要突破"条条"、"块块"的限制。就整个国家来说是这样，从一个地区来说也是这样。当前，中心城市发挥经济中心作用，可以首先围绕扩大消费品的生产，尤其是重点名牌产品的生产，对企业进行整顿，使它合理地组织起来，按行业推动工业的改组和联合，恢复和开辟各种合理的商品生产和流通渠道，进而发挥金融信贷、情报预测、科学研究和新技术推广等方面的作用。

我们强调经济中心的地位和作用，不是不要行政的管理和指导，问题是如何进行管理和指导。正确发挥行政管理的作用，就是要把行政管理同经济管理结合起来，就是要按照国家的政策和法令，利用价格、税收、信贷等经济杠杆，促进经济的发展。经济中心的职责，与其说是管理，不如说是服务，也就是如何做好生产、流通、分配、消费的服务工作，把交通运输搞好，把水陆码头搞好，把旅馆服务业搞好，把电报电话搞好，把情况咨询搞好。人家到你这个城市来进行经济活动，想要了解什么情况，一打听就知道；想要解决什么问题，很快就可以得到满意的解决。这种服务工作做得越好，中心城市作为经济中心的作用就越大，就可以把周围地区的经济活动不断地吸引过来。比如说，大连是个大的港口城市，是进出口贸易的一个重要中心。东北三省和内蒙古东部的进出口商品，一般来说，都要经过这里。大连能不能把服务工作做好，将内蒙古和其他地区的出口产品都吸引过来？这就取决于你服务工作做得如何。如果你服务工作做得不好，人家就可能不到你这里来，而到天津去。从这个意义上讲，服务好坏也是一种竞争的形式。倘若各中心城市为了发挥经济中心的作用，都抓好服务工作，互相促进，我们国家的经济活动就一定能够更好地开展起来，从而促进整个经济的繁荣。

每个中心城市作为经济活动的中心，都有它自己的特点。大的中心城市有大的中心城市的特点，地区的中心城市有地区的中心城市的特点，港口城市也有它自己的特点。各个中心城市都要根据各自的地理、历史、资源、经济等条件和现实的基础，扬长避短，确定自己的发展方向，发挥自己的优势，不能千篇一律。

怎样发挥经济中心的作用，这是一个很值得研究的问题。不久以前，天津市经济理论界曾召开讨论会，对这个问题进行过探讨。会上对经济中心的性质、构成、地位和作用等问题，提出了不同的看法，这有助于大家对这个问题更进一步地去考虑和研究。

为了充分发挥经济中心的作用，曾经有这样一些设想：应该按照经济规律的要求，在全国范围内组成若干个以工商业比较发达的大城市为依托的经济中心。每个大的经济中心的周围，可以有若干个以中小城市为主体的中小经济中心，与其他相邻的小城镇和农村相联结。经济中心不受行政区域的限制，应按经济的客观联系，以取得最好的经济效果为原则，开展经济活动。各个经济中心的活动，可以相互交织，相互联结，逐步形成一个网络结构的灵活的有机体。

为了发挥经济中心的作用，应该适当扩大中心城市组织协调各种经济活动的权力。同时，要有计划地发展中小城镇，形成中小的经济中心。只有大城市，大经济中心，不发展中小城市和小城镇，大的经济中心就会因为没有卫星式的中小经济中心的配合而孤立存在，失去它应有的作用。还应当看到，农村的商品经济，离开小城镇就很难迅速发展起来；而小城镇的经济发展，将会促进农村多种经营的蓬勃发展。这对繁荣我国的经济是有重大意义的。

发展小城镇的经济，还有另一个重要意义。目前我国城乡人口的比例是二八开，即城市占 20%，农村占 80%。到本世纪末，随着经济的进一步发展，我国城乡人口的比例，可能要变为三七开或四六开。假定是三七开，就将有一亿多人要离开农村。这一亿多人安置到哪里去？看来，基本上要安置到小城镇去，繁荣那里的经济。我们应当有这个预见。

我们前面强调了社会主义制度下的企业联合、行业组织和经济中心与资本主义制度下企业联合、行业组织和经济中心存在根本区别，这并不意味着资本主义国家搞企业联合、行业组织和经济中心的某些经验对于我们毫无参考价值。问题在于：社会主义的经济制度虽然是根本区别于资本主义制度的，但在这两种社会经济制度下，企业联合、行业组织和经济中心，都是社会化大生产和商品经济发展的产物。就这方面来说，两者是有某些共同点的，因而资本主义国家在这方面的经验，也有某些值得我们借鉴的地方。比如，现代资本主义企业的联合，有走向垄断的趋势。但作为资本利益代表的资产阶级国家，也注意保护必要的竞争，在实现企业联合时，也有注意反垄断倾向的一面。我们在组织联合公司时，也不能只此一家，别无分店，形成垄断，窒息竞争。资本主义企业联合体，对内也注意反对过分集权的倾向。我们在组织公司时，也要正确处理公司各级组织的集权和分权的关系，正确处理它们之间的物质利益关系。

当前我国除了建立各种形式的经济联合体，实现企业的联合已经有了一定的经验以外，关于建立行业协会和经济中心问题，还刚刚开始起步，实践经验很少，上述看法只是作为一种设想。提出这种设想，是为了引起关心这个问题的同志的注意和进一步探索。

（五）经济组织合理化的标志

依据上述的分析，对于经济组织合理化的标志，可以作以下一些设想：

第一，逐步把一定范围的决策权下放给企业，使企业成为相对独立的商品生产者；

第二，按照专业化协作和经济合理的原则，组织各种形式的经济联合体；

第三，建立行业组织，作为国家和企业之间联系的一条重要的纽带；

第四，以工商业比较发达的大城市为依托，建立若干个经济中心，发展全国性和区域性的经济联系，行使一定的管理职能；

第五，在改革部门分割、地区分割的多部门、多层次的行政管理体制的同时，加强国家对整个国民经济的领导和控制。

实现了这些，我国社会主义计划经济的商品生产和商品交换，就更有组织，就可以网络化了。同时，也可以在国家计划指导下，把现在由国家行政机关行使的若干管理职能，交由经济组织行使了。

五　结束语

综上所述，我国的社会主义国民经济，通过调整、改革、整顿，将逐步实现经济结构的合理化，管理体制的合理化和经济组织的合理化，再加上文化教育科学技术的相应发展，我们就一定能够在各方面不断地获得新的提高：提高我们的生产，提高我们的技术，提高我们的科学文化，提高我们的管理水平，提高我们的经济效果，提高我们的生活水平。

我们贯彻执行以调整为中心的八字方针，实行新的经济发展战略，是大有希望、大有前途的。两年来的实践，已经向我们展现出一个良好的端倪。就企业来说，经过两年多的整顿，初步改善了经营管理工作，促进了主要技术经济指标的提高。1980 年 1—11 月累计，10 个工业部门的 60 项主要产品的质量指标，平均有 80% 比上年同期提高，在 74 项主要物资消耗指标中，有 68% 比上年同期降低；劳动生产率在大量安排就业人员的条件下，仍比上年提高 2%。就整个国民经济来说，1979—1980 年，农业总产值平均每年递增 5.6%，工业总产值平均每年递增 8.6%，其中轻工业平均递增 13.9%，重工业平均递增 4.5%，轻工业在全部工业中的比重由 1978 年的 42.7% 上升为 46.9%。农业、轻工业的增长速度显然都比过去加快了，重工业的增长速度主动地适当地放慢下来。这样，两年来城乡绝大多数人民的生活水平都有了显著提高。1980 年，每个农民从集体分得的收入比 1978 年实际增加 16%，农民个人的家庭副业收入增长幅度更大。1980 年，全民所有制职工平均工资为 803 元，比 1978 年增长 24.7%，扣除物价上涨因素，增长 14.1%。1979—1980 年，全国安排了 1800 多万人就业。1980 年，社会商品零售总额比 1978 年增长 27%（扣除物价上涨因素）。1981 年以来经济形势更好。农业尽管遇到较大的自然灾害，全年粮食和经济作物仍然可以获得好收成，粮食产量预计可以接近大丰收的 1979 年，棉花、油料、糖料、烤烟等都将有较大幅度的增产，超过了历史上最高的水平。工业内部结构的调整取得了新的进展，轻工业又获得大幅度增长，整个工业总产值有可能实现计划的要求。基本建设的规模压缩下来了，投资结构有所改进。各项财政开支基本上控制住了，全国财政收支有可能实现基本平衡的要求。社会商品零售总额，全年预计可能增长 9% 左右。我们将能实现 1981 年 2 月向全国人民宣布的 1981 年的计划任务和主要目标，这是一件具有非常重要意义的事情。当然，这些还仅仅是个序幕，好景还在前头。虽然在前进的道路上还存在不少困难，但是，我们对光明前景充满信心。

从前面各个问题的分析中，可以看到：党中央提出的以调整为中心的八字方针，就是为了纠正过去经济发展战略目标和经济建设道路上的"左"倾错误，确定新的经济发展战略，使我国的社会主义建设走上提高经济效果、满足人民需要的健康的发展轨道。我们要更紧密地团结在党中央的周围，为贯彻以调整为中心的八字方针和实现社会主义的现代化而努力奋斗！我们坚决相信，经过几十年的努力，我们一定能够把我们的国家逐步建设成为具有现代农业、现代工业、现代国防和现代科学技术，具有高度民主和高度文明的社会主义强国，建设起中国式的社会主义的物质文明和精神文明。

积极而稳步地实现管理现代化[*]

　　我国今后一个时期的战略任务是实现农业现代化、工业现代化、国防现代化和科学技术现代化。管理现代化是实现"四个现代化"的一个必要的条件。

　　我们在 20 世纪 80 年代谈现代化，就是要逐步用当代世界上先进的科学技术来武装我们的农业、工业、国防、科学技术研究事业以及其他一切事业，实现四个现代化。这是提高劳动生产率和经济效益的根本途径，而劳动生产率和经济效益的高低，又是决定经济发展速度和人民生活水平提高程度的基本因素，归根到底也是判定一种社会经济制度优越性的根本标志。要实现四个现代化，就离不开管理现代化，包括用现代管理科学的方法和有条件的地方用电子计算机及其网络等技术手段来进行管理。所以，从管理方面来讲，管理现代化是我们的发展方向。我们要随着四个现代化的发展而实行管理现代化，并随着科学技术的日益发展而不断提高其水平。

　　我们在当今的中国谈管理现代化，必须从当前我国的国情出发。我们不是为管理现代化而管理现代化，而是为了实现四个现代化，为了提高劳动生产率和经济效益。这应该是我们的出发点。凡是当前我们经过努力做得到的、做了以后有利于提高劳动生产率和经济效益的，我们就应该积极

---

　　*　本文原载《管理现代化》1982 年第 1 期。

地去做。凡是当前还不具备条件的，我们如果勉强去做了不仅无利甚至还有损于劳动生产率和经济效益的提高的，我们就不要去做，待条件具备以后再去做。当然，这并不是说我们不要积极地去准备条件、创造条件，更不是说我们不必对管理现代化的理论和方法进行深入的研究和必要的宣传。而是说我们搞管理现代化，既要积极又要稳步，在实际工作中要区别情况有计划地、有步骤地进行。

实现管理现代化必须区别各种不同的情况。我国是一个幅员辽阔、人口众多、各地区和各部门经济技术发展很不平衡的大国。管理现代化不可能以整齐划一的步伐在全国各地区、各部门同时实现，因而也就不能向他们提出千篇一律的要求。有的比较现代化的大厂，在条件具备时，可用电子计算机等装备起来，甚至建立以电子计算机网络为基础的管理情报系统，采用电子计算机模拟、动态规划等现代管理科学的方法。这类工厂，目前在我国还是极少的。而其他极大多数尚未具备条件的厂矿企业，就不需要都弄上一台或多台电子计算机。现在有些安装了电子计算机的企业，并没有很好地使用起来，甚至搁在那里根本没有使用。在目前我国的具体情况下，许多企业，尤其是中小型企业，用算盘照样也可以为提高劳动生产率和经济效益服务。我在日本就看到不少企业单位仍然使用"小算盘"，人家不是在搞现代化吗？当然，我并不是说算盘打得好就是实现了管理现代化。但如果通过算盘提高了经济效益，那也就是为以后实现管理现代化准备了条件。至于地区性或全国性的电子计算机网络，更是后一步的事。而且，在全国将来联成网络也只能是逐步的。我想可能是有些大城市或工业和科学技术地区先联成小范围的网络，以后逐步扩大。至于那些尚未形成电子计算机网络的地方，还有电话、电报和其他工具可以利用。但是有些现代管理科学的方法却是可以比较广泛地使用的，如果使用得当，能够显著地提高劳动生产率和经济效益。我们应该为其推广应用而努力。有些现代管理科学的方法，其推广应用往往需要电子计算机及专门人才等条件。如果这些条件尚未具备，我们也不要坐待这些条件具备以后再来搞一个最先进的管理现代化。我们可以从目前能够做到的先着手做起来。例如，目前许多厂矿中大量存在的问题是职责不明、管理混乱。这些问题就不一定要有电子计算机和有关的专门人才才能解决。而且，如果这些问题不解决，有了高效的电子计算机、先进的管理科学方法也发挥不出作用，管理现代化也"化"不起来。所以，国务院总理在五届人大四次会议上的政府工作报告中强调要进行以经济责任制为中心的企业全面整顿。总之，凡是有利于我们提高劳动生产率和经济效益的一切工具和方法，我们都要尽量利用起来。这样做，正是为了加快实现管理现代化的步伐，为了将来以最先进的管理科学方法和最好的设备把全国联成一个统一的大网络。

所以，对管理现代化，我们必须采取积极的态度，并在力所能及的范围内，尽量开展这方面的工作。但从全国范围来讲，目前还处于通过试点取得经验和进行研究的阶段，而不是全面推广的阶段。因为，目前我们还不具备全面推广的条件。从经济上讲，我国在 1981 年虽然实现了财政和信贷的基本平衡，但要实现财政经济状况的根本好转，还需要经过相当的时间，目前不可能在管理现代化方面投入巨额资金。从技术装备和技术力量方面来讲，我国现在也还没有大量制造管理现代化所需装备的物质基础和使用现代化管理设备的大量技术人才。这些条件，都有待于我们去积极地创造。

我国当前在经济建设方面的重要任务，就是再用五年或更多一点的时间，继续贯彻执行调整、改革、整顿、提高的方针，以便真正站稳脚跟，打好基础，更好地前进。这在某种意义上讲，也就是为今后加速实现管理现代化创造条件。

从工业企业来讲，在今后两三年内，要分批地进行全面整顿，实行经济责任制，建立一套适合我国国情的社会主义的企业管理制度。主要从以下三个方面进行建设：

第一，以完善企业经营管理为目标，建立全面的计划管理制度。在国家计划指导下，企业要有经营观念，善于经营决策，通过计划把生产、技术、财务等各项工作组织起来，以实现经营目标。计划工作必须落实到企业的各个部门、各个岗位。这涉及企业中从设计到生产、到销售以及售后服务的全过程，要求全体人员严格按计划进行工作。

第二，以发展产品品种和提高产品质量为目标，建立全面的质量管理制度。社会主义生产的目的，在于满足社会全体成员日益增长的物质与文化的需要。生产适销对路和高质量的产品以满足消费者的要求，是企业经营好坏的重要标志。企业的各个部门和全体人员，要真正树立质量第一的观念，在生产经营的全过程中，都讲求质量。

第三，以提高经济效果，增加国家与企业经济收益为目标，建立全面的经济核算制度。全面的质量管理是从使用价值的角度进行全面的管理，全面的经济核算则是从价值的角度进行全面的管理，这两者是密切地结合着的。企业的各个部门和全体人员，在生产经营的全过程，都要讲求经济效果，为社会提供既物美又价廉的产品，并为国家和企业自身创造更大的经济收益。

除了以上三项管理制度以外，企业还要建设一套全面的人事劳动管理制度，把人员的培训、考核、晋升、选拔等结合起来，以鼓励每个职工的进取心，不断提高职工队伍的素质。

实现了上面这些要求，虽然不能讲就是在企业中实现了管理现代化，但一则可以立即在提高劳动生产率和经济效益方面取得较显著的效果，再则也为今后实现管理现代化打下了稳固的基础。因此，可以说这是实行管理现代化所必需进行的基础工作。

除了前面讲到的管理现代化的技术方面和经济方面以外，还有一个精神方面，这是很重要的。在实现管理现代化的过程中，除了运用电子计算机等技术手段和现代管理科学的方法并以劳动生产率和经济效益的提高作为根本出发点以外，还必须十分注意人的精神方面，这同管理现代化也是密切相关的。这不仅是指要培养出合格的能操纵现代化管理工具、运用现代管理科学方法、懂得经济理论和管理知识的人才，而主要是指要使广大干部和职工具有高度的社会主义思想觉悟和伦理道德观念，也就是说，要有高度的精神文明。可以说，正是这一方面把社会主义的管理现代化同资本主义的管理现代化明显地区别开来，显示出社会主义的管理现代化的优越性。

我们知道，管理既包含生产力的内容，又包含生产关系和上层建筑的内容。那么，管理现代化是不是只涉及生产力而不涉及生产关系和上层建筑呢？我认为不能那样说。有了一大堆先进的电子计算机及其网络、有了现代管理科学的方法和各种理论、公式，并不就等于有了管理现代化。计算机要有人去掌握，科学方法和理论、公式等需要人去运用，这里就有人与人之间的关系问题，以及人的思想觉悟问题，这些就属于生产关系与上层建筑方面的问题。如果认为管理现代化只涉及生产力的问题而不涉及生产关系和上层建筑方面的问题，那么资本主义的管理现代化和社会主义的管理现代化就没有什么本质的区别了，我们就可以把资本主义的管理现代化完全搬过来了。这显然是不对的。

　　让我们来看看资本主义的管理现代化是怎样一种情况吧！有些发达的资本主义国家，如美国，应该说管理现代化已达到较先进的程度。但是，由于他们在精神方面是资本主义那一套，因而产生了许多问题。除了剥削阶级与被剥削阶级尖锐的对立，社会生活的各种腐朽现象有增无减以外，又产生了一些新的问题。例如，一个方面的问题是，管理现代化程度越高，人的分工越细密，机器所承担的工作越多，甚至有些属于脑力劳动方面的工作也由机器来承担了，人越来越变成只是机器的一种附属物，于是人很难发现工作的意义和价值，许多人感到失去了生活的意义和乐趣，有的人甚至达到精神失常的地步。另一个方面的问题是，由于人们感觉不到工作的意义和价值，找不到乐趣，物质方面的激励力也相对地比以前降低了，于是人们缺乏一种激励其努力工作的内在动力，这样也就不能不影响劳动生产率和经济效果的提高。近年来，美国劳动生产率就处于相对停滞的状态。他们为了解决这些问题，提出了各种各样的管理理论，什么系统管理理论、经验主义管理理论、权变管理理论、组织行为理论，等等，但是都没有收到很大的效果。因此，一些管理理论不那么流行了，于是又提出了另一些"新"的管理理论。美国管理学家孔茨（Koontz）1961 年概括出 6 种主要的管理理论，1980 年就增加到 11 种了。资产阶级管理学家自己也承认一头栽进"管理理论的丛林"中钻不出来了。这些问题的产生不是偶然的，这是资本主义这种剥削制度必然的产物。

　　所以，我们在管理现代化起步时，就不仅要注意其技术方面、经济方面，还必须注意其精神方面。广大职工和全国人民，都要树立社会主义和共产主义的思想、道德风尚和劳动态度，树立高尚的思想情操、生活方式和审美观念，树立自觉的守法精神和高度的组织性纪律性，发扬爱国主义和国际主义精神。这样才能保证我国的四个现代化事业和管理现代化循着正确的轨道前进，保证我国国民经济的社会主义方向和健康迅速的发展。

当然，重视管理现代化的精神方面，并不是说中国管理现代化研究会应该主要研究这个精神方面的问题，也不是说《管理现代化》杂志主要应该刊登这方面的文章，而是说我们要注意到管理现代化的这一个重要方面。至于各个研究会和各种杂志，那是可以有所分工、各有侧重的。

国务院总理最近在五届人大四次会议上所作的政府工作报告中指出："今后，我们考虑一切经济问题，必须把根本出发点放在提高经济效益上。我们要彻底改变长期以来在'左'的思想指导下的一套老的做法，真正从我国实际情况出发，走出一条速度比较实在、经济效益比较好、人民可以得到更多实惠的新路子。"我想，这也是我们实现管理现代化所应遵循的指导方针。

经济结构是决定社会经济效果的
一个重要因素[*]

　　人们进行物质生产活动，从来都不能不注意经济效果。总是要设法用最小的劳动消耗，取得同样的效果，或者用同样的劳动消耗，取得最大效果。这是人类社会存在和发展的条件。马克思在《资本论》里说过："在一切社会状态下，人们对生产生活资料所耗费的劳动时间必然是关心的，虽然在不同的发展阶段上关心的程度不同。"[①]资本主义的商品经济比过去封建主义的自然经济当然更要注意精打细算，否则就失去竞争力。社会主义经济是为满足国家和人民不断增长的需要服务的，讲究经济效果，关心劳动时间的节约，比过去任何社会更加重要。

　　在社会主义经济建设中，影响经济效果的因素很多，经济结构就是其中一个具有决定意义的因素。

一　什么是经济结构

　　过去在我国经济工作中，经济结构的概念用得不多。最近几年，从我国经济发展中存在的实际问题出发，才把它作为一个重要的课题来研究。

---

　　[*]　本文是作者与吴家骏合著，原载《经济问题》1982 年第 1 期。

　　[①]　《马克思恩格斯全集》第 23 卷，人民出版社 1972 年版，第 88 页。

两年前，我们按照国务院的部署，组织调查组对经济结构问题进行了专门的调查研究。当时对什么是经济结构曾经进行过探讨，但认识并不完全一致。我们认为，经济结构是指国民经济的构成，即构成国民经济的诸要素之间的质的联系和量的比例。具体地说，就是指国民经济各个部门、各个地区、各种成分、各个组织以及社会再生产各个方面的构成、联系和制约的关系。研究经济结构问题，就是把整个国民经济作为一个大的系统，通过各个不同的角度。从整体的联系上研究国民经济的发展，进行多种方案的比较，寻求最佳方案。它涉及生产力方面的问题，也涉及生产关系方面的问题。马克思在《资本论》里曾经讲过：生产的承担者对自然的关系以及他们相互之间的关系，他们借以进行生产的各种关系的总和，就是从社会经济结构方面来看的社会①。在这里，马克思指出了生产的承担者和自然的关系——这是属于生产力方面的问题，又指出了进行生产的各种关系的总和——这是属于生产关系方面的问题。因此，我们认为，研究经济结构也就是要从生产力、生产关系两个方面的结构综合来研究经济发展的问题。基于这种认识，从我国经济发展中存在的实际问题出发，我们就10个方面的结构问题进行了调查研究，这就是：产业结构、经济组织结构、所有制结构、技术结构、产品结构、就业结构、投资结构、价格结构、地区和城乡结构以及积累和消费结构。

二　经济结构对经济效果的影响

经济结构包括的内容很多，前边我们已列举了十个方面的结构问题。其中的每一种结构是不是合理的，都会影响经济效果，例如，合理的产业结构、投资结构、就业结构可以使各个部门的人力、物力、资金得到合理的安排，从而保证国民经济协调发展，取得较好的经济效益；合理的所有制结构可以在国营经济发挥主导作用的前提下，使各种经济成分相互补充，把整个国民经济有效地组织起来，从而调动各个方面的积极性；合理

---

① 《马克思恩格斯全集》第25卷，人民出版社1972年版，第925页。

的技术结构、产品结构可以使各种产品的生产同消费结构的变化相适应，同技术发展的要求相适应，合理的地区结构可以使各个地区的优势得到充分的发挥；合理的积累与消费结构可以保证生产不断扩大并在生产不断发展的基础上使人民生活得到改善。所有这些，都会从各个不同的方面直接地影响经济效果。但是，上述各种结构对经济效果影响的范围和深度是不一样的，从所有制的结构来说，国营经济和集体经济是我国基本的经济形式，一定范围内的劳动者个体经济是公有制经济的必要补充。其中，产业结构的合理化对经济效果和经济发展全局的影响最大。

我们这里说的产业结构，指的是各个产业部门之间的关系，如工业和农业的关系、轻工业和重工业的关系、各种加工工业之间的关系、原材料工业和加工工业的关系以及能源工业和整个国民经济的关系，等等，都属于产业结构方面的问题。

（一）产业结构合理，才能使社会再生产正常进行

我们知道，国民经济是一个有机的整体，各个产业部门在社会再生产过程中是相互联系着的，每一个产业部门的生产活动，都离不开其他部门的配合，每一种产品都是许多企业或部门共同劳动的成果。没有农业为工业提供粮食和原料，工业就不能顺利发展；没有采掘工业为加工工业提供能源原材料，加工业就不能正常生产；没有机械工业为国民经济各部门提供技术装备，各个生产部门的生产不能维持，更不能扩大。总之，各产业部门之间存在着客观的生产联系和比例关系。随着生产力和社会分工的发展，各部门之间的生产联系越来越复杂、越来越广泛。产业结构首先要正确地反映这些客观存在着的、复杂的部门联系和比例关系。只有正确反映了这种联系，国民经济才能协调发展，再生产过程才能顺利进行，才能使我们的生产活动取得预期的效果，否则就会比例失调，使生产遭到破坏。因此，产业结构合理，是社会再生产正常进行的必不可少的条件。

（二）产业结构合理，才能发挥我国的经济优势，取得最佳的经济效果

前边已经说过，各产业部门保持一定的比例，是国民经济正常发展的前提条件。但是，只具备这样的条件，并不一定能获得最好的经济效果。

这是因为各部门的比例并不是绝对的，产业结构并非只有一种模式。产业结构的最佳方案，不仅是一般地保证再生产过程的正常循环，而且要适合国情，扬长避短，发挥优势，实现良性循环，取得最佳经济效果。我们知道，各部门由于生产特点不同，资金占用率有高有低，能源消耗率有高有低，劳动密集程度也各不相同。这些不同特点的产业怎样组合，建立怎样的结构才更合理，需要从我国的实际出发进行选择。例如，我国人口多，劳动力多，耕地少，资金不足，能源不足、底子薄，更多地发展劳动密集型产业和投资少、耗能少的产业就可以扬长避短，发挥优势，如果不考虑这些基本国情，不适当地把国民经济搞成重工业片面发展，消耗的投资和能源过多，就不利于国民经济的发展，妨碍经济效果的提高。因此，合理的产业结构是取得最佳经济效果的保证。

（三）产业结构合理，才能改善企业的经济效果并使其在整个社会的经济效果中得到体现

社会主义企业是国民经济的基层生产经济单位，提高企业的经济效果是改善国民经济效果的基础和保证。只有每个企业都能精打细算，充分有效地利用人力、物力和资金，才能使整个国民经济效果不断提高。但是，每个企业又不是孤立的，个别企业的经济效果离不开整个国民经济的状况。如果产业结构不合理，各部门的比例不协调，企业所必需的外部条件就得不到满足，例如，能源工业落后，原材料工业不能适应生产发展的需要，等等，都会造成停工损失，使企业的经济效果下降。这是一个方面。另一个方面，在产业结构不合理的情况下，从单个企业来考察，即使劳动生产率较高，生产成本较低，各项技术经济指标都好，但是，如果各部门比例失调，企业的产品就可能既不是再生产过程中所需要的，也不是消费市场所需要的。在现行体制下，这些产品尽管可以卖得出去，但最后却成为物资部门或商业部门的库存积压，那么，在这种情况下企业的经济效果就不能真正使人民得到实惠，在社会经济效果中并不能得到体现。而且还会表现为相反的结果。所以说，社会经济效果并不只是企业经济效果的简单相加，只有产业结构合理，才能使企业经济效果同社会经济效果真正一致起来，使企业经济效果真正成为提高国民经济效果的保证。

（四）产业结构合理，才能提高最终产品率，更好地满足人民物质文化生活的需要

我们进行物质生产活动，要从最初的初级产品开始，经过一次次的加工，最后加工成可以吃、穿、用、住的最终产品流转给消费者为止，才完成了整个生产经济活动，才能达到自己进行物质生产活动的目的。在这个过程中，要占用和消费大量的初级产品、中间产品，最后才能形成一定数量的最终消费品。因此，这里就有一个从总体上考察的经济效果问题。这就是：社会获得一定数量的可以满足人民吃、穿、用、住的最终消费品，需要付出多少总的劳动量。两者应当有一定的适度的比例。付出的劳动越少，获得的成果越多，经济效果也就越好，而这种总体上的经济效果并不完全取决于企业本身经营的好坏，从一定意义上说，主要的是取决于产业结构是否合理。多年的实践经验告诉我们，如果投入重工业生产建设的劳动量过多，而又主要是为基本建设服务或自我服务，最终消费品出产的就会比较少，总的经济效果就会比较差，多年的实践经验还告诉我们，如果整个产品的生产过程经常中断，没有一个合理的经济结构来保证初级产品、中间产品顺利达到能使人民生活得到实惠的最终产品，中间产品多，大量产品在中间阶段停滞了，最终消费品出产也就比较少。如果这样，人们的生活就不可能得到相应的改善。

所有这些都说明，经济结构特别是产业结构，是影响经济发展的全局性的问题，往往由于一种产业政策考虑不周，就会造成一种不合理的经济结构，而经济结构不合理，就会出现很多的不利情况：或者是比例失调，生产遭受破坏；或者是互相抵消力量，造成浪费，使生产发展缓慢；或者是生产虽有所增长，但优势不能发挥，人民生活得不到改善，得不到实惠。只有产业结构合理，才能使国民经济各部门协调发展，实现良性循环，从而使各个企业的作用真正发挥出来，取得更好的经济效果，使人民得到实惠。

三 调整经济结构，促进经济效果的改善

由于经济结构特别是产业结构对经济效果的影响很大，所以调整产业结构使经济结构合理化，对改善国民经济的宏观经济效果具有特别突出的意义。

那么，我们应当建立一种什么样的经济结构才是比较合理，才能取得比较好的经济效果呢？

总的说来，应当从我国的实际情况出发，建立起一个以增产最终消费品为目标，比例关系协调、经济效益高、良性循环的经济结构。其主要标志是：（1）国民经济各部门之间、各部门内部以及社会再生产各个环节之间的比例关系协调；（2）社会的人力、物力、财力得到合理的利用；（3）生产建设的发展和人民生活的改善紧密联系、互相促进。这种合理的经济结构，要求整个经济工作真正转移到满足人民物质和文化生活需要的轨道上来，根据经济发展的可能和消费的需要，确定最终消费品的生产；根据最终消费品生产的需要来决定中间产品和原材料等初级产品的生产。这是一种以最终消费品为目标的包括工业和农业在内的协调发展的经济结构。这样的结构建立起来以后，原料工业和中间产品加工工业都为最终产品服务。每个行业、每个企业都有自己的服务对象和奋斗目标。这样，它们所生产的产品都会成为再生产过程中所必需的产品，使社会产品的供给能够更好地和社会的需要衔接起来，从而使社会投入的人力、物力、财力能够取得最大的经济效果，更好地满足人民日益增长的物质和文化生活的需要。

要按照上述的要求实现经济结构合理化，就必须加强对消费需求和消费结构变化的研究。随着生产的发展和人民生活水平的不断提高，消费需求的总量和构成都会发生变化。适应这种变化，产业结构包括消费品生产部门和生产资料生产部门的结构都要相应地进行调整。这样，才能在生产和需求的不断发展、变化中经常保持经济结构合理。但是，由于我国经济工作中长期积累的问题很多，比例失调严重，要把各部门相互脱节的、畸

形发展的不合理的经济结构调整为以生产最终消费品为目标，各部门协调发展合理的经济结构，实际上是要进行一次全面的经济大调整。它牵动的面很广，需要相当的时间才能完成。在这段时间里，必须分阶段进行，有步骤地使经济结构逐步合理化。每经过一个阶段，经济效果应当有一个明显的改善。

要首先稳定经济，实现财政基本平衡，控制市场物价，并在此基础上，求得经济的稳定发展，为经济结构的调整创造条件。

达到这样的目标，需要下决心压缩基本建设，节约行政开支。但是，从根本上说，解决财政问题还要靠发展经济，尽快把经济搞上去。因此，组织实现这个阶段调整目标的根本立足点，应当是在压缩基本建设并妥善处理因基本建设下马带来的问题的同时，下大力量抓好当前的生产。

（一）发展消费品生产

农业和轻纺工业在发展消费品生产中路子是很宽广的。轻纺工业要以出产名牌产品的工厂为中心，以大工业城市为基地，充分利用关停并转企业的厂房、设备，有计划地增加当前群众急需而又供应短缺的商品的生产。消费品发展起来以后，积累问题、消费问题、财政问题就都比较好解决了。与此同时，重工业也要以一定的速度发展。否则，轻工业的原料、设备、能源等也不可能得到充分的保证，而且就业不能扩大，整个经济发展速度将会受到影响。我们应当在经济不断发展中来改变轻重工业的比例关系，而不能够单纯靠压低重工业来改变这种关系，说过去的经济结构不合理。重工业过重，轻工业过轻，主要是说重工业单纯自我循环，没有能够有效地为农业、轻工业的发展服务。应当看到，消费品的生产需要重工业为它服务，这也就会带动重工业的发展，推动重工业的调整，促进重工业改变服务方向和调整产品结构，这是重工业搞活的关键。重工业的调整应当把这个问题摆在第一位，而不是离开消费品的生产孤立地去发展重工业。更不应当把消费品生产同发展重工业对立起来。

（二）抓技术改造

生产的发展，从来都是要从追加投资和发挥现有潜力两个方面去努力。但是，目前我国工业已经有了相当大的规模，现在资金又不足，我们绝不能让现有企业"老牛拉破车"又去铺新摊子，而应当抓紧现有企业的技术改造和设备更新。应当围绕节约能源、提高产品质量增强消费品生产量、降低消耗、增加花色品种进行技术改造。通过技术改造，使一些关键性的设备、技术、工艺有一个新的面貌。企业的技术改造如果排上议事日程。整个重工业首先是机械工业就有事情干了。机械工业过去服务方向不对头，主要为重工业的基本建设服务，有些甚至是增加库存积压，经济效果很差。在调整时期，大力发展消费品生产是经济发展中的带有战略性的任务，机械工业当然要为发展消费品生产作出贡献，并且以此来带动机械工业的调整。同时也应当看到，机械工业的服务方向是多方面的，它既要直接为促进消费品的增产服务。又要为国民经济的技术改造服务，为扩大出口服务和为国防现代化服务。因此，要从长远的技术发展的角度来研究机械工业的调整，坚持上述"四个服务"的方向，既要围绕当前发展消费品生产的需要来相应地调整机械工业生产，又要考虑国民经济技术改造的需要，注意不打乱机械工业的骨干企业，充分考虑国民经济进一步发展的需要，为今后的发展做好技术储备。

（三）以能源和交通带动整个工业的发展

能源和交通运输现在已经成为我国国民经济中的薄弱环节。解决能源问题，应当坚持开发与节约并重，近期内把节能放在优先地位的方针。节约能源要靠改善经营管理，靠改善轻重工业比重，更重要的是靠前边所说的技术改造。调整工业部门结构和产品结构，增加耗能少的工业产品比重，应当说是一个节能的重要途径，但是，如果不同时改进技术、降低消耗，而是一会儿保了轻工业压重工业，一会儿又加强经营管理，保了重工业挤轻工业。这样节能的效果是有限的。只有在调整工业部门结构和产品结构的同时进行技术改造，加强经营管理大幅度地降低能耗。才能大量地节约能源，使轻、重工业都得到发展。

能源问题的解决，特别是煤炭问题的解决，又同交通运输有关，不解决交通运输问题，工农业发展都受影响，能源开发也很难搞起来。因此，在调整时期特别需要加强能源和交通运输，以带动整个工业的协调发展。

总之，经过三五年的努力，把生产搞上去，特别是把上述三方面的问题抓好，就可以使我国国民经济得到根本好转。在此基础上，我们就可以有更好的物质基础和更多的资金，有计划地加强薄弱环节，从根本上改变不合理的经济结构，建立起一种积累率不求过高，但经济效益好，人民能够得到实惠的良性循环的经济结构。

上述这些显然只是一些大体的设想，还有待于进一步研究、论证、完善和修正，但我们相信，当我们经过了一定的调整阶段，有步骤地实现了经济结构合理化的时候，我国的国民经济将会以更高的速度、更加稳定地发展，经济效果会得到很大的改善，发展生产和改善生活将会紧密地挂起钩来，在发展经济的基础上尽可能地满足人民的物质和文化生活的需要。

生产力经济学要在四个现代化
建设中发挥更大的作用[*]

生产力经济学是一门新兴的、很重要的经济学科，我国的四个现代化建设需要这样一门学科来专门研究生产力本身的发展运动规律。随着我国社会主义建设事业的发展，它同其他经济学科一样，必将不断完善和进步。

当前，我国人民正在为争取财政经济状况的根本好转、开创经济振兴的新时期而努力奋斗。为了把我国建设成为现代化的、具有高度物质文明和高度精神文明的社会主义强国，生产力经济学大有用武之地，应该发挥积极作用。在这里，我想提出几点希望，供大家参考。

首先，希望生产力经济学为制定和完善我国经济发展的新战略服务。国务院领导同志在五届人大四次会议上，总结了我国的历史经验，提出我国社会主义经济建设走出一条新路子所必须贯彻执行的十条重要方针，这是我国经济发展战略的转变。经济发展战略包括许多方面，其中一个重要内容就是充分利用我国的人力、物力资源，按照客观经济规律合理地组织生产力，包括企业的合理规模、生产力合理布局，等等。这些正是生产力经济学研究的重要课题。过去，由于我们对生产力本身的发展运动规律研究不够，曾使经济建设蒙受了许多不应有的损失，我们一定要接受这个

---

* 本文是作者 1982 年 2 月 23 日在中国生产力经济学研究会首届年会上的书面发言。

教训。

其次，希望生产力经济学为国民经济结构合理化服务。我国的经济调整，从根本上说，就是要使国民经济结构合理化，改变国民经济重大比例严重失调的状况，把国民经济纳入有计划、按比例的健康发展轨道。在经济结构中，具有决定性意义的产业结构和技术结构、产品结构、地区结构等都直接就是生产力经济学的研究课题，其他的结构问题也同生产力经济学有密切的联系。因此，生产力经济学对我国当前的经济调整应当发挥重要作用。

最后，希望生产力经济学还要为现有企业的技术改造服务。为了有重点有步骤地进行技术改造，充分发挥现有企业的作用，也有一系列需要生产力经济学进行深入研究的问题，如分析企业的生产力状况，确定技术改造的重点，研究技术改造与企业的技术结构、合理规模和产品结构的关系，研究技术改造与现有生产潜力的发挥，技术改造与提高劳动生产率的关系，对技术改造的各种方案作出经济评价和比较，等等。

此外，生产力经济学学科建设方面还有不少问题也应当继续进行深入的探讨。

我相信，经过这次年会的学术交流，一定会有力地推动生产力经济学的发展，使生产力经济学在我国社会主义建设的宏伟事业中作出更大的贡献。

工业企业要全面整顿，综合治理[*]

一

党中央和国务院决定，从今年起，用两三年的时间，有计划有步骤地、点面结合地、分期分批地对所有国营工业企业进行全面整顿。这个决定是非常适时的，它对于进一步贯彻执行党的国民经济调整、改革、整顿、提高的方针，充分发挥现有国营工业的潜力，提高经济效益，促进我国国民经济状况的根本好转，加快社会主义现代化建设的发展，有着重要的意义。

粉碎"四人帮"以后，工业企业已经进行过多次整顿，为什么现在又提出整顿的问题呢？这是因为，过去的几次整顿，虽然取得了可观的成绩，对生产起了促进作用，但是，企业整顿工作的进展是不平衡的，整顿得好的是少数，处于中间状态的是多数，没有认真进行整顿，管理混乱、存在严重问题的也是少数。即便是整顿工作做得较好的企业，也并不是所有工作都很扎实，距离社会主义现代化企业管理的要求，还有很大的差距。必须看到，目前相当多的企业，程度不同地存在着领导班子软弱涣

* 本文是作者 1982 年 3 月作为《红旗》特约评论员写的一篇文章，原载《红旗》1982 年第 5 期。

散，思想政治工作薄弱，机构臃肿，人浮于事，劳动纪律松弛，产品质量低，浪费严重，经济效益很差等现象。少数企业领导班子不纯，受资本主义思想侵蚀，搞不正之风，违反财经纪律，甚至存在弄虚作假，偷税抗税，截留上缴利润，营私舞弊。贪污受贿等不法行为。不解决这些问题，就不可能争取国民经济状况的根本好转，更不能把我们的企业真正建设成为社会主义现代化企业。因此，对国营工业企业必须在已经进行的整顿工作的基础上继续进行整顿。

这次整顿与过去整顿相比，有不同的特点。过去的整顿，主要是围绕着思想、理论、政策、组织各方面的拨乱反正进行的，是为了把在企业各项工作中被"四人帮"颠倒了的东西重新纠正过来，把混进领导班子中的坏人清除出去，把企业正常的生产秩序和管理制度恢复起来。因此，这种整顿是恢复性的整顿。现在的整顿则不同，它是在国民经济的调整工作不断深入，经济管理体制改革继续前进，国民经济已经取得稳定发展的情况下所进行的整顿。这次整顿工作要求把党的十一届三中全会以来，以调整为中心，进行的扩大企业自主权，实行经济责任制，推动企业的改组和联合，建立和健全党委领导下的厂长负责制、职工代表大会制，改善和加强党的领导，加强思想政治工作，对职工进行技术业务轮训等一系列的工作相互结合起来，根据各个企业的具体情况，分别轻重缓急进行综合治理。同时，要求对领导班子、职工队伍、管理制度、劳动纪律、财经纪律、党的作风和思想政治工作等全面进行整顿。通过整顿，使企业的领导班子得到加强，生产技术经营工作建立在稳固扎实的基础上，各项规章制度协调配合，实行责任制中的问题得到妥善解决，从而使企业的经营管理工作达到一个新的水平，经济效果有显著的提高。所以说，这次对企业的全面整顿，是建设性的整顿，是对企业的一次综合治理。

二

这次企业的全面整顿，要在整顿中进行建设，建设的目标是什么呢？这个目标就是党中央和国务院提出的：企业经过全面整顿，要逐步地建设成为具有高度物质文明和精神文明的、具有中国特色的社会主义现代化企业。为达到这个目标，所有企业都要搞好三项建设，达到六好要求。"三项建设"即通过全面整顿，逐步地建设起一种又有民主、又有集中的领导体制，逐步地建设起一支又红又专的职工队伍，逐步地建设起一套科学文明的管理制度；"六好要求"即通过"三项建设"使企业能够正确地处理国家、企业、职工个人三者的经济关系，出色地完成国家计划、达到三者兼顾好、产品质量好、经济效益好、劳动纪律好、文明生产好、政治工作好，成为"六好企业"。

（一）逐步地建设起又有民主、又有集中的领导体制

这是由社会主义企业的性质决定的。社会主义国营工业企业是全民所有制企业，全部生产资料归全民所有，职工是企业的主人。企业在党的领导下，建立一个充分发扬民主，并在民主基础上实行高度集中、统一指挥的领导体制，可以充分体现社会主义企业的优越性。经过整顿的企业，要建设一个能够善于团结企业全体职工，贯彻执行党的方针、政策和国家法令、制度的精干的党的委员会；建立起以厂长为首的生产技术、经营管理的统一指挥系统；健全职工代表大会制度，使全体职工真正行使当家做主的权利。厂级干部要逐步实现革命化、年轻化、专业化、知识化。企业党委书记应当由党性坚强，作风正派，坚决并善于执行党的路线、方针、政策，有一定的生产和管理知识，能密切联系群众和掌握全面工作的党员担任。厂长（经理）要由能够坚持四项基本原则，坚决执行党的路线、方针、政策，懂得生产技术和有关的经济法规，善于经营管理，为人正派，联系群众，身体健康，能够胜任繁重的领导工作的同志担任。

（二）逐步地建设起一支又红又专的职工队伍

企业的全体职工是企业的主人，是建设社会主义经济的主体，这就要求有一支觉悟高、技术精、纪律严、作风好的职工队伍。在党的领导下，我国工人阶级具有优良的革命传统，从来就是一支热爱祖国、热爱社会主义、勤劳勇敢、富于创造性的优秀队伍。但是，由于多年来受"文化大革命"的破坏，使优良传统受到极大的损害，文化技术水平普遍下降，必须通过整顿和建设，有计划地进行培养和提高。在当前的整顿中，要着

重解决以下一些问题：

第一，整顿劳动组织。企业要按定员定额组织生产，坚决克服人浮于事，工作散漫的现象。整顿劳动组织要同建立岗位责任制结合起来进行。要在提高职工思想觉悟的基础上，明确每一生产岗位和工作岗位的职责，并根据生产技术和业务工作的要求，规定配备人员的质量和数量标准，逐步做到严格按标准配备合格的人员。努力做到人尽其才，各尽所能。企业按定员定额整顿劳动组织和管理机构，富余的人员，除组织轮训外，一部分可以充实生活服务机构，一部分可以参加劳动服务机构，开辟和发展新的生产门路。

第二，有计划地实行全员培训。有计划地、分期分批地对职工进行轮训，不断提高职工的思想政治和技术业务水平。这要成为一个长期坚持不懈的制度。今后凡是新入厂或改变工种工作的职工，都必须经过训练和考核合格，才能上岗工作。大企业要建立职工培训中心，中小企业单独建立有困难的，可以联合建立或由上级主管部门统一建立。

第三，切实整顿和加强劳动纪律。现代化的大生产，不能没有严明的劳动纪律。要大力加强对职工群众的思想教育，建立自觉遵守劳动纪律的风尚。要建立严格的奖惩制度。对劳动态度好、遵纪守法、成绩卓著的职工要给予表扬和奖励；对严重违反劳动纪律的，企业有权按照有关规定给予经济或行政时处分，屡教不改的，要加重处分，直到辞退或开除。实践证明，企业制定《职工守则》是教育职工加强劳动纪律的有效措施。企业还应根据《守则》的要求，制定相应的奖惩制度，以保证《守则》的贯彻执行。

第四，切实加强对职工群众的思想政治教育。企业除进行坚持四项基本原则和经常性的形势教育外，还要进行爱国主义教育。通过系统的政治学习，使广大职工弄清社会主义与资本主义的区别，认识社会主义制度的优越性，弄清社会主义企业管理与资本主义企业管理的区别，认识如何正确处理国家、企业和职工个人三者的关系，做一个合格的、模范的社会主义职工。特别要注意加强对青工的教育，提高职工队伍的政治素质。

（三）逐步地建设起一套科学文明的管理制度

在当前，应建设以下四个方面的制度。一是以完成国家计划，尽可能地满足社会需要为目标，建设全面的计划管理制度。计划工作要落实到企业的各个部门、各个岗位，从设计到生产、销售以及售后服务的全过程，都要求全体人员严格按计划进行生产与工作。二是以发展新品种和提高产品质量为目标，建设全面的质量管理制度。能否生产适销对路的、高质量的产品以满足消费者的要求，是企业经营好坏的主要标志。企业各部门和全体人员，要真正树立质量第一的观念，在生产经营的全过程中，都讲求质量。三是以提高经济效果，增加国家与企业经济收益为目标，建设全面的经济核算制度。四是以充分调动职工群众积极性为目标，建设一套全面的人事劳动管理制度，把人员的培训、考核、晋升、选拔等结合起来，以鼓励每个职工的进取心，不断提高职工队伍的素质。为了实现上述目标，还必须进一步完善企业管理的基础工作，健全原始记录和计量工作，加强定额管理工作；建立和健全各级和各项工作的责任制度；制定企业内部各项工作的程序，使生产技术和各项工作的程序，都按照客观规律，协调一致地进行；健全财务管理制度，严格执行财经纪律，按照国家财政制度办事，杜绝浪费；健全文明生产制度等。

搞好三项建设，达到六好要求，需要一定的时间，进行一系列艰苦细致的工作。"千里之行，始于足下。"企业的全面整顿工作，当前阶段主要抓什么？国务院总理在五届人大四次会议的《政府工作报告》中指出，一是整顿和完善经济责任制，改进企业经营管理，搞好全面计划管理、质量管理和经济核算工作。二是整顿劳动组织，按定员定额组织生产，有计划地进行全员培训，坚决克服人浮于事、工作散漫的现象。三是整顿和加强劳动纪律，严格执行奖惩制度。四是整顿财政纪律，健全财务会计制度。围绕以上工作，要着重做好整顿领导班子的工作，克服某些领导班子存在的涣散、软弱、臃肿、老化等现象，同时把中青年干部和技术业务干部选拔到领导岗位上来。

从推行和完善经济责任制入手，是当前企业整顿的一个重要环节。推行经济责任制是前两年扩大企业自主权等经济管理体制改革的继续和发展。扩大企业自主权重点在于解决国家与企业的经济关系，调动企业的积极性；实行经济责任制，则要求改变吃大锅饭、搞平均主义的状况，使人们自觉地关心劳动的成果，进一步解决好调动企业内部职工积极性的问题。工业经济责任制是在国家计划指导下，把企业和职工的经济利益同承担的经济责任和实现的经济效益联系起来，充分调动他们的积极性，使广大职工以主人翁的态度，努力搞好生产经营管理，取得最好的经济效果。有的同志把经济责任制仅仅看成是一个利益分配问题，这是不对的。经济责任制是责权利的统一。首先是企业要向国家负责，按照国家计划要求和市场需要，生产适销对路、物美价廉的产品，满足社会需要。国家为了保证企业履行自己的职责，赋予企业一定的经济权限，使企业能够自主地、有效地组织生产，降低消耗，降低成本，提高经济效益。企业创造的经济收益，首先要为国家做贡献，要在国家增收的前提下，做到企业多留，职工多得。有的企业片面追求利润，不考虑计划要求，不顾国家利益，不顾社会需要，盲目生产利大的长线产品，降低产品质量，甚至采取不正当的手段牟取高利。这种做法是非常错误的，必须坚决纠正。

从提高和完善经济责任制入手整顿企业，要认真解决好以下三个问题：一是把实行经济责任制和计划管理结合起来。要教育干部和职工树立计划观念，按计划生产，按社会需要生产，反对片面追求利润而冲击国家计划。二是实行经济责任制要和经营管理结合起来。实行经济责任制，把责任和利益落实到每个职工，这就有了新的动力去推动大家改善经营管理，进行技术改造，提高质量、增加品种、降低成本，而不是离开这些正道，去搞歪门邪道，牟取高利。三是职工个人所得要适当。目前我国生产水平还很低，建设资金严重不足，如果职工个人所得过多，不仅消费品的供应不能保证，而且国家就没有钱去搞建设；而生产建设上不去，生活的改善也就没有保证。陈云同志说：一要吃饭，二要建设。这两头都要照顾好。解决好这三个问题，有利于正确处理国家、企业和职工个人的关系，进一步挖掘现有企业潜力，提高经济效益，于国于民都有极大的好处。

三

这次企业全面整顿，涉及企业管理的各个方面，涉及企业中的所有职工，涉及人们的精神面貌和经营思想，还涉及经济管理体制的改革和经济调整任务的完成。所以说，它所涉及的广度和深度远远超过以往的整顿。为了使这次调整工作能够顺利地进行，必须加强领导，做好全面规划、点面结合、分类指导。

企业全面整顿的工作十分重要和艰巨，必须全党重视，发动群众。各级党委、人民政府和主管机关应加强领导，认真地指导、监督和帮助企业进行整顿。首先要做好规划，使全国两千个左右的骨干企业能够在两三年内，分期分批地扎扎实实地完成整顿任务；其次要及时地总结交流整顿工作的经验，使其健康地发展；再次要对企业整顿进行检查和验收，并帮助后进的单位搞好整顿。要使企业自行整顿和上级机关的指导和检查验收很好地结合起来。

点面结合，首先要搞好点上的整顿。列为重点进行整顿的企业，多是与国计民生关系大的骨干企业，它们创造的产值和上缴的税利，在全国占重要地位。搞好这批企业的整顿，对于振兴我国的经济，为国家提供更多的积累有着很大作用。抓点的目的，一方面是搞好重点企业的整顿；另一方面也为指导面上的工作创造经验。

为了搞好点上的企业整顿工作，各级经济领导机关要派出负责干部，并配备必要的熟悉生产、技术、经营管理、劳动工资、财务会计等专业干部和党群干部，组成蹲点调查组，在企业所在地的党委和政府统一领导下，分期分批到骨干企业调查研究，进行必要的指导，帮助企业解决问题，及时总结经验，指导面上的整顿工作。在抓好点上企业整顿的同时，不能放松面上企业的整顿。在面上，主要是发动企业全体职工，认真学习中央的有关指示精神，在整顿工作中，充分发挥自己的主动性和积极性，自觉地按照中央的要求进行整顿。

无论是点上的整顿或者是面上的整顿，都要在企业党组织的领导下，依靠全体职工群众进行。企业党委是党的基层组织，是企业的政治领导核心，在企业全面整顿工作中，企业党委是义不容辞的带头人，必须担负起领导责任。有的企业党委本身可能存在着这样或那样的问题，这都不应当成为妨碍党委起来领导企业整顿的借口，而应当自我革命，自觉地当表率，下决心在整顿中改造自己，纯洁党性，端正党风，把党委建设成符合中央要求的，战斗力强的基层组织，带领本企业广大职工来搞好企业的整顿工作。

所有企业在进行整顿工作的时候，都要从发动群众入手，按照中共中央转发国家经委党组《关于工业学大庆问题的报告》的通知精神，对广大职工进行政治思想教育，使广大职工认清中国工人阶级的优秀品质，光荣传统和伟大历史使命，能够自觉地坚持四项基本原则，贯彻执行党的方针政策，正确处理国家、企业和职工个人的关系，使广大职工以国家主人翁的态度。积极参加和做好企业的整顿工作。

与此同时，还要引导广大职工开展比先进、学先进、赶先进、帮后进，创建"六好企业"的劳动竞赛。社会主义劳动竞赛是动员广大职工充分发挥他们的智慧和才能来建设社会主义的重要方法，也是促进他们在生产经营管理中互相学习，互相帮助，取长补短，共同提高的重要手段。辩证唯物主义告诉我们，客观事物发展总是不平衡的，先进与落后的矛盾，是客观存在。开展比学赶帮的劳动竞赛，就可以不断暴露矛盾，发现潜力，互相帮助，互相促进，使后进赶上先进，先进更加先进。在企业整顿中，开展以创建"六好企业"为目标的比学赶帮活动，就可以把群众的积极性和智慧集中到企业整顿的基本要求上去，从而推动企业整顿工作的深入发展。

这次企业的全面整顿是一次深刻的变革。企业经过全面整顿以后，要改变经营管理的落后状态，建设起具有中国特点的、适合现代化要求的企业经营管理制度。衡量企业整顿成功与否的主要标志，是看产品质量的优劣，产量的多少，经济效益的高低，对国家贡献的大小，要完成这一艰巨任务，必须有广大职工群众自觉自愿地积极参加。党的根本方针是：全心全意依靠工人阶级办好企业。我们要发动广大职工群众自己起来改变落后面貌，为搞好"三项建设"、达到"六好要求"，为建设具有高度物质文明和精神文明的、具有中国特色的社会主义现代化企业的伟大目标而奋斗！

建设社会主义精神文明的几个问题*

　　建设社会主义精神文明，就我接触到的有以下几个问题需要深入研究，从理论上探讨清楚。

　　第一，什么是精神文明，精神文明的科学含义究竟是什么？

　　第二，我们的精神文明有哪些特征？它与资本主义的精神文明有什么不同？这需要进行科学的分析和论述。

　　第三，为了建设社会主义精神文明，需要搞哪些基本建设？概括地说是否有以下几点：（1）系统地进行马克思列宁主义、毛泽东思想的宣传，这是我们进行社会主义精神文明建设的指导思想；（2）加强社会主义的国民教育，从幼儿园到小学到中学到大学的教育，对人民群众的社会主义教育，包括共产主义伦理道德教育，无论学校或其他社会组织，都要解决究竟把人教育和培养成什么样的人的问题；（3）加强宣传教育部门的建设，一切宣传教育部门，包括报刊、广播、戏剧、出版社等，对于提倡什么，反对什么，包括对英雄模范人物的宣传，对坏人坏事的批判，都要有鲜明的立场；（4）我们能够从本民族和外国其他民族吸取什么精华，来丰富我们社会主义的精神文明，同时，又怎样对我们民族历史上不好的东西，对外国不好的东西，进行具有说服力的批判，绝不能把坏的东西当成好的东西拿过来，污染我们社会主义社会的人民。

＊　本文原载《人民日报》1982 年 3 月 22 日。

　　第四，建设社会主义精神文明，要不要有个长远打算，搞个长远规划？比如说，5 年、10 年、20 年后是个什么样子？20 世纪末是个什么样子？能不能搞个规划？怎样搞规划？这些是需要我们研究的。

　　第五，社会主义物质文明与社会主义精神文明的关系是什么样的？过去一段时间，我们强调了物质文明，而对精神文明重视不够。今后如何把二者的关系处理好，也是需要研究的。

　　第六，建设社会主义精神文明和建设社会主义物质文明一样，都是我国十亿人民切身的事业。如何采取群众喜闻乐见、丰富多彩的形式来动员最广泛的群众自觉自愿地参加这项建设事业，使它由低级到高级地向前发展。

提高经济效益是我国数量经济学
当前研究的主要课题[*]

当前我国社会主义经济的发展，对数量经济学研究提出了很多重要课题，有些还是很迫切的课题。

这些重要课题是什么呢？

去年五届人大第四次会议上的政府工作报告中，围绕着提高经济效益、走出一条经济建设的新路子，提出了必须认真贯彻执行的我国今后经济建设的十条重要方针。这十条方针涉及大量的研究课题。数量经济学的专家们对这些关系国计民生的大问题有浓厚的兴趣，而且许多同志已在着手进行这些问题的研究了。政府工作报告指出："千方百计地提高生产、建设、流通等各个领域的经济效益，这是一个核心问题。"我想，这个问题应该是当前我们数量经济研究工作的主要课题和主要任务。

对社会主义建设的各个领域进行经济效益分析，需要从定性和定量两个方面来进行。定性分析是很重要的。没有定性分析，定量分析就会迷失方向，可能走上邪路。而要做好定性分析，就需要马克思主义经济理论的指导，就需要贯彻执行党的方针政策。任何忽视定性分析的观点，任何忽视马克思主义经济理论和党的方针政策对于定量分析的指导作用的看法，任何企图以定量分析代替定性分析的做法，当然都是错误的。

---

* 本文原载《人民日报》1982 年 4 月 2 日。

　　但是，如果只强调定性分析的重要性，而不重视定量分析，只满足或停留于政治的、经济的原则，而没有生动的内容和数量的分析，只算政治账，不算经济账，不做经济的论证，就不可能有效地解决实际的经济问题，以致发展到搞主观随意性，搞瞎指挥。在这方面我们是吃过苦头的，这个教训必须记取。

　　实践是检验真理的唯一标准。我们的定性分析是否正确，我们所采取的经济发展战略、模式、计划、方案、措施等是否反映客观实际，是否真正具有较高的经济效益，如果对社会的实践过程没有定量分析，没有对各种不断变化着的参数形成的各种不同方案的数量比较，并反复进行验证，那就不可能获得正确的答案。实践证明：单有定性的考察而无定量的考察，是难以解决提高经济效益这个问题的。正是在这方面，目前我们的工作还很薄弱。所以，我们在注重定性分析的同时，必须重视定量分析，使两者有机地结合起来，相辅相成，相得益彰。只有这样，才能逐步加深对客观经济规律的理解，真正做到按客观经济规律办事，不断提高经济效益，社会主义计划经济制度的优越性也才能得到更充分的发挥。

　　对西方资产阶级国家发展起来的数量经济学，我们要采取分析的态度，取其精华，弃其糟粕。那种把数量经济学当做资产阶级的东西，不加分析地一概加以否定的做法，完全是不正确的。

　　我们进行社会主义建设，需要建立起以马克思主义经济理论为基础的数量经济学。而要解决这个问题，当前有一个困难，就是我们一些比较懂得马克思主义经济理论和党的方针政策的同志，对数量经济学懂得不多，而一些比较懂得数量经济学的同志，对马克思主义经济学和党的方针政策则研究不够。因此，要建立以马克思主义经济理论为基础的数量经济学，需要经济学家和数学家的合作；自然科学家和社会科学家的合作；理论工作者和实际工作者的合作，等等。这就要求上述各有关方面的同志组织起来，加强团结，相互学习，发挥各自的特长，围绕着如何提高经济效益这个主题进行攻关，促进我国社会主义各个经济领域的经济效益的日益提高和社会主义经济科学的繁荣昌盛。我国从事数量经济学研究的同志们是有决心有能力来攻克这个难关的。数量经济研究会和从事数量经济研究的专家们要多为提高我国生产、建设、流通等各个领域的经济效益出谋划策，为贯彻执行我国经济建设的十条重要方针、为我国社会主义建设的伟大事业作出新的更大的贡献。

搞好山西煤炭能源基地综合开发规划为全国四个现代化建设服务[*]

一 为什么必须编制综合开发规划

我国现在正处于调整时期，调整的内容最主要的是调整经济结构。除了要调整工农、轻重、积累和消费的比例关系以外，一个关键的问题是要大力加强能源、交通运输与通讯等国民经济的基础部门。当前能源供应不足，已成为我国经济发展的一个重大的制约因素。比如，第六个五年计划，初步拟订工农业和国民收入每年递增 4%，争取 5% 这个速度，同过去几年相比，显得是比较低的。特别是工业发展的速度。原因是什么呢？主要是受能源的限制。同一时期，预计能源每年只能递增 1%，而支持工业增长 4% 所需的大部分能源，要靠节约来解决。在现代，能源的增长对于整个国民经济增长具有重要意义。我国能源的资源一般来说并不缺乏。例如，我国有丰富的煤炭资源，尤其是山西的煤炭资源，特别丰富。可是，我们对这些资源的开发速度，远远满足不了国民经济迅速、持久与稳定增长的需要。山西省煤炭已探明的储量在 1979 年年底，已达 2020 多亿

* 本文是作者 1982 年 4 月 22 日在"山西煤炭能源基地综合经济规划研究会议"上的讲话，原载《经济问题》1982 年第 6 期。

吨，占全国的 1/3。开发技术，经济条件都比较好，又有悠久的开采历史，因而具有一定的基础。目前，山西煤炭产量占全国 1/5 以上，与全国的经济发展是休戚相关的。1980 年山西煤炭外调量 7200 万吨左右，相当全国统配煤调出量的 70%，其中 66% 是供应我国经济较为发达的华东、京津、东北地区。可见，山西煤炭对全国经济发展具有举足轻重的作用。因此，有计划地集中较大力量开发山西的煤炭资源，尽快地把山西建成强大的煤炭能源基地，不仅关系到山西，而且关系到全国国民经济的发展，是一项具有重大意义的战略措施。认清这一问题的重要性，是我们搞好山西煤炭能源基地建设的一个重要的前提条件。

要搞好山西煤炭能源基地的建设，首先要搞好综合规划。为了说明这个问题，需要讲一讲综合规划的作用，以及我们在这个问题上正反两方面的历史经验与教训。毛泽东同志曾经引用过古人的一句话："凡事预则立，不预则废。"所谓"预"，就是我们现在所说的规划或者计划。这句话的意思就是说，要办成一件事情，没有高瞻远瞩深谋远虑的长远打算，是难以成功的。为了搞好开发山西煤炭能源的综合规划，我们必须从较长期的观点出发，研究国民经济和社会发展的全局，使之服从我国国民经济发展的战略。因此，综合规划必须考虑煤炭开发与相关产业开发的结合，近期与长远的结合，局部与全局的结合等问题。国民经济的结构是一个有机的整体。这里的"有机"包含两重意思：一是指在整体中的各个局部之间存在着联系，任何一个局部的变化都会影响其他局部及整体，尽管它所影响的程度与范围可能有所不同。另一个含义是指它在时间上的可变性与联系性。任何一个局部都是在不断变化的，前一阶段的变化将影响后一阶段的发展。因此，国民经济的各个部门之间，生产、流通、分配、消费之间，中央的全局和各个省、区的局部之间，数量指标与质量指标之间，煤炭的开发与综合利用之间，等等，都存在着有机的、内在的联系。例如，山西全省入洗的煤，仅占总产量的 7%—8%，如果有条件全部入洗，就可节省 1/3 的运输能力；现在积压的 1800 万吨煤炭，就可以全部运出去了。洗煤既增加了价值，又节省了运输能力。再如，如果在山西发展煤炭化学工业，用约 100 万吨煤炭为原料，以合成方法，制成 100 万吨复合肥料，其价值比煤大得多。因此，综合规划，必须从相关产业的联系方面来考虑问题，找出解决问题的正确途径。

过去一个时期，由于缺乏对综合规划的考虑，我们曾吃过一些苦头。例如，"以钢为纲"口号的提出和实行，片面地追求钢铁的数量，不但忽视了钢和钢材的质量和品种，而且忽视了钢铁工业的发展与能源工业及其他工业、农业、交通运输业之间的关系，结果造成了比例失调，消费品供应紧张，人民生活受到相当不利的影响等一系列连锁反应。又如由于片面地追求"以粮为纲"，忽视了林、牧、副、渔的全面发展，不仅粮食生产没有得到应有的发展，而且造成了吃油、吃肉、穿衣等方面的困难。这些历史的教训，在座的同志们都是有深刻体会的。

新中国成立 32 年来，山西省的煤炭产量，有了很大的发展，原煤产量由 1949 年的 267 万吨，到 1981 年增加到 13254 万吨。外调煤炭一年比一年增加，对我国社会主义建设做出了重大贡献。但是，无论就全国来说，还是就山西来说，经济结构还很不合理。就山西本身来说，农业、轻工业未得到相应的发展，工农业的关系不很协调，轻重工业的关系不很协调，约有 40% 的轻工业产品要从外省调入。山西省人民的生活，虽然较解放以前有了相当大的改善，但并未能从煤炭工业的发展中得到更大的好处。因此，在某些干部中产生了"挖煤越多越倒霉"的说法。另一方面，就全国来说，由于过去提出所谓"扭转北煤南运"的口号，大幅度地削减了对山西煤炭工业的投资，造成了山西煤炭发展的两次大落后，特别是运输业的发展落后，生产出来的煤也运不出去，这就加剧了全国的能源紧张。当前，全国急需山西的煤炭，但由于交通运输跟不上，现在还有 1800 万吨原煤积压待运。此外，其他物资还积压 500 万吨，包括铁矿、铝矾土、化肥等。山西的交通运输紧张，但空车进来，重车出去，浪费很大。可否考虑利用空车由外省运进矿石扩大省内钢铁生产，多生产些金属支架，以代替山西所缺的坑木，又利于提高运输车辆利用率。以上这些情况，都说明要搞好山西能源基地的建设，就需要使山西经济有一个全面的综合的发展，为此必须有一个综合规划。

很多同志都有这种看法，即认为我们第一个五年计划搞得比较好，其重要原因之一，就是我们当时有一个比较符合实际的中期的国民经济发展综合规划。当时的规划注意到了各个部门发展的综合平衡和比例协调，所以取得了预期的结果。但是，"一五"计划以后，我们的规划工作出现了不少问题，例如，上述"以钢为纲"造成了全国经济的不平衡，"三线"建设花了大量投资却未收到应有的效率，等等。这主要是由于"左"的指导思想的影响，在规划中，往往指标过高，不适当地、过分地突出某一个方面，而缺乏从综合平衡的角度，考虑国民经济全局的联系。同时，我们对规划工作的重要性、艰巨性、科学性与严肃性也认识不足。我们在以往的经济建设中，一般地对某些具体工程项目的设计与建设，投入了大量的人力、物力、财力与时间，而对于规划工作却认为轻而易举，缺乏郑重从事，甚至有所谓"三天就可以拿一个规划出来"的说法。采用"拍脑袋"的办法搞出来的规划。不可避免地要成为人们常说的"规划、规划，墙上一挂，过了几天，变成废话"。这种做法，显然是不正确的。我们这次搞综合规划，再也不能采用这种办法。而应当以严肃的、科学的态度对待规划，使规划真正发挥指导工作的作用。

历史的经验告诉我们，要搞好山西煤炭能源基地建设，不能仅仅强调煤炭的生产和开发，而要以煤炭的开发为重点，相应地促进农业、轻工业和其他重工业（如化学工业等各类重工业）、交通运输、城市建设、科教卫生、环境保护、劳动就业、人民生活的发展与改善。要围绕着能源基地的建设，对上述各个方面的发展比例、发展目标与发展方式等，进行研究和妥善安排，使山西人民在经济社会发展的基础上，生活真正得到改善，使人民能够得到实惠。制定一个好的综合发展规划，也将有助于实现山西经济全面发展的目标。在综合规划中，必须认真研究山西和全国的联系，使山西的煤炭和电力保证能送到最终的消费点，这样，山西煤炭能源基地结构就需要与全国的经济结构相协调。从这个意义上说，山西的综合规划也将成为全国综合规划的一个重要组成部分。因此，搞好这个综合规划，无论对山西还是对全国都有着重要的现实意义。它也将是对我国社会主义经济建设走出一条新路。在规划工作方面的一个新的起点。

二　需要一个什么样的综合规划

在明确了搞好综合规划对山西能源基地建设的重要意义之后，就要进一步研究我们需要一个什么样的综合规划的问题。

我想，我们的综合规划应当是一个目标具体，方针正确，结构协调，布局合理，资料可靠，论证科学，措施得当，切实可行，经济效益良好，使人民热爱向往，能够得到实惠的综合规划。这个综合规划，应当满足以下一些要求：

（一）综合规划在统一目标下，应有明确的、多种的、具体的目标

我们做任何工作，都要有明确的目的性，要有的放矢。搞综合规划可以有几十、几百个大、小课题，但这些课题的选择都是为了实现统一的目标。在综合的统一目标下，必须有多种具体目标，因为，单一目标往往仅能反映一个侧面，而多目标才能体现出相互制约与联系、能较客观地反映出综合发展的情况。我们的规划目标应当包括：工农业总产值与国民收入在不同规划期的水平及其增长率；不同规划期的人口数、劳动就业人数及其增长率；人均收入及其增长率；煤炭产量、上调量及其增长率；上缴的利润、税收及其增长率等等。规划应有一个规划水平年，而目标即是这一水平年所应达到的目标。目标的增长率则是在这一规划期间的变化。我们的综合规划，可否考虑以 1985 年、1990 年及 2000 年这三个年份作为规划水平年。各种目标均以这三个水平年进行计算。邓小平同志讲过，未来 20 年我国的工农业总产值要翻两番，使人民的消费达到小康水平。我们这个综合规划要研究如何实现这个目标。从煤炭生产来说，1985 年是多少，1990 年是多少，2000 年是多少，都应有上、中、下三种目标，其他相关的产业和社会发展也应有相应的目标。从几个方案比较中，选择经济效益最好的目标。

（二）综合规划应具有科学性

科学性的第一个方面的含义，是指综合规划必须立足于可靠的基础资料，如果是一大堆虚假的资料，论证来，论证去，还是得不出正确的结

论。对任何一项具体技术经济措施的论证，我们要求有正确的资料。对综合规划来说，更是如此。

科学性的第二个方面的含义，是指我们综合规划工作必须有正确的理论根据，同时，在工作中应采用科学的方法。例如，管道输煤在国外获得初步应用，是建立在科学的理论与试验的基础之上的，但某一工程的实现，又必须与当时、当地各种具体情况相结合。这是科学性。在我们的工作中，应当以马克思主义思想为指导，采用科学方法，例如，系统工程学、数量经济学和技术经济学的各种科学方法并且试编综合开发的经济模型。经济模型在国内外已得到了某种程度的应用，但在我国还是新的东西。我们所需要的经济模型，是为解决经济、社会发展的实际问题，确能反映出各个经济单元与经济活动的联系，能提供某种程度的定量根据的模型。有了这种模型。能提供定量的数据，也就便于为领导机关提供决策的依据。山西在编制全省投入产出表方面，已在有关单位配合下，做了许多工作，走在前面，希望能尽快地扩大它的应用领域。同时，在已有基础上不断地发展，使它能对近期计划和我们的综合规划发挥作用。

为了不断提高科学性，希望同志们能够通过这次综合规划的实践，总结出一些如何做好综合规划工作的经验，探索在社会主义制度下如何做好综合规划的规律性，把实践的经验上升为科学的理论。

（三）综合规划措施要得当，要切实可行

正确制定综合规划措施问题，是搞好综合规划的一项重要内容。为了保证措施得当，切实可行，必须把它同目标问题结合在一起进行研究，因为措施是达到目标的手段。在我们的研究课题中，应充实一些措施方面的课题。研究措施问题像研究目标问题一样，要结合实际，而不要搞脱离实际的东西，否则"下笔千言，离题万里"，对规划工作是没有什么用处的。这就要求我们在考虑措施问题的时候，要立足现实情况，要着眼于改善经济结构，要符合经济体制的变化和改革的趋势，否则是难以做到切实可行的。因此，可以概括为两句话：既要有现实精神，又要有发展的眼光，并把两者正确地结合起来。

（四）规划应体现出良好的经济效益

上面讲的综合规划的目标，提到了工农业总产值与国民收入增长的绝对数和增长率等，这些都是经济效益的综合指标。当然，还需要有其他一些指标。我们的规划应当有一个科学的指标体系。如何确定一个科学的指标体系，这也是我们研究工作的一个重要课题。这个指标体系不仅要反映各种煤种的产量发展的要求和效益，而且要反映其他工业部门、农业部门、交通运输部门、文教科技部门相应发展的要求与效益，以及环境保护、生态平衡、社会生活、资金积累、集体福利和个人收入等方面的要求。总之，发展规划必须体现以提高经济效益为中心的指导方针。

为了使规划能体现出良好的经济效益，我们应作出各种方案比较，一般至少有三个方案进行比较。有比较才能有鉴别。只有通过多种方案经济效益的比较，我们才能得到一个相对来说最优的综合规划。

三　怎样搞好综合规划

要搞好综合规划，我们必须扎扎实实地做好以下几项工作：

（一）认真进行调查研究，做好基础资料的分析、整理工作

完成这次综合规划的制定工作，需要大量的基础资料。这就要求做好各种资料的调查、收集工作，保证资料的基本完整性；同时，要做好各种资料的对比、研究、分析，做到"去粗取精，去伪存真"，保证资料的正确性。我们过去规划工作所以质量不高，除了由于"左"的指导思想的影响之外，资料与情况反映得不正确，也是一个重要因素。由于一些历史的原因，我国现有的统计资料存在着不完全、不准确等问题，这是编好科学的综合规划会遇到的一个困难。解决这一问题的根本途径是加强调查研究工作，采用科学的方法进行分析判断。这里所说的调查，包括文献资料的查阅，如查阅当地的县志，可不能小看县志，县志是个百科全书。哪里有矿藏，哪里有泉水，哪里有特产，什么地方有地震，等等，都有很多历史记载。其中也有封建迷信、忠孝节义的内容，但有很多有用的东西。1979 年秋，我到五台山考察过一次，那里有一套五台山志，其中除了记述一些有关佛教的事情以外，自然环境、经济情况的资料对我们搞综合规划就很有价值。当然，文献资料的查阅，不能仅仅局限于县志，应当是多方面的。更重要的是要向现实调查，向现场和社会做调查，召开有关人员的调查会。通过多种途径，便有可能取得我们原来缺乏的资料。调查得来的资料，还应当做好比较分析，包括历史变化趋势的分析，同类型资料的对比分析，与其他行业的联系及其变化趋势的分析，等等。只有通过多种途径分析核实，并加上正确的逻辑推理，才有可能在"鱼龙混杂"的资料堆中，辨别并找出我们所需要的正确的资料。

（二）作好各种方案的科学论证

综合规划必须提出多种方案，每种方案又必须有科学论证。要求综合规划的总的部分及其组成部分，都要有一套可以为决策提供基础的各项重要的技术指标与经济指标，结合国情与省情的实际，对综合规划的各种方案，包括考虑问题的技术经济原则和根据，采用的计算方法，实现进度要求的可能性；人力、物力、财力的需要及可供量；方案所能产生的经济效益；实现这一方案的制约条件，等等，从各方面进行研究，从中选择最优方案。同时，我们还应通过这次综合规划，探讨一些科学的论证方法。我们要提倡百家争鸣。过去，在有的论证会上，有的同志讲了许多意见，人家不听，或者遭到反对，就满肚子气，不愿参加会了。这样做不好，论证会不能斗气。任何事情通过论证和辩论，才能更加接近真理。复杂的事物，要通过很多方面去认识它，经过大家的讨论和补充，归纳出大家认识的正确方面，才能使认识逐步接近真理。

（三）规划工作要抓住重点

这次综合规划的特点是量大面广。要保证规划的质量并按期完成，需要抓住主要矛盾，兼顾一般。在山西能源基地的建设中，关键的问题是不是有这样几个：第一是交通运输，第二是农业，第三是水资源，第四是煤的综合利用。这些都是过去早已提出而又悬而未决的问题。山西现在有占总产量 14% 的煤运不出去，这主要是受交通运输的限制。农业是国民经济的基础。全面发展农村经济，是保证国民经济全面增长的一个关键。山西省的粮食总产量，1949 年是 51.9 亿斤，1981 年增长到 145 亿斤，增长了 1.8 倍，平均每年递增 3.2%。而人口每年平均递增 2.1%；非农业人口年平均递增 4.7%，超过粮食增长速度的 1.5%。我们在制定综合规划中，一定要考虑农业的发展，以及城镇对于农副产品的需要。水利不仅是农业的命脉，而且在工业方面，能源基地及相应各项工业的建设，都需要大量的水，城乡人民生活更是离不开水。但是，山西省的天然水资源蕴藏量有限，地下水储量众说不一，尚待核实。因此，水资源的落实及其合理地利用与开采，关系到工业、农业、人民生活的各个方面。煤炭的综合利用则关系到煤炭资源的合理利用及经济效益的提高。例如，洗煤是要搞的，它属于煤炭的合理使用，还不属于综合利用。煤炭经过洗选可以使质量提高，品种增加，使用合理，价值增加。第二步就是煤炭的气化、液化，发展以煤炭为原料的化学工业。山西省的城市，多数都在煤炭生产基地上，但至今还没有一个城市使用煤气。就连太原市也是普遍把原煤和土混拌的煤泥，作为生活用煤，既浪费燃料，造成污染，又给居民生活带来许多不便。为什么不可以在一些城市，利用引进的鲁奇炉型，发展一些煤气，做到综合利用呢？这样做，同时也就促进了山西的机械、冶金等重工业的发展。最近国务院决定潞城化肥厂复工，而且很重视这个工程。这个工厂的建立仅是一个开端，希望将来能有几个综合利用的化肥厂。我国很需要复合肥料，而这个厂就是生产复合肥料的。这类厂最适宜在山西建设，因为它是用山西特产的煤气。这为我们煤炭的综合利用，开辟了一个很好的途径。此外，生态平衡，环境保护也是我们要注意的问题。

（四）要统一领导，团结互助

这次综合规划工作有经济、社会、科技等方面的问题，有理论工作者与实际工作者参加。这些同志有省内的又有省外的。同志们来自五湖四海，各有自己的经验、特长与工作习惯。我们大家要互相尊重，互相学习，取长补短，同心协力，共同努力来做好这一工作，创造出成功的经验。

四　做好综合研究工作，按期拿出成果

我们希望通过同志们的努力工作，能按期拿出山西综合开发的经济规划，并附带经济模型。为完成此项任务，首先要有一个详细的纵向、横向相互衔接的研究工作的进度计划以及执行计划的措施和制度。其次，要有一套周密的组织措施和必要的规章制度。此外，还要有一套科学的工作方法。

我们这次所从事的工作目标，是要求做出一个"山西能源基地综合开发规划"，工作内容是很复杂的，工作队伍是很巨大的。因此，我们的工作要有一套科学的工作方法。我们要把系统工程学中的各种方法运用到我们的工作中间来，例如，工作层次的分解与协调；各层次目标的协调；工作的主要目标的统一；使用主要词汇的统一；主要成果表达形式的统一；用网络图及其他各种方法来控制工作进度，表达相互的工作关系；用相互作用矩阵来表达目标与约束条件之间的关系，等等。只有应用科学的方法来搞综合规划，才有可能达到我们所期望的目的。

完成综合规划工作是一项十分艰巨的任务。但是它对中央领导同志所提出的："围绕提高经济效益，走出一条经济建设的新路子"，却是一种十分有益的尝试。我们要尽一切力量编好一个不仅使山西人民能够得到更多实惠，而且对我国的四个现代化建设事业将会作出重大贡献的综合开发山西煤炭的经济社会发展规划，以便充分动员山西人民和全国人民的力量，为尽快地把山西建设成一个为山西人民和全国人民热爱和向往的强大的煤炭能源基地而奋斗。

编制山西煤炭能源基地综合开发规划应注意的几个问题[*]

我们已经开了一个很成功的会议，今天就要结束了。现在，就会议过程中同志们提出的问题，再讲几点意见。

一　研究与规划的关系

在讨论中有的同志提出，这一次参加讨论综合规划工作的研究课题是什么性质？是研究工作性质呢，还是为规划的实际工作服务呢？关于研究和规划工作的关系，我想我们的研究课题应当按规划所提出的要求确定，最后研究成果是规划，而不是一篇研究论文或报告。当然，我们做研究工作的人，要写研究报告，不过那是副产品，主产品是规划，我们是为了规划而进行研究工作的。所以强调提出这一问题，是因为在我们的研究工作中，这个问题还没有能够很好地得到解决。我们所有的同志对山西做综合开发规划的热情都很高，都很积极。但是，做研究工作和做实际工作的同志都有所担心。做研究工作的同志按照过去的习惯提出个研究报告，任务就算完成了，或者写一篇学术论文，为将来评研究员、副研究员之用，和

---

* 本文是作者 1982 年 4 月 27 日在"山西煤炭能源基地综合经济规划研究会"结束时的讲话。

规划却结合不紧。学术论文是评定职称的一个重要的根据，但是与解决实际问题有时发生相互脱节的现象。聂荣臻同志不久前对这方面的问题写过一个报告，批评了这种脱节现象，建议按照解决实际问题的能力来评价科研人员的贡献，他的意见得到中央领导同志的重视。科学包括自然科学和社会科学。研究人员对解决四个现代化建设中科技问题贡献的大小，是衡量科研成果价值的主要标准，不能笼统地看写了几篇文章。写的文章如果对科技攻关真正有贡献，那就有成绩。如果对解决四个现代化问题没有贡献，那有什么价值？当然，对于"价值"，我们不能只看眼前，还要从长远的角度来衡量。有些价值是直接的，有些则是间接的，这也要加以区别，不能一概而论。但是，眼前的工作必须要做好，不能大家都去研究一百年、一千年、一万年以后才能实现的题目。当然这种题目也要研究，但总是不应当离开现实课题。这是我们科技人员在思想上需要解决的一个问题。我这些话不是针对做基础理论研究的同志讲的，但就是进行基础理论研究，是不是就可以不和现实结合起来呢？我看也应当结合起来，应该把基础研究和应用研究结合起来，围绕实现四个现代化中间的课题攻关。这样我们的攻关才更有成功的把握。如果我们的科研工作者，都能明确为了解决实现四个现代所需的课题而攻关，那么我们就能更好地为社会主义建设服务，并且可以通过攻关不断提高理论水平。从事研究工作的同志有个顾虑，怕陷入规划的具体业务工作而影响将来评定职称。我看不用担心，因为可以把在规划研究工作中的贡献作为评定职称的一个根据，这件事情，有关方面可以作证明。另一方面，做实际工作的同志也有个顾虑，就是担心搞研究工作的同志写出论文以后就甩手了，剩下的事情还是他们这些人去干。结果研究是研究，规划是规划，还是"两张皮"。这种担心也是可以理解的。现在，我们要走一条新路子，这个新路子就是要把两张皮变成一张皮。这次我们到晋东南考察煤矿，路过长平古战场，想到了历史上的赵括"纸上谈兵"以及他和秦将白起打仗的故事。赵括就是只会看书，文章大概也写得漂亮，讲话可能也头头是道，但就是不会联系实际，不会指挥打仗。结果赵国 40 万大军全军覆灭，赵国也灭亡了。我们大家都应引以为戒。

做实际规划的同志也需要摆脱过去的框框，克服旧的习惯势力。过去有些做规划的同志不很重视科学理论。科研人员即使提出了论据可靠，对规划有价值的建议，规划人员也认为没有多大用处，可有可无。甚至有的同志认为，我拍一下脑袋，三天就可以做一个规划。过去是有这种情形的，这一次经过讨论，大家认为这是不对的。我们过去的规划之所以没有做好，主要原因之一就是缺乏科学性。这次山西省委、省政府很重视规划的科学性，请来省内外这么多科学家来讨论这个问题，在座的科学家、专家比做实际工作的人员要多，大家可以结合在一起，同心协力，拿出一个好的成品。做研究工作的同志如果对这次规划工作有贡献，回去后就可能写出高水平的学术论文。如果在这个方面做不出贡献，也就不可能写出有科学价值的论文。

还有的同志说，过去搞规划是"规划、规划，墙上一挂，过了几天，变成废话"，这次是不是也会这样呢？我看这一次规划不能这样，不能做一个墙上挂的规划，而要搞一个真正能够实现的规划。规划是一种意识形态，但是它要变成实践，变成行动。我们要按照规划的目标去行动，不是盲目的行动。而且我们这个规划是一个长期性的规划，它将对于我们今后的近期规划、中期规划、长远规划都起作用。现在"六五"计划很快就要编出来了，接着就编第七个五年计划，以及后一个十年计划，就是到2000年的计划。我们这个规划编得好坏对于制定中长期计划有很大的关系。这就取决于在座的同志们的工作质量如何。如果我们不认识这个规划工作的重要性，就不可能使工作有较高的质量，也就不可能产生出一个好的规划。

二　要有全面的综合平衡

这个问题，我在会议开幕时已经讲过，这里再强调一下。

我们这次到一些矿区看了一下，感到山西煤炭建设任务虽然很大，但从煤矿开发的角度看，是有可能的。问题是现在就已积压了1000多万吨煤。晋西北、晋东南，铁路上许多车站煤炭堆积如山，运输问题相当严重。晋东南的同志提出一个口号叫做"以运定产"，这实际上牵涉一个综合性的问题。不单单是一个铁路运输问题，也不单单是个发电问题、水的问题，而是一个整个社会经济怎么发展的问题。它与农业的关系也很大。农业是国民经济的基础，并为工业提供原料，而发展农业又与水资源有密切联系，当然，仅从煤运不出来看，好像只是个运输问题，但是千万不能忘记了农业，农业是基础。山西煤炭资源丰富，但水资源很缺乏。这么有限的水源，发电、挖煤、化工以及所有工业部门都要依靠它，全省2500万人的生活用水，以及牲畜饮水也依靠它。现在的问题是一方面缺水，另一方面又没有把水资源当做宝贵的资源。水资源这样缺乏，工业部门循环水的充分合理利用，节水的措施，就成了重要课题。搞管道输煤，一吨煤要一吨水。发电烧一吨煤要七八吨水。还有炼钢厂、化肥厂，使用的水也是很多的。水资源和农业更有直接的关系，如果农业缺了水，发展就受影响。因此，必须处理好农业、工业和水资源之间的相互关系，处理好开源和节流的关系。总之，在山西煤炭能源基地的建设中，不能就煤炭论煤炭。

与工业相联系还有一个劳动就业政策问题。大同矿务局的同志们反映：在大的煤田上搞了那么多地、市、公社、大队的小煤窑，对他们合理开发有严重影响。大同矿务局的同志不是说在他们矿区内绝对不可以开点小煤窑，比如一些露头的、边角的、大矿采不到的煤层，划定一个范围去开小煤窑是可以的。但是这样一个大矿区上无计划地搞小煤窑开采，那就是很大的问题。在平朔煤矿那个地方就最怕有窟窿，否则挖掘机掉下去就起不来了。将来露天矿开采，矿区内相关的小矿都得停下来。山西100多个县中70多个县有煤，群众要富裕起来，有煤的县就要靠煤吃煤。我们摸了个大队，收入的40%多是靠煤炭，关了小煤窑，群众的收入就要减少，这是个大矛盾。现在山西产煤1.3亿多吨，拥有40多万煤矿工人。将来山西要建成煤炭能源基地，如果搞到2.6亿吨煤，工人按比例增长，就是80万人，要是到了5亿吨的时候，就是100多万人。我们搞经济社会发展的综合规划，就是要考虑解决这些问题。把小煤窑全关了恐怕不行，有些小煤窑不关恐怕也不行。那么这个问题怎么办呢？我曾同一些同志研究过。一个办法是，大的煤矿，即国营煤矿，包括统配的、地方的，可以考虑将来招工的时候不一定都招正式工人，搞终身制，而是向农村招合同工。大量的矿工从农村来，农业人口向工矿转移，这是一个必然趋势。可以把农村初、高中毕业生组织起来，加以训练，使他们掌握使用综合采煤机等现代化技术，训练后经过考试合格，然后订合同，合同五年为期，合同期满后，从哪儿来回哪儿去。合同不妨分几个阶段，第一个阶段五年，第二个阶段再五年，如果还行的话再干三年或几年。这种工人的工资可以比固定工人的工资高一点。平常同固定工一样发工资，将超过部分由矿上代为存蓄，合同期满离开煤矿时把这笔钱作为退职金发给他们。就像现在解放军复员，转业的时候可以拿复员转业费一样。这样，煤矿的劳动力可以不断得到更新，可以永远保持一支精壮的队伍，不能下井干活的老工人的比重也会降低。煤矿还可以少建很多职工宿舍。同时可以实行四班三运转，每年给固定假期，发探家路费。这样算总账比现在要经济得多。另外一个办法是，把大矿的掌子面包给被关掉的社队小窑的工人开采，他们原来是集体所有制，现在还是集体所有制。因为他们已经有了多年的生产经验，这样比新招工人要好，也可以解决矛盾。这些办法，据说有些矿已经采用了。要总结这方面的经验，多想办法。

山西煤炭资源是很丰富的，到处都有很厚的煤层，可是现在开采无计划，至少是半无计划。能不能搞一个山西煤藏地区图和煤矿开采区域分布图？有些地方煤层很薄，不适宜现代化大量开采，就划出来，给地方社队开采。煤矿开采区域分布图要作为法令公布，违反者就要罚款。这并不是要卡谁，而是提倡合理开采，保护资源。我们要给老百姓想办法，找出路。如果不给他们想办法找出路，而强迫关掉煤矿，那是错误的。但是一定要保护煤炭资源。还应当明确认识保护煤炭资源比保护森林资源更重要，森林资源破坏了还可再生，煤炭资源是不可再生的。

三　要和全国的发展规划相协调

现在国家已经确定把山西作为全国重点的煤炭能源基地来建设，这是国家对山西的重视。但山西是全国的一部分，山西的煤炭需要运出去支援全国的四个现代化建设。要使煤炭能源基地发挥作用，不和整个国家的规划紧紧地结合起来，是不行的。如果将来城市实行了煤气化，会节约很多的煤炭。现在太原市每一个人用煤量要比其他大城市多一倍，山西全省每一个人用煤量要比全国多三倍。虽然现在我们不可能做到农村都用煤气，但是山西至少有近十个城市可以用煤气。还有同志建议，搞成煤气送到大城市，如送到北京、天津去。这个可以进一步考虑，进行多方案比较。现在我们研究管道输煤，是否可以考虑管道输气。这些问题都是可以研究的。总之，要把山西煤运出去，就有一个和全国的关系。铁道部的同志提出一个问题：煤从山西运出娘子关后往哪儿运？过了大同以后往哪儿运？到焦作后往哪儿运？煤出了山西，如果不和全国联系起来，还是没有办法。怎么样把煤运到上海、青岛、天津、沈阳、秦皇岛？这就有一大堆问题。不和全国结合起来，怎么能解决？

还有一个问题要考虑：如运出山西的煤，进来的是空车，车皮放空，这是很大的浪费。去年拉出去 8000 多万吨煤，要运进 8000 多万吨东西，这不大可能，这种往返运输不能完全平衡。但是，是否可以考虑多运进一些东西。譬如，有同志提出，我们把煤运到秦皇岛，秦皇岛附近就有很大的铁矿，如果在太钢或其他一个地方搞个钢铁厂，让它使用秦皇岛的铁矿，可以减少空车入晋，提高运输效率和经济效益。这个建议可以研究。这在苏联顿巴斯与乌拉尔的钢铁与煤矿建设开发中是有成功的先例的。类似这些问题都需要研究。

四　做好平朔煤矿的综合开发规划

这次我们到平朔矿区做了一次短暂的考察。平朔的同志向我们介绍情况时，采煤的同志就谈采煤，搞生活区建设的就讲生活建设，两者缺乏统筹安排，没有结合起来进行规划。我建议首先做出一个平朔煤矿综合开发的规划来，并把它作为一个研究课题。

要搞好总体规划，必须从全局出发，使局部利益服从全局利益，当前利益服从长远利益。既不能只从煤炭一家来考虑问题，也不能只从朔县、平鲁两地来考虑问题。我们的目标是搞一个为山西和全国人民都热爱的煤炭能源基地的综合开发规划，绝不能让山西人民热爱而全国人民却不热爱；或者是山西省的这个县热爱，而那个县不热爱；或者是煤炭部门热爱，而其他部门不热爱，只有一个部门一个地区热爱，而其他部门、其他地区不热爱，那是不能够很好地建设起这个能源基地的。为此，建议这次规划工作加一项内容：首先作出平朔煤矿的综合开发规划。这不仅是开发平朔煤矿的迫切需要，而且还有两方面的意义：一是为我们这次综合规划先抓一个典型，以典型经验推动全局；二是锻炼我们的队伍，不断改进规划工作。在做平朔的综合开发规划时，要服从已同外商签订的协议，不能因搞规划而拖延执行，但搞总体开发规划、搞管理区和生活区，等等，都是我们自己的事，要我们自己开动脑筋做出正确的判断。